El Acantilado, 465
DICTADORES

FRANK DIKÖTTER

DICTADORES

EL CULTO A LA PERSONALIDAD
EN EL SIGLO XX

TRADUCCIÓN DEL INGLÉS
DE JOAN JOSEP MUSSARRA ROCA

BARCELONA 2023　ACANTILADO

TÍTULO ORIGINAL *How to Be a Dictator: The Cult of
Personality in the Twentieth Century*

Publicado por
ACANTILADO
Quaderns Crema, S.A.

Muntaner, 462 - 08006 Barcelona
Tel. 934 144 906
correo@acantilado.es
www.acantilado.es

En la cubierta, fragmento de *En un monumento a Stalin* (1940),
de Max Penson

ISBN: 978-84-19036-74-2
DEPÓSITO LEGAL: B. 15578-2023

AIGUADEVIDRE *Gráfica*
QUADERNS CREMA *Composición*
ROMANYÀ-VALLS *Impresión y encuadernación*

PRIMERA EDICIÓN *octubre de 2023*

la coerción es en realidad consentimiento. El dictador tiene que infundir miedo en su pueblo, pero si consigue que ese mismo pueblo lo aclame, lo más probable es que sobreviva durante más tiempo. En pocas palabras, la paradoja del dictador moderno es que tiene que crear una ilusión de apoyo popular.

A lo largo del siglo xx, cientos de millones de personas han vitoreado a sus dictadores, aunque éstos los llevaran por el camino de la servidumbre. En regiones enteras del planeta, el rostro del dictador aparecía en vallas y edificios. Sus retratos se encontraban en todas las escuelas, oficinas y fábricas. La gente corriente tenía que inclinarse ante su efigie, pasar frente a su estatua, recitar sus escritos, alabar su nombre, ensalzar su genio. Las modernas tecnologías, desde la radio y la televisión hasta la producción industrial de carteles, insignias y bustos, lograban para el dictador una ubicuidad que habría sido inimaginable en tiempos de Luis XIV. Incluso en países relativamente pequeños como Haití, miles de personas se veían obligadas con frecuencia a aclamar a su líder y a marchar frente al palacio presidencial en unos desfiles que empequeñecían las festividades organizadas antaño en Versalles.

En 1956, Nikita Jruschov denunció a Iósif Stalin y describió en detalle su reinado de miedo y terror. Dio un nombre a la «repugnante adulación» y a los «delirios de grandeza» que, a su entender, habían acompañado a su antiguo señor: los llamó «culto al individuo». Dicha expresión se tradujo como «culto a la personalidad». Aunque no se trate de un concepto elaborado con rigor, ni lo propusiera un gran estudioso de la sociedad, la mayoría de los historiadores lo considera adecuado.[1]

---

[1] Véase, por ejemplo, la discusión correspondiente en el magnífico trabajo de Lisa Wedeen *Ambiguities of Domination: Politics, Rhetoric,*

Cuando Luis XIV todavía era menor de edad, Francia se vio sacudida por una serie de insurrecciones, porque los aristócratas trataron de poner límites al poder de la corona. Fracasaron, pero sus actos produjeron una profunda impresión en el ánimo del joven rey, que durante el resto de su vida temió la rebelión. Trasladó el centro de poder de París a Versalles y obligó a los nobles a pasar tiempo en la corte, donde podía observarlos y ellos se veían obligados a ganarse el favor real.

Del mismo modo, los dictadores temían a su propio pueblo, pero temían aún más a quienes los rodeaban en su propia corte. Eran débiles. Si hubieran sido fuertes, los habría elegido una mayoría. Ellos, sin embargo, preferían tomar un atajo, a menudo sobre los cadáveres de sus oponentes. Pero del mismo modo que ellos habían conseguido el poder, también podían lograrlo otros, lo que les hacía temer una puñalada por la espalda. Tenían rivales, a menudo tan implacables como ellos mismos. Mussolini era tan sólo uno entre los varios líderes fascistas consolidados y había tenido que enfrentarse a una rebelión dentro de sus propias filas antes de emprender la Marcha sobre Roma en 1922. Stalin palidecía en comparación con Trotski. Durante la década de 1930, Mao perdió repetidamente sus posiciones de poder frente a rivales más poderosos. Kim Il-sung llegó al poder porque la Unión Soviética lo impuso en 1945 a una población renuente, y estaba rodeado de líderes comunistas con un pedigrí muy superior al suyo en la lucha clandestina.

Los dictadores disponían de un gran número de estrate-

***

and Symbolism in Contemporary Syria, Chicago, University of Chicago Press, 1999; véase también Yves Cohen, «The Cult of Number One in an Age of Leaders», *Kritika: Explorations in Russian and Eurasian History*, 8, n.º 3, verano de 2007, pp. 597-634.

gias para abrirse paso hasta el poder y librarse de sus rivales. Por nombrar tan sólo unas pocas, podían recurrir a sangrientas purgas, a manipulaciones, al «divide y vencerás». Pero a largo plazo, el culto a la personalidad era lo más eficaz. El culto a la personalidad rebajaba a la vez a aliados y rivales, y los obligaba a colaborar en común sumisión. Por encima de todo, el dictador los obligaba a aclamarlo en presencia de los demás, y así todos ellos se veían forzados a mentir. Si todo el mundo mentía, nadie sabía quién estaba mintiendo y se volvía más difícil hallar cómplices y organizar un golpe.

¿Quién creaba el culto a la personalidad? Se recurría a hagiógrafos, fotógrafos, dramaturgos, compositores, poetas, editores y coreógrafos. Se recurría a poderosos ministros de propaganda y, en ocasiones, a sectores enteros de la industria. Pero la responsabilidad última residía en los propios dictadores. «La política, en una dictadura, empieza por la personalidad del dictador», escribió el médico personal de Mao Zedong en unas memorias que ya son un clásico.[1] Los ocho dictadores que aparecen en este libro tuvieron personalidades muy diversas, pero todos ellos tomaron las decisiones clave que llevaron a su propia glorificación. Algunos de ellos intervenían con mayor frecuencia que otros. Se ha dicho que Mussolini empleaba la mitad de su tiempo en proyectarse como gobernante omnisciente, omnipotente e indispensable de Italia, aparte de dirigir media docena de ministerios. Stalin efectuaba una incesante labor de poda de su propio culto a la personalidad: ponía coto a las alabanzas que juzgaba excesivas, tan sólo para permitir que reaparecieran unos pocos años más

---

[1] Andrew J. Nathan, «Foreword», en: Li Zhisui, *The Private Life of Chairman Mao: The Memoirs of Mao's Personal Physician*, Nueva York, Random House, 1994, p. x.

tarde, cuando le parecía que era el momento oportuno. Ceaușescu promovía sin cesar su propia persona. Durante los primeros años, Hitler también atendía a todos los detalles de su propia imagen, si bien en etapas posteriores delegó más de lo que es habitual en comparación con otros dictadores, todos ellos utilizaron todos los recursos del Estado para promoverse, todos ellos eran el Estado.

No todos los historiadores ponen al dictador en el centro del escenario. Es bien sabido que Ian Kershaw describió a Hitler como una «no persona», un hombre mediocre cuyas características personales no permiten explicar su popularidad. Kershaw entiende que el elemento clave es «el pueblo alemán» y la percepción que éste tenía de Hitler.[1] Pero ¿cómo vamos a saber lo que el pueblo pensaba sobre su líder, si la libertad de expresión es siempre la primera víctima de toda dictadura? Hitler no fue elegido por una mayoría absoluta de votos, y al cabo de un año de su llegada al poder los nazis habían encerrado a unas cien mil personas corrientes en campos de concentración. La Gestapo, los camisas pardas y los tribunales encarcelaban sin vacilaciones a quienes no aclamaran al líder como era debido.

A veces, las expresiones de devoción para con el dictador parecían tan espontáneas que los observadores externos—y los historiadores posteriores—pensaban que eran genuinas. Un historiador de la Unión Soviética nos cuenta que el culto a Stalin «gozaba de amplia aceptación y era objeto de arraigada creencia en millones de ciudadanos soviéticos de todas las clases, edades y oficios, sobre todo en las ciudades».[2] Se trata de una afirmación vaga, no demostra-

[1] Ian Kershaw, *The «Hitler Myth»: Image and Reality in the Third Reich*, Oxford, Oxford University Press, 2001.
[2] Stephen F. Cohen, *Rethinking the Soviet Experience: Politics and History since 1917*, Oxford, Oxford University Press, 1985, p. 101.

da, ni más verdadera ni más falsa que su opuesta, a saber, que millones de ciudadanos soviéticos en todos los entornos sociales no creían en el culto a Stalin, sobre todo en el campo. Ni siquiera los partidarios más incondicionales podían leer el pensamiento del líder. Así, aún menos podrían leer los de millones de personas sometidas al régimen que ellos mismos defendían.

Los dictadores que se mantuvieron en el poder poseían numerosas habilidades. Muchos de ellos destacaban en ocultar sus propios sentimientos. Mussolini se veía a sí mismo como el mejor actor de Italia. En un momento en el que bajó la guardia, Hitler también dijo ser el mejor intérprete teatral de Europa. Pero en una dictadura también eran muchas las personas corrientes que aprendían a hacer teatro. Tenían que sonreír cuando se les ordenaba, recitar como loros las directrices del partido, gritar los eslóganes y aclamar al líder. En pocas palabras: se les exigía que crearan la ilusión de que el pueblo seguía al dictador por voluntad propia. Los que se negaban sufrían multas, cárcel y, ocasionalmente, la muerte.

Lo más importante no era que los súbditos que adoraban de verdad a su dictador fueran pocos, sino que nadie tuviese claro quién creía en qué. El objetivo del culto a la personalidad no era convencer, ni persuadir, sino sembrar la confusión, destruir el sentido común, forzar a obedecer, aislar a los individuos y aplastar su dignidad. Las personas se veían obligadas a autocensurarse y, a su vez, vigilaban a otros y denunciaban a quienes no parecieran lo suficientemente sinceros en sus manifestaciones de devoción para con el líder. Bajo una apariencia general de uniformidad, existía un amplio espectro, que iba desde quienes idealizaban de verdad al líder—partidarios sinceros, oportunistas, matones—hasta quienes lo contemplaban con indiferencia, apatía e incluso hostilidad.

Los dictadores eran populares en sus países, pero también suscitaban la admiración de extranjeros, entre quienes había intelectuales distinguidos y políticos eminentes. Algunas de las mentes más brillantes del siglo XX estuvieron dispuestas a pasar por alto e incluso a justificar la tiranía en nombre de un bien superior, y contribuyeron a cimentar el prestigio de sus dictadores favoritos. En estas páginas aparecerán tan sólo de pasada, porque ya han sido objeto de varios estudios excelentes, entre los que podemos destacar la obra de Paul Hollander.[1]

El culto a la personalidad tenía que aparentar popularidad genuina, como si hubiera brotado del corazón de la gente. Por ello, se impregnaba invariablemente de superstición y magia. En algunos países adquiría una coloración religiosa tan sorprendente que nos sentiríamos tentados de ver en todo ello una peculiar forma de religiosidad secular. Pero en todos los casos, esta impresión se cultivaba deliberadamente desde arriba. Hitler se presentaba a sí mismo como un mesías unido a las masas por un vínculo místico, cuasirreligioso. François Duvalier realizó grandes esfuerzos para cobrar apariencia de sacerdote vudú y alentó la circulación de rumores sobre sus presuntos poderes sobrenaturales.

En los países comunistas, en particular, existía una necesidad añadida de buscar arraigo en lo tradicional. El motivo era sencillo: en países predominantemente rurales como Rusia, China, Corea y Etiopía, eran bien pocos quienes comprendían el marxismo-leninismo. Las invocaciones al líder, entendido éste como una especie de figura sagrada,

---

[1] Paul Hollander, *Political Pilgrims: Western Intellectuals in Search of the Good Society*, Londres, Routledge, 2017; Paul Hollander, *From Benito Mussolini to Hugo Chavez: Intellectuals and a Century of Political Hero Worship*, Cambridge, Cambridge University Press, 2017.

daban mejores resultados que la abstracta filosofía política del materialismo dialéctico, que la población del campo, mayoritariamente analfabeta, no comprendía con facilidad.

La lealtad a una persona era lo más importante en una dictadura, mucho más que la lealtad a un credo. Al fin y al cabo, la ideología puede crear divisiones. Unos mismos escritos pueden interpretarse de maneras diversas y en algunos casos provocan la aparición de facciones. Los mayores enemigos de los bolcheviques eran los mencheviques, y unos y otros juraban por Marx. Mussolini menospreciaba la ideología y mantuvo deliberadamente al fascismo en la vaguedad. No era hombre que se dejara encorsetar por un rígido armazón de ideas. Se enorgullecía de ser intuitivo y seguir sus instintos, en vez de postular una visión coherente del mundo. Hitler, igual que Mussolini, tenía bien poco que ofrecer, aparte de llamadas al nacionalismo y al antisemitismo.

La cuestión se complica en el caso de los regímenes comunistas, puesto que se suponía que eran marxistas. Pero también en este caso habría sido una imprudencia, tanto para las personas corrientes como para los miembros del partido, invertir demasiado tiempo en el estudio de los escritos de Karl Marx. En el régimen de Stalin había que ser estalinista, maoísta en el de Mao y kimista en el de Kim.

En el caso de Mengistu, el compromiso con los dogmas del socialismo, más allá de las consabidas banderas y estrellas rojas, era superficial. Por toda Etiopía se hallaban carteles que representaban a la Santísima Trinidad, a saber, Marx, Engels y Lenin. Pero quien de verdad atraía a Mengistu no era Marx, sino Lenin. Marx había ofrecido una visión de igualdad, pero Lenin había inventado una herramienta para hacerse con el poder: la vanguardia revolucionaria. En vez de aguardar a que los trabajadores desarrollaran conciencia de clase y acabaran con el capitalismo—como había propuesto Marx—, un grupo de revolucionarios profesionales, organizados de acuerdo con una disciplina militar estricta, encabezarían la revolución y crearían una dictadura del proletariado que dirigiría desde arriba la transición del capitalismo al comunismo y eliminaría sin misericordia a todos los enemigos del progreso. Desde el punto de vista de Mengistu, la colectivización en el campo podía tener carácter marxista, pero era sobre todo un medio para extraer un mayor volumen de cereales y reforzar el Ejército.

Los dictadores comunistas transformaron el marxismo hasta dejarlo irreconocible. Marx había propuesto que los trabajadores del mundo entero se unieran en una revolución proletaria, pero Stalin promovió el concepto de «socialismo en un solo país», pues entendía que la Unión Soviética tenía que volverse más fuerte antes de exportar la revolución al extranjero. Mao leía a Marx, pero le dio la vuelta al hacer que la punta de lanza de la revolución fueran los campesinos y no los obreros. En vez de sostener que las condiciones materiales eran la fuerza primaria en el cambio histórico, Kim Il-sung defendió la idea exactamente opuesta: afirmó que el pueblo podía lograr el verdadero socialismo a partir de la confianza en sí mismo. En 1972 el pensamiento del Gran Líder se había incorporado a la Constitución y el marxismo desapareció por completo de Corea del Norte. Pero en todos estos casos, el concepto leninista de vanguardia revolucionaria no cambió prácticamente en nada.

En la mayoría de los casos, la ideología era un acto de fe, una prueba de lealtad. Con esto no queremos afirmar que los dictadores carecieran por completo de una visión del mundo, ni de un sistema de creencias. Mussolini creía en la autosuficiencia económica y la invocaba como un encantamiento. Mengistu tenía una fijación con Eritrea, a la que consideraba una provincia rebelde, y estaba convencido de que una guerra implacable era la única solución. Pero en último término la ideología era lo que el dictador quería que fuese, y lo que el dictador decretara podía cambiar con el tiempo. El poder residía en su persona y su palabra era ley.

Los dictadores mentían a su pueblo, pero también se mentían a sí mismos. Unos pocos se perdían en su propio mundo, convencidos de su genio. Otros desarrollaban una desconfianza patológica frente a su entorno. Todos ellos estaban rodeados de aduladores. Oscilaban entre la soberbia y la paranoia, y como resultado tomaban decisiones importantes sin consultar con nadie, con efectos devastadores que se cobraban la vida de millones de personas. Unos pocos se desconectaron por completo de la realidad, como ocurrió con Hitler durante sus últimos años, por no hablar de Ceaușescu. Pero muchos de ellos lograron imponerse. Stalin y Mao murieron por causas naturales, tras haber hecho de sí mismos objetos de adoración durante varias décadas. Duvalier consiguió dejar el poder en herencia a su hijo, con lo que el culto a su personalidad se prolongó durante doce años más. Y en el caso del culto a la personalidad más extravagante que se haya visto, el clan Kim de Corea del Norte ha llegado a su tercera generación.

La lista de líderes considerados como dictadores modernos sobrepasa ampliamente el centenar. Algunos permanecieron tan sólo unos meses en el poder, otros duraron décadas. Habríamos podido incluir en este libro—sin seguir un orden particular—a Franco, Tito, Hoxha, Sukarno, Castro, Mobutu, Bokassa, Gadafi, Sadam, Ásad (padre e hijo), Jomeiní y Mugabe.

La mayoría de ellos gozaron de un tipo u otro de culto a la personalidad, a modo de variaciones sobre un mismo tema. Hubo unas pocas excepciones, como por ejemplo Pol Pot.

Durante dos años después de que llegara al poder, se discutió incluso su identidad exacta. Los camboyanos hablaban de Angkar, o 'la Organización'. Pero, como ha observado el historiador Henri Locard, la decisión de no establecer un culto a la personalidad tuvo consecuencias desastrosas para los jémeres rojos. El anonimato de una organización que sofocaba todo conato de oposición desde sus mismos inicios acabó por resultar contraproducente: «Como el Angkar no suscitaba adulación ni sumisión, tan sólo podía generar odio».[1] Incluso el Gran Hermano de la novela *1984* de George Orwell tenía un rostro que contemplaba a la gente desde cualquier rincón.

Los dictadores que perduraban solían valerse de dos instrumentos de poder: el culto a la personalidad y el terror. Pero demasiado a menudo se ha estudiado el culto a la personalidad como si fuese una mera aberración, un fenómeno repugnante pero marginal. Este libro pone el culto a la personalidad en el lugar que le corresponde, en el mismísimo corazón de la tiranía.

[1] Henri Locard, *Pol Pot's Little Red Book: The Sayings of Angkar*, Bangkok, Silkworm Books, 2004, p. 99.

MUSSOLINI

El barrio de EUR, colindante con el centro histórico, es uno de los distritos más austeros de Roma. Lo atraviesan amplias avenidas lineales y posee impresionantes edificios revestidos de blanco y reluciente mármol travertino, el mismo material que se usó para construir el Coliseo. EUR son las siglas de Esposizione Universale Roma, una gigantesca exposición planeada por Benito Mussolini para 1942, año en el que se celebraba el vigésimo aniversario de la Marcha sobre Roma. En palabras de su principal arquitecto, Marcello Piacentini, el proyecto habría servido para exhibir una civilización nueva y eterna, una «civilización fascista». Si bien la Segunda Guerra Mundial impidió que la exposición llegara a celebrarse, muchos de los edificios se terminaron durante la década de 1950. Una de las construcciones más emblemáticas de EUR, edificada sobre un alto podio como de antiguo templo romano, en medio de majestuosos pinos piñoneros, alberga los archivos del Estado.[1]

En una majestuosa sala de lectura, al pie de imponentes columnas, se pueden leer las cartas cubiertas de polvo, ya amarillentas, que se enviaron al Duce. En el culmen de su gloria recibía hasta mil quinientas misivas en un solo día. Todas ellas pasaban por una secretaría personal en la que trabajaban unas cincuenta personas. Éstas se encargaban de seleccionar unos pocos centenares de epístolas para someterlas a su atención personal. En 1943, cuando Musso-

---

[1] Aristotle Kallis, *The Third Rome, 1922-43: The Making of the Fascist Capital*, Houndmills, Basingstoke, Palgrave Macmillan, 2014, p. 245.

lini perdió el poder, el archivo comprendía medio millón de documentos.[1]

El 28 de octubre de 1940, fecha en la que se celebraba el Día Uno del calendario fascista, llegaron telegramas desde todo el reino. Se recibieron odas a «Su Suprema y Gloriosa Excelencia». Salustri Giobbe exaltaba al «genio supremo que ha prevalecido sobre todas las tempestades del mundo». El prefecto de Trieste—por poner otro ejemplo— informó de que toda la población loaba su genio, mientras que la ciudad de Alessandria lo saludaba formalmente como Creador de Grandeza.[2]

Pero, por encima de todo, los admiradores del Duce querían fotografías firmadas. Se las pedían personas de todo tipo, desde estudiantes de enseñanza primaria que escribían para felicitarlo por Navidad hasta madres que lloraban la pérdida de sus hijos en la guerra. A menudo, Mussolini respondía. Francesca Corner, una veneciana jubilada de noventa y cinco años, recibió respuesta y se sintió abrumada por un «torrente de emociones sin par», según el prefecto local que presenció la escena e informó sobre ella con diligencia.[3]

Mussolini, como la mayoría de los dictadores, fomentaba la idea de que él mismo era un hombre del pueblo, accesible a todo el mundo. En marzo de 1929 alardeó frente a los máximos dirigentes de haber atendido 1 887 112 casos individuales sobre los que su secretaría personal le había llamado la atención. «Cada vez que un ciudadano, aunque

[1] Christopher Duggan, «The Internalisation of the Cult of the Duce: The Evidence of Diaries and Letters», en: Stephen Gundle, Christopher Duggan y Giuliana Pieri (eds.), *The Cult of the Duce: Mussolini and the Italians*, Mánchester, Mánchester University Press, 2013, p. 130.

[2] ACS, SPD, CO, c. 2762, f. 509819.

[3] ACS, SPD, c. 386, f. 142471, 29 de abril de 1933, c. 386, f. 142484, 6 de junio de 1933; c. 2773, diciembre de 1938.

viva en uno de los pueblos más remotos, se ha dirigido a mí, ha recibido respuesta».[1] Era una afirmación atrevida, pero, según lo que testifican los archivos, no totalmente falsa. Según un testimonio, Mussolini empleaba más de la mitad de su tiempo en cuidar de su propia imagen.[2] Era el maestro supremo en propaganda: actor, director de escena y brillante publicista de sí mismo, todo a la vez.

Muy pocos habrían sido capaces de predecir su ascenso al poder. El joven Mussolini probó suerte como periodista al servicio del Partido Socialista Italiano, pero perdió el favor de sus camaradas al abogar por la entrada de Italia en la Primera Guerra Mundial. Lo llamaron a filas y la explosión accidental de un proyectil de mortero le causó heridas en 1917.

Igual que en otras partes de Europa, el final de la guerra dio inicio a un período de agitación obrera. Al cabo de varios años de matanzas en el campo de batalla y regimentación de las fábricas, los trabajadores empezaron a tomar parte en huelgas que paralizaron la economía. Municipios enteros, inspirándose en la toma del poder de Lenin en Rusia en 1917, se volvieron socialistas y empezaron a izar la bandera roja, declarándose partidarios de una dictadura del proletariado. Fueron los Años Rojos. En 1920 el Partido Socialista había superado los doscientos mil afiliados, mientras que la Confederación General del Trabajo presumía de haber sobrepasado los dos millones de miembros.[3]

En 1919, Mussolini lanzó un movimiento que se convertiría en el Partido Fascista. Su programa era vagamente libertario, patriótico y anticlerical, y disfrutó de una ruido-

[1] Herman Finer, *Mussolini's Italy*, Nueva York, Holt and Co., 1935, p. 298.

[2] Denis Mack Smith, «Mussolini, Artist in Propaganda: The Downfall of Fascism», *History Today*, 9, n.º 4, abril de 1959, p. 224.

[3] Peter Neville, *Mussolini*, Abingdon, Routledge, 2015, p. 46.

sa promoción en el *Popolo d'Italia* del propio Mussolini. Pero el fascismo no logró votos suficientes en las elecciones generales para hacerse con un solo escaño en el Parlamento. Los miembros del partido lo abandonaron en masa y quedaron menos de cuatro mil seguidores fieles en todo el país. Mussolini, víctima de las burlas de sus oponentes políticos, afirmó con amargura: «El fascismo ha llegado a un callejón sin salida», y especuló abiertamente con la posibilidad de abandonar la política y empezar una carrera en el teatro.[1]

El desaliento fue tan sólo momentáneo. En septiembre de 1919, el poeta Gabriele d'Annunzio encabezó a 186 amotinados en un asalto a Fiume, una ciudad que Italia había exigido para sí un año antes, tras la caída de la monarquía austrohúngara. Mussolini advirtió que tal vez podría conseguir por la fuerza bruta el poder que no había alcanzado mediante unas elecciones libres. Pero D'Annunzio también inspiró a Mussolini en otros sentidos. En Fiume, el extravagante poeta se proclamó *Duce*, un término derivado de la palabra latina *dux*, que significa 'líder'. D'Annunzio conservó el poder en aquella ciudad portuaria de Istria durante quince meses, hasta que el Ejército lo expulsó. Mientras estuvo en ella, apareció regularmente en el balcón para dirigirse a sus seguidores, que vestían camisas negras y saludaban a su líder con el brazo alzado. Todos los días se sucedían desfiles, música de fanfarrias, reparto de medallas y eslóganes sin fin. En palabras de un historiador, lo que el fascismo tomó de D'Annunzio no fue tanto un credo político como una manera de hacer política. Mussolini se dio cuenta de que la pompa y el boato seducían a las masas

---

[1] Ivone Kirkpatrick, *Mussolini: Study of a Demagogue*, Nueva York, Hawthorn Books, 1964, p. 89; Denis Mack Smith, *Mussolini*, Londres, Weidenfeld & Nicolson, 1981, p. 39.

con mucha mayor eficacia que los editoriales incendiarios.[1]

El fascismo en cuanto que ideología se mantuvo en la vaguedad, pero Mussolini había comprendido qué forma iba a adoptar: él mismo sería el líder, el hombre enviado por el destino para resucitar la grandeza de su nación. En 1920 empezó a estudiar pilotaje de aviones. Adoptaba el papel de hombre nuevo, provisto de la clarividencia y el vigor necesarios para llevar a cabo una revolución. Era ya un excelente periodista que sabía emplear un estilo conciso, directo, sin adornos, para aparentar sinceridad y resolución. Había empezado a ejercitarse como actor. Recurría a frases en *staccato* y gestos escasos, pero imperiosos, para cobrar la apariencia de líder indomable: la cabeza hacia atrás, el mentón alto, los brazos en jarras.[2]

En 1921 el Gobierno empezó a cortejar abiertamente a los fascistas, porque albergaba la esperanza de usarlos para debilitar a los partidos de la oposición de izquierdas. El Ejército también simpatizaba con ellos. Las escuadras fascistas, protegidas en algunos casos por las autoridades locales, rondaban por las calles, pegaban palizas a sus oponentes, y asaltaron centenares de sedes sindicales y centros del Partido Socialista. Mientras el país se deslizaba hacia la guerra civil, Mussolini denunciaba la amenaza bolchevique y transformó el fascismo en un partido consagrado a la destrucción del socialismo. Escribió que Italia necesitaba un dictador que la salvara de un alzamiento comunista. En otoño de 1922 las escuadras fascistas ya eran lo bastante poderosas como para controlar extensas zonas del país, y Mussolini amenazó con enviar unos trescientos

---

[1] Emilio Gentile, citado en Lucy Hughes-Hallett, *Gabriele d'Annunzio: Poet, Seducer, and Preacher of War*, Londres, 4th Estate, 2013, loc. 179.

[2] Kirkpatrick, *Mussolini, op. cit.*, pp. 98-99.

mil fascistas armados a la capital, aunque en realidad contara con menos de treinta mil camisas negras. La mayoría de ellos estaban tan mal equipados que no habrían podido hacer nada contra las unidades militares destinadas en Roma. Pero el farol funcionó. La noche entre el 27 y el 28 de octubre, los fascistas empezaron a ocupar edificios de la Administración pública en Milán, y el rey Víctor Manuel, que sabía muy bien el destino que habían padecido los Románov tras la Revolución de Octubre, llamó a Mussolini a Roma y lo nombró primer ministro.[1]

El nombramiento por parte del rey era una cosa, y la imagen que había que dar ante el pueblo, otra muy distinta. Mussolini, que todavía se hallaba en Milán, quiso crear el mito de una Marcha sobre Roma, en la que entrara a caballo en la capital y cruzara el Rubicón con sus legiones para imponer su voluntad a un Parlamento débil. Pero, aun después de que le pidieran la formación de un gobierno, tan sólo había unos pocos miles de fascistas en Roma. Se organizó a toda prisa un simulacro de marcha. Los camisas negras acudieron a la capital. Su primera misión consistiría en destruir las imprentas de los periódicos de la oposición para garantizar que se impusiera la versión fascista de los hechos. Mussolini llegó en tren la mañana del 30 de octubre. El rey pasó revista a sus soldados victoriosos y al día siguiente se ordenó a éstos que regresaran a sus hogares. Siete años más tarde, para celebrar el aniversario de la Marcha sobre Roma, se inauguró una estatua ecuestre en Bolonia. Medía cinco metros de altura y representaba al Duce con la mirada puesta en el futuro, sosteniendo las riendas con una mano y un estandarte en la otra.[2]

---

[1] Mack Smith, *Mussolini*, *op. cit.*, p. 54.

[2] *Ibid.*, pp. 54-55; Kirkpatrick, *Mussolini*, *op. cit.*, p. 151; *The Times*, 28 de octubre de 1929, p. 14.

Mussolini contaba tan sólo treinta y nueve años. Era de corta estatura, pero fingía ser más alto manteniendo siempre la espalda recta y el torso rígido. «Su rostro era de color cetrino, sus cabellos morenos estaban desapareciendo con rapidez de su alta frente, la boca era grande, los rasgos vivaces, la mandíbula contundente, y en el centro de su cabeza dos ojos penetrantes, grandes y muy negros, casi parecían sobresalir del rostro». Por encima de todo lo demás, su manera de hablar y su gesticulación teatral—la cabeza medio inclinada hacia atrás, el mentón hacia delante, los ojos entornados—estaba calculada para producir una impresión de poder y vitalidad. En privado podía ser cortés y totalmente encantador. El periodista inglés George Slocombe, que lo conoció en 1922, observó que su personalidad pública se transformaba radicalmente en los encuentros personales, porque los músculos perdían tensión, su tensa mandíbula se suavizaba y su voz se volvía cordial. Slocombe señaló que Mussolini había estado a la defensiva a lo largo de toda su vida. «Al haber asumido el papel de agresor, le costaba liberarse de su instintiva desconfianza frente a los desconocidos».[1]

Su prevención frente a otras personas, incluidos sus propios ministros y los dirigentes de su partido, lo acompañó hasta el final de su ida. En palabras de Ivone Kirkpatrick, un agudo observador destacado en la embajada británica: «Estaba siempre pendiente de la aparición de posibles rivales y contemplaba a todos los hombres con la suspicacia de un campesino».[2]

Tenía muchos rivales de los que preocuparse. Aunque proyectara la imagen de un liderazgo de hierro, el fascismo

---

[1] Kirkpatrick, *Mussolini, op. cit.*, p. 156; George Slocombe, *The Tumult and the Shouting*, Kingswood, Windmill Press, 1936, p. 148.

[2] Kirkpatrick, *Mussolini, op. cit.*, p. 176.

no era tanto un movimiento unido como una laxa amalgama de jefes de escuadra locales. Tan sólo un año antes, Mussolini se había enfrentado a una rebelión en las filas promovida por algunos de los fascistas más consolidados, como Italo Balbo, Roberto Farinacci y Dino Grandi. Lo habían acusado de excesiva cercanía con los parlamentarios de Roma. Grandi, un dirigente fascista de Bolonia con fama de violento, había tratado de provocar la caída de Mussolini. Balbo, un joven delgado de cabellos revueltos, era una figura extremadamente popular que durante décadas sería un importante rival. La respuesta de Mussolini consistió en formar un gobierno de coalición del que excluyó a todos los fascistas prominentes. En su primera aparición como primer ministro intimidó a la Cámara de Diputados, hostil contra él, y halagó al Senado, que le veía con buenos ojos. Por encima de todo, les aseguró que respetaría la Constitución. Una aliviada mayoría le concedió plenos poderes, e incluso unos pocos tomaron la palabra para rogar a Mussolini que instaurase una dictadura.[1]

Mussolini apareció brevemente en la escena internacional y viajó a Lausana y Londres para dejarse cortejar por sus potenciales aliados. Él y su séquito hallaron una recepción triunfal en la Victoria Station de Londres, y tuvieron que abrirse paso entre una «vociferante masa humana, cegados por los flashes de las cámaras de los fotógrafos». Cuando aún lo acompañaba la gloria de su Marcha sobre Roma, la prensa lo aclamó como el Cromwell de Italia, el Napoleón italiano, el nuevo Garibaldi en camisa negra. Si bien su imagen internacional cobró cada vez mayor relieve, tendrían que pasar dieciséis años para que volviera a cruzar la frontera italiana.[2]

[1] *Ibid.*, pp. 107 y 200-202.
[2] Quinto Navarra, *Memorie del cameriere di Mussolini*, Milán, Lon-

En la propia Italia, eran pocas las personas que no habían visto al Duce. Mussolini se esforzó por someter a la población a su hechizo, con arrolladoras giras por el país, inacababables visitas por sorpresa a pueblos pequeños, grandes concentraciones con obreros e inauguraciones de proyectos públicos. No tardó en disponer de su propio tren y ordenó que circulara con lentitud cada vez que hallara grandes multitudes. En tales casos se quedaba en pie junto a la ventana. «Todos ellos deberían poder verme», explicó a su ayuda de cámara, que tenía instrucciones de averiguar a qué lado de las vías se concentraban las masas. Lo que al principio había sido una necesidad política terminó por convertirse en obsesión.[1]

Mussolini desconfiaba de sus rivales y puso de inmediato a uno de sus colaboradores más fiables a cargo de los asuntos relacionados con la prensa dentro del Ministerio del Interior, una institución que el propio Duce dirigía. La tarea de Cesare Rossi consistía en promover el fascismo en la prensa, usar fondos secretos para financiar publicaciones favorables a Mussolini y llevar los periódicos independientes a la órbita del Gobierno. Rossi también proporcionaba fondos a un grupo secreto de militantes fascistas que se encargaba de eliminar a los enemigos del régimen. Uno de sus miembros era Amerigo Dumini, un joven aventurero conocido como «el sicario del Duce». En junio de 1924, él y varios cómplices secuestraron a Giacomo Matteotti, líder socialista y diputado que criticaba abiertamente a Mussolini. Lo apuñalaron repetidamente con una lima de carpintero y escondieron su cuerpo en una zanja en las afueras de Roma.[2]

---

ganesi, 1972, pp. 17-18; Dino Biondi, *La fabbrica del Duce*, Florencia, Vallecchi, 1967, p. 96.

[1] Navarra, *Memorie del cameriere di Mussolini*, *op. cit.*, p. 173.

[2] Guido Bonsaver, *Censorship and Literature in Fascist Italy*, Toronto, University of Toronto Press, 2007, pp. 19-20.

El asesinato suscitó un rechazo generalizado. La opinión pública se volvió contra Mussolini, quien, más aislado que nunca, pronunció un discurso conciliatorio que, a su vez, le enajenó las simpatías de sus seguidores, que sufrían los ataques del Parlamento y la prensa. Temeroso de que se volvieran contra él, dio el paso definitivo hacia la dictadura con un violento discurso que pronunció en la Cámara de Diputados el 3 de enero de 1925. Mussolini anunció en tono desafiante que los esfuerzos por formar una coalición parlamentaria eran vanos y que quería seguir el camino de un gobierno exclusivamente fascista. Declaró con osadía que sólo él era responsable de todo lo que había ocurrido. «Si el fascismo ha sido una organización criminal, entonces yo soy el jefe de esa organización criminal». Y tan sólo él enderezaría la situación... mediante una dictadura personal, si era necesario.[1]

Lo que empezó entonces fue una campaña de intimidación en todos los niveles, porque las libertades civiles fueron aplastadas. En pocos días, la policía, con la ayuda de las milicias fascistas, efectuó registros en centenares de domicilios y arrestó a miembros de la oposición.

La prensa estaba amordazada. Aun antes del discurso pronunciado por Mussolini el 3 de enero de 1925, un decreto de julio de 1924 había autorizado a los prefectos el cierre de cualquier publicación sin previo aviso. Pero la prensa liberal aún superaba a los periódicos fascistas por una proporción de doce a uno y vendía cuatro millones de ejemplares a diario. Muchas de sus publicaciones fueron cerradas y

[1] Discurso de Mussolini ante la Cámara, 3 de enero de 1925, Patrick G. Zander, *The Rise of Fascism: History, Documents, and Key Questions*, Santa Bárbara, California, ABC-Clio, 2016, p. 140.

se persiguió a los periodistas más críticos. Se enviaron comisarios de policía a las imprentas a las que aún se permitía funcionar y se procuró que la propaganda llegara a todo el mundo. El *Corriere della Sera*, uno de los más importantes periódicos de la oposición, se transformó en órgano fascista. En noviembre de 1926, una draconiana ley de seguridad pública enumeraba las razones por las que la policía podría efectuar una incautación inmediata. Por ejemplo, los escritos «perjudiciales para el prestigio del Estado, o de sus autoridades». Un manto de secretismo cubrió el país. Se intervenían las líneas telefónicas y se supervisaba el correo. Los matones camisas negras y la policía secreta vigilaban las calles.[1]

Se produjeron varios atentados contra la vida de Mussolini, que de hecho aceleraron la revolución. El 7 de abril de 1926, Violet Gibson, una aristócrata irlandesa, disparó contra el Duce y la bala le rozó la nariz. Seis meses más tarde, un muchacho de quince años trató de dispararle en el curso de un desfile que celebraba la Marcha sobre Roma. Los fascistas lo lincharon allí mismo, lo que alimentó las sospechas de que todo el incidente era un montaje con fines políticos. Desde noviembre de 1925 hasta diciembre de 1926, todas las asociaciones civiles y partidos políticos fueron cayendo bajo el control del Estado. Se suspendió la libertad de asociación, incluso para pequeños grupos de tres o cuatro personas. Tal como Mussolini proclamaba: «Todo dentro del Estado, nada fuera del Estado, nada sin el Estado».[2]

[1] Bonsaver, *Censorship and Literature in Fascist Italy*, *op. cit.*, pp. 20-21; Mack Smith, *Mussolini, op. cit.*, p. 87.
[2] William Bolitho, *Italy under Mussolini*, Nueva York, Macmillan, 1926, p. 107; la cita de Mussolini sobre el Estado es célebre y apareció por primera vez en «Per la medaglia dei benemeriti del comune di Milano», 28 de octubre de 1925, véase Benito Mussolini, *Opera Omnia*, Florencia, La Fenice, 1956, vol. 21, p. 425.

En vísperas de la Navidad de 1925, Mussolini fue investido, con plena autoridad ejecutiva sin intervención del Parlamento, con el nuevo título de jefe de Gobierno. En palabras de un visitante extranjero, se había convertido en algo «parecido a un carcelero con el manojo de llaves en el cinturón y un revólver en la mano, que se paseaba arriba y abajo por Italia sin que nadie rechistara, como en los corredores silenciosos y lúgubres de una gran cárcel».[1]

Con todo, Mussolini también recelaba de los fascistas. En febrero de 1925 nombró a Roberto Farinacci secretario del Partido Nacional Fascista, la única organización política autorizada legalmente en el país. Farinacci emprendió la tarea de limitar el poder de los fascistas y destruir la maquinaria del partido a fin de despejar el camino para un sistema de gobierno personal dominado por Mussolini. Se llevaron a cabo purgas contra miles de los miembros más radicales del partido. Del mismo modo que el Duce se había negado a incorporar dirigentes fascistas al gobierno de coalición de 1922, en aquel momento se recurrió a prefectos locales designados directamente por el Estado para vigilar a la nación. Mussolini gustaba de dividir y gobernar, y se aseguraba de que las personas con cargo en el partido y la burocracia estatal se vigilaran entre sí y le dejaran a él lo sustancial del poder.[2]

Al tiempo que se prescindía de algunos miembros del partido, otros empezaron a adular a su líder. Farinacci, por ejemplo, trabajó con asiduidad en el desarrollo del culto a su señor. En 1923, Mussolini visitó Predappio, el municipio donde había nacido, y los dirigentes locales propusieron señalizar el lugar de su nacimiento con una placa de bron-

---

[1] Bolitho, *Italy under Mussolini, op. cit.*, p. 107.
[2] Kirkpatrick, *Mussolini, op. cit.*, p. 244; Mack Smith, *Mussolini, op. cit.*, p. 102.

ce. Dos años más tarde, al inaugurarla, Farinacci anunció que todos los miembros del partido tendrían que ir en peregrinaje religioso a Predappio y pronunciar un «juramento de lealtad y devoción» al Duce.[1]

Al darse cuenta de que su propia supervivencia había pasado a depender del mito del gran dictador, otros dirigentes del partido se unieron a la fiesta y pintaron a Mussolini como salvador, como autor de milagros «casi divino». Sus propios destinos estaban ligados a los del Duce, el único capaz de sostener la unidad del fascismo. Mussolini era el centro a cuyo alrededor podían colaborar líderes tan distintos como Grandi y Farinacci, en común subordinación.[2]

Roberto Farinacci había purgado las filas del partido y en 1926, a su vez, se le apartó y sustituyó por Augusto Turati, un periodista transformado en líder de escuadra durante los primeros años del movimiento fascista. Turati emprendió la labor de consolidar el culto al Duce y exigió a los miembros del partido un juramento que garantizara su absoluta obediencia a Mussolini. En 1927 escribió el primer catecismo, titulado *Una rivoluzione e un capo* ('Una revolución y un líder'), en el que explicaba que, si bien existía un Gran Consejo, el Duce era «el líder, el único líder, del que emana todo el poder». En sus propias palabras, existía «un espíritu, un alma, una luz, una realidad de la consciencia en la que todos los hermanos pueden encontrarse y reconocerse: el espíritu, la bondad, la pasión de Benito Mussolini». Un año más tarde, en un prefacio que escribió para un libro de texto sobre los orígenes y el desarrollo del fascismo, identificó la revolución con Mussolini, y a Mus-

---

[1] ACS, SPD, Carteggio Ordinario, c. 234, f. 2795, pp. 19731-19736, mayo de 1923; Lorenzo Santoro, *Roberto Farinacci e il Partito Nazionale Fascista 1923-1926*, Soveria Mannelli, Rubbettino, 2008, pp. 197-198.

[2] Mack Smith, *Mussolini, op. cit.*, pp. 102-103; Mario Rivoire, *Vita e morte del fascismo*, Milán, Edizioni Europee, 1947, p. 107.

solini con la nación: «Cuando la nación entera avanza por el camino del fascismo, su rostro, su espíritu, su fe se hacen uno con el Duce».[1]

Aunque de vez en cuando Mussolini expresara desagrado por el culto que rodeaba a su persona, él mismo era su principal arquitecto. Era maestro en el arte de proyectar su propia imagen y estudiaba con gran cuidado ciertos gestos y poses. Ensayaba en Villa Torlonia, una gran mansión neoclásica edificada en una extensa propiedad, en la que residió desde 1925. Pasaba las noches sentado en una cómoda silla de una sala de proyección y estudiaba todos los detalles de sus apariciones públicas. Mussolini se consideraba el mejor actor de Italia. Años más tarde, el descontento se pintaría en su rostro con ocasión de una visita de Greta Garbo a Roma. No quería que nadie le hiciera sombra.[2]

Su repertorio fue cambiando con el tiempo. Su famoso ceño fruncido—imitado por el servil Farinacci—desapareció en 1928, y a lo largo de los años sus duras facciones se suavizaron. Su mandíbula perdió rigidez. Su ardiente mirada, tan impresionante en 1922, se volvió más serena, y su sonrisa parecía agradable. En palabras de George Slocombe: «Aparte de Stalin, ningún otro líder europeo exhibe esa misma calma, ese mismo aplomo imperturbable, resultado de los años en los que ha ejercido la autoridad suprema sin interrupción».[3]

[1] Augusto Turati, *Una rivoluzione e un capo*, Roma, Libreria del Littorio, 1927, pp. 35 y 143; Partito Nazionale Fascista, *Le origini e lo sviluppo del fascismo, attraverso gli scritti e la parola del Duce e le deliberazioni del P.N.F. dall'intervento alla marcia su Roma*, Roma, Libreria del Littorio, 1928, p. xiii.

[2] Navarra, *Memorie del cameriere di Mussolini, op. cit.*, pp. 197-199.

[3] Percy Winner, «Mussolini: A Character Study», *Current History*, 28, n.º 4, julio de 1928, p. 526; Bolitho, *Italy under Mussolini, op. cit.*, p. 62; Slocombe, *The Tumult and the Shouting, op. cit.*, p. 149.

Desde 1914 *Il Popolo d'Italia* había sido el periódico personal de Mussolini, que durante muchos años se había proclamado líder natural desde sus páginas. En 1922 confió la dirección editorial del rotativo a su propio hermano, Arnaldo, y desde entonces el diario empezó a pintar al Duce como un semidiós.[1]

Cesare Rossi, a quien Mussolini había hecho responsable de la prensa en 1922, se había visto obligado a huir del país tras el asesinato de Matteotti. Pero el departamento que había dirigido estaba en auge. A partir de 1924, la Oficina de Prensa se encargó de que todos los periódicos anduvieran llenos de lo que un crítico llamó «nauseabundas alabanzas» a Mussolini. Sus discursos gozaban de una amplia difusión. En palabras de Italo Balbo, uno de los dirigentes de los camisas negras: «Italia es un periódico en el que Mussolini escribe todos los días la primera plana».[2]

En 1925, la Oficina de Prensa se hizo cargo del Istituto Luce, una institución consagrada a producir y distribuir material cinematográfico. Mussolini asumió su dirección directa. Visualizaba previamente y editaba noticiarios en su sala de proyección de Villa Torlonia. Al cabo de unos pocos años, todos los cines, desde las salas más humildes de los barrios obreros hasta las grandes, con mobiliario dorado y lujosas alfombras, quedaron obligados por ley a exhibir noticiarios producidos por Luce, con Mussolini como tema principal.[3]

---

[1] Camillo Berneri, *Mussolini grande attore*, Pistoya, Edizioni dell'Archivio Famiglia Berneri, 1.ª edición 1934, 2.ª edición 1983, pp. 25-26; Mack Smith, *Mussolini, op. cit.*, p. 124.

[2] William Sloane Kennedy, *Italy in Chains*, West Yarmouth, Massachusetts, Stonecraft Press, 1927, p. 18; Henri Béraud, *Ce que j'ai vu à Rome*, París, Les Editions de France, 1929, p. 38; Rivoire, *Vita e morte del fascismo, op. cit.*, p. 99.

[3] Adrian Lyttelton, *The Seizure of Power: Fascism in Italy, 1919-1929*,

Luce también producía imágenes del líder, y las imprimía y montaba en álbumes para someterlas a su aprobación. Después de toda la publicidad adversa ocasionada por el asunto Matteotti, la fotografía tuvo un papel crucial en humanizar su imagen. Se sacaron fotografías del Duce y su familia en Villa Torlonia. Los terrenos de la villa también sirvieron como escenario para que el Duce se fotografiara a caballo. En estas fotografías, cabalgaba y saltaba con el animal sobre un obstáculo de madera de buena mañana. Lo fotografiaron mientras iba en coche, jugaba con cachorros de león, se dirigía a la multitud, trillaba trigo y tocaba el violín. Aparecía como esgrimista, navegante, nadador y piloto. El periodista francés Henri Béraud observó en 1929: «Dondequiera que uno mire, dondequiera que uno vaya, hallará a Mussolini, y más Mussolini, siempre a Mussolini». Aparecía en retratos, medallas, grabados e incluso pastillas de jabón. Su nombre adornaba periódicos, libros, muros y vallas. «Mussolini es omnipresente, es como un dios. Te observa desde todos los ángulos y lo ves en todos los lugares».[1]

Por otra parte, una biografía publicada en lengua inglesa en 1925 lo humanizó. Titulada *The Life of Benito Mussolini* ('La vida de Benito Mussolini'), apareció en italiano al año siguiente con el título de *Dux*. Llegaron a imprimirse diecisiete ediciones y dieciocho traducciones. El libro, escrito por Margherita Sarfatti, su antigua amante, mitologizaba su infancia. Hijo de un herrero, había nacido un domingo por la tarde a las dos. «El sol había entrado ocho días antes en la constelación de Leo». «Niño muy travieso y revoltoso», había dominado a los demás antes de an-

---

Londres, Weidenfeld & Nicolson, 2.ª edición, 1987, p. 401.

[1] Béraud, *Ce que j'ai vu à Rome, op. cit.*, pp. 37-42; acerca de la imagen de Mussolini, véase también Simonetta Falasca-Zamponi, *Fascist Spectacle: The Aesthetics of Power in Mussolini's Italy*, Berkeley, California, University of California Press, 2000.

dar. Era uno de esos hombres «que han nacido para suscitar admiración y devoción en todos cuantos los rodean», porque las personas caían «bajo el poder de su magnetismo y la fuerza de su personalidad». Una descripción de la herida que había sufrido en 1917 lo transformaba en objeto de reverencia cuasirreligiosa, por «su carne traspasada por flechas, cubierta de heridas y bañada en sangre», y aun así sonreía con gentileza a todos cuantos le rodeaban.[1]

Aunque Mussolini en persona hubiera revisado el texto de *Dux*, prefería la biografía oficial de Giorgio Pini. En esta última, la ausencia de toda crítica era tan descarada que no se tradujo hasta 1939. *Vita de Mussolini*, de Pini, se distribuía sin coste alguno a las escuelas, donde también se leían en clase largos pasajes de la de Sarfatti. Aparecieron libros de texto fascistas destinados específicamente a los niños. Todos ellos contribuían a la leyenda del Duce como trabajador incansable consagrado a su pueblo. *Il Libro dell'Avanguardista* (los *avanguardisti* eran los miembros de la Opera Nazionale Balilla, una organización juvenil del régimen fascista) de Vincenzo de Gaetano equiparaba al movimiento con la persona de Mussolini: «Quien habla de fascismo, habla de Él. El fascismo es su causa, él la ha creado, él la ha imbuido con su espíritu y le ha dado vida». Algunos niños se sabían de memoria la historia de su vida. La primera frase marcaba el tono: «Creo en el Supremo Duce, creador de los camisas negras, y en Jesucristo, Su Único Protector». En las paredes de todas las escuelas se leía el eslogan: «De Mussolini a los niños de Italia». En las cubiertas de los cuadernos de escritura aparecía su retrato.[2]

---

[1] Margherita Sarfatti, *The Life of Benito Mussolini*, Londres, Butterworth, 1925, pp. 29-30, 44 y 230.
[2] Berneri, *Mussolini grande attore*, *op. cit.*, pp. 26-28; Vincenzo de

Mussolini cultivaba sin cesar su propia imagen. Se explicó a la nación que jamás dormía, que trabajaba por el bien del país hasta altas horas de la madrugada, y que por ello las luces del despacho que ocupaba en el Palazzo Venezia, una obra maestra arquitectónica edificada por los papas en el siglo xv, siempre estaban encendidas durante la noche. El epicentro de la nación era la Sala del Mappamondo, un amplio espacio que medía unos dieciocho por quince metros. Apenas tenía mobiliario. El escritorio del Duce se hallaba en una esquina del fondo, con la espalda vuelta hacia la ventana. Una vez se les hacía pasar por la puerta, los visitantes tenían que cruzar la sala y ya estaban intimidados antes de verle siquiera los ojos.

Su despacho estaba conectado a un balcón y lo usaba para dirigirse a la muchedumbre que se reunía abajo. Preparaba meticulosamente sus discursos. En algunos casos se los aprendía de memoria, en otros los escribía, y los ensayaba al tiempo que caminaba por la Sala del Mappamondo. Pero también sabía actuar con espontaneidad, cambiar el guion y adaptar sus gestos al humor del público. Hablaba con voz metálica, en frases breves y sencillas, que declamaba como martillazos. Su memoria era legendaria, pero recurría a estrategias diversas para preservar su reputación. Así, por ejemplo, preparaba preguntas, o ensayaba con una enciclopedia.[1]

Mussolini concedía audiencias a multitudes de admiradores en Villa Torlonia o en la Sala del Mappamondo. Cada día tenía su cuota: «Maestros de escuela de Australia, pa-

---

Gaetano, *Il libro dell'Avanguardista*, Catania, Società Tip. Editrice Siciliana, 1927, pp. 45-46; véase también Sckem Gremigni, *Duce d'Italia*, Milán, Istituto di Propaganda d'Arte e Cultura, 1927.

[1] Navarra, *Memorie del cameriere di Mussolini, op. cit.*, pp. 110-112, 124-125 y 135; Emil Ludwig, *Talks with Mussolini*, Boston, Little, Brown, and Co., 1933, p. 80; Kirkpatrick, *Mussolini, op. cit.*, p. 159.

rientes lejanos de Pares de Inglaterra, hombres de negocios estadounidenses, *boy scouts* húngaros, poetas del Lejano Oriente, todo el mundo que desee acceder a la Augus-
ta Presencia halla una cálida recepción». Tal como Percy
Winner, corresponsal de Associated Press, comentaría más
adelante con agudeza, no había ninguna otra circunstancia
que ilustrara el apetito de Mussolini por la adulación como
el hecho de que durante años estuviera en contacto, sin indicio alguno de aburrimiento, con un inacabable desfile de
visitantes que acudían a halagarlo.[1]

Las visitas también tenían una finalidad estratégica, a
saber, consolidar su reputación como hombre fuerte en el
plano internacional. El respeto del que gozaba en el exterior acallaba a los críticos en su propio país. Ponía especial
cuidado en engañar a los periodistas y escritores extranjeros con su atractivo. Sus esfuerzos hallaron amplia recompensa en una sucesión de artículos y libros encomiásticos,
que la prensa fascista nunca dejaba de resaltar. A los periodistas extranjeros que se mostraban críticos no se les invitaba por segunda vez.

Eran muchos los que, abrumados por la inmensidad de
su despacho y aliviados por la cordial recepción que hallaban en aquel hombre de fama tan terrible, se marchaban
convencidos de haber conocido a un profeta. A menudo,
bastaba con una simple sonrisa para desarmar a un visitante aprensivo. El escritor francés René Benjamin, galardo-
nado con el premio literario más prestigioso de Francia, el
Goncourt, quedó tan amedrentado por el encuentro que a
duras penas logró recorrer la gran distancia que iba desde
la puerta hasta el escritorio de Mussolini. Al llegar a este último, una amplia sonrisa lo conquistó al instante. Maurice
Bedel, un compatriota que en 1927 había ganado también

---

[1] Winner, «Mussolini: A Character Study», *op. cit.*, p. 525.

el Premio Goncourt, dedicó un capítulo entero a la sonrisa del Duce. «¿Acaso cesa en algún momento—se preguntaba—, aunque sólo sea por unos breves instantes, de ser un semidiós arrastrado por un violento destino?». Otros se sentían cautivados por sus ojos. La poeta Ada Negri los consideraba «magnéticos», pero también se fijó en sus manos: «Tiene las manos más bellas, psíquicas, como alas que se despliegan».[1]

También acudían grandes líderes a rendirle homenaje. Mohandas Gandhi, que lo visitó en dos ocasiones, declaró que se trataba de «uno de los grandes hombres de Estado de nuestro tiempo», mientras que Winston Churchill, en 1933, afirmaba que «el genio romano» era «uno de los mayores legisladores que se hallan entre los hombres que viven hoy día». Si nos ceñimos a los visitantes estadounidenses, recibió a William Randolph Hearst; a Al Smith, gobernador de Nueva York; a Thomas W. Lamont, banquero; al coronel Frank Knox, futuro candidato a la vicepresidencia, y al cardenal William O'Connell, arzobispo de Boston. Tras una breve reunión, Thomas Edison proclamó que era el «mayor genio de los tiempos modernos».[2]

---

[1] René Benjamin, *Mussolini et son peuple*, París, Librairie Plon, 1937, p. 235; Maurice Bedel, *Fascisme An VII*, París, Gallimard, 1929, pp. 18-19; Berneri, *Mussolini grande attore, op. cit.*, p. 43.

[2] Navarra, *Memorie del cameriere di Mussolini, op. cit.*, p. 161; Romain Hayes, *Subhas Chandra Bose in Nazi Germany: Politics, Intelligence and Propaganda, 1941-1943*, Londres, Hurst, 2011, pp. 9-10; Robert Blake y William Roger Louis (eds.), *Churchill*, Oxford, Clarendon Press, 2002, p. 258; Edwin P. Hoyt, *Mussolini's Empire: The Rise and Fall of the Fascist Vision*, Nueva York, Wiley, 1994, p. 115; véase también John Patrick Diggins, *Mussolini and Fascism: The View from America*, Princeton, Princeton University Press, 1972; David F. Schmitz, *The United States and Fascist Italy, 1922-1940*, Chapel Hill, Carolina del Norte, University of North Carolina Press, 1988.

Mussolini, siempre receloso de los demás, no se contentaba con rodearse de seguidores mediocres, sino que además los reemplazaba con frecuencia. El peor, desde muchos puntos de vista, fue Achille Starace, un adulador sin sentido del humor que en diciembre de 1931 sustituyó a Augusto Turati como secretario del partido. «Starace es un cretino», objetó un seguidor de Mussolini. «Eso ya lo sé—replicó éste—, pero es un cretino que obedece».[1]

Starace era un fanático y su primera tarea consistió en subordinar todavía más el partido a la voluntad de Mussolini. A fin de conseguirlo, empezó por eliminar a los dirigentes fascistas que no se sometían a las directrices, y luego incrementó el número de miembros del partido. Éste se duplicó con creces, desde los ochocientos veinticinco mil de 1931 hasta más de dos millones en 1936. Muchos de los nuevos afiliados, más que personas con convicciones ideológicas, eran oportunistas, más interesados en una carrera que en los postulados del fascismo. En 1939, una voz crítica señaló que el resultado de admitir a tanta gente corriente en las filas del partido fue que éste se despolitizara: «El fascismo ha matado al antifascismo y al fascismo», apuntó. A continuación, afirmó: «La fuerza del fascismo radica en la escasez de fascistas». La lealtad al líder, más que la fe en el fascismo, se transformó en lo más importante, y se exigía a todo el mundo, tanto dentro como fuera del Partido Fascista. En tiempos de Starace, podía ocurrir que muchos miembros del partido no fueran fascistas, pero había bien pocos que no fueran mussolinistas.[2]

A Mussolini le parecía bien que fuera así. Alardeaba de

[1] Roberto Festorazzi, *Starace. Il mastino della rivoluzione fascista*, Milán, Ugo Mursia, 2002, p. 71.

[2] Piero Melograni, «The Cult of the Duce in Mussolini's Italy», *Journal of Contemporary History*, 11, n.º 4, octubre de 1976, pp. 221-224; véase también Winner, «Mussolini: A Character Study», *op. cit.*, p. 518.

guiarse por la intuición, el instinto y la pura voluntad de poder, en vez de por el mero intelecto, y despreció repetidamente la idea de una visión del mundo coherente desde un punto de vista ideológico. «No creemos en programas dogmáticos, en rígidos esquemas que vayan a contener y desafiar la cambiante, insegura y compleja realidad». A lo largo de su propia carrera, no había dudado en cambiar de rumbo cuando las circunstancias lo exigían. No fue capaz de desarrollar una filosofía política, y en cualquier caso no quería ceñirse a ningún principio moral, ni ideológico, ni de ningún otro tipo. En palabras de uno de sus biógrafos: «Acción, acción, acción…, en ello se resumía todo su credo».[1]

La política se transformó en la glorificación de un individuo ante las masas. La divisa del régimen era: «Mussolini siempre tiene razón». Mussolini no era tan sólo un hombre enviado por la Providencia, sino la encarnación de la propia Providencia. Se esperaba obediencia ciega por parte de todos los italianos. Las palabras «Creer, obedecer, luchar» se pintaban en letras grandes y negras sobre edificios, se escribían con plantillas sobre las paredes, se exhibían en colores brillantes por toda la nación.

Starace promovía un sedicente estilo fascista que afectaba a todos los aspectos de la vida cotidiana. Todas las reuniones empezaban con un «Saludo al Duce», mientras que el saludo romano, con el brazo derecho tendido en alto, reemplazó al apretón de manos. Se hizo llevar uniforme a toda la población. Incluso los pequeños posaban con camisa negra ante la cámara fotográfica. Los niños se ataviaban con uniformes negros todos los sábados—declarados «Sábado Fascista» por el Gran Consejo en 1935—y se pre-

---

[1] Berneri, *Mussolini grande attore*, op. cit., p. 54; Kirkpatrick, *Mussolini*, op. cit., p. 161.

sentaban en las sedes locales para aprender a desfilar con rifles de juguete al hombro.[1]

Un Ministerio de Cultura Popular reemplazó a la Oficina de Prensa creada años antes por Cesare Rossi. La nueva organización estaba dirigida por el yerno del Duce, un joven con talento llamado Galeazzo Ciano, que emulaba al Ministerio de Ilustración Popular y Propaganda del Reich alemán. Igual que su equivalente germano, todos los días enviaba instrucciones a los responsables editoriales en las que se explicaba en detalle qué se podía mencionar y qué estaba prohibido. El palo estaba acompañado de una zanahoria, porque los fondos secretos que habían alimentado la Oficina de Prensa crecieron enormemente. Entre 1933 y 1943 se emplearon más de cuatrocientos diez millones de liras —por aquel entonces, el equivalente aproximado de veinte millones de dólares estadounidenses— para promover al régimen y a su líder en periódicos de todo el país. Para 1939, hasta los eslóganes pronunciados por el Duce aparecían en la cabecera de diarios subvencionados. «O preciosa amistad, o brutal hostilidad», proclamaba el *Cronaca Prealpina*, citando un discurso pronunciado en Florencia por Mussolini en mayo de 1930, mientras que *La Voce di Bergamo* anunciaba: «El secreto de la victoria: obediencia». Algunas publicaciones extranjeras aceptaron subsidios. *Le Petit Journal*, el cuarto periódico más popular de Francia, se benefició de una aportación secreta de veinte mil liras.[2]

---

[1] Tracy H. Koon, *Believe, Obey, Fight: Political Socialization of Youth in Fascist Italy, 1922-1943*, Chapel Hill, Carolina del Norte, University of North Carolina Press, 1985, pp. 111-112; Mack Smith, *Mussolini, op. cit.*, pp. 175-176; G. Franco Romagnoli, *The Bicycle Runner: A Memoir of Love, Loyalty, and the Italian Resistance*, Nueva York, St. Martin's Press, 2009, p. 48.

[2] Puede encontrarse una lista de periódicos que recibían incentivos en ACS, MCP, Informes, c. 7, f. 73; las divisas figuran en ACS, MCP, Ga-

Los fondos secretos también se usaban para persuadir a artistas, académicos y escritores de que se unieran al movimiento. De acuerdo con una estimación, el coste de dichos subsidios creció de un millón y medio de liras en 1934 a ciento sesenta y dos millones en 1942. Uno de los beneficiarios fue Asvero Gravelli, militante ya en los primeros tiempos y autor de una hagiografía titulada *Uno e molti. Interpretazioni spirituali de Mussolini* ('Uno y muchos. Interpretaciones espirituales de Mussolini'), publicada en 1938. «Dios e Historia son dos términos que se identifican con Mussolini», declaró Gravelli con osadía, aunque se resistiera a la tentación de compararlo con Napoleón: «¿Quién se parece a Mussolini? Nadie. Comparar a Mussolini con estadistas de otras razas equivale a menoscabarlo. Mussolini es el primero entre los nuevos italianos». El autor cobró 79 500 liras por su trabajo.[1]

Augusto Turati había empezado a usar la radio como herramienta propagandística en 1926. Su voz se hacía oír regularmente en las ondas, junto con la de otros dirigentes fascistas como Arnaldo Mussolini. El propio Duce habló por primera vez por la radio el 4 de noviembre de 1925, en una retransmisión entorpecida por problemas técnicos. Durante la década de 1920 la mayoría de la gente corriente

---

binetto, c. 44, f. 259, «Motti del Duce»; acerca del intercambio de información entre Ciano y Goebbels, véase Wenke Nitz, *Führer und Duce: Politische Machtinszenierungen im nationalsozialistischen Deutschland und im faschistischen Italien*, Colonia, Böhlau, 2013, p. 112.

[1] Bonsaver, *Censorship and Literature in Fascist Italy, op. cit.*, pp. 61 y 124; de acuerdo con las estimaciones de Giovanni Sedita, se emplearon 632 millones de liras en subsidios a periódicos e individuos; Giovanni Sedita, *Gli intellettuali di Mussolini: La cultura finanziata dal fascismo*, Florencia, Le Lettere, 2010, p. 17; Asvero Gravelli, *Uno e Molti: Interpretazioni spirituali di Mussolini*, Roma, Nuova Europa, 1938, pp. 29 y 31; el subsidio recibido por el autor figura en un apéndice publicado en Sedita, *Gli intellettuali di Mussolini, op. cit.*, p. 202.

aún no podía permitirse un aparato de radio, porque Italia todavía era, en su mayor parte, un país pobre y agrario. En 1931 había tan sólo ciento setenta y seis mil abonados a la radio en toda la nación y la mayoría de ellos se encontraba en las ciudades. Los maestros se lamentaron de que los niños no pudieran oír la voz de Mussolini y Starace se encargó de que se instalaran cuarenta mil radios gratuitamente en las escuelas de enseñanza primaria entre 1933 y 1938. Gracias a los subsidios estatales, el número total de abonados había subido a ochocientos mil antes de empezar la Segunda Guerra Mundial. De todos modos, las meras cifras no reflejaban el verdadero alcance de la radio, porque se instalaron altavoces en las plazas de los pueblos, de modo que a mediados de la década de 1930 los discursos de Mussolini resonaban por todo el país.[1]

El propio Mussolini desarrolló el don de la omnipresencia. En 1929, al efectuar una primera visita a la Sala Reale, un enorme auditorio del Palazzo Venezia en el que se celebraban congresos, había probado el escenario y examinado todo el espacio como lo habría hecho un coreógrafo para llegar a la conclusión de que era demasiado bajo. Había dicho «Los que estén al final tendrán problemas para verme» y ordenado que se elevara el escenario. Repitió la misma orden en varias ocasiones, hasta el punto de que sus subordinados perdieron la cuenta del número de podios que habían tenido que modificar en beneficio de su jefe.[2]

En 1932 se abrió un bulevar con cuatro carriles en el centro de la ciudad, desde el Coliseo hasta el Palazzo Venezia. Así, Mussolini pudo disponer de un gran espacio al aire li-

---

[1] Philip Cannistraro, *La fabbrica del consenso: Fascismo e mass media*, Bari, Laterza, 1975, pp. 228-241.
[2] Navarra, *Memorie del cameriere di Mussolini, op. cit.*, pp. 114-115.

bre para sus discursos desde el balcón, que atraían a multitudes cada vez más numerosas. La misma idea de que cualquier italiano podía viajar hasta Roma para ver y oír al Duce se transformó en parte de su leyenda. Bortolo Pelanda, un granjero de setenta y un años, recorrió a pie unos quinientos kilómetros desde Belluno Veronese hasta Roma para cumplir su sueño de oír a Mussolini. Arturo Rizzi tomó como base dos bicicletas para construir un artilugio con el que pudo llevar a su familia de ocho personas a Roma desde Turín. Al menos, eso era lo que contaban los periódicos.[1]

Después de la Marcha sobre Roma, Mussolini empezó a hacer giras por el país. Con el paso del tiempo, aquel ritual se volvió más frecuente, sobre todo desde que en 1932 anunció su política de «acercarse al pueblo». Todas sus apariciones estaban meticulosamente coreografiadas. Las escuelas y tiendas cerraban durante todo el día, y los jóvenes fascistas y activistas del partido reclutados en la región circundante se dirigían a la plaza en autobuses fletados para la ocasión. Eran ellos quienes daban el tono: vitoreaban, entonaban cánticos y aplaudían de acuerdo con lo ordenado. Los ciudadanos corrientes recibían una tarjeta rosa por correo matutino que les ordenaba asistir al acto. La desobediencia podía acarrearles una multa o una sentencia de cárcel. La policía se mezclaba con la multitud para garantizar que todo el mundo se comportara.[2]

Por encima de todo, se obligaba a la multitud a esperar, en ocasiones durante varias horas seguidas, desde el mediodía hasta el ocaso. Aunque Mussolini todavía estuvie-

[1] Franco Ciarlantini, *De Mussolini onzer verbeelding*, Ámsterdam, De Amsterdamsche Keurkamer, 1934, p. 145.

[2] Paul Baxa, «'Il nostro Duce': Mussolini's Visit to Trieste in 1938 and the Workings of the Cult of the Duce», *Modern Italy*, 18, n.° 2, mayo de 2013, pp. 121-126; Frank Iezzi, «Benito Mussolini, Crowd Psychologist», *Quarterly Journal of Speech*, 45, n.° 2, abril de 1959, p. 167.

ra lejos, miles de personas apretujadas estiraban el cuello hacia el balcón y aguardaban expectantes a que apareciera. A menudo el Duce no hablaba hasta que se había puesto el sol. Se encendían grandes reflectores que alumbraban el balcón, aparecían linternas entre el gentío, se encendían bengalas en los edificios cercanos. En medio de aquella atmósfera teatral, dos guardias uniformados avanzaban y tomaban posiciones en ambos extremos del balcón mientras la multitud empezaba a aplaudir. Sonaban trompetas y el secretario local del partido salía al balcón y gritaba: «*Fascisti! Salute al Duce!*». Cuando por fin el Duce se dejaba ver y sonreía, la multitud se hallaba ya en un estado de agitación febril y liberaba la tensión de la espera en un estallido de gozo.[1]

La prensa informaba con entusiasmo de todas las visitas. El Istituto Luce filmaba los discursos importantes y luego se mostraban en los cines de todo el país. La multitud, ya cuidadosamente seleccionada, sabía estar a la altura de las circunstancias, porque había contemplado el ritual en la gran pantalla. Las ciudades competían entre sí por ofrecer la recepción más entusiasta y festiva, porque así se ganaban el favor del régimen. En Milán, una de las ciudades favoritas del Duce, llegaron a construirse grandes balcones provisionales, adornados con águilas de papel maché, para que pudiera efectuar sus discursos públicos.[2]

La más grande de las celebraciones del régimen fue probablemente la Mostra della Rivoluzione, una exposición inaugurada el 28 de octubre de 1932 para conmemorar el décimo aniversario de la Marcha sobre Roma. Unos cuatro millones de visitantes pasaron por el recinto del Palaz-

---

[1] Iezzi, «Benito Mussolini, Crowd Psychologist», *op. cit.*, pp. 167-169.
[2] Stephen Gundle, «Mussolini's Appearances in the Regions», en: Gundle, Duggan y Pieri (eds.), *The Cult of the Duce, op. cit.*, pp. 115-117.

zo delle Esposizione entre 1932 y 1934. Los miembros de las organizaciones del partido podían adquirir entradas a precio reducido. Mussolini era el centro de la exposición, organizada en orden cronológico para mostrar los episodios más significativos de la revolución fascista. En palabras de su comisario, Dino Alfieri, la revolución estaba «inseparablemente ligada al pensamiento y la voluntad de Mussolini». La Sala T, que se encontraba al final de la exposición, estaba dedicada al Duce. Allí se encontraban manuscritos y objetos personales expuestos en vitrinas, como por ejemplo su pañuelo, que todavía estaba manchado de sangre como consecuencia del atentado con que Violet Gibson había tratado de acabar con su vida en abril de 1926. Una reproducción exacta de su despacho en el *Popolo d'Italia* hacía que los visitantes se sintieran más cercanos a su líder.[1]

Además de la Sala T, otro lugar de peregrinaje era la casa natal del Duce. En 1925, Roberto Farinacci, secretario del partido, había hecho un recorrido a pie hasta Predappio para pronunciar allí un juramento de lealtad al líder. Siete años más tarde, en el décimo aniversario de la revolución fascista, Achille Starace había transformado el pequeño pueblo medieval en un escenario de celebraciones nacionales, porque una población totalmente nueva emergió en torno al culto a Mussolini. «Desde el hombre más humilde hasta Su Soberana Majestad», gentes de toda extracción social ofrecían sus respetos al líder en Predappio. Miles de peregrinos llegaban sin cesar en autobuses, solos o en viaje organizado, a veces en bicicleta o a pie, y recorrían

---

[1] Koon, *Believe, Obey, Fight*, op. cit., p. 30; Dino Alfieri y Luigi Freddi (eds.), *Mostra della Rivoluzione Fascista*, Roma, Partito Nazionale Fascista, 1933, p. 9; Dino Alfieri, *Exhibition of the Fascist Revolution: 1st Decennial of the March on Rome*, Bérgamo, Istituto Italiano d'Arti Grafiche, 1933.

en silencio el hogar de los Mussolini, e inclinaban la cabeza frente a la cripta familiar. Comparaban a la madre de éste, Rosa Maltoni, con la Virgen María y la conmemoraban en la iglesia de Santa Rosa. Glorificaban al padre como héroe de la revolución. En lugares muy alejados de Predappio, escuelas, hospitales, puentes e iglesias llevaban el nombre de los padres de Mussolini.[1]

Mussolini recibía no sólo miles de cartas y visitas, sino también regalos de personas de toda clase. En fecha tan temprana como noviembre de 1927, Augusto Turati había ordenado a los miembros del partido que dejaran de enviar obsequios a su líder, pero podía hacer bien poco para frenar a los admiradores que no estaban afiliados. Henrietta Tower, una de las mujeres más ricas de Estados Unidos, que había pasado buena parte de su vida en Roma, legó a Mussolini una villa con una colección de objetos de arte de unas tres mil piezas, entre cerámica, tapices, tejidos y pinturas. Este caso no tenía nada de excepcional, porque el Duce recibió a modo de obsequio hasta tres castillos y siete grandes fincas entre 1925 y 1939, y las aceptó en representación del Estado. Escritores, fotógrafos, pintores y escultores ponían a trabajar sus respectivos talentos y enviaban objetos que celebraban al Duce, como retratos al pastel y bordados que representaban su busto. Algunas de las piezas se expusieron en Villa Torlonia. La gente corriente enviaba productos frescos a modo de homenaje diario, por mucho que el Estado se empeñara en disuadirla. El 2 de agosto de 1934,

[1] Edoardo Bedeschi, *La giovinezza del Duce: Libro per la gioventù italiana*, Turín, Società Editrice Internazionale, 2.ª edición, 1940, p. 122; August Bernhard Hasler, «Das Duce-Bild in der faschistischen Literatur», *Quellen und Forschungen aus italienischen Archiven und Bibliotheken*, 60, 1980, p. 497; Sofia Serenelli, «A Town for the Cult of the Duce: Predappio as a Site of Pilgrimage», en: Gundle, Duggan y Pieri (eds.), *The Cult of the Duce, op. cit.*, pp. 95 y 101-102.

por ejemplo, hubo que destruir docenas de kilos de fruta, dulces, galletas, pasta y tomates.[1]

El gran bulevar que iba desde el Coliseo hasta el Palazzo Venezia transformó el balcón de Mussolini en centro simbólico del poder fascista. Pero al atravesar en línea recta las excavaciones más prominentes de la ciudad, la via dei Fori Imperiale, flanqueada por grandes estatuas de bronce de generales romanos, también conectaba directamente al Duce con la Roma antigua.

El emblema del fascismo, un haz de varas llamadas *fasces* en latín (*fasci* en italiano) y sujetas en torno a un hacha, provenía de la Roma antigua. No representaba tan sólo la fuerza nacida de la unidad, sino también el renacimiento de la desaparecida grandeza del Imperio romano. Igual que la esvástica en Alemania, se inscribía en edificios, farolas, fuentes, umbrales e incluso tapas de alcantarilla. Las escuadras fascistas, sus rangos y formaciones se organizaban de acuerdo con el modelo romano. El propio Mussolini tenía una loba romana en una jaula que se exhibía en el Capitolio. El Día del Trabajo ya no se celebraba el primero de mayo, sino el 21 de abril, día de la fundación de Roma. En palabras de Mussolini: «El saludo romano, los cánticos y fórmulas, las conmemoraciones anuales y demás son esenciales para avivar las llamas del entusiasmo que mantiene vivo un movimiento. En la Roma antigua era lo mismo».[2]

Mussolini no se contentó con imprimir su sello sobre la capital, sino que emprendió la construcción de la «Roma de

---

[1] ACS, SPD CO, c. 869, f. 500027/IV, «Omaggi mandati a V.T.».
[2] Kirkpatrick, *Mussolini, op. cit.*, p. 170; muchos de los haces aún se pueden encontrar hoy en día; véase Max Page, *Why Preservation Matters*, New Haven, Connecticut, Yale University Press, 2016, pp. 137-138; Ludwig, *Talks with Mussolini, op. cit.*, p. 121.

Mussolini», una extensa metrópolis que evocaba los tiempos de la gloria imperial. En 1926 proclamó: «Roma tiene que aparecer ante las naciones del mundo como un portento, grande, ordenada, poderosa, como fue en tiempos del Imperio augusto». Los siglos posteriores al emperador Augusto se consideraban «decadentes». Barrios medievales de la antigua capital se destruyeron en su totalidad para hacer sitio a edificios fascistas modernos, dignos de un nuevo centro imperial. Mussolini quería que lo recordaran como «el más grande de los destructores», como el hombre que había vuelto a construir Roma. No llevó a cabo sus amenazas, pero se demolieron quince iglesias y varios centenares de edificios en diversas partes de la ciudad.[1]

La Roma de Mussolini tenía que duplicar su tamaño para irradiar poder y prestigio. Se desecaron unos seiscientos kilómetros cuadrados de tierras pantanosas que se hallaban al sur de la capital. Toda la zona se transformó en tierras de labrantío y se entregó a los pobres. Se construyeron carreteras. En 1931, el Duce inauguró Littoria, que había recibido su nombre de los lictores que llevaban los haces en tiempos romanos, y luego se le añadieron otras ciudades modelo, todas ellas con ayuntamiento, iglesia, estafeta y sede del Partido Fascista, edificados en las calles que partían de una plaza central.

Igual que en los tiempos de Augusto, Roma tenía que salir al mar. Se planificó Roma al Mare, «el nuevo complejo recreativo de la Roma imperial», ligado a la Esposizione Universale Roma proyectada para 1942. En el corazón de EUR se alzaba un edificio neoclásico de sesenta y ocho me-

[1] Mack Smith, *Mussolini, op. cit.*, p. 136; Kirkpatrick, *Mussolini, op. cit.*, pp. 275-276; véase también Eugene Pooley, «Mussolini and the City of Rome», en: Gundle, Duggan y Pieri (eds.), *The Cult of the Duce, op. cit.*, pp. 209-224.

tros de altura, revestido de piedra blanca, conocido como Colosseo Quadrato en honor al antiguo Colisco romano.

Pero ¿qué había que hacer para que el nuevo imperio atravesara los mares? Por supuesto que ya disfrutaba de las posesiones coloniales de Libia, Trípoli y Somalilandia, pero éstas habían sido conquistadas por regímenes anteriores que Mussolini había denunciado como débiles y corruptos. El César moderno que había fundado una nueva Roma imperial sólo sería un verdadero emperador si expandía el imperio. También lo guiaban otros motivos. Igual que Adolf Hitler, llegado al poder en 1933, Mussolini quería rivalizar con Francia y Gran Bretaña, y a semejanza de su homólogo alemán, creía que tan sólo los poderes coloniales podían acceder a las materias primas necesarias para emprender una guerra.

Mussolini, empeñado en acrecentar su prestigio, había librado ya una salvaje guerra contra insurgentes libios en 1929. En Cirenaica, la región costera de la colonia norteafricana, el Ejército había sembrado el terror mediante armas químicas y ejecuciones masivas, hasta exterminar casi una cuarta parte de la población local. Se expulsó a unos cien mil beduinos y sus tierras se entregaron a colonos italianos. Una prensa obediente ocultó los horrores de la guerra al gran público y celebró a Mussolini por haber llevado a Libia al seno de la civilización tras siglos de barbarie.[1]

Mussolini empezó a prepararse para la guerra en 1931 y anunció a sus generales que deberían estar preparados para

---

[1] Michael Mann, *The Dark Side of Democracy: Explaining Ethnic Cleansing*, Cambridge, Cambridge University Press, 2015, p. 309; Dominik J. Schaller, «Genocide and Mass Violence in the 'Heart of Darkness': Africa in the Colonial Period», en: Donald Bloxham y A. Dirk Moses, *The Oxford Handbook of Genocide Studies*, Oxford, Oxford University Press, 2010, p. 358; véase también Mack Smith, *Mussolini, op. cit.*, p. 171.

1935. Al año siguiente destituyó a Dino Grandi y tomó las riendas del Ministerio de Asuntos Exteriores. En octubre de 1933, Hitler abandonó la Sociedad de Naciones, y entonces el Duce redobló sus esfuerzos por rearmar el país. Destituyó a Italo Balbo y se hizo con el control del Ministerio de la Guerra, y luego con el de los Ministerios de la Marina y el Aire. Con la única excepción del Ministerio de Finanzas, todos los resortes del Gobierno se hallaban ya en sus manos. Mussolini se había autoconvencido de que era un hombre ungido por el destino, Napoleón y César a un tiempo, líder providencial que transformaría el mundo moderno. Había llegado a creerse la divisa del régimen: «Mussolini siempre tiene razón». Los aduladores que lo rodeaban alentaron sus delirios.[1]

Mussolini buscó una autonomía autárquica que le permitiera estar a punto para la guerra. Se lanzaron interminables campañas para hacer trabajar a la población. Hubo una Batalla por el Grano destinada a reducir importaciones, con fotografías de Mussolini en la trilladora. Hubo una Batalla por el Arroz, una Batalla por la Tierra, una Batalla por los Nacimientos y una Guerra contra las Moscas, siempre con el Duce al frente.[2]

Italia poseía ya dos colonias en el Cuerno de África. La conquista de Etiopía uniría las colonias de Eritrea y Somalia en un único territorio. Mussolini albergaba visiones de un África Oriental italiana unificada en la que millones de colonos extraerían oro, diamantes, cobre, hierro, carbón y petróleo, y le permitirían desarrollar su imperio y dominar el continente. También quería borrar una mancha que había dejado una marca indeleble en la reputación

[1] Kirkpatrick, *Mussolini, op. cit.*, pp. 288-289.
[2] Jean Ajalbert, *L'Italie en silence et Rome sans amour*, París, Albin Michel, 1935, pp. 227-228.

del país: en 1896 el emperador Menelik había infligido una humillante derrota militar al ejército italiano en Adua. El fracaso aún escocía.

Mussolini se decidió por la guerra sin consultar con nadie, salvo el rey. El 2 de octubre de 1935, tras un año de escaramuzas fronterizas con Etiopía, las campanas de las iglesias y las sirenas convocaron a la población a las plazas públicas, donde oyó por los altavoces cómo su líder declaraba la guerra. Starace había preparado con sumo cuidado la convocatoria. Según una estimación, unos veintisiete millones de personas tomaron parte en aquello, que fue el mayor acto orquestado en toda la historia humana.[1]

Sin embargo, los preparativos financieros y militares para la guerra fueron penosamente inadecuados. La estrategia del Duce, que dejó de lado a sus generales y asumió el mando íntegro, fue criminal. Mussolini ordenó que se usaran cientos de toneladas de gas mostaza, que se arrojaron por igual sobre combatientes y civiles. Como un siniestro presagio de los horrores que se producirían bajo Hitler y Stalin, la matanza industrial de seres humanos se combinó con atrocidades en toda regla. Se decapitaba y ejecutaba a etíopes frente a sepulcros abiertos. Tras un intento fallido de dar muerte al general Rodolfo Graziani, las fuerzas de ocupación tomaron represalias con el asesinato de unas veinte mil personas en tan sólo tres días en la capital, Adís Abeba. Aplastaron bebés, destriparon mujeres embarazadas y mataron a tiros, quemaron, apalearon o apuñalaron hasta la muerte a familias enteras. Un periódico comparó al conquistador Graziani con Aníbal, y Mussolini se enfureció: sólo él podía compararse con los gigantes de la Roma antigua. Entre finales de 1935 y 1938, por lo menos un cuarto de millón de perso-

---

[1] Mack Smith, *Mussolini, op. cit.*, pp. 190 y 197.

nas murió en Etiopía como consecuencia de la guerra.[1]

Se puso buen cuidado en ocultar las atrocidades al gran público. La maquinaria de propaganda describió la guerra como una liberación de los etíopes, pues había llevado libertad y civilización a las víctimas de un sistema de castas feudal. Una vez más, subsidios secretos contribuyeron a propagar esta visión de las cosas en la propia Italia y en el extranjero, y se pagó el equivalente de miles de dólares incluso a periodistas extranjeros para que visitasen Adís Abeba y explicaran que se habían llevado una impresión favorable de su viaje.[2]

El reino de Italia se había transformado en imperio y el insignificante rey Víctor Manuel III se había elevado al rango de emperador. Mussolini recibió el título de Fundador del Imperio. Igual que en los tiempos de Roma, se trajeron botines de guerra de los territorios recién conquistados. El gran obelisco de Axum, que pesaba unas ciento sesenta toneladas y databa del siglo IV, fue llevado a Roma e inaugurado en la vecindad del Circo Máximo el 28 de octubre de 1937 para conmemorar el decimoquinto aniversario de la Marcha sobre Roma. Mussolini tuvo su propio foro, igual que un emperador. Llamado Foro Mussolini, se construyó para celebrar la conquista de Etiopía, y estaba provisto de frisos de mosaico que representaban tanques y aviones de guerra. Otros monumentos aparecieron por el resto del imperio. A fin de «recordar a futuras generaciones la fundación del imperio», se esculpió un perfil de Mussoli-

[1] Ruth Ben-Ghiat, *Fascist Modernities: Italy, 1922-1945*, Berkeley, California, University of California Press, 2001, p. 216; Ian Campbell, *The Addis Abbaba Massacre: Italy's National Shame*, Londres, Hurst, 2017; el incidente con Graziani se cuenta en Navarra, *Memorie del cameriere di Mussolini, op. cit.*, p. 202.

[2] Para poner tan sólo un ejemplo: el periodista Henry Soullier recibió miles de francos suizos a cambio de visitar Adís Abeba; ACS, MCP, Gabinetto, c. 10.

ni en las rocas de una montaña que se alzaba sobre el Furlo Gorge, en la Italia central.[1]

El 9 de mayo de 1936, Mussolini proclamó la anexión de Etiopía desde su balcón, y las masas se dejaron llevar por el delirio. Un avispado observador señaló que el Duce «sabía que, quizá por primera vez, disfrutaba sin matices de la admiración y el apoyo de toda la nación italiana». Era su último día de gloria, porque su estrella empezaría a declinar bien pronto.[2]

Aunque el imperio era popular en Italia, envenenó las relaciones con Francia y Gran Bretaña. La Sociedad de Naciones condenó a Italia y con ello aisló todavía más a Mussolini, obligándolo a buscar un acercamiento con Alemania. En un primer momento, Mussolini había contemplado a Hitler con recelo, porque lo veía como un rival. En junio de 1934, el canciller alemán se desplazó a Venecia para una primera reunión, y el Duce lo eclipsó, dirigiéndose a una multitud enfervorizada en la piazza San Marco con todos sus atavíos militares. Un Hitler pálido e inseguro, con un holgado abrigo amarillo y zapatos de charol, miraba desde un balcón de un palacio cercano, fascinado por aquel hombre al que su pueblo adoraba. Alfred Rosenberg, el ideólogo del partido, observaría: «[Hitler] pensó que el entusiasmo suscitado por Mussolini era genuino». Era el primer viaje de Hitler al extranjero y éste se dio cuenta de que no había causado una buena impresión.[3]

---

[1] Romagnoli, *The Bicycle Runner, op. cit.*, p. 48; ACS, SPD, Carteggio Ordinario, c. 386, f. 142470, 23 de agosto de 1936.

[2] Kirkpatrick, *Mussolini, op. cit.*, pp. 331-332.

[3] Santi Corvaja, *Hitler and Mussolini: The Secret Meetings*, Nueva York, Enigma Books, 2008, pp. 27-28; Alfred Rosenberg, *Das politische Tagebuch Alfred Rosenbergs aus den Jahren 1934/35 und 1939/40: Nach der photographischen Wiedergabe der Handschrift aus den Nürnberger Akten*, Múnich, Deutscher Taschenbuch, 1964, p. 28.

En septiembre de 1937, después de que la guerra de Etiopía chocara con una amplia condena internacional, el Duce viajó a Berlín. En aquella ocasión fue él quien se sintió impresionado por el Führer. Éste no reparó en gastos para agasajar a su huésped con los honores que se deben a un aliado a quien se tiene en gran estima. Casi un millón de personas llegadas de provincias en trenes especiales abarrotaron diligentemente las calles de la capital para aclamar a Mussolini. Un gran número de policías de paisano andaba entre la multitud, con perros en segundo término a punto para intervenir. El Duce se sintió hechizado por su anfitrión, «visiblemente embriagado por el espectáculo de un poder tan grande y fascinado por el hombre que estaba claramente decidido a ejercerlo». Mussolini no era ya la figura vigorosa y vivaz que había impresionado al Führer en Venecia. El primer secretario de la Embajada del Reino Unido en Berlín observó que sus rasgos habían perdido finura. «Estaba gordo y calvo, y tenía el rostro de un disoluto emperador romano de los tiempos de la decadencia».[1]

Mussolini y su revolución de los camisas negras habían sido una fuente de inspiración para Hitler, pero en aquel momento el pupilo empezaba a emular al maestro. Unos meses después de regresar de Berlín, se unió a Alemania y Japón en un pacto tripartito contra el comunismo sin consultar siquiera al Gran Consejo. El pacto obligó a Mussolini a traicionar a Austria, invadida por Hitler en marzo de 1938. Tras asegurar a todo el mundo, incluido el Duce, que no se anexionaría a un solo checo, Hitler envió sus tropas a Checoslovaquia e infligió un golpe al prestigio de Mussolini, que había dicho a sus ministros, plenamente convencido, que no habría anexión. «Hitler me envía un mensaje cada vez que invade un país», había clamado, plenamen-

[1] Kirkpatrick, *Mussolini, op. cit.*, pp. 350-354.

te consciente de la reacción hostil de su propio pueblo, y con amargo resentimiento por las burlas que lo tildaban de *Gauleiter* de Italia, mero subordinado del Führer.[1]

Mussolini no tardó en recobrar su aplomo y se resolvió a invadir Albania para mantenerse en el mismo nivel que su aliado, cuyo Reich se había extendido hacia el sur hasta colindar con la propia Italia. El Duce consiguió una vez más que la cosa saliera mal, aunque Albania no fuera más que un simple enclave, sometido ya al control nominal de Italia. Convencido de que el secreto del éxito de Hitler se debía a que era él, y no sus generales, quien dictaba la estrategia, Mussolini apenas se molestó en informar al comandante de la fuerza expedicionaria. En vez de un ataque relámpago inspirado por el Führer, lanzó una confusa invasión que tan sólo puso de relieve lo mal preparado y equipado que estaba su ejército.[2]

Al tiempo que ambas potencias acordaban en secreto prepararse para una guerra futura en Europa, la alianza con Alemania se amplió con un Pacto de Acero firmado en mayo de 1939. Hitler había prometido que evitaría las hostilidades durante tres años, a fin de que Mussolini tuviera tiempo de prepararse para las batallas venideras. Tres meses más tarde Alemania invadió Polonia. Galeazzo Ciano, en aquel momento ministro de Exteriores, fue uno de los muchos que vieron que Mussolini llevaba a su país al abismo. «Tengo que luchar hasta el final. De otro modo, esto significará la ruina del país, la ruina del fascismo y la ruina del propio Duce».[3]

Mussolini se vio en un grave aprieto. No había prepara-

---

[1] Galeazzo Ciano, *The Ciano Diaries, 1939-1943*, Safety Harbor, Florida, Simon Publications, 2001, pp. 43-44 y 53.

[2] Mack Smith, *Mussolini, op. cit.*, pp. 230 y 249.

[3] Ciano, *The Ciano Diaries, 1939-1943, op. cit.*, p. 138.

do a su país para una guerra total, pero al mismo tiempo había ligado su suerte a la de Hitler. Presumía ante su homólogo en Berlín de que disponía de ciento cincuenta divisiones, respaldadas por doce millones de soldados en la reserva, pero en realidad sólo tenía diez divisiones preparadas para luchar, con equipamiento anticuado. Mussolini, un hombre sorprendentemente irresoluto que se ocultaba tras una fachada de autoestima y fuerza de voluntad sin límites, sufría, experimentaba ataques de depresión, cambiaba de opinión, y llegó a confesar que deseaba en secreto que los alemanes padecieran una derrota. Pero a principios de 1940 se convenció de que Hitler iba a triunfar. Ciano observaba en su diario: «Durante los últimos tiempos la fascinación por el Führer se ha adueñado más y más de él. Sus triunfos militares, los únicos éxitos que Mussolini valora y desea de verdad, son el motivo». El 10 de junio de 1940, Mussolini declaró la guerra a las potencias aliadas.[1]

Durante casi dos décadas, Mussolini había promovido la idea de que sólo se podía confiar en él y de que no se equivocaba nunca. Se había valido del culto al líder para rebajar a sus competidores y se había encargado de que todos los posibles rivales que pudiera haber en el Partido Fascista se apartaran de los focos. Los que quedaron estaban unidos por su devoción al Duce. Todos ellos eran aduladores empeñados en superarse el uno al otro en las alabanzas a su genio. Le mentían, igual que Mussolini les mentía a ellos. Pero por encima de todo, Mussolini se mentía a sí mismo. Quedó atrapado en su propia visión del mundo, «esclavo de su propio mito», en palabras de su biógrafo Renzo de Felice. Sabía que estaba rodeado de aduladores que le ocultaban toda información que pudiera provocar su ira. No confiaba en nadie,

---

[1] *Ibid.*, p. 223, véase también p. 222; Mack Smith, *Mussolini, op. cit.*, pp. 237 y 240-243.

no tenía verdaderos amigos, ningún compañero de confianza a quien pudiera hablar con franqueza. A medida que pasaron los años, Mussolini se fue aislando y terminó por convertirse en virtual prisionero de los muros del Palazzo Venezia.[1]

Mussolini no se daba por satisfecho con tomar las decisiones principales y quería controlarlo todo. Al parecer, carecía de todo sentido de las prioridades. Según escribió su ayuda de cámara, su dictadura pretendía abarcar «los motores de combustible, el bórax, las llantas de las bicicletas, las traducciones del latín, las cámaras, los espejos, las lámparas eléctricas y el agua mineral». Estaba en todas partes a la vez. En plena guerra halló tiempo para ordenar que el color de la cubierta de una revista femenina cambiara del púrpura al marrón. En enero de 1939, cuando se avecinaba la guerra en Europa, su yerno vio unidades militares que ensayaban para un desfile frente al Palazzo Venezia. «A menudo, el Duce llega a pasar hasta media hora en la ventana del despacho, oculto tras las cortinas azules, contemplando los movimientos de las diversas unidades. Ha ordenado que tambores y trompetas suenen a la vez. Él mismo ha elegido el bastón del jefe de la banda de música y explica en persona los movimientos que hay que hacer, y cambia las proporciones y el diseño del bastón de mando. Está convencido de que, también en las fuerzas armadas, es la forma lo que determina la sustancia».[2]

Como resultado, la falta de preparación de Italia para la guerra era lamentable. La campaña por la autarquía económica encabezada por Mussolini había sido un éxito propa-

---

[1] Renzo de Felice, *Mussolini il Fascista*, vol. 1: *La conquista del potere, 1921-1925*, Turín, Giulio Einaudi, 1966, p. 470; acerca de su aislamiento, véase Navarra, *Memorie del cameriere di Mussolini, op. cit.*, pp. 45-46, y Kirkpatrick, *Mussolini, op. cit.*, p. 167.

[2] Navarra, *Memorie del cameriere di Mussolini, op. cit.*, pp. 140 y 203; Ciano, *The Ciano Diaries, 1939-1943, op. cit.*, pp. 18-19.

gandístico, pero había causado un declive en la producción de acero antes de que empezara la guerra, porque el país se veía obligado a importar millones de toneladas anuales de carbón. Del mismo modo, la Batalla por el Grano había incrementado la producción de cereales, pero había hecho que el país dependiera más que antes de las importaciones de fertilizante. Aunque Starace hubiera ordenado que todo el mundo llevara uniforme militar, no había suficientes prendas para los soldados, y muchos de ellos estaban equipados con armas anticuadas. El propio Starace perdió su puesto, al igual que incontables chivos expiatorios—entre ellos, algunos oficiales militares de alto rango—, para desviar las culpas que, de otro modo, habrían recaído en Mussolini. El Duce, aparte de los muchos otros cargos que ostentaba, era ministro del Aire, pero no sabía cuántos de sus aviones estaban obsoletos. No había presupuesto militar ni personal de planificación adecuado.[1]

En su momento de máxima gloria, a mediados de la década de 1930, la popularidad de Mussolini parecía genuina. No es de extrañar que los visitantes extranjeros—por no hablar de algunos historiadores posteriores—quedaran impresionados con el hechizo que parecía haber arrojado sobre la población. El culto a la personalidad exigía lealtad al líder, más que fe en un programa político particular. Dicho culto era deliberadamente superficial, capaz de llegar al máximo número de personas. Se les exigía que comparecieran periódicamente en la plaza pública y aplaudieran al Duce.[2]

También eran muchos los que aclamaban al líder como medio para criticar los abusos de los fascistas locales. «Si

---

[1] Mack Smith, *Mussolini*, *op. cit.*, pp. 240-247.
[2] Melograni, «The Cult of the Duce in Mussolini's Italy», *op. cit.*, p. 221.

lo supiera el Duce» («*Se lo sapesse il Duce!*») era una expresión muy trillada. Cuanto mayores eran la frustración y la rabia que las personas sentían contra el Partido Fascista, más se presentaban a Mussolini como líder irreprochable a quien se ocultaban deliberadamente los hechos, o que recibía malos consejos de sus subordinados.[1]

El culto también estaba teñido de superstición y magia. En un país impregnado de religiosidad, las personas proyectaban en Mussolini sentimientos de devoción y adoración característicos de la piedad cristiana. Había lugares e imágenes sagrados, peregrinajes, e incluso la esperanza de sanar con una imposición de manos del líder. En ocasiones su fotografía se usaba como talismán y se llevaba encima para que trajera buena suerte. Por encima de todo, abundaba la fe en una figura providencial, más que la creencia en la ideología fascista.[2]

Lo más importante de todo era que no se podía elegir. Como Emilio Lussu, antifascista comprometido, señalaba en 1936, el régimen exigía muestras de apoyo popular, y los camisas negras las fomentaban garrote en mano. Si el Duce pronunciaba un discurso, las gentes acudían siguiendo órdenes de la policía y lo vitoreaban cuando estaba mandado, «como extras en un reparto de miles de personas, de modo que los periódicos pudieran publicar fotografías de lugares públicos llenos a rebosar de gentes exultantes».[3]

Se exigía poco más que una apariencia exterior de leal-

---

[1] Duggan, «The Internalisation of the Cult of the Duce», *op. cit.*, pp. 132-133.

[2] Emilio Gentile, *The Sacralisation of Politics in Fascist Italy*, Cambridge, Massachusetts, Harvard University Press, 1996, pp. 151-152.

[3] Emilio Lussu, *Enter Mussolini: Observations and Adventures of an Anti-Fascist*, Londres, Methuen & Co., 1936, p. 169; Romagnoli, *The Bicycle Runner*, *op. cit.*, p. 67.

tad al líder, y al cabo de pocos años casi todo el mundo dominaba aquel juego. Mussolini era un actor soberbio, sus subordinados eran grandes artistas, pero la nación entera se transformó en un espectáculo bien ensayado. Las penas por no representar bien el personaje eran duras. En 1925, después del asunto Matteotti, había emergido un Estado policial totalitario, y para mediados de la década de 1930 éste había adquirido enormes poderes y hacía todo lo que estaba en su mano para poner bajo vigilancia a la población. La policía política, conocida como PolPol, trabajaba codo a codo con la OVRA, la Organizzazione per la Vigilanza e la Repressione dell'Antifascismo, llamada *piovra*, 'pulpo', por sus tentáculos que llegaban a todas partes. También había que contar con la policía regular del Estado y los *carabinieri* locales, que formaban parte del Ejército. Había cinco milicias especiales para ferrocarriles, carreteras, correo, servicios telegráfico y telefónico, puertos y bosques. La capital contaba con una milicia metropolitana, con unos doce mil agentes que hacían la ronda vestidos de paisano. Vecinos envidiosos, colegas celosos e incluso familiares desafectos informaban sobre conversaciones sospechosas. Pocas personas habrían osado hablar abiertamente en presencia de más de tres interlocutores. En palabras de un observador, Italia era una «nación de presos, condenada al entusiasmo».[1]

A despecho de toda la fuerza de la policía estatal, en 1939 el entusiasmo por el líder flaqueaba. Los periódicos clandestinos gozaban de una circulación cada vez más amplia. Según parece, algunos de ellos salían de las imprentas

[1] Christopher Duggan, *Fascist Voices: An Intimate History of Mussolini's Italy*, Oxford, Oxford University Press, 2013, pp. 177 y 257-258; Ajalbert, *L'Italie en silence et Rome sans amour, op. cit.*, p. 231; Paul Corner, *The Fascist Party and Popular Opinion in Mussolini's Italy*, Oxford, Oxford University Press, 2012, pp. 200 y 250.

del mismísimo *Popolo d'Italia*. La credibilidad del líder se ponía en duda. Un militante fascista opinó que el régimen representaba, como mucho, a treinta mil personas. Un informe procedente de Roma explicaba que nadie creía ya en los desfiles y que la gente estaba descontenta al encontrar vacíos los estantes de las tiendas como consecuencia de las sanciones económicas impuestas por la Sociedad de Naciones. Los noticiarios que se exhibían obligatoriamente en los cines ya no se contemplaban en respetuoso silencio, porque los espectadores aprovechaban la protección que les daba la oscuridad para abuchear o reírse de modo irreverente. La gente bromeaba con que la letra M, que figuraba en todas partes en honor de Mussolini, era la inicial de *miseria*.[1]

Mussolini, que gracias a los servicios secretos estaba bien informado de la creciente hostilidad popular, se dio cuenta de que tenía que demostrar que su estrella aún brillaba mediante una rápida sucesión de éxitos en la guerra. En junio de 1940 estaba dispuesto a arriesgar su propia fortuna, y la de su país, con una declaración de guerra a Francia y Gran Bretaña. «Que Dios proteja a Italia», escribió su yerno.[2]

A primera hora del 28 de octubre de 1940, el ejército italiano cruzó la frontera de Albania para invadir Grecia. Dado que Berlín no había informado con antelación a Mussolini sobre sus planes para invadir Polonia, Países Bajos o Francia, el Duce pensó que sorprendería a Hitler, y ni siquiera informó a su propio Estado Mayor. Rodolfo Graziani, que en aquellos momentos era jefe del Estado Mayor, se enteró

---

[1] Mack Smith, *Mussolini*, *op. cit.*, p. 239.
[2] Ciano, *The Ciano Diaries, 1939-1943*, *op. cit.*, p. 264.

de la invasión por la radio. En vez de triunfar en una guerra relámpago, las tropas italianas se empantanaron en las malas condiciones climáticas y tuvieron que retroceder a Albania al cabo de unas pocas semanas. Gran Bretaña intervino en favor de Grecia y destruyó la mitad de la flota de guerra italiana.

«Le partiremos el espinazo a Grecia», había proclamado un Mussolini desafiante el 18 de noviembre, mientras las multitudes lo aclamaban diligentemente frente al Palazzo Venezia. El Ministerio de Cultura Popular dio una amplia difusión a su discurso, que se retransmitió por radio en siete idiomas. Pero muchos italianos no creían en su líder y recurrían a la radio británica para averiguar lo que ocurría dentro de su propio país. Durante los tres años siguientes se gastaron unos sesenta millones de liras en impedir que se escucharan los programas clandestinos de radio retransmitidos desde Londres. Pero de poco sirvió.[1]

Mussolini se vio obligado a pedir socorro a Hitler, que acudió al rescate en abril de 1941. En unas pocas semanas, los alemanes invadieron los Balcanes y llegaron a Atenas, la capital griega. Hubo que pagar un precio: expertos militares, asesores económicos y agentes secretos acudieron en masa a Italia y se entrometieron en todos los asuntos del país. El dictador de hierro parecía ya poco más que un vasallo. «No nos trataron en ningún momento como socios, sino siempre como esclavos», escribió Ciano en su diario, lleno de amargura.[2]

Dondequiera que el Duce enviara a sus soldados, éstos sufrían una derrota. En septiembre de 1940, su 10.º Ejér-

---

[1] ACS, MCP, Gabinetto, c. 43, pp. 39 y ss., 20 de noviembre de 1940; Mack Smith, *Mussolini, op. cit.*, p. 260; ACS, MCP, Gabinetto, c. 44, f. 258, p. 29 sobre la lucha contra la radio clandestina.

[2] Kirkpatrick, *Mussolini, op. cit.*, pp. 494-495; Ciano, *The Ciano Diaries, 1939-1943, op. cit.*, p. 583.

cito avanzó por el desierto libio para invadir Egipto, pero unos pocos meses después las tropas británicas los habían obligado a retroceder. En noviembre de 1941, los italianos libraron una última batalla en la antigua capital imperial de Gondar. Las potencias aliadas los derrotaron con la ayuda de tropas irregulares etíopes. Por otra parte, Mussolini había enviado un cuerpo de ejército al frente oriental para contribuir a la guerra contra la Unión Soviética, y los italianos sufrieron graves pérdidas. En julio de 1942, Mussolini era un hombre acabado, atormentado por la enfermedad, aislado, desilusionado al ver que su estrella se apagaba. Un estrecho colaborador lo vio «gris, con las mejillas hundidas, ojos turbios y fatigados, y expresión de amargura en la boca».[1]

El hombre que en otro tiempo había estado siempre a la vista—en el cielo, en el mar, en la tierra—empezó a desaparecer, a evitar las apariciones públicas. Durante seis meses no se publicaron nuevas imágenes de Mussolini, de quien se había dicho en otro tiempo que era «el hombre más fotografiado de la Tierra». También enmudeció. El 10 de junio de 1941 hizo una breve aparición para conmemorar el primer aniversario de la entrada de Italia en la guerra, pero durante los dieciocho largos meses siguientes no se volvió a oír su voz.[2]

El 2 de diciembre de 1942, Mussolini rompió su silencio para demostrar que aún vivía. Pero ya era demasiado tarde y tuvo poco efecto. Se rumoreaba que su voz había cambiado. Su discurso era superficial. Parecía haber perdido todo sentido de la realidad y confirmaba la impresión de que el líder, arrastrado por su propia desmesura, llevaba el país

[1] Kirkpatrick, *Mussolini*, *op. cit.*, p. 515.
[2] Winner, «Mussolini: A Character Study», *op. cit.*, p. 526; ACS, MCP, Gabinetto, c. 44, f. 258, 12 de marzo de 1943, p. 5.

al desastre. Su discurso, en vez de avivar el odio contra el enemigo, volvió al pueblo contra él.[1]

Desde el principio, Mussolini se había visto obligado a competir con el rey y con el papa por la fidelidad del pueblo de Italia. Aunque la efigie de Mussolini estuviera omnipresente, era la testa del rey la que figuraba en los sellos y monedas. Mussolini tan sólo era jefe del Gobierno, mientras que el rey era jefe del Estado. Y por mucho que se esforzara el fascismo en emular la religión, era el papa quien contaba con la lealtad de los millones de católicos del país.

En 1940, diez días después de que Mussolini les declarara la guerra, las potencias aliadas empezaron a bombardear Italia. Casi todas las ciudades fueron objetivo de los ataques, que en un primer momento llevaron a cabo los aviadores británicos y luego los estadounidenses. El 19 de julio de 1943, cuando los aviones aliados atacaron por primera vez la capital, se vio al papa Pío XII visitando los distritos bombardeados, ataviado con una sotana blanca mugrienta y rodeado de vecinos devotos, mientras Mussolini se escondía en su palacio.[2]

Durante varios meses, la gente acusó a Mussolini de haber llevado el país a la ruina y la miseria. El Duce había traicionado a Italia. Era un criminal, un asesino, un tirano sediento de sangre. Había quien lo maldecía entre dientes, otros deseaban abiertamente su desaparición.[3]

El rey asestó el golpe final. Mientras el olor acre de la humareda aún se cernía sobre Roma, el Gran Consejo de los Fascistas votó contra su líder. Un día más tarde, el 25 de

[1] Angelo M. Imbriani, *Gli italiani e il Duce: Il mito e l'immagine di Mussolini negli ultimi anni del fascismo (1938-1943)*, Nápoles, Liguori, 1992, pp. 171-176.
[2] Robert A. Ventresca, *Soldier of Christ: The Life of Pope Pius XII*, Cambridge, Massachusetts, Harvard University Press, 2013, p. 192.
[3] Imbriani, *Gli italiani e il Duce*, op. cit., pp. 184-185.

julio de 1943, Víctor Manuel puso bajo arresto a Mussolini. Ni un solo miembro del partido se rebeló, a pesar del solemne juramento de proteger a Mussolini hasta la muerte. Achille Starace, igual que el resto de líderes fascistas, trató al instante de congraciarse con Pietro Badoglio, primer duque de Adís Abeba y nuevo jefe de Gobierno.[1]

El historiador Emilio Gentile señaló hace décadas que un dios, en cuanto se demuestra que no es infalible, «está condenado a que los fieles lo destronen y profanen con la misma pasión con que lo adoraron». En algunas partes de Italia, turbas encolerizadas allanaron las sedes locales del Partido Fascista en el mismo día de su arresto y arrojaron por las ventanas las efigies, bustos y retratos del derrocado dictador.[2]

Sin embargo, Mussolini aún conservaba a un amigo. Hitler, líder sagrado e intocable, no podía permitir que la caída de un estrecho aliado empañara su propia imagen, y por ello organizó una atrevida operación de rescate, en la que envió a un grupo de comandos a rescatar a Mussolini y transportarlo en avión a la libertad. Una semana antes, el 3 de septiembre de 1943, Italia había firmado un armisticio, con lo que había precipitado una invasión por parte de las tropas alemanas. Entonces, mientras la guerra devastaba el país, los alemanes instalaron a Mussolini en Salò para que encabezase un nuevo régimen, la República Social Italiana. El mayor éxito que alcanzó entonces Mussolini fue la ejecución de una serie de dirigentes fascistas que habían votado contra él en la última reunión del Gran Consejo. Su propio yerno, Galeazzo Ciano, murió ejecutado de un tiro en la espalda, atado a una silla.

---

[1] Mack Smith, *Mussolini*, op. cit., p. 298.

[2] Gentile, *The Sacralisation of Politics in Fascist Italy*, op. cit., p. 152; Italo Calvino, «Il Duce's Portraits», *New Yorker*, 6 de enero de 2003, p. 34; John Foot, *Italy's Divided Memory*, Houndmills, Basingstoke, Palgrave Macmillan, 2009, p. 67.

En una entrevista realizada en enero de 1945 con Madeleine Mollier, esposa del agregado de prensa de la embajada alemana, Mussolini parecía resignado a su destino y se describía a sí mismo como «poco más que un cadáver». Añadía: «Sí, señora, estoy acabado. Mi estrella ha declinado. Aguardo el final de la tragedia y... extrañamente distanciado de todo... ya no me siento actor. Siento que soy el último de los espectadores». El final llegó unos pocos meses más tarde, cuando cayó en manos de partisanos antifascistas. Él y varios de sus seguidores, entre los que se hallaba su amante Clara Petacci, fueron fusilados sumariamente, sus cuerpos apilados en una furgoneta y transportados a Milán. Los colgaron boca abajo de una viga. Llevaron a Achille Starace, detenido poco más tarde, a ver los restos de su líder, y luego lo ajusticiaron y lo colgaron al lado del hombre al que había celebrado como a un dios.[1]

Durante los meses siguientes, la gente cantó el himno fascista con abierto sarcasmo, destruyó los símbolos de la dictadura ya desaparecida en edificios y monumentos de todo el país, y derribó las estatuas de su antiguo caudillo. Culpaban a Mussolini de todo lo ocurrido, y dicha opinión se volvió creíble, por paradójico que esto resulte, a causa del propio culto a la personalidad. Es bien sabido que Churchill había dicho en diciembre de 1940 «un hombre, un hombre solo», con lo que había absuelto a los fascistas de toda responsabilidad.[2]

---

[1] Ray Moseley, *Mussolini: The Last 600 Days of Il Duce*, Lanham, Maryland, Taylor Trade Publishing, 2004, p. 2.

[2] Romagnoli, *The Bicycle Runner, op. cit.*, p. 259.

HITLER

«Mientras caminaba con él por los jardines de Villa Borghese—contaba Hitler a sus huéspedes en una cena celebrada el 21 de julio de 1941, mientras la *Luftwaffe* bombardeaba Moscú—, pude comparar su perfil con el de los bustos romanos, y comprendí que se trataba de uno de los Césares». Explicó que la Marcha sobre Roma del Duce había sido un momento decisivo en la historia: «Sin los camisas negras, probablemente los camisas pardas no habrían llegado a existir».[1]

Dos décadas antes el Partido Nazi, aún en sus inicios, sin ni siquiera diez mil miembros, se había sentido espoleado por la Marcha sobre Roma del 3 de noviembre de 1922, y había celebrado a Adolf Hitler como el «Mussolini de Alemania». Igual que Mussolini se había presentado a su pueblo como Duce, los miembros del partido empezaban a referirse a Hitler como Führer, 'líder' en alemán.[2]

Tan sólo tres años antes, cuando Hitler pronunciaba su primer discurso político en una cervecería de Múnich, muy pocos habrían sido capaces de predecir su ascenso al poder. De joven había aspirado a vivir como artista en Viena, pero la Academia de Bellas Artes lo había rechazado en dos ocasiones. Había disfrutado de un estilo de vida bohemio, había leído mucho y se había entregado a su pasión por la ópera y la arquitectura.

[1] H. R. Trevor-Roper (ed.), *Hitler's Table Talk 1941-1944*, Nueva York, Enigma Books, 2000, p. 10.
[2] Margarete Plewnia, *Auf dem Weg zu Hitler: Der 'völkische' Publizist Dietrich Eckart*, Bremen, Schünemann Universitätsverlag, 1970, p. 84.

En 1914, después de que el Ejército de Austria-Hungría lo declarara no apto para el servicio, logró alistarse en las fuerzas armadas de Baviera. Participó en algunas de las batallas más cruentas de la Primera Guerra Mundial y un proyectil de gas británico lo privó temporalmente de la vista en octubre de 1918. Mientras se hallaba en el hospital, tuvo noticia de la derrota militar alemana y se hundió en la desesperación, que de un día para otro se transformó en odio. Igual que muchos otros nacionalistas, pensaba que el Ejército había padecido una puñalada por la espalda, traicionado por dirigentes civiles que habían derrocado a la dinastía Hohenzollern para crear la República de Weimar y firmar un armisticio durante la Revolución de Noviembre.

Hitler regresó a Múnich, donde había vivido antes de que estallara la guerra. Encontró una ciudad llena de banderas rojas, porque en noviembre de 1918, tras la abolición de la monarquía de los Wittelsbach, el primer ministro socialista Kurt Eisner había fundado el Estado Libre de Baviera. Unos meses más tarde, el asesinato de Eisner provocó un alzamiento de una parte de los obreros, que proclamaron la República Soviética Bávara. El experimento duró poco. Tropas gubernamentales y voluntarios paramilitares la aplastaron con brutalidad. Tras la fallida revolución, Hitler se encargó de hacer charlas sobre los peligros del comunismo a los soldados que regresaban del frente. Tuvo éxito en ello y así descubrió que poseía un talento: «Lo que antes siempre había dado por cierto sin saberlo se hizo patente: yo sabía "hablar"».[1]

Sus habilidades de orador llamaron la atención de Anton Drexler, fundador del Partido Obrero Alemán (conocido por las siglas alemanas DAP), un grupo poco organizado de conservadores que mezclaban nacionalismo con antica-

[1] Adolf Hitler, *Mein Kampf*, Múnich, Franz Eher, 1943, p. 235.

pitalismo en un esfuerzo por llegar a sectores más amplios de la población. Hitler se unió al partido en septiembre de 1919 y no tardó en destacar como su orador más influyente, porque la gente acudía en gran número para escucharlo. Uno de sus seguidores más tempranos recordaría que en un primer momento no se había llevado muy buena impresión de aquel hombre que parecía «un camarero de restaurante de estación de ferrocarriles», con botas pesadas, chaleco de cuero y un curioso bigotito, pero en cuanto empezó a hablar, electrizó a la audiencia: «En sus primeros años dominaba la voz, la dicción y el efecto producido sobre el público de una manera que jamás se ha igualado, y aquella noche tuvo uno de sus mejores momentos». Empezó en un tono tranquilo, reservado, pero poco a poco cobró vigor. Usaba un lenguaje sencillo que la gente corriente comprendía. A medida que se ponía de manifiesto su entusiasmo por el tema que estaba tratando, empezó a atacar a los judíos, a vapulear al káiser, a clamar contra los que se habían lucrado con la guerra, a hablar cada vez más rápido, a hacer espectaculares gestos con las manos y señalar de vez en cuando con un dedo en alto. Sabía adaptar el mensaje a su público, dar voz a su odio y esperanza. «El público le respondió con un estallido final de vítores y aplausos entusiastas». En 1921, Hitler era capaz de llenar un espacio tan grande como el Circus Krone de Múnich con más de seis mil seguidores.[1]

En febrero de 1920 el partido cambió su nombre por el de Partido Nacional Socialista Obrero Alemán (conocido por las siglas alemanas NSDAP y también llamado Partido Nazi). Al cabo de poco tiempo adquirió un periódi-

[1] Ernst Hanfstaengl, *Unheard Witness*, Filadelfia, Lippincott, 1957, pp. 34-37; sobre el número de espectadores, véase Volker Ullrich, *Hitler: Ascent 1889-1939*, Nueva York, Alfred Knopf, 2016, p. 95.

co gravemente endeudado, el *Völkischer Beobachter*, publicado al principio por la Sociedad Thule, un reservado grupo de ocultistas que usaba la esvástica como símbolo y creía en la llegada de un mesías alemán que redimiría a la nación. Dietrich Eckart, el nuevo responsable editorial del periódico, cifraba sus esperanzas en un periodista llamado Wolfgang Kapp. En marzo de 1920, Kapp y unos seis mil seguidores trataron de llevar a cabo un golpe contra la República de Weimar en Berlín, pero una huelga del personal de Administración del Estado los hizo fracasar. Entonces Eckart recurrió a Hitler, a quien veía como «salvador de la Patria». Veinte años mayor que Hitler, fue su mentor y le ayudó a desarrollar su imagen. Se valió del *Völkischer Beobachter* para retratar a Hitler como el próximo gran hombre de Alemania.[1]

En verano de 1921, los líderes del partido recibieron con alegría a otro «orador popular e impactante», el líder de una organización rival llamada Asociación Alemana del Trabajo. Propusieron una fusión. Hitler entendió que se trataba de una amenaza a su autoridad y apostó por presentar su dimisión en pleno acceso de ira. Todo quedó en manos de Eckart, que hizo de mediador. Los dirigentes del partido, temerosos de perder su mejor baza, cedieron. Pero entonces Hitler exigió que lo nombraran «presidente con poderes dictatoriales». Unos meses más tarde, Eckart explicó con entusiasmo en las páginas del *Völkischer Beobachter* que no había nadie más desinteresado, íntegro y abnegado que Hitler, que había intervenido en los destinos del partido con «puño de hierro».[2]

En el mismo momento de hacerse con el poder dentro

[1] Plewnia, *Auf dem Weg zu Hitler, op. cit.*, pp. 69 y 84-90.
[2] Ian Kershaw, *Hitler, 1889-1936: Hubris*, Londres, Allen Lane, 1998, pp. 162-163; Plewnia, *Auf dem Weg zu Hitler, op. cit.*, p. 81.

del Partido Nazi, Hitler creó una organización paramilitar conocida como SA (abreviatura de *Sturmabteilung*, 'División de asalto'). Ernst Röhm, leal seguidor, ordenaba a sus miembros que dieran palizas a los disidentes que trataban de abuchear a Hitler en las asambleas públicas. Los SA también rondaban por las calles de Múnich, apaleaban a sus enemigos y provocaban disturbios en actos organizados por sus rivales políticos.

El Partido Nazi se había transformado en el Partido del Führer, y Hitler trabajaba sin descanso por hacerlo crecer. Él diseñó los vistosos panfletos rojos que se usaban para captar nuevos miembros, y supervisaba los desfiles, banderas, gallardetes, bandas musicales y la misma música, que le sirvieron para atraer a multitudes cada vez mayores. Hitler era un coreógrafo meticuloso y cuidaba todos los detalles. El 17 de septiembre de 1921 se publicaron instrucciones en las que se prescribían las dimensiones exactas y el patrón de color de los brazaletes con la esvástica. Las camisas pardas se introdujeron después de que Mussolini marchara sobre Roma.[1]

Hitler, igual que Mussolini, calculaba minuciosamente cómo tenía que presentarse ante el público. En cierta ocasión en que uno de sus primeros seguidores le aconsejó que se dejara el bigote entero, o se lo afeitara por completo, se negó a hacerle caso. «No te preocupes—le respondió—, voy a empezar una moda. Dentro de un tiempo todo el mundo querrá imitarlo». El bigote era una marca distintiva, igual que la camisa parda. Hitler—que en esto también se parecía a Mussolini—era corto de vista, pero procuraba no aparecer jamás en público con las gafas puestas.

---

[1] Georg Franz-Willing, *Die Hitlerbewegung. Der Ursprung, 1919-1922*, Hamburgo, R.v. Decker's Verlag G. Schenck, 1962, 2.ª edición 1972, pp. 124-128 y 218-219.

Para dificultar que la policía lo reconociera, Hitler—a diferencia de su homólogo italiano—evitaba a los fotógrafos. A medida que su reputación crecía, las especulaciones en torno a su aspecto le añadieron un aura de misterio. Hitler esperó al otoño de 1923 para acceder a que Heinrich Hoffmann—que al cabo de poco tiempo sería el fotógrafo oficial del partido—lo retratara. Aquellas primeras imágenes transmiten decisión y voluntad de poder llevada hasta el fanatismo. Hitler aparece en ellas con mirada sombría, cejas enarcadas, labios prietos, brazos cruzados con firmeza. Las fotografías tuvieron una amplia difusión en la prensa, y se vendieron como postales y retratos.[1]

El 20 de abril de 1923, Adolf Hitler cumplió treinta y cuatro años, y el culto al líder ya estaba en marcha. Un titular en portada del periódico oficial del partido lo aclamaba como «Führer de Alemania». Alfred Rosenberg, otro aliado de los primeros tiempos, encomiaba a Hitler como «líder de la nación alemana» y escribía que el hombre de Múnich había establecido una «misteriosa interacción» entre él mismo y sus muchos seguidores. Hitler, por otra parte, era muy consciente de que sus enemigos lo llamaban demagogo, tirano, megalómano, «Su Majestad Adolf Hitler», y se describía a sí mismo en términos modestos, como «no más que tambor y movilizador», un mero apóstol a la espera de Cristo.[2]

Todo era falsa modestia. El propio Eckart informó de que había visto a un Hitler impaciente que caminaba arriba y abajo por el patio y gritaba: «¡Tengo que entrar en

[1] Hanfstaengl, *Unheard Witness, op. cit.*, p. 70; Rudolf Herz, *Hoffmann & Hitler: Fotografie als Medium des Führer Mythos*, Múnich, Klinkhardt & Biermann, 1994, pp. 92-93 y 99.
[2] Plewnia, *Auf dem Weg zu Hitler, op. cit.*, p. 90; Ullrich, *Hitler, op. cit.*, p. 113; Ludolf Herbst, *Hitlers Charisma. Die Erfindung eines deutschen Messias*, Fráncfort del Meno, S. Fischer, 2010, pp. 147-149.

Berlín como Cristo en el Templo de Jerusalén y expulsar a los prestamistas con el látigo!». En un intento de emular a Mussolini, organizó para el 8 de noviembre de 1923 un golpe en el que asaltó una cervecería de Múnich con las SA y anunció la formación de un nuevo gobierno con el general Erich von Ludendorff, jefe del Ejército alemán durante la Primera Guerra Mundial. El Ejército no apoyó a los rebeldes. La policía aplastó fácilmente el golpe al día siguiente. Hitler fue arrestado.[1]

El llamado Putsch de la Cervecería había fracasado. Hitler, entre rejas, se hundió en la depresión, pero no tardó en recobrar el ánimo al darse cuenta de que su condición de mártir resultaba atractiva. Una amplia cobertura de prensa le dio fama en Alemania y en el extranjero. Gente de todo el país le enviaba regalos, e incluso algunos de sus propios guardias susurraban «*Heil Hitler*» al entrar en la pequeña suite de habitaciones que le servía de celda. Los jueces que lo procesaron se mostraron comprensivos. Permitieron que Hitler usara la sala del juzgado como tribuna de propaganda y sus palabras aparecieron en todos los periódicos. Compareció ante el tribunal no como acusado, sino como acusador, y presentó a la República de Weimar como los verdaderos criminales. Asumió toda la responsabilidad por el golpe. «Sólo yo cargo con toda la responsabilidad—reconoció—. Si hoy me presento aquí como revolucionario, es porque soy revolucionario contra la revolución. No existe nada semejante a la alta traición contra los traidores de 1918». Entonces se mofó de la idea de haber sido mero tambor en un movimiento patriótico. «Mi objetivo, desde el primer momento, ha sido mil veces más elevado: quería ser el destructor del marxismo».[2]

[1] Hanfstaengl, *Hitler, op. cit.*, p. 86.
[2] William L. Shirer, *The Rise and Fall of the Third Reich: A History*

La sentencia por alta traición fue sorprendentemente leve, tan sólo cinco años, que luego se redujeron a trece meses, pero duró lo suficiente para que Hitler pudiera escribir su biografía política. Cuando salió de la cárcel, pocos días antes de la Navidad de 1924, el grueso del manuscrito titulado *Mein Kampf* (*Mi lucha*) ya estaba terminado. El libro apareció en verano de 1925, pero no se convirtió en superventas hasta 1933.

Mein Kampf resumía buena parte de lo que Hitler había dicho en sus discursos de cervecería. Detrás de todos los males del país, tanto si se trataba de un sistema parlamentario corrupto como de la amenaza del comunismo, se hallaba la mano de un judío. Su programa era diáfano: abrogar el Tratado de Versalles, expulsar a los judíos, castigar a Francia, crear una Alemania más grande e invadir la Unión Soviética para hacerse con «espacio vital» (*Lebensraum*). Pero en *Mein Kampf* también se hallaban elementos de la leyenda de Hitler. Niño genial, lector voraz, orador nato y artista no reconocido al que el destino había elegido para cambiar la suerte de su pueblo. Un hombre dominado por una pasión sin igual que le permitía reconocer las palabras que «abrían las puertas del corazón de un pueblo como los golpes de un martillo». Un hombre elegido por el cielo como mensajero de su voluntad. En palabras de un seguidor cercano a él, Hitler era un oráculo, un *Traumlaller*, esto es, un hombre que profetizaba en sueños.[1]

---

of Nazi Germany, Nueva York, Simon & Schuster, reedición del 50.º aniversario, 2011, pp. 75-76.

[1] Adolf Hitler, *Mein Kampf, op. cit.*, p. 116; el término *Traumlaller* aparece en Georg Schott, *Das Volksbuch vom Hitler*, Múnich, Herrmann Wiechmann, 1924 y 1938, p. 10.

El oráculo fue silenciado. Cuando Hitler salió de prisión, el Estado de Baviera le prohibió hablar en público. Prohibió el *Völkischer Beobachter* y el propio partido. La mayoría de estas restricciones dejaron de estar vigentes en febrero de 1925, pero en fecha tan tardía como 1927 los carteles de propaganda mostraban al Führer amordazado con las palabras «Prohibido hablar», porque Hitler se representaba a sí mismo como patriota perseguido.[1]

Hitler recurrió a la fotografía tan buen punto como salió por la puerta de hierro tachonado de la prisión de Landsberg. Heinrich Hoffmann lo esperaba fuera con la intención de que el acontecimiento quedara registrado para la posteridad, pero un guardia de la prisión lo amenazó con confiscarle la cámara. Entonces Hitler posó frente a la antigua puerta de la ciudad, de pie junto al estribo del Daimler-Benz, mientras miraba a la cámara con resolución, con el bigote bien recortado y el cabello peinado hacia atrás. La fotografía apareció en publicaciones del mundo entero.[2]

No era posible oír a Hitler, pero sí se le veía entre los suyos y en otros lugares, porque Hoffmann publicó tres libros de fotografías entre 1924 y 1926. El último de dichos libros, titulado *Deutschlands Erwachen in Bild und Wort* ('El despertar de Alemania en imágenes y palabras'), pintaba al líder como un salvador: «Un hombre se alzó entre el pueblo y predicó el Evangelio del amor por la Patria». Aparecieron carteles, en algunos de los cuales se veía a una muchedumbre que aguardaba, expectante, la aparición de su redentor.[3]

---

[1] Ullrich, *Hitler, op. cit.*, p. 189.

[2] Heinrich Hoffmann, *Hitler Was My Friend: The Memoirs of Hitler's Photographer*, Londres, Burke, 1955, pp. 60-61. [Existe traducción en español: *Yo fui amigo de Hitler*, trad. Julio Gómez de la Serna, Barcelona, Noguer y Caralt, 2003].

[3] Claudia Schmölders, *Hitler's Face: The Biography of an Image*, Fi-

En el camino de regreso a Múnich, Hoffmann le preguntó a Hitler qué pensaba hacer a continuación. «Empezaré de nuevo, desde el principio». El partido revivió y se instaló en una nueva sede en la Briennerstrasse, que no tardó en conocerse como la «Casa Parda». Hitler diseñó todos los detalles, incluidas las sillas de cuero rojo con el escudo del águila real, copiado de la Roma antigua, grabado en el respaldo. A ambos lados de la entrada, dos tablillas de bronce recordaban los nombres de quienes habían perdido la vida en el Putsch de la Cervecería, elevados a «mártires del movimiento».[1]

Pero el número de afiliados no crecía con rapidez. Hasta 1927 no llegaron a ser cincuenta y siete mil, los mismos que antes del golpe. Fueron años de pérdida de relevancia política, porque la economía se recuperó con la ayuda de una nueva moneda de curso legal que frenó la inflación, así como de una entrada de capital procedente de Estados Unidos. El Gobierno se estabilizó. Alemania se reintegró en la comunidad internacional e ingresó en la Sociedad de Naciones en 1926. En tiempos posteriores, los historiadores llamaron aquellos años la «Edad de Oro de Weimar».

El apoyo al NSDAP era tan tibio que la prohibición de hablar en público se revocó en marzo de 1927. Pero, a pesar de todo el teatro que acompañaba a las apariciones públicas de Hitler—con música a todo volumen, banderas desplegadas y estandartes al viento—, muchos de los asientos no se llenaban. Las habilidades retóricas de Hitler no habían cambiado, pero su mensaje no tenía ya el mismo atractivo. El movimiento iba de capa caída.[2]

---

ladelfia, University of Pennsylvania Press, 2009, p. 87; Herz, *Hoffmann & Hitler*, *op. cit.*, pp. 162-169.

[1] Hoffmann, *Hitler Was My Friend*, *op. cit.*, pp. 61-63.

[2] Ullrich, *Hitler*, *op. cit.*, pp. 199-202.

Pero, aunque el atractivo popular de Hitler se hubiera estancado, su imagen de figura cuasidivina se difundía entre sus seguidores. Joseph Goebbels, un hombre ambicioso e inteligente con una deformidad en el pie derecho que acababa de unirse al partido, se preguntaba en octubre de 1925: «¿Quién es este hombre? ¡Mitad hombre común, mitad Dios! ¿Es de verdad Cristo, o tan sólo Juan Bautista?». No era el único en preguntárselo. Aunque el número de asistentes al primer mitin del partido en Núremberg, celebrado en 1927, fuera inferior al previsto, los SA ataviados con camisas pardas aclamaron con entusiasmo al líder, que había coreografiado todo el acto: «Lo decisivo es la fe en el Führer—proclamó ante las masas que se habían congregado allí—y no la debilidad de la mayoría». El saludo «*Heil Hitler*» se volvió obligatorio en las filas del partido, símbolo de conexión personal con el líder.[1]

El propio Hitler era un astuto juez de caracteres. Uno de sus seguidores más tempranos recordaría que era capaz de evaluar a una persona a primera vista, casi como un animal que olfatea un rastro, y distinguir a quienes mostraban «confianza sin límites y fe cuasirreligiosa» de quienes mantenían una distancia crítica. Enfrentaba a los primeros entre sí y se deshacía de los demás en cuanto no le resultaban útiles.[2]

Sus enemigos se burlaban del *Mein Kampf*, pero sus partidarios lo trataban como si fuera la Biblia. El libro afirmaba repetidamente que los genios no se podían encontrar mediante unas elecciones generales. «Es más fácil hacer pasar un camello por el ojo de una aguja que descubrir a un gran hombre mediante unas elecciones». Sus seguidores se consideraban a sí mismos apóstoles capaces de ver, mien-

[1] Joseph Goebbels, *Tagebücher 1924-1945*, ed. Ralf Georg Reuth, Múnich, Piper, 1992, vol. 1, p. 200; Ullrich, *Hitler, op. cit.*, p. 208.
[2] Ullrich, *Hitler, op. cit.*, p. 217.

tras que las mentes de los infieles permanecían ciegas. En una carta abierta a Hitler sobre el concepto de liderazgo, escrita en 1928, Goebbels repetía el mismo punto de vista y señalaba: «El líder *no se puede* seleccionar mediante unas elecciones. Cuando tiene que estar, está». Las masas no eligen al líder, es el líder el que elige a las masas. En tiempos de grandes vacilaciones, el líder era el que indicaba lo que había que creer. «Tú eres el primero de los servidores en el combate por el futuro», continuaba, y proponía que el líder se rodeara de un pequeño grupo de hombres de verdad que recorrieran el país para predicar la fe a quienes hubieran caído en la desesperación. Un año más tarde, el 20 de abril de 1929, el día en el que Hitler cumplió los cuarenta, atribuyó al líder ideal una combinación de carácter, fuerza de voluntad, capacidad y suerte. Hitler ya tenía tres de esas cualidades. Goebbels predijo que la estrella de la buena fortuna no tardaría en brillar sobre él.[1]

La suerte del partido cambió antes de que terminara el año. El 3 de octubre de 1929, Gustav Stresemann, uno de los pilares de la democracia de Weimar, murió. Pocas semanas más tarde la bolsa de Wall Street se hundió y el pánico provocó sucesivas oleadas de ventas en todo el mundo. El desempleo se disparó y en 1932 pasó de tres a seis millones de personas en escasos meses. La fe en la democracia fenecía, la inflación se afianzó, y se extendió un sentimiento de desesperación y frustración. Había llegado el momento de Hitler.[2]

---

[1] Hitler, *Mein Kampf*, p. 96; Joseph Goebbels, *Die zweite Revolution: Briefe an Zeitgenossen*, Zwickau, Streiter, 1928, pp. 5-8; «Der Führer», 22 de abril de 1929, reproducido en Joseph Goebbels, *Der Angriff*, Múnich, Franz Eher, 1935, pp. 214-216; véase también Ernest K. Bramsted, *Goebbels and National Socialist Propaganda 1925-1945*, East Lansing, Míchigan, Michigan State University Press, 1965, pp. 195-201.

[2] Ullrich, *Hitler, op. cit.*, pp. 222-223.

Empezó una gigantesca campaña de propaganda. Mientras que otros partidos se contentaban con enviar sus folletos por correo o publicar anuncios en los periódicos, los nazis se embarcaron en intensas e incesantes actividades. Hitler siempre había subrayado la importancia de la palabra hablada y en 1930 un millar de oradores con preparación profesional se desplegó para difundir el mensaje hasta la última aldea. Se organizaban asambleas, se hacían mítines, se distribuían carteles y panfletos, y se pintaban cruces gamadas en las aceras.

Con todo, el partido predicaba a los conversos. Entre buena parte de la población existía un muro de resistencia que su propaganda no podía atravesar. El NSDAP se refería a sí mismo como «el movimiento de Hitler», como si la figura del Führer hubiera sido el único elemento propagandístico efectivo de verdad entre cierto número de tenderos desafectos, granjeros protestantes y veteranos de guerra. Si bien el porcentaje electoral de los nazis saltó del 2,6 por ciento al 18,3 por ciento entre mayo de 1928 y septiembre de 1930, los partidarios de los partidos políticos rivales, en palabras del historiador Richard Bessel, «se mostraron notablemente inmunes a la influencia del culto que se desarrollaba en torno a Hitler».[1]

En septiembre de 1931, Geli Raubal, medio sobrina de Hitler, se disparó en el pecho con la pistola Walther de éste. Dos años antes se había instalado en el apartamento de su tío en Múnich, y su suicidio a los veintitrés años suscitó de inmediato rumores de violencia sexual, e incluso de asesinato. Fue un desastre publicitario, en el que la prensa también recordó a los lectores la homosexualidad de Ernst

---

[1] Herbst, *Hitlers Charisma, op. cit.*, p. 215; *The Times*, 10 de junio de 1931, p. 17; Richard Bessel, «The Rise of the NSDAP and the Myth of Nazi Propaganda», *Wiener Library Bulletin*, 33, 1980, pp. 20-29.

Röhm, líder de las SA. Los enemigos de los nazis alegaban que el NSDAP no defendía los valores familiares, sino que estaba repleto de desviados sexuales.[1]

Seis meses más tarde, Heinrich Hoffmann publicó una colección de fotografías titulada *Hitler wie ihn keiner kennt* ('El Hitler que nadie conoce'), que humanizaba la imagen del Führer. Baldur von Schirach, líder de las Juventudes Hitlerianas, escribió el prefacio, en el que explicaba que Hitler no era sólo un líder, sino también un «hombre grande y bueno». Pocas personas comprendían que practicaba hábitos sencillos y espartanos, y trabajaba sin cesar por el bien de todo el mundo: «Su capacidad de trabajo es extraordinaria». No tenía vicios. «Son pocos los que saben que Hitler es abstemio, no fuma y es vegetariano». Sus aficiones eran la historia y la arquitectura. Leía con voracidad y podía presumir de una biblioteca de seis mil libros, «y no sólo los ha hojeado, sino que los ha leído todos». Hitler era cariñoso con los niños y gentil con los animales. En la cubierta aparecía un Führer relajado, echado en un prado alpino, al lado de un pastor alemán. Un centenar de fotografías tomadas de la vida cotidiana mostraban a Hitler niño, Hitler pintor, Hitler en su hogar, Hitler en el trabajo, Hitler en sus momentos de ocio, Hitler leyendo, charlando, caminando por la montaña, sonriendo.[2]

El libro apareció en marzo de 1932, en plena campaña presidencial. Paul von Hindenburg, un mariscal de campo muy respetado, que ya había cumplido los ochenta y cuatro años se había dejado convencer para presentarse contra Hitler. En el primer día oficial de la segunda vuelta de las

[1] Ullrich, *Hitler, op. cit.*, pp. 281-282.
[2] Heinrich Hoffmann, *Hitler wie ihn keiner kennt*, Múnich, Heinrich Hoffmann, 1935 (1.ª edición 1932); véase también Herz, *Hoffmann & Hitler, op. cit.*, pp. 245-248.

elecciones, Goebbels publicó un artículo titulado «Adolf Hitler como ser humano». Reforzaba todos los temas que ya habían aparecido en el libro de fotografías. «Hitler es, por naturaleza, un hombre bueno», testificaba Goebbels. Un «ser humano entre otros seres humanos, amigo de sus camaradas, benéfico promotor de todas las capacidades y todos los talentos». Era gentil y modesto, y por ello todos quienes lo conocían «no sólo como político, sino también como persona», lo adoraban. Emil Ludwig, un biógrafo contemporáneo, comentaba: «Todo lo que le faltaba a Hitler, los alemanes se lo imaginaron, persuadidos por su discípulo Goebbels».[1]

El hombre bueno se exhibía ante millones de personas. Goebbels contrató un aeroplano y llevó a Hitler en un tour aéreo por docenas de ciudades que popularizó el culto a su figura. Los titulares clamaban: «Hitler sobre Alemania». El público tenía que esperarlo durante horas y estallaba en aplausos cuando Hitler, por fin, emergía de las nubes en su avión, como un mesías. Las muchachas le entregaban flores, los líderes locales le expresaban sus respetos y las bandas de música de las SA interpretaban piezas en su honor. Las multitudes lo aclamaban.[2]

Un cartel electoral sin más título que «Hitler», en el que su cara parecía flotar sobre un fondo oscuro, hizo posible que todo el mundo reconociera su rostro al instante. Pero ni toda la propaganda logró que Hitler consiguiera apoyo suficiente para imponerse en las elecciones presidenciales.

[1] Bramsted, *Goebbels and National Socialist Propaganda*, pp. 202-204; Emil Ludwig, *Three Portraits: Hitler, Mussolini, Stalin*, Nueva York, Longmans, Green and Co., 1940, p. 27. [*Tres dictadores: Hitler, Mussolini y Stalin*, trad. Francisco Ayala, Barcelona, Acantilado, 2011, p. 25].
[2] Gerhard Paul, *Aufstand der Bilder. Die NS-Propaganda vor 1933*, Bonn, Dietz, 1990, pp. 204-207.

Hindenburg ganó por una mayoría abrumadora y en abril accedió al puesto de presidente del Reich, jefe del Estado. Unos meses más tarde se celebraron elecciones nacionales. Hitler siguió adelante con su implacable programa. Sus extenuantes giras por aire terminaron por dar resultado y el NSDAP pasó a ser el partido más votado en julio de 1932, con el 37,3 por ciento del electorado.

Con todo, Hindenburg se negó a nombrar a Hitler canciller de Alemania, el cargo equivalente a primer ministro. En vez de buscar un acuerdo, Hitler se encolerizó y se negó a entrar en el gabinete de Gobierno. Viajó por el país para denunciar a la «camarilla reaccionaria» que ostentaba el poder en Berlín. En vez de ponerse de su parte, un electorado con mejor criterio dio a su partido menos de un tercio de los votos en unas nuevas elecciones celebradas en noviembre de 1932. «El aura se ha esfumado […] la magia ha fallado», observaba un periódico. «Un cometa cae en medio de las brumas de noviembre», comentaba otro. Los miembros del partido se desilusionaron y abandonaron sus filas por decenas de miles.[1]

El 30 de enero de 1933, Hitler accedió al cargo de canciller de Alemania. No se debió tanto a un proceso electoral como a una serie de sórdidas transacciones políticas entre bastidores en las que Hindenburg desempeñó el papel principal. El envejecido presidente no confiaba en Hitler, pero detestaba todavía más al rival de éste. Kurt von Schleicher, último canciller de la República de Weimar, se había ofrecido para gobernar como dictador *de facto* para poner fin al bloqueo parlamentario, y Hindenburg había nombrado a Hitler en su lugar.

[1] Ullrich, *Hitler, op. cit.*, pp. 330-331.

Al cabo de unas semanas, un incendio devoró el edificio del Reichstag, donde se reunía el parlamento. Hitler se valió del incidente para denunciar que había un complot comunista en marcha. Hindenburg, que no confiaba en que el sistema parlamentario contuviera la amenaza izquierdista, se dejó convencer y promulgó un decreto que suspendía los derechos básicos.

A partir de ese momento, el terror y la propaganda avanzaron al unísono, porque cientos de miles de camisas pardas empezaron a perseguir a sus oponentes. El alcalde de Stassfurt, socialdemócrata, murió víctima de un disparo el 5 de febrero de 1933. Incontables líderes de la oposición sufrieron intimidaciones y palizas, y se les paseó por la calle de camino a prisión. Con todo, el NSDAP no consiguió una mayoría absoluta en las elecciones de marzo de 1933, tan sólo el 43,9 por ciento de los votos. El mismo mes se aprobó una ley habilitante que concedía a Hitler poderes ilimitados durante cuatro años.[1]

Entonces empezó una oleada de terror aún mayor. En mayo se disolvieron los sindicatos y en junio se prohibieron los demás partidos políticos. La violencia no sólo se dirigía contra oponentes políticos e inadaptados sociales, sino contra todo el que se opusiera a los nazis. Tan sólo en 1933 se detuvo a unas cien mil personas sin juicio alguno. Cientos de ellas murieron bajo arresto. Aunque muchos de los detenidos quedaran después en libertad, su detención tuvo el efecto deseado. El miedo había entrado a formar parte de la vida cotidiana.[2]

En el mismo instante en que Hitler llegó a canciller, algunas autoridades municipales empezaron a demostrar su

---

[1] Richard J. Evans, «Coercion and Consent in Nazi Germany», *Proceedings of the British Academy*, 151, 2006, pp. 53-81.
[2] *Id.*

celo por la causa rebautizando calles, plazas, avenidas, escuelas, estadios y puentes con el nombre del líder. El 31 de marzo de 1933, el centro de Hannover se transformó en la «plaza de Adolf Hitler». Tres días más tarde, una céntrica avenida que iba de la Charlottenplatz al Wilhelm Palais de Suttgart se rebautizó como «calle de Adolf Hitler». Por si fuera poco, una escuela de enseñanza secundaria de la misma ciudad pasó a llamarse escuela Adolf Hitler. En Charlottenburg, Berlín, las autoridades locales rebautizaron la Reichkanzlerplatz (plaza del Canciller del Reich) en honor del Führer con ocasión de su cumpleaños, el 20 de abril de 1933. Al cabo de unos pocos años, hasta el pueblo más pequeño tenía su obligada calle de Adolf Hitler. En muchos de ellos, además, había una plaza de Adolf Hitler.[1]

La gente también escribía para honrar al Führer. El 18 de febrero, Herr Weber, propietario de una cafetería-pastelería de Sondershausen, solicitó autorización para cambiar el nombre de su establecimiento a «Canciller del Reich A. Hitler». El Führer declinó el honor. Tres días más tarde un criador de rosas propuso llamar «Adolf Hitler» a una nueva variedad, mientras que un ingeniero escribió si podía bautizar una turbina eólica de Berlín como «Torre Adolf Hitler». Un admirador de Düsseldorf puso a su hija el nombre de Hitlerine, y Adolfine, Hitlerike y Hilerine también se hicieron populares.[2]

Pero no hubo estatuas de Adolf Hitler. A diferencia de la mayoría de los dictadores, el Führer insistía en que las estatuas y monumentos se reservaran a grandes figuras históricas del pasado. Él era un líder del futuro.[3]

---

[1] BArch, R43II/979, 31 de marzo, 2 y 10 de abril de 1933.

[2] BArch, R43II/979, 18 de febrero, 7, 8 y 11 de marzo de 1933; R43II/976, 7 de abril y 3 de julio de 1933.

[3] BArch, NS6/215, p. 16, Circular de Martin Bormann, 6 de octubre de 1933.

Los retratos del Führer adornaban todos los despachos, pero la demanda de éstos se disparó más allá de los órganos del Estado. Algunos empresarios pedían permiso para usar su nombre o su efigie para vender jabón, cigarros y dulces. Otros prescindían por completo de la aprobación del Estado y producían bombones y salchichas en forma de cruz gamada. A fin de proteger el «valor y naturaleza sagrados» de los símbolos del Estado, Goebbels presentó una ley con fecha de 19 de mayo de 1933 por la que se prohibía la circulación de imágenes del Führer sin la autorización del partido.[1]

Hitler tan sólo era canciller y al lado de su retrato se exhibía el del presidente. Sacaba todo el partido posible de la situación y se valía del aura que envolvía a Hindenburg para presentarse como el continuador en la sucesión de grandes líderes alemanes. El 30 de enero de 1933, ambos habían aparecido uno al lado del otro en el balcón de la Wilhelmstrasse y habían saludado a unos sesenta mil camisas pardas en un desfile de antorchas coreografiado por Goebbels. Dos meses más tarde, en la sesión inaugural del Parlamento celebrada en Potsdam, Hitler se inclinó con respeto ante Hindenburg y recibió su bendición. El acto se mostró en todos los cines.[2]

En 1934, los camisas pardas, que habían hecho el trabajo sucio, elevaron el tono de sus demandas y exigieron que se les incorporara al Ejército regular, pero los generales con-

---

[1] Konrad Repgen y Hans Booms, *Akten der Reichskanzlei: Regierung Hitler 1933-1938*, Boppard, Harald Boldt, 1983, parte 1, vol. 1, p. 467; BArch, R43II/959, 5 y 13 de abril de 1933, 29 de agosto de 1933, pp. 25-26 y 48.

[2] Richard Bessel, «Charismatisches Führertum? Hitlers Image in der deutschen Bevölkerung», en: Martin Loiperdinger, Rudolf Herz y Ulrich Pohlmann (eds.), *Führerbilder: Hitler, Mussolini, Roosevelt, Stalin in Fotografie und Film*, Múnich, Piper, 1995, pp. 16-17.

servadores los veían como vulgares matones. Hitler no quería enfrentarse a la jerarquía militar, y también temía que Ernst Röhm, jefe supremo de las SA, se hubiera vuelto demasiado poderoso. El 30 de junio, en la Noche de los Cuchillos Largos, ordenó a sus guardias de elite de las SS que purgaran a las SA. Röhm fue arrestado y ejecutado, junto con docenas de otros líderes, y varios miles más fueron a prisión. Hindenburg, que en calidad de presidente conservaba el control sobre el Ejército, felicitó a Hitler.

El anciano mariscal de campo falleció el 2 de agosto de 1934. Una hora más tarde, los cargos de presidente del Reich y canciller de Alemania se unificaron en la persona del Führer, que pasó a controlar el Ejército. El tradicional juramento de lealtad al presidente se modificó y a partir de entonces los soldados tuvieron que jurar a Adolf Hitler en persona.[1]

Hitler se había esforzado mucho por labrarse una imagen como líder carismático y quiso confirmarla mediante un plebiscito. Se pidió a la población que el día 19 de agosto votara la fusión de ambos cargos. Se llevó a cabo un bombardeo propagandístico. Por todas partes había carteles de Adolf Hitler con una sola palabra: «Sí». En Baviera, donde BMW tenía sus fábricas, un observador comentó: «Hitler está en todos los tablones de anuncios, en todos los escaparates. De hecho, está en todas las ventanas que quedan a la vista. En todos los tranvías, en todas las ventanillas de todos los trenes, en las de todos los automóviles. Hitler mira desde todas las ventanas». En algunos lugares, los camisas pardas, que habían seguido funcionando a una escala muy reducida después de la purga, repartían gratuitamente retratos y exigían que se exhibieran en un lugar prominente. Si sus órdenes no se seguían, regresaban al cabo de

---

[1] Ullrich, *Hitler*, *op. cit.*, p. 474.

unas horas. También se repartían banderas y se colgaban de las ventanas. Las casas del centro de Dresde recibieron instrucciones sobre el número preciso de banderas con la cruz gamada que tenían que exhibir.[1]

El noventa por ciento del electorado votó sí. Cinco millones de personas tuvieron el coraje necesario para emitir un voto nulo o negativo. El académico judío Victor Klemperer escribía en su diario: «Una tercera parte ha dicho "sí" por miedo, otra por embriaguez, y otra por ambas cosas».[2]

La asamblea anual del partido tuvo lugar después del plebiscito. Desde 1927 se había celebrado en Núremberg, una pequeña ciudad bávara con edificios fortificados de los tiempos del Sacro Imperio Romano, el llamado Primer Reich. A lo largo de los años, las asambleas se habían vuelto cada vez más numerosas, pero ninguna de ellas había igualado a la «Asamblea de Unidad y Fuerza». Así fue como se llamó *a posteriori* a aquella reunión de setecientas mil personas. De acuerdo con las palabras pronunciadas por Rudolf Hess, lugarteniente de Hitler, en la ceremonia de apertura: «Este congreso es el primero que tiene lugar bajo el gobierno ilimitado del nacionalsocialismo. Se celebra bajo el estandarte de Adolf Hitler como único y más alto líder de Alemania, bajo el estandarte del "Führer" como concepto que cobra forma en la ley del Estado». La asamblea se centró en la glorificación del Führer. Albert Speer, arquitecto princi-

---

[1] *Deutschland-Berichte der Sozaldemokratischen Partei Deutschlands (Sopade) 1934-1940*, Salzhausen, Petra Nettelbeck, 1980, vol. 1, 1934, pp. 275-277; véase también John Brown, *I Saw for Myself*, Londres, Selwyn and Blount, 1935, p. 35.

[2] Victor Klemperer, *I Will Bear Witness: A Diary of the Nazi Years 1933-1941*, Nueva York en The Modern Library, 1999, p. 82. [Existe traducción en español: «21 de agosto, martes [de 1934]», *Quiero dar testimonio hasta el final: Diarios, 1933-1941*, trad. Carmen Gauger, Barcelona, Galaxia Gutenberg-Círculo de Lectores, 2003].

pal del partido, diseñó un enorme estadio con una tribuna rodeada por ciento cincuenta y dos reflectores que arrojaban rayos de luz en la noche y creaban en torno al Führer lo que los admiradores llamaron Catedral de Luz. Desde la tribuna, Hitler se dirigió a grandes formaciones de seguidores uniformados que seguían todas sus palabras con fascinación. Hess lo resumió en las siguientes palabras: «¡El partido es Hitler, y Hitler es Alemania, igual que Alemania es Hitler!».[1]

Desde 1924, año en el que había salido de prisión, Hitler había hecho que su propia estrella fuera el principio rector del partido. La fe en Adolf Hitler se había convertido en lo más importante. Su intuición, su clarividencia y su mera fuerza de voluntad harían avanzar al NSDAP. El hitlerismo se centraba por completo en Hitler. Tal como se explicaba en el *Mein Kampf*, el pueblo daba salida a su fuerza interior cuando adoraba a un genio. Tan sólo los judíos denunciaban como «culto a la personalidad» la reverencia por las almas grandes. Se pedía al pueblo que se uniera en su adoración a un solo hombre.[2]

El culto a su personalidad rebajaba todos los demás que se daban dentro del partido. Diez días después del plebiscito del 19 de agosto de 1934, una circular del NSDAP exigió que los retratos de Goering y de Goebbels, así como de otros líderes, se retiraran de los edificios del partido. En la asamblea celebrada el año siguiente en Núremberg, el eslogan propuesto por Hess se abrevió a «Hitler es Alemania, igual que Alemania es Hitler».[3]

[1] El discurso se encuentra en Rudolf Hess, «Der Eid auf Adolf Hitler», *Reden*, Múnich, Franz Eher, 1938, pp. 9-14, y las reacciones a éste en *Deutschland-Berichte der Sopade*, 1934, *op. cit.*, pp. 470-472.
[2] Hitler, *Mein Kampf, op. cit.*, p. 387.
[3] BArch, NS22/425, 30 de agosto de 1934, p. 149; dos semanas más tarde, al informarse de que algunos de los retratos estaban siendo destruidos, una nueva circular autorizó imágenes de otros líderes, siempre

Destacar por encima de todos los demás tenía muchas ventajas. La mayoría de la gente detestaba a los matones de camisa parda y había visto con agrado la Noche de los Cuchillos Largos, sin tener una clara conciencia del alcance de la masacre, porque Goebbels ejercía un férreo control sobre los periódicos. Muchos vieron en el canciller a un hombre valiente que ponía al país por encima de sus antiguos camaradas y que había actuado con la celeridad del rayo contra hombres poderosos que se habían vuelto un peligro para el Estado. Pero la purga también había demostrado que había fuerzas discordantes en el seno del movimiento nazi. Hitler parecía el único capaz de mantener unidas las facciones del partido, muy diversas y a veces enfrentadas. Aunque explotara sus rivalidades en beneficio propio, todas ellas se veían obligadas a servirlo en común subordinación. Y cuando la cosa iba mal, la gente corriente echaba la culpa a sus subordinados, raramente al propio Führer, con lo que se acrecentaba todavía más su aura de invencibilidad.[1]

Dos meses después del incendio del Reichstag, Goebbels se mudó al Ordenspalais, un edificio del siglo XVIII situado en la Wilhelmstrasse, enfrente de la cancillería. En calidad de ministro de Ilustración Popular y Propaganda, había trabajado sin cesar en el culto al Führer. El 19 de abril de 1933, cuando Hitler estaba a punto de cumplir cuarenta y cuatro años, Goebbels se dirigió a la nación. Explicó

---

que la de Hitler ocupara una posición prominente en proporciones y tamaño; véase p. 148, 14 de septiembre de 1934; acerca de los eslóganes en la concentración de 1935, véase Louis Bertrand, *Hitler*, París, Arthème Fayard, 1936, p. 45.

[1] *Deutschland-Berichte der Sopade*, 1934, *op.cit.*, pp. 10-11, 471-472, 482 y 730-731.

que muchos admiradores de Hitler habían corrido a unirse a las filas del partido, mientras millones de seguidores ordinarios lo veían sólo desde lejos. Pero los pocos que lo conocían bien se sentían abrumados por la magia de su personalidad. «Cuanto más se le conoce—proseguía Goebbels—, más se le admira, y mayor disposición se siente a entregarse por completo a su causa». Durante la década siguiente, Goebbels glorificaría al líder en el discurso anual que pronunciaba en vísperas de su cumpleaños. Éste se había transformado en una festividad importante y era ocasión de desfiles y celebraciones públicas.[1]

Todos los aspectos de la vida cotidiana cayeron bajo el control del Estado de partido único. Mediante un proceso llamado *Gleichschaltung*, 'armonización', el partido se adueñó de todas las organizaciones, desde el sistema educativo hasta el club deportivo local, o las reemplazó por completo. Todas ellas asumieron por igual un carácter nazi. Goebbels supervisaba la prensa. Todos los periódicos difundían un mismo mensaje, dominado siempre por obsequiosos elogios al Führer.

Sus palabras estaban presentes en todas partes. Sus discursos más importantes se publicaban en todos los periódicos principales y se distribuían en millones de folletos impresos por la editorial del partido. Desde 1937, todas las semanas se produjeron cientos de miles de carteles con sus citas, que se exhibían en las oficinas del partido y edificios públicos. También se publicaban eslóganes semanales en los periódicos bajo un titular especial. Por lo general, si no siempre, consistían en alguna frase de Hitler.[2]

[1] Joseph Goebbels, *'Unser Hitler!' Signale der neuen Zeit. 25 ausgewählte Reden von Dr. Joseph Goebbels*, Múnich, NSDAP, 1934, pp. 141-149; véase también Bramsted, *Goebbels and National Socialist Propaganda 1925-1945, op. cit.*, pp. 204-205.
[2] Bernd Sösemann, «Die Macht der allgegenwärtigen Suggestion.

Las ventas del *Mein Kampf* se dispararon. En la Semana del Libro Alemán celebrada en Bremen en noviembre de 1933, Will Vesper, miembro del partido y crítico literario, anunció que el *Mein Kampf* era «el libro sagrado del nacionalsocialismo y de la nueva Alemania, que todo alemán debe poseer». A finales de año se había vendido un millón de ejemplares. Cuatro años más tarde, las ventas superaron los cuatro millones. Un periódico de Berlín proclamaba: «¡Un libro conquista una nación!». Se convirtió en un regalo típico para recién casados y en años posteriores se entregaba gratuitamente a los soldados que luchaban en el frente.[1]

También se publicaron extractos y versiones resumidas del texto sagrado. En 1934 se hizo un folleto con el capítulo titulado «Volk und Rasse» ('Pueblo y raza'), y dos años después se distribuyó a las escuelas. Las recopilaciones de frases del Führer se volvieron populares. Por ejemplo, *Führer-Worte* ('Palabras del Führer') y *Hitler-Worte* ('Palabras de Hitler'). Pero unos años más tarde Hitler intervino y exigió la prohibición de dichas publicaciones, por entender que simplificaban en exceso su pensamiento. Insistió en que sus palabras debían leerse en su integridad.[2]

Die Wochensprüche der NSDAP als Propagandamittel», *Jahrbuch 1989*, Berlín, Berliner Wissenschaftliche Gesellschaft, 1990, pp. 227-248; Victor Klemperer, *To the Bitter End: The Diaries of Victor Klemperer 1942-1945*, Londres, Weidenfeld & Nicolson, 1999, p. 106. [Existe traducción en español: «11 de agosto, sábado mañana (de 1934)», *Quiero dar testimonio hasta el final. Diarios, 1942-1945*, trad. Carmen Gauger, Barcelona, Galaxia Gutenberg-Círculo de lectores, 2003].

[1] Wolfgang Schneider, *Alltag unter Hitler*, Berlín, Rowohlt Berlin, 2000, p. 83; BArch, R58/542, p. 30; *Frankfurter Zeitung*, 25 de agosto de 1938, p. 32; *Berliner Börsen Zeitung*, 7 de septiembre de 1938, p. 38; *Völkischer Beobachter*, 6 de noviembre de 1938.

[2] Othmar Plöckinger, *Geschichte eines Buches. Adolf Hitlers «Mein Kampf» 1922-1945*, Múnich, Oldenbourg, 2006, pp. 414-15; BArch, R4901/4370, 6 de febrero y 5 de abril de 1937.

Su voz también se oía por todas partes. Hitler habló por primera vez por la radio un día después de alcanzar la cancillería. No salió bien y algunos oyentes llegaron a quejarse de que empleaba un tono áspero y «no alemán». Hitler trabajó para mejorar su elocución por radio. Al fin y al cabo, era un orador experimentado. «Pienso que el sonido resulta mucho más sugestivo que la imagen—opinaba—. Podemos sacarle muchísimo más partido».[1]

La voz de Hitler se volvió a oír en vísperas de las elecciones de marzo de 1933. Goebbels estaba eufórico: «Este himno vibra por el éter hasta las radios de toda Alemania. Cuarenta millones de alemanes se yerguen en las plazas y calles del Reich, o se sientan en tabernas y hogares al lado del receptor, y tienen noticia de este punto de inflexión en la historia».[2]

«La radio es mía», proclamaba Goebbels con entusiasmo, y no tardó en aprobar un plan por el que millones de aparatos económicos se vendieron por un precio inferior al de producción. El eslogan rezaba: «¡Toda Alemania escucha al Führer a través de la Radio del Pueblo!», y en 1941 aproximadamente el sesenta y cinco por ciento de los hogares podía alardear de una suscripción. Pero ni siquiera las personas que carecían de radio podían escapar de la voz de su salvador. En las ciudades se erigieron columnas con altavoces y en las poblaciones pequeñas se instalaron altavoces móviles. En marzo de 1936, a Victor Klemperer un discurso de Hitler lo persiguió mientras visitaba Dresde: «No pude librarme de él durante una hora entera: primero, por la puerta de la tienda abierta, luego en el banco, luego otra vez al pasar por la tienda».[3]

---

[1] Ansgar Diller, *Rundfunkpolitik im Dritten Reich*, Múnich, Deutscher Taschenbuch, 1980, pp. 62-63.

[2] Goebbels, *Tagebücher 1924-1945*, *op. cit.*, p. 772.

[3] Acerca del número y coste de los aparatos de radio, véase Wolfgang König, «Der Volksempfänger und die Radioindustrie. Ein Beitrag

Antes de ser canciller, Hitler apenas había aparecido en los noticiarios que se proyectaban en los cines. También en este caso, Goebbels halló una oportunidad de explotar una nueva tecnología para la propaganda. El 10 de febrero de 1933, un equipo de operadores de cámara y sus ayudantes filmaron el discurso de treinta y tres minutos pronunciado por Hitler en el Berliner Sportpalast, un recinto polideportivo cubierto ubicado en el distrito capitalino de Schöneberg. Pero la filmación no captó el vínculo que unía al orador con su público. Goebbels empezó a tener dudas, y aunque Hitler aparecía habitualmente en los noticiarios semanales para cines, tales apariciones eran breves.[1]

Hitler intervino y encargó a Leni Riefenstahl la elaboración de *El triunfo de la voluntad*, un efectista documental sobre el congreso del partido celebrado en Núremberg en 1934. Riefenstahl recurrió a cámaras móviles, fotografía aérea y sonido superpuesto, y produjo una obra maestra de la propaganda, en la que un régimen asesino que acababa de llevar a cabo una sanguinaria purga aparecía como una experiencia hipnótica, casi religiosa, en la que las masas de los fieles aparecían unidas a su salvador por medio de un vínculo místico. La estrella era Adolf Hitler, que en la escena inicial descendía de las nubes en avión, como si fuera un dios. *El triunfo de la voluntad* ganó premios en Alemania, Estados Unidos, Francia y otros países. Se produjeron nue-

zum Verhältnis von Wirtschaft und Politik im Nationalsozialismus», en: *Vierteljahrschrift für Sozial- und Wirtschaftsgeschichte*, 90, n.º 3, 2003, p. 273; *Deutschland-Berichte der Sopade*, 1934, *op. cit.*, pp. 275-277; 1936, p. 414; 1938, *op. cit.*, p. 1326; Klemperer, *I Will Bear Witness*, *op. cit.*, p. 155. [«8 de marzo (de 1936)», *Quiero dar testimonio hasta el final. Diarios 1933-1941*, *op. cit.*, p. 375].

[1] Stephan Dolezel y Martin Loiperdinger, «Hitler in Parteitagsfilm und Wochenschau», en: Loiperdinger, Herz y Pohlmann, *Führerbilder*, *op. cit.*, p. 81.

vas películas, entre las que se hallaba una pieza propagandística titulada *Día de la libertad: nuestras Fuerzas Armadas* y un documento sobre los Juegos Olímpicos de 1936, celebrados en Berlín. Todas ellas se mostraban primero a la elite del partido en sesiones privadas especiales, y luego se exhibían en las salas de todo el país y se difundían en las zonas rurales por medio de cines itinerantes.[1]

Goebbels trató de reclutar a Hoffmann, pero el fotógrafo de la corte estaba resuelto a ser «sólo un hombre de negocios». Su negocio florecía y tenía establecimientos en todas las ciudades. Como la imagen del Führer estaba registrada legalmente, el fotógrafo de la corte gozaba de un virtual monopolio en el mercado. Comercializaba sus fotografías en retratos, postales, carteles y calendarios. Llegaron a venderse unos cuatrocientos mil ejemplares de su libro *Hitler wie ihn keiner kennt* ('El Hitler que nadie conoce'), publicado en 1932, y a continuación apareció una serie de libros de fotografías de idéntico éxito, como *Jugend um Hitler* ('Jóvenes con Hitler'), *Hitler in Italien* ('Hitler en Italia'), *Mit Hitler im Westen* ('Con Hitler en el oeste') y *Das Antlitz des Führers* ('El rostro del Führer'). Todos ellos aparecieron en una variedad de formatos, desde lujosos libros de gran tamaño hasta ediciones en miniatura que los soldados que se hallaban en el frente podían llevar en el bolsillo.[2]

Pintores, escultores, fotógrafos, impresores y la propia Oficina de Correos tenían que acudir al estudio de Hoffmann. Se volvió todavía más influyente cuando Hitler lo puso al frente de la Gran Exposición Alemana de Arte, de

---

[1] Acerca de los cines móviles, véase Richard J. Evans, *The Third Reich in Power*, Londres, Penguin Books, 2006, p. 210.

[2] Hoffmann, *Hitler Was My Friend*, *op. cit.*, p. 70; Herz, *Hoffmann & Hitler*, *op. cit.*, p. 244.

periodicidad anual, en su edición de 1937. Todos los años, docenas de obras de arte que representaban a Hitler, muchas de ellas copiadas de las fotografías de Hoffmann, llenaban salas enteras.[1]

Goebbels controlaba la propaganda, pero no las escuelas, ni las universidades. Vio con gran decepción que el Ministerio de Cultura que le habían prometido acababa en manos de Bernhard Rust. Hitler seguía la máxima «divide y vencerás», y suscitaba rivalidades entre sus subalternos, o les asignaba tareas coincidentes con el objetivo de consolidar su propio poder. Así, se erigía en árbitro definitivo y los relegaba a ellos a la posición de meros subordinados que competían entre sí.

Rust, un nazi que se caracterizaba por su celo, garantizaba que se adoctrinara a los niños en el culto al líder desde su primer día en la escuela. El saludo a Hitler se introdujo a finales de 1933. Su retrato estaba colgado en todas las aulas. Se eliminaron los libros de texto antiguos—algunos de ellos se quemaron en grandes hogueras—, mientras que los nuevos inculcaban sin cesar un mismo mensaje: amad al líder y obedeced al partido. En vez de leer a Goethe, recitaban el poema «Mein Führer», de Hans H. Seitz: «Ahora te he visto y atesoro tu imagen. Ocurra lo que ocurra, contigo estaré».[2]

Unas breves biografías contaban a los niños la historia de un hombre que había salido de la nada para salvar a su pueblo. *Die Geschichte von Adolf Hitler. Den deutschen Kindern erzählt* ('La historia de Adolf Hitler, contada a los niños alemanes'), de Annemarie Stiehler, concluía así:

---

[1] Ines Schlenker, *Hitler's Salon: The Große Deutsche Kunstausstellung at the Haus der Deutschen Kunst in Munich 1937-1944*, Berna, Peter Lang, 2007, p. 136.
[2] A. W. Kersbergen, *Onderwijs en nationaalsocialisme*, Assen, Van Gorcum, 1938, p. 21.

«Mientras haya alemanes en el mundo, recordarán con gratitud a Adolf Hitler, el hombre que habiendo iniciado su camino como anónimo soldado en la guerra mundial alcanzó el rango de Führer y salvó a Alemania en tiempos de gran necesidad». En algunas escuelas, los niños rezaban todos los días por el Führer: «Querido Dios, te ruego que hagas de mí un niño piadoso, que protejas a Hitler todos los días, que no sufra ningún accidente. Lo has enviado para salvarnos de la desgracia. ¡Oh, Dios mío, protégelo!».[1]

Unser Hitler ('Nuestro Hitler'), publicado en 1933 por Paul Jennrich, exhortaba así a los jóvenes lectores: «¡Despertad y seguidlo!». Los de menor edad se alistaban en las Hitler-Jugend (Juventudes Hitlerianas), una organización sometida a la supervisión de Baldur von Schirach. Como era la única organización juvenil autorizada, el número de miembros se disparó a partir de 1934. Tres años más tarde se volvió obligatoria para todos los alemanes. Juraban amor y lealtad al Führer. Cantaban, desfilaban y rezaban en su nombre: «Adolf Hitler, tú eres nuestro gran Führer. Tu nombre hace temblar al enemigo».[2]

Se decía por igual a los adultos y a los niños: «El Führer siempre tiene razón». Robert Ley, líder del Deutsche Arbeitsfront (Frente Alemán del Trabajo) e incondicional del Führer, se valió de dicho eslogan en el congreso celebrado en Núremberg en 1936. Se exhibía en toda la nación, se proclamaba en estandartes, carteles y periódicos.[3]

---

[1] Annemarie Stiehler, *Die Geschichte von Adolf Hitler den deutschen Kindern erzählt*, Berlín-Lichterfelde, Verlag des Hauslehrers, 1936, p. 95; Kersbergen, *Onderwijs en nationaalsocialisme*, *op. cit.*, p. 22.

[2] Paul Jennrich, *Unser Hitler. Ein Jugend- und Volksbuch*, Halle, Hermann Schroedel, 1933, p. 75; Linda Jacobs Altman, *Shattered Youth in Nazi Germany: Primary Sources from the Holocaust*, Berkeley Heights, Nueva Jersey, Enslow Publishers, 2010, p. 95.

[3] Rudolf Hoke e Ilse Reiter (eds.), *Quellensammlung zur österrei-*

Goebbels, Riefenstahl, Hoffmann, Rust, Schirach, Ley, todos ellos trabajaban sin descanso en la promoción del líder. Pero el mayor arquitecto del culto a la personalidad fue el propio Hitler: actor principal, director de escena, orador y publicista, todo en uno. Trabajaba sin cesar en su propia imagen. Desde 1932 se presentaba como un líder en estrecho contacto con su pueblo y saludaba a millones de personas en desfiles y concentraciones, pero también se presentaba de buen grado como gran estadista y figura de importancia en el escenario mundial.

Tan pronto como se instaló en la cancillería, contrató a un decorador de interiores para que transformara el recinto. Hitler detestaba el antiguo edificio y veía su exagerada suntuosidad como metáfora de la decadencia política de la nación. Las habitaciones se abrieron para que entrara la luz y el aire, se retiraron tabiques, se arrancó el entarimado y se introdujeron líneas nítidas, claras y rectas. Al tiempo que se derruía el templo de la democracia, se erigía un nuevo Salón de Recepciones, con la cruz gamada en los mosaicos del techo y lámparas de bronce en las paredes. Dios componía su hogar.[1]

Varios años más tarde, el arquitecto favorito de Hitler, Albert Speer, recibió un cheque en blanco para construir una nueva cancillería, un enorme edificio que monopolizaba toda la acera septentrional de la Vosstrasse. Hitler sentía un gran aprecio por el mármol pulido de la galería principal, cuya longitud duplicaba a la del Salón de los Espejos de Versalles: «¡En el largo camino que va de la entrada al salón de recepciones, se darán cuenta del poder y la grandeza del Reich alemán!». Su oficina medía cuatrocientos

---

chischen und deutschen Rechtsgeschichte, Viena, Böhlau, 1993, p. 544.
[1] Despina Stratigakos, *Hitler at Home*, New Haven, Connecticut, Yale University Press, 2015, pp. 24-46.

metros cuadrados y el Führer sentía una gran alegría cada vez que un visitante tenía que atravesarlo en toda su extensión para llegar a su escritorio.[1]

El apartamento de Hitler en Múnich también se reformó. Todos sus detalles, hasta los pomos de las puertas, se diseñaron con gran cuidado. La diseñadora de interiores Gerdy Troost creó una atmósfera de lujo discreto y burgués, en el que ocupaban un lugar muy importante los libros y obras de arte. Una visita comentó: «Aquello habría podido parecer Park Terrace, en Glasgow». Todo estaba pensado para transmitir un aire de tranquilizadora familiaridad y estabilidad.[2]

Con todo, el más importante de los escenarios en los que Hitler se presentaba como estadista cultivado y fiable no se hallaba en Berlín ni en Múnich. En 1933, Hitler adquirió un pequeño chalé en el retiro de montaña bávaro de Obersalzberg. Lo reformó y amplió hasta transformarlo en un extenso recinto llamado Berghof (dicho retiro alpino se conoce a veces como Berchtesgaden, que en realidad es el nombre del pueblo donde se encontraba). Gerdy Troost, que ya había transformado el hogar y el despacho de Hitler, llenó las espaciosas salas y dormitorios con espléndidos tejidos, lujosos tapices y mobiliario moderno. El centro del Berghof era el Gran Salón, una sala de recepciones con las dimensiones de un pequeño gimnasio, dominado por una gran ventana que podía bajarse para ofrecer una panorámica de las montañas coronadas de nieve. Hitler concedía allí sus audiencias. Todos los detalles estaban concebidos para impresionar a los visitantes. Éstos quedaban deslumbrados con el tamaño del Gran Salón y luego se sentían abrumados

---

[1] Albert Speer, *Inside the Third Reich*, Nueva York, Macmillan, 1970, p. 103 [*Memorias*, trad. Ángel Sabrido, Barcelona, Acantilado, 2001, p. 291]; Christa Schroeder, *Er war mein Chef: Aus dem Nachlaß der Sekretärin von Adolf Hitler*, Múnich, Langen Müller, 1985, p. 71.

[2] Stratigakos, *Hitler at Home, op. cit.*, p. 59.

por la gigantesca ventana, la mayor pieza de cristal que había existido hasta aquel momento. Nada se interponía entre ellos y el pico de la montaña. Los muebles se hallaban a lo largo de la pared, para que el centro de la estancia quedara despejado. Sin embargo, los enormes sofás tenían el respaldo muy atrás, lo que obligaba a los visitantes a sentarse en el borde si no querían repanchigarse ni reclinarse. Hitler se sentaba con la espalda erguida en una silla desde la que dominaba a todos los demás.[1]

En el exterior, Hitler posaba para la cámara de Heinrich Hoffmann, al tiempo que daba de comer a los ciervos desde su terraza, jugaba con el perro o saludaba a unos niños. No tardaron en llegar miles de simpatizantes y turistas con la esperanza de ver al Führer. Una mujer de Fráncfort recordaría: «Estar tan cerca del Führer era como un sueño maravilloso». En 1936 se prohibió el acceso a la gente corriente, pero importantes personalidades siguieron visitándolo sin anunciarse. A estas últimas les prohibió también la entrada dos años más tarde.[2]

En el interior, Hitler recibía a una inacabable sucesión de dignatarios, desde reyes y embajadores hasta dirigentes religiosos y secretarios de Estado. En muchos casos se trataba de simpatizantes cuidadosamente seleccionados, y la mayoría se llevaban la impresión prevista. El ex primer ministro británico Lloyd George lo visitó en 1936 y al regresar declaró que Hitler era el «George Washington de Alemania» y un «líder nato». El duque y la duquesa de Windsor acudieron y posaron para la cámara.[3]

[1] *Ibid.*, p. 84.
[2] Kristin Semmens, *Seeing Hitler's Germany: Tourism in the Third Reich*, Houndmills, Basingstoke, Palgrave Macmillan, 2005, pp. 56-68; BArch, R4311/957a, 10 de octubre de 1938, pp. 40-41.
[3] Ulrich Chaussy y Christoph Püschner, *Nachbar Hitler. Führerkult und Heimatzerstörung am Obersalzberg*, Berlín, Christoph Links, 2007,

Por otra parte, el Berghof también brindaba el escenario ideal para intimidar a los posibles adversarios. El día en el que Kurt Schuschnigg fue allí para negociar el destino de su país, Hitler dispuso que algunos de sus generales de aspecto más brutal tomaran asiento en el fondo y lanzaran miradas amenazadoras al canciller de Austria mientras él vociferaba durante dos horas.[1]

Con todo, Hitler no era Mussolini, el dictador que había logrado cautivar a algunos de los principales líderes del mundo. La táctica con la que Hitler lograba mayores éxitos no buscaba seducir, sino desarmar, inspirando una falsa sensación de seguridad en quienes trataban con él. Hitler era un maestro del disfraz. Ocultaba su personalidad tras una imagen cuidadosamente elaborada de hombre modesto, gentil y sencillo. Sabía absorber las emociones de la multitud y darles voz, y del mismo modo escudriñaba el pensamiento de sus visitantes y adaptaba su propia manera de hablar y su conducta para disimular la amenaza que él mismo representaba. En 1932, la periodista estadounidense Dorothy Thompson publicó *I Saw Hitler* ('Yo vi a Hitler'), donde tras una larga entrevista lo definía como un hombre «sin forma y sin rostro», «el genuino prototipo de hombre insignificante» que tan sólo atacaría a «los más débiles de sus enemigos». Hitler se divirtió con ello. Era sólo una más de la larga serie de personas que subestimaba lo que el hombre insignificante podía hacer... y lo que de hecho haría.[2]

Hitler trataba de hacer realidad desde la cancillería y

---

pp. 141-142; David Lloyd George, «I Talked to Hitler», en: Anson Rabinbach y Sander L. Gilman (eds.), *The Third Reich Sourcebook*, Berkeley, California, University of California Press, 2013, pp. 77-78.

[1] Chaussy y Püschner, *Nachbar Hitler, op. cit.*, p. 142.

[2] Andrew Nagorski, *Hitlerland: American Eyewitnesses to the Nazi Rise to Power*, Nueva York, Simon & Schuster, 2012, pp. 84-86.

el Berghof—los dos centros de poder del Tercer Reich—el proyecto que había expresado en *Mein Kampf*. Pero lo hizo sobre todo a fuerza de seguir su propia intuición y aprovechar las oportunidades que se le presentaban, más que adhiriéndose a un programa definido. Alemania se retiró de la Sociedad de Naciones en octubre de 1933. El servicio militar obligatorio se reintrodujo, en contra de lo dispuesto por el Tratado de Versalles, en octubre de 1935, y las fuerzas armadas crecieron hasta multiplicar por seis el número de efectivos autorizado. Al tiempo que prometía paz, Hitler preparaba el país para la guerra. En marzo de 1936 lanzó su primer envite internacional: su ejército ocupó la zona desmilitarizada de Renania. Sus propios asesores militares le habían advertido de los riesgos y sus soldados habían recibido instrucciones estrictas de retirarse si hallaban oposición por parte de Francia. Pero no ocurrió nada, salvo un endeble voto de condena por parte de la Sociedad de Naciones. Hitler bromeaba: «Con la seguridad de un sonámbulo, recorro el sendero que me ha marcado la Providencia». Él mismo empezaba a creer en su propia infalibilidad.[1]

El golpe de Renania aplastó a los oponentes de Hitler. Quedaron aún más aislados por una demostración de unidad entre el líder y su pueblo, meticulosamente orquestada, que adoptó la forma de referéndum dos semanas más tarde. Una oleada de terror había reducido ya las filas de los críticos con el partido, porque la más mínima infracción se pagaba con la cárcel. Robert Sauter, un ciudadano corriente que había cuestionado la fiabilidad de los periódicos, pasó cinco meses en confinamiento. Paul Glowania, residente en Ludwigshaven, había expresado dudas sobre el régimen en la intimidad del hogar. Alguien lo oyó, lo de-

[1] Kershaw, *Hitler, op. cit.*, p. 590; Max Domarus, *Hitler: Reden und Proklamationen 1932-1945*, Leonberg, Pamminger, 1988, p. 606.

nunció y fue condenado a un año en prisión. «Alemania está callada, nerviosa, reprimida. Habla en susurros. No hay opinión pública, ni oposición, ni discusión sobre ningún tema», observó W. E. B. Du Bois, activista afroamericano por los derechos civiles, que en 1936 viajó durante unos meses por el país.[1]

La propaganda, combinada con el terror, convenció a los demás para que votaran «Sí». Incluso en un pueblo de mil quinientos habitantes había carteles por doquier, en las vallas y en las casas, con gigantescos retratos de Hitler. En Breslau se ordenó que todos los escaparates tuvieran una parte consagrada a Hitler. A los propietarios de comercios que se negaran se les amenazaba con pasar un día en un campo de concentración. En otros lugares, los camisas pardas se presentaban en las puertas de todas las casas y decían a sus ocupantes cuántos carteles había que exhibir. Con todo, se dieron algunos casos de resistencia. Hubo quien cubrió de pintura los relatos de Hitler o los arrancó durante la noche. El resultado del referéndum fue que el noventa y nueve por ciento votó «Sí». «El milagro de nuestro tiempo es que me hayáis hallado entre tantos millones, y que yo os haya encontrado a vosotros es la gran fortuna de Alemania», declaró ante sus extasiados seguidores en el congreso del partido celebrado en septiembre de 1936.[2]

Hitler contaba ya con el respaldo popular necesario para expandir el Tercer Reich, pero creía que antes de empezar la guerra había que lograr la autarquía económica. Ya en 1933 se habían frenado las exportaciones, se habían intro-

---

[1] *Deutschland-Berichte der Sopade*, 1936, *op. cit.*, pp. 68-70; W. E. B. Du Bois, «What of the Color-Line?», en: Oliver Lubrich (ed.), *Travels in the Reich, 1933-1945: Foreign Authors Report from Germany*, Chicago, University of Chicago Press, 2010, p. 143.

[2] *Deutschland-Berichte der Sopade*, 1936, *op. cit.*, pp. 68-70, 141, 409, 414 y 419; Domarus, *Hitler, op. cit.*, p. 643.

ducido controles sobre los precios, se habían construido graneros y se había racionado el consumo. En 1936, Hermann Goering se puso al mando del Plan Cuatrienal, con el que se redoblaron los esfuerzos por alcanzar la independencia económica en 1940. Su aplicación comportó una carestía generalizada. El periodista estadounidense William Shirer informó desde Berlín que largas colas de gente malhumorada aguardaban frente a las tiendas de alimentación a causa de la escasez de carne, mantequilla, fruta y grasas. La importación de sucedáneos provocó que la ropa se hiciera cada vez más con pulpa de madera, la gasolina con carbón y el caucho con carbón y cal. Los ciudadanos, preocupados por los costes, se preguntaban cuánto dinero se había derrochado en propaganda, por no hablar de los millones que se habían empleado en el retiro de montaña del «sencillo trabajador al servicio de su pueblo».[1]

Panem et circenses, pan y circo, es un principio antiguo que los dictadores modernos comprenden bien. Pero el espectáculo tampoco se hallaba en su mejor momento. Los desfiles y concentraciones parecían todos iguales, los discursos apenas se diferenciaban. Un comentarista aventuraba: «La creencia en los poderes mágicos de Hitler ha desaparecido». Con todo, eran muchos los que atribuían a Hitler el haber liberado al país de los grilletes de Versalles. Hitler había elevado el país a la posición que merecía en el mundo y había devuelto al Ejército su antigua gloria.[2]

Por encima de todo, el culto a Hitler ofrecía protección contra las desilusiones provenientes del sistema. La gente culpaba al partido, no a Hitler. Cuanto mayor era su de-

---

[1] William L. Shirer, *Berlin Diary*, Nueva York, Alfred Knopf, 1942, p. 86.
[2] *Deutschland-Berichte der Sopade*, 1937, *op. cit.*, pp. 139-140, 143-146, 603, 606, 1224 y 1531.

sencanto, más se inclinaban por caracterizar a Hitler como un hombre a quien sus subordinados mantenían deliberadamente en la ignorancia. Él solo quería lo mejor para su pueblo. «Si Hitler lo supiera…» se transformó en expresión popular.[1]

Hitler se había presentado a sí mismo como sonámbulo guiado por el destino y entendía la necesidad de demostrar que su estrella aún se encontraba en ascenso. En marzo de 1938 lanzó otro envite. Aun antes del hundimiento del Imperio austrohúngaro, acaecido en 1918, algunas voces habían exhortado a la unificación de Austria y Alemania en una Gran Alemania. El Tratado de Versalles había prohibido dicha unión y había despojado a Austria de los Sudetes. Había entregado dicha región, de mayoría alemana, a Checoslovaquia. En febrero de 1938, Hitler amedrentó al canciller austríaco para que asignara posiciones clave a simpatizantes del nazismo. Pero Schuschnigg, al regresar a su país, convocó un plebiscito sobre la cuestión de la unificación. Hitler se enfureció, envió un ultimátum e invadió el país el 12 de marzo. Ese mismo día, cruzó la frontera con una caravana de vehículos y le recibieron multitudes entusiastas. Austria se transformó en la provincia de Ostmark.

La reacción internacional fue tibia y animó a Hitler a echar el ojo a los Sudetes. Pero, como muchos otros jugadores, vaciló antes de lanzar el envite, dividido entre la confianza en sí mismo y la duda. En septiembre de 1938 profirió ruidosas amenazas de guerra en la asamblea anual del partido. Al cabo de pocos días, Neville Chamberlain viajó a Obersalzberg, donde su anfitrión lo recibió en la escalinata de entrada del Berghof. Hacia la mitad de una conversación de tres horas, Hitler cambió de improviso y abandonó su imagen de megalómano imprevisible, que amena-

[1] *Ibid.*, pp. 1528 y 1531.

zaba con la guerra, para transformarse en un interlocutor plenamente razonable. Se comprometió a no usar la fuerza contra Checoslovaquia. Chamberlain accedió a cederle los Sudetes y dos semanas más tarde firmó el pacto de Múnich. El primer ministro reconoció ante su hermana que Hitler le parecía «una absoluta mediocridad», pero que era «hombre de palabra». Hitler dio palmas de alegría en el mismo momento en que Chamberlain abandonó el Berghof. Alemania ocupó los Sudetes sin un solo disparo.[1]

El 20 de abril de 1939, Adolf Hitler cumplió cincuenta años. En palabras de Victor Klemperer: «El quincuagésimo aniversario del creador de la Gran Alemania. Dos días de banderas, pompa y ediciones especiales de periódicos, deificación sin límites». Goebbels había pasado varias semanas preparando las celebraciones. Se dirigió por radio a la nación el 19 de abril y pidió a los alemanes que se unieran a él en ferviente plegaria a Dios todopoderoso: «Que conceda al pueblo alemán su más íntimo deseo y preserve la salud y el vigor del Führer durante muchos más años y décadas». Poco más tarde, los líderes del partido comparecieron en la cancillería para ofrecerle sus congratulaciones. A las nueve de la noche, el Führer se presentó ante la multitud. Cientos de miles de personas formaron una guardia de honor desde la Wilhelmstrasse hasta la plaza de Adolf Hitler en Charlottenburg, donde el propio Hitler inauguró un nuevo tramo del nuevo eje este-oeste, también conocido como Via Triumphalis. La avenida de diez carriles refulgía a causa de las potentes luces que hacían resaltar, en marcado relieve contra un cielo oscuro, las esvásticas doradas y las águilas imperiales montadas cada veinte metros sobre columnas.[2]

---

[1] Ullrich, *Hitler, op. cit.*, p. 736; Kershaw, *Hitler, op. cit.*, pp. 110-112.
[2] Klemperer, *I Will Bear Witness, op. cit.*, p. 29; Goebbels, «Geburtstag des Führers», 19 de abril de 1939, *Die Zeit ohne Beispiel*, Múnich,

Los regalos de cumpleaños, que se amontonaban en varias estancias de la cancillería, se abrieron hacia la medianoche. Algunos de ellos provenían del entorno más inmediato. Albert Speer, el arquitecto del Führer, que había planificado la Via Triumphalis, había usado uno de los salones para erigir un modelo de cuatro metros de altura de un gigantesco arco de triunfo que se construiría en Berlín. Pequeños moldes de bronce, desnudos de mármol blanco y cuadros antiguos se amontonaban sobre largas mesas. También había tributos del pueblo. Los granjeros le habían enviado sus productos. Un grupo de mujeres de Westfalia había tejido seis mil pares de calcetines para los soldados del Führer. Otros habían preparado un pastel de cumpleaños de dos metros de longitud.[1]

Al día siguiente empezaron las verdaderas festividades, en las que el antiguo cabo hizo las veces de emperador y pasó revista a su poderosa maquinaria de guerra ante un mundo atónito. Vestía su habitual uniforme pardo, pero ocupaba un asiento semejante a un trono, sobre un estrado cubierto de felpa roja y protegido por un gigantesco dosel decorado con águilas y cruces de hierro. Tanques, artillería, vehículos blindados y decenas de miles de soldados provistos de todo lo necesario para luchar saludaron a su Führer a lo largo de la Via Triumphalis. Ciento sesenta y dos aviones la sobrevolaron en formación cerrada.[2]

La Via Triumphalis atravesaba el corazón de la capital, pero también conectaba a Hitler con el pasado imperial del país. Albert Speer había concebido la avenida como una prolongación de Unter den Linden, creada por Prusia

Franz Eher, 1942, p. 102; *The Times*, 20 de abril de 1939.
[1] «Aggrandizer's Anniversary», *Time magazine*, 1.º de mayo de 1939; Speer, *Inside the Third Reich, op. cit.*, p. 149 [*Memorias, op. cit.*, p. 276].
[2] «Aggrandizer's Anniversary», *Time magazine*, 1.º de mayo de 1939.

como Via Triumphalis después de su victoria en las guerras napoleónicas. Dicho eje formaba parte de un plan ambicioso para transformar Berlín en la capital de un Reich que duraría mil años, una ciudad deslumbrante llamada Germania que rivalizaría con Egipto, Babilonia y la Roma antigua. El plan, basado en bocetos originales del propio Führer, preveía un gigantesco recinto con capacidad para ciento ochenta mil personas. Por otra parte, el Arco de Triunfo iba a alcanzar una descomunal altura de ciento dieciséis metros. En palabras del propio Speer, Hitler exigía «lo más grande en todos los ámbitos, para glorificar sus propias obras y magnificar su propio orgullo».[1]

Goebbels exclamaba con entusiasmo: «La nación celebra al Führer como jamás se ha celebrado a ningún otro mortal». Parecía que Hitler hubiera unido milagrosamente a una nación que tan sólo seis años antes aún se encontraba profundamente dividida. En una importante reflexión sobre el régimen nazi, Sebastian Haffner, periodista e historiador alemán, calculó que más del noventa por ciento de la población se componía de seguidores del Führer.[2]

Victor Klemperer se mostraba más prudente: «¿Quién va a juzgar el estado de ánimo de ochenta millones de personas, cuando la prensa está maniatada y todo el mundo tiene miedo de abrir la boca?». En cierta ocasión en que Hitler habló en Theresienwiese, un espacio abierto en su viejo feudo de Múnich, se esperaba a medio millón de personas, pero como mucho comparecieron unas doscientas mil. «Estaban allí como si el discurso no les interesara», notó un

---

[1] Roger Moorhouse, «Germania: Hitler's Dream Capital», *History Today*, 62, n.º 3, marzo de 2012; Speer, *Inside the Third Reich*, *op. cit.*, p. 69 [*Memorias*, *op. cit.*, p. 131].

[2] Goebbels, *Tagebücher 1924-1945*, *op. cit.*, pp. 1319-1320; Sebastian Haffner, *The Meaning of Hitler*, Londres, Phoenix Press, 1979, p. 34; Kershaw, *Hitler*, *op. cit.*, p. 184.

observador. A la mayoría los habían sacado de empresas y fábricas cercanas y los habían obligado a asistir al acto. El propio Speer recordaría que en 1939 las multitudes enfervorizadas eran pura coreografía, aunque pudiera haber algunos entusiastas genuinos.[1]

Un crítico anónimo del régimen escribió: «Los cincuenta años de Hitler se celebraron con tales fastos que se habría podido llegar a creer que su popularidad crecía. Pero quienes de verdad conocen a la gente corriente saben que buena parte de todo esto, aunque no todo, es pura fachada». Durante dos semanas antes de las celebraciones, se bombardeó a todo el mundo con exhortaciones a adornar sus casas, ¡y ay de quien no lo hiciera! El Ministerio de Propaganda llegó a dictar instrucciones específicas a las iglesias sobre las campanadas que tenían que sonar en el gran día.[2]

Tanto los que adoraban al Führer—de acuerdo con lo que proclamaba Goebbels—como los que no vivían con el miedo a la guerra. Incluso los seguidores fanáticos de Hitler suspiraron con alivio cuando Austria se incorporó pacíficamente al Reich. Pero no confiaban en el acuerdo de Múnich. Chamberlain, al regresar a Londres, halló una bienvenida tumultuosa. Llevando en la mano una delgada hoja de papel que se agitaba al viento, declaraba, confiado en sí mismo: «Paz para nuestro tiempo». En otras partes de Europa, las multitudes entusiasmadas también estallaban en vítores. Pero no en Alemania. La gente pensaba que había sido un farol. Susurraba: «No comprenden a Hitler».[3]

---

[1] Klemperer, *I Will Bear Witness*, p. 305. [«14 de agosto (de 1939)», *Quiero dar testimonio hasta el final. Diarios 1933-1941, op. cit.*]; *Deutschland-Berichte der Sopade*, 1938, *op. cit.*, pp. 406-407; Speer, *Inside the Third Reich, op. cit.*, p. 148 [*Memorias, op. cit.*, p. 289].

[2] *Deutschland-Berichte der Sopade*, 1939, *op. cit.*, p. 450; BArch, R4311/963, 15 de febrero de 1939, p. 56.

[3] *Deutschland-Berichte der Sopade*, 1938, *op. cit.*, pp. 1056-1057.

Chamberlain estaba convencido de que Hitler tan sólo quería ocupar los Sudetes, cuando en realidad aspiraba a poner fin a la existencia de Checoslovaquia. Eso fue lo que hizo el 15 de marzo de 1939. El país fue invadido y Alemania, Hungría y Polonia se lo repartieron. Una semana después, Franklin Roosevelt, presidente de Estados Unidos, envió un mensaje en el que pedía a Hitler que se comprometiera a no atacar a otras naciones europeas. El propio Chamberlain anunció que el Reino Unido intervendría en el caso de que la independencia de Polonia se viera amenazada. A pesar de las apariencias de fuerza y unidad, un denso nubarrón de temor se cernía sobre las celebraciones de cumpleaños.[1]

Unos meses más tarde, al tiempo que crecía el miedo a la guerra, Hitler asombró al mundo entero al firmar una alianza con Stalin. Los archienemigos se habían transformado en aliados y eso significaba que la guerra no se libraría en dos frentes. Pero Hitler cometió un fatal error de cálculo. Pensó que, si la Unión Soviética se hallaba a su lado, Francia y el Reino Unido no osarían intervenir contra Alemania. Era una apuesta arriesgada, pero Hitler confiaba en su intuición, que hasta entonces no le había fallado. Se había trazado una imagen de sí mismo como hombre elegido por el destino y había llegado a creérsela. Rechazó todas las opiniones contrarias, incluso las de sus propios generales. Hermann Goering apuntó que no era necesario jugárselo todo de aquella manera y Hitler le respondió: «A lo largo de mi vida, siempre he puesto todas las cartas sobre la mesa». El primero de septiembre, Alemania invadió la Polonia occidental, y el 17 de septiembre la Unión Soviética hizo lo propio con la oriental.[2]

[1] *Deutschland-Berichte der Sopade*, 1939, *op. cit.*, p. 442.
[2] Evans, *The Third Reich in Power*, *op. cit.*, p. 704.

El 3 de septiembre, Reino Unido y Francia declararon la guerra. La gente estaba conmocionada. En lugar del entusiasmo desbocado de 1914, aquella declaración de guerra provocó, en palabras de Heinrich Hoffmann, «una tristeza abismal». William Shirer observaba desde Berlín: «Hoy no hay pasión, ni hurras, ni aclamaciones, ni flores arrojadas al aire, ni ardor guerrero, ni histeria guerrera. No hay ni siquiera odio contra los franceses y los británicos».[1]

El propio Hitler estaba desconcertado. Hoffmann lo encontró «desplomado en su silla, perdido en sus pensamientos, con una mirada de incredulidad y desazón en el rostro». Pero no tardó en recobrarse, porque empezó a recibir noticias de los rápidos avances militares en Polonia.[2]

Las tropas invasoras llegaron a Varsovia en una semana, pero en las calles de Berlín no se vieron grandes demostraciones de alegría. Shirer confiaba a su diario: «En el metro, de camino a los estudios radiofónicos, noté la extraña indiferencia de la gente a las grandes noticias». A medida que el racionamiento se volvía más severo, se imponía la resignación. Los navíos franceses e ingleses habían establecido un bloqueo económico que afectó a casi todas las mercancías. Las importaciones de algodón, estaño, aceite y caucho se redujeron a la mitad. En muchas tiendas—pastelerías, pescaderías, tiendas de comestibles—, la fotografía del Führer, adornada con la bandera y el laurel de la victoria, reemplazaba en las vitrinas a los productos racionados. El impuesto sobre la renta se incrementó en un cuantioso cincuenta por ciento para financiar el esfuerzo de guerra.[3]

---

[1] Shirer, *Berlin Diary*, *op. cit.*, p. 201; Hoffman, *Hitler Was My Friend*, *op. cit.*, p. 115.

[2] Hoffman, *Hitler Was My Friend*, *op. cit.*, p. 115.

[3] Shirer, *Berlin Diary*, *op. cit.*, p. 205; Klemperer, *I Will Bear Witness*, *op. cit.*, p. 315. [«10 de septiembre (de 1939)», *Quiero dar testimonio hasta el final. Diarios 1933-1941*, *op. cit.*]; C. W. Guillebaud, «How

En octubre, hasta los chanclos de goma se habían restringido al cinco por ciento de la población. Durante el invierno, las temperaturas cayeron por debajo de los cero grados centígrados. La mitad de la población padecía frío y no disponía de carbón. Robert Ley leyó una proclama navideña por la radio: «El Führer siempre tiene razón. ¡Obedeced al Führer!».[1]

El 20 de abril de 1940, día del cumpleaños de Hitler, las campanas de las iglesias no sonaron, porque muchas de ellas se habían fundido para hacer balas. A pesar de sus victorias en Dinamarca y Noruega, invadidas pocas semanas antes, tan sólo setenta y cinco partidarios de Hitler se plantaron frente a la cancillería a la espera de poder ver al líder.[2]

Hitler comprendió que no podría romper el bloqueo económico. Una vez más lo arriesgó todo y trató de hacerse con la victoria antes de que sus tropas carecieran de suministros suficientes. El 10 de mayo de 1940, el ejército alemán penetró en los Países Bajos, Bélgica y Francia. Fue un éxito arrollador. Los tanques no tuvieron problemas para rebasar las fortificaciones francesas y llegaron a París el 14 de junio. Cuatro días más tarde se firmó un armisticio en el mismo vagón de la Compagnie dels Wagons-Lits donde el mariscal Ferdinand Foch había dictado condiciones a la delegación alemana el 11 de noviembre de 1918.

Seis semanas antes, al anunciarse la invasión de Francia, habían sido muchas las personas que habían respondido con apatía. «La mayoría de los alemanes que he visto—comentaba William Shirer—están sumidos en la depresión». Seis semanas después vitoreaban a Hitler, a quien recibieron como «Creador de una Nueva Europa» en su regreso a

Germany Finances The War», *Spectator*, 29 de diciembre de 1939, p. 8.
[1] Shirer, *Berlin Diary, op. cit.*, p. 241.
[2] *Ibid.*, p. 320.

Alemania. Hitler en persona había supervisado la coreografía del Desfile de la Victoria y había insistido en que «reflejara la histórica victoria» obtenida por sus soldados. Cuando su tren entró a escasa velocidad en la estación de ferrocarriles, una multitud que había aguardado durante horas lo recibió jubilosa. El Führer estaba visiblemente abrumado por la emoción hasta las lágrimas. La gente se apiñaba en el camino de vuelta a la cancillería. «Las calles están cubiertas de flores y parecen una alfombra coloreada», escribió Goebbels, porque «toda la ciudad es presa del entusiasmo».[1]

Por todo el país se produjeron manifestaciones espontáneas de alegría, porque la gente celebraba el armisticio. Tras el temor a la guerra, se sentía alivio, pero también genuina euforia por la facilidad con que Hitler había alcanzado sus objetivos. Una vez más, parecía que la mano de la providencia hubiera guiado al Führer a la victoria.[2]

En un elocuente discurso pronunciado en el Reichstag, Hitler ofreció paz a la Gran Bretaña. Fue una de sus mejores actuaciones, calculada para que un pueblo que anhelaba la paz apoyara la inevitable guerra con dicho país. Todo contribuía a crear la impresión de que Hitler era un genuino hombre de paz: el balanceo de su cuerpo, las inflexiones de su voz, la misma selección de sus palabras, su caída de ojos, el giro de cabeza con que acompañaba una ironía, los gestos que hacía con las manos, la astuta combinación de la confianza en sí mismo propia de un conquistador con la humildad de un verdadero hijo del pueblo. William Shirer

---

[1] Shirer, *Berlin Diary*, *op. cit.*, p. 336; Goebbels, *Tagebücher 1924-1945*, *op. cit.*, p. 1450; las instrucciones de Hitler se encuentran en BArch, R55/20007, julio de 1940, pp. 8-9; véase también Stephen G. Fritz, *Ostkrieg: Hitler's War of Extermination in the East*, Lexington, Kentucky, University Press of Kentucky, 2011, p. 31.

[2] Richard J. Evans, *The Third Reich at War*, Londres, Penguin, 2009, pp. 136-138.

observó: «Es capaz de decir una mentira con la mayor firmeza en el rostro que se pueda imaginar». Una parte del espectáculo se dirigía a sus generales, que se habían congregado en la primera balconada: con un gesto imperioso de su mano, promovió a doce generales al rango de mariscal de campo. Hermann Goering ascendió a mariscal del Reich.[1]

Gran Bretaña se negó a negociar la paz. Mucha gente corriente advirtió, con enorme consternación, que la guerra no terminaría en un futuro cercano. Entonces empezó la Batalla de Inglaterra. Pero Goering, mariscal del Reich, no logró doblegar la isla con sus bombardeos. Hitler trazó otro plan, uno que había abrigado desde los tiempos en los que escribió *Mein Kampf*, a saber, la conquista de Rusia. Alemania dependía en gran medida de las remesas de aceite y cereales que enviaba Stalin. La Unión Soviética parecía débil, su Ejército había sufrido graves pérdidas tras la fallida invasión de Finlandia en el invierno de 1939-1940. Hitler estaba convencido de que podría obtener una rápida victoria. Volvió a decantarse por una apuesta arriesgada y traicionó a su aliado. Unos tres millones de soldados cruzaron la frontera de Rusia en junio de 1941.

Las tropas alemanas no tardaron en verse enfangadas en una costosa guerra de desgaste. El 7 de diciembre de 1941, Japón atacó a la flota estadounidense en Pearl Harbor y Hitler declaró la guerra a Estados Unidos, un país al que nunca había dado mucha importancia. Aparentemente, subestimó su capacidad para producir trigo, carbón, acero y hombres. La guerra en dos frentes que todo el mundo había temido se hizo realidad. Las derrotas se sucedieron, porque el Führer, confiado en su propio genio, dejó de lado al Estado Mayor del Ejército y se entrometió en todos los aspectos de la guerra. Se negó repetidamente a retirar

---

[1] Shirer, *Berlin Diary, op. cit.*, pp. 454-455.

las tropas de Stalingrado, la ciudad que llevaba el nombre de su némesis. Después de que cientos de miles de soldados alemanes murieran en una de las batallas más sangrientas de la historia militar, las tropas de la Wehrmacht que seguían con vida se rindieron en febrero de 1943.[1]

Durante años los alemanes habían oído que Hitler era un maestro de la guerra breve, de la guerra relámpago, de la *Blitzkrieg* que se libraba lejos del país. En un discurso pronunciado el 18 de febrero de 1943 en el Berliner Sportpalast, retransmitido por radio y reproducido en todos los periódicos, Goebbels anunció a la población que la guerra total era ya inevitable.[2]

Hitler no se dejaba ver. Para acallar los rumores sobre su mal estado de salud, el 21 de marzo de 1943 hizo un breve discurso. Fue una declamación mediocre, tan apresurada que algunos oyentes llegaron a pensar que era obra de un actor. El Führer sufría un temblor en la mano que empeoró con el tiempo y que sin duda contribuyó a sus reticencias a aparecer en público. En palabras de su secretario, Hitler pensaba que una voluntad de hierro podía imponerse a todo, y sin embargo no lograba dominar su propia mano.[3]

En la víspera del aniversario del Führer, que debía celebrarse el 20 de abril de 1943, Goebbels dio su perorata de todos los años. En ella, explicó que los hombres de gran calibre no tenían por qué mostrarse bajo los focos del escenario mundial. A lo largo de inacabables días de trabajo y noches en vela, Hitler se afanaba por el bien de la nación, asumía las cargas más pesadas y se enfrentaba a las mayores tristezas.[4]

---

[1] Ernst Hanfstaengl, su publicista en Estados Unidos, aludió repetidamente a la falta de visión estratégica de Hitler respecto a dicho país. Véase Hanfstaengl, *Unheard Witness*, *op. cit.*, pp. 37 y 66.

[2] Evans, *The Third Reich at War*, *op. cit.*, p. 424.

[3] *Ibid.*, p. 507; Schroeder, *Er war mein Chef*, *op. cit.*, pp. 74-75.

[4] Bramsted, *Goebbels and the National Socialist Propaganda 1925-*

Hubo quien se burló de Goebbels. Otros estaban profundamente consternados. Fueron muchos los que comprendieron que Stalingrado había sido un punto de inflexión, que Alemania estaba perdiendo la guerra. Se pronunciaron duras palabras contra el régimen, pero la gente sabía expresarse sin correr el riesgo de ser denunciado. Todo el mundo tenía claro que, si se habían cometido grandes errores estratégicos, sólo un hombre era responsable, un hombre que no se detendría hasta que todo estuviera destruido.[1]

En verano de 1943, cuando Mussolini perdió el poder, las críticas contra el régimen se volvieron más francas. La gente escuchaba radios extranjeras, deseosa de saber más sobre el avance de las tropas enemigas. El saludo hitleriano padecía un sorprendente declive. «Muchos miembros del partido han dejado de llevar la insignia de éste», observaba un informe del Servicio de Seguridad de las ss. El diplomático Ulrich von Hassell, que se había distanciado del régimen, observó que el deseo «ojalá los ingleses lleguen a Berlín antes que los rusos» se oía cada vez con mayor frecuencia.[2]

Con la guerra total empezó un racionamiento aún más drástico. La gente corriente se vio sometida a una dieta de hambre. Con todo, estaba mejor que otros. En el mismo momento en que Alemania invadió Polonia, había empezado la matanza sistemática de judíos y otros indeseables. En 1941 se establecieron campos de exterminio en Polonia, y al cabo de poco tiempo millones de judíos de toda Europa empezaron a desplazarse en trenes de carga sellados. Su

---

1945, *op. cit.*, pp. 223-224.

[1] Evans, *The Third Reich at War*, *op. cit.*, pp. 421-422.

[2] *Ibid.*, pp. 422-423; Ulrich von Hassell, *The von Hassell Diaries: The Story of the Forces against Hitler inside Germany, 1938-1945*, Boulder, Colorado, Westview Press, 1994, p. 304.

destino era la muerte en las cámaras de gas. Sus propiedades eran confiscadas, catalogadas, etiquetadas y enviadas
a Alemania para que contribuyeran al esfuerzo de guerra.

También se racionaron el papel y el carbón. Pero la compañía fotográfica de Heinrich Hoffmann no padeció por
ello, puesto que se consideraba que las fotografías del
Führer tenían una «importancia estratégica vital». Todos
los meses se reservaban cuatro toneladas de papel para su
empresa.[1]

El 6 de junio de 1944, las potencias aliadas desembarcaron en Normandía. La pesadilla del cerco se había vuelto realidad, porque dos ejércitos poderosos avanzaban hacia Alemania en un gran movimiento de pinza. Hitler, que
seguía convencido de su propio genio, reprendía a sus generales y estudiaba obsesivamente los mapas, pero al no
obtener ninguna victoria se volvió cada vez más suspicaz
con cuantos le rodeaban. El 20 de julio de 1944, varios altos cargos militares trataron de asesinarlo. Introdujeron un
maletín con una bomba en la Guarida del Lobo, un puesto
de mando que se hallaba en Prusia. Hitler escapó con unas
pocas magulladuras. Aquello reforzó su creencia de que el
destino lo había elegido y siguió adelante con el esfuerzo
de guerra, convencido de que un arma milagrosa o un sú-
bito cambio de fortuna lo rescatarían a él y a los suyos en
el último instante.

Por aquel entonces se había transformado en una persona distinta. Heinrich Hoffmann lo describió como «una
trémula sombra del que había sido, una carcasa abrasada
de la que habían desaparecido desde hacía mucho tiempo
toda vida, todo fuego, toda llama». Tenía los cabellos gri-
ses, la espalda encorvada, y arrastraba los pies al andar. Albert Speer notó que la disciplina empezaba a debilitarse

[1] BArch, NS18/842, 17 de julio de 1942, p. 38.

incluso en su propio séquito. Hasta los seguidores más devotos que se hallaban en el Berghof se quedaban sentados cuando entraba en una de las salas y seguían conversando. Algunos se quedaban dormidos en la silla y otros hablaban en voz alta, aparentemente sin inhibición alguna.[1]

El 24 de febrero de 1945, con los rusos ya a las puertas, se leyó en la radio una proclama del Führer. Hitler pronosticó un giro radical en el devenir de la guerra. Fue objeto de numerosas burlas, incluso por parte de los miembros del partido. Uno de ellos exclamó con ironía: «Otra profecía del líder». Los soldados hablaban abiertamente de su «megalomanía». Cuando el fragor de los combates se hizo oír en la lejanía, la gente empezó a retirar las cruces gamadas de los edificios públicos, airada por la negativa de sus líderes a rendirse. Otros quitaron su fotografía de la sala de estar. Una anciana contaba: «Yo lo quemé».[2]

Durante los últimos meses de la guerra, Hitler se encerró en su búnker, construido bajo la nueva cancillería. Speer escribió que era «la última parada en su huida de la realidad». Con todo, ordenó que la lucha continuara, resuelto a llevar la muerte y la destrucción a una nación que no le merecía.[3]

El 20 de abril de 1945, el día en el que Hitler cumplía cincuenta y seis años, el primer proyectil enemigo cayó sobre Berlín. El bombardeo fue implacable. Dos días más tarde no quedaba nada del Ministerio de Propaganda, salvo una fachada de color blanco en medio de escombros humeantes. Colaboradores antiguos y de confianza empezaron a abandonar el barco que se hundía. Heinrich Himmler y Hermann Goering fueron dos de ellos. Hitler se suici-

---

[1] Hoffmann, *Hitler Was My Friend*, *op. cit.*, p. 227; Speer, *Inside the Third Reich*, *op. cit.*, p. 473 [*Memorias*, *op. cit.*, p. 847].

[2] Evans, *The Third Reich at War: 1939-1945*, *op. cit.*, p. 714; Klemperer, *To the Bitter End*, *op. cit.*, p. 387.

[3] Speer, *Inside the Third Reich*, p. 473 [*Memorias*, *op. cit.*, p. 847].

dó el 30 de abril. Había tenido noticia del humillante final de Mussolini y ordenó que sus propios restos mortales se incineraran para evitar toda profanación. Sus colaboradores sacaron del búnker su cadáver, junto con el de Eva Braun—su amante desde mucho tiempo atrás, con la que se había casado el día antes—, los empaparon ambos con gasolina y les prendieron fuego.

A continuación, tuvo lugar una oleada de suicidios entre los nazis más comprometidos, como por ejemplo toda la familia Goebbels, Heinrich Himmler, Bernhard Rust y Robert Ley. Miles de personas corrientes también se mataron. Un clérigo protestante informó de que, al llegar el Ejército Rojo, «familias enteras, familias buenas, que iban a la iglesia, se quitaron la vida, se ahogaron, se cortaron las venas o se dejaron abrasar dentro de sus hogares en llamas». Pero la muerte del Führer no provocó manifestaciones espontáneas de dolor público, ni expresiones de tristeza por parte de sus desconsolados seguidores. «Ha sido extraño. Nadie ha llorado, ni siquiera se veían caras tristes», informó una mujer desde Hamburgo después de que la radio anunciara la muerte de Hitler. Un joven que desde hacía mucho tiempo se había preguntado cómo reaccionarían sus compatriotas ante la muerte de su líder, se asombró de la «monumental y profunda indiferencia» con la que acogieron la noticia al oírla en la radio. Victor Klemperer observó que el Tercer Reich se había desvanecido de un día para otro, que casi se había olvidado.[1]

En el mismo instante de la muerte de Hitler se esfumó toda resistencia. Los oficiales del Ejército Rojo, que espe-

---

[1] Evans, *The Third Reich at War*, *op. cit.*, p. 732; Hans J. Mallaquoi, *Destined to Witness: Growing up Black in Nazi Germany*, Nueva York, Harper Collins, 2001, p. 251; Klemperer, *To the Bitter End*, *op. cit.*, p. 458; véase también Joachim C. Fest, *Hitler*, Boston, Massachusetts, Houghton Mifflin Harcourt, 2002, pp. 753-754.

raban una feroz guerra de partisanos como la que ellos mismos habían librado en su país, se quedaron consternados ante la docilidad de la población. También se sorprendieron del número de personas que cortaba la cruz gamada de las banderas escarlatas nazi para convertirlas en banderas comunistas. En Berlín, aquel cambio de enseñas se conoció como «Heil Stalin».[1]

[1]   Antony Beevor, *The Fall of Berlin 1945*, Londres, Penguin Books, 2002, p. 415.

3

STALIN

«En toda Moscú no se ve más que a Lenin», observaba en 1924 el periodista francés Henri Béraud, pocos meses después de la muerte del revolucionario y jefe de Estado comunista. «Carteles de Lenin, dibujos de Lenin, mosaicos de Lenin, Lenin en pirograbado, Lenin sobre linóleo, tinteros de Lenin, papel secante con la efigie de Lenin. Tiendas enteras especializadas en vender su busto, en todos los tamaños, precios y materiales, desde bronce, mármol, piedra, porcelana y alabastro hasta escayola. Y eso sin contar con las imágenes de Lenin, desde retratos formales hasta vívidas fotografías y noticiarios». Béraud conjeturó que Lenin debía de ser el jefe de Estado más fotografiado… después de Mussolini.[1]

Aun antes de que muriera, sus camaradas habían empezado a glorificarlo. En agosto de 1918, una revolucionaria desilusionada llamada Fanni Kaplán se acercó a Lenin cuando éste salía de la fábrica de la Hoz y el Martillo de Moscú y le disparó varias veces. Una de las balas quedó alojada en el cuello, otra atravesó el hombro izquierdo. Contra toda probabilidad, Lenin sobrevivió. Su médico observó: «Sólo las personas marcadas por el destino pueden escapar de la muerte tras sufrir semejante herida». A continuación, se hicieron públicos numerosos panegíricos del gran líder. Se publicaban en papel y se distribuían cientos de miles de ejemplares. León Trotski, fundador y comandante supremo del Ejército Rojo, lo elo-

---

[1]   Henri Béraud, *Ce que j'ai vu à Moscou*, París, Les Editions de France, 1925, pp. 46-47.

gió como «obra maestra creada por la naturaleza» para «una nueva era en la historia humana», así como «encarnación del pensamiento revolucionario». Nikolái Bujarin, director editorial del *Pravda*, periódico del Partido, escribió sobre «el genial líder de la revolución mundial», el hombre con una «capacidad casi profética para efectuar predicciones».[1]

Lenin se recobró y puso freno a aquella profusión de encomios, pero cuando en 1922 su mal estado de salud lo obligó por fin a renunciar a las apariciones públicas, el culto que recibía cobró nueva fuerza. Los bolcheviques, igual que los fascistas y los nazis, mantenían el Partido cohesionado no tanto por un programa como por un líder elegido. Eran la voluntad, la visión y por encima de todo la intuición de Lenin las que guiaban la revolución, más que los principios comunistas propuestos por Marx medio siglo antes. Lenin encarnaba la revolución. Si ya no podía dirigirla en persona, sus seguidores tendrían que invocar su nombre, o declarar que recibían inspiración directa de su espíritu revolucionario.[2]

La deificación de Lenin también servía como sucedáneo de un mandato popular. Incluso en noviembre de 1917, cuando se hallaban en la cima de su popularidad, los bolcheviques no lograron alcanzar la cuarta parte de los votos. Habían llegado al poder por medio de la violencia, y cuanto más poder adquirían, más feroz se volvía esa violencia. Tras el intento de asesinato por parte de Fanni Kaplán empezó un Terror Rojo, porque el régimen atacaba de manera sistemática a grupos enteros de personas, desde los trabajadores que hacían huelga en las fábricas hasta los cam-

---

[1] Richard Pipes, *The Russian Revolution*, Nueva York, Vintage Books, 1991, pp. 808-812.
[2] *Ibid.*, p. 814.

pesinos que desertaban del Ejército Rojo. Se asesinó a miles de sacerdotes y monjas, declarados enemigos de clase después de la revolución. A algunos de ellos se les crucificó, castró, enterró en vida o sumergió en calderos llenos de alquitrán hirviendo. Todos los miembros de la familia real murieron tiroteados o apuñalados. Sus cuerpos fueron mutilados, abrasados y arrojados a una fosa. La violencia les hacía perder la simpatía de muchas personas corrientes, mientras que el lenguaje abstracto de la «lucha de clases» y la «dictadura del proletariado»—términos extranjeros que la gente del campo, en un país donde los habitantes de las zonas rurales eran mayoritariamente analfabetos, apenas sabía pronunciar—no les servía para ganarlas. En cambio, las apelaciones al líder, como si hubiera sido una figura sagrada, tuvieron mucho más éxito al crear, por lo menos, la ilusión de una especie de lazo que unía al Estado con sus setenta millones de súbditos.[1]

Lenin no designó sucesor, pero en 1922 había elegido a Stalin para el nuevo puesto de secretario general para frenar a Trotski, que se oponía a la Nueva Política Económica propugnada por el propio Lenin. Dicha política había revertido con eficacia la colectivización forzosa que se había introducido después de la revolución, cuando se había ordenado por decreto a los trabajadores de las fábricas que produjeran y el Estado había empezado a confiscar sus productos. Dicho sistema, llamado comunismo de guerra, había destrozado la economía. La Nueva Política Económica regresaba al sistema de mercado y autorizaba a los individuos a dirigir pequeñas empresas. Las incautaciones de cereales llegaron a su fin y las sustituyó un impuesto sobre la producción agrícola. Trotski llegó a la conclusión de que la Nueva Política Económica significaba la rendición fren-

[1] *Ibid.*, p. 815.

te a los capitalistas y los campesinos adinerados, y exigió que el Estado reforzara su propio papel en la economía.

Stalin adquirió grandes poderes como secretario general, a pesar de sus obvios defectos. No era buen orador. Hablaba con fuerte acento georgiano y su voz no causaba una gran impresión. Carecía de control de los tiempos. Apenas gestualizaba durante sus apariciones públicas. Y, a diferencia de muchos de sus colegas, carecía del aura de los revolucionarios que habían pasado años enteros en el exilio. Tenía facilidad para escribir, pero no era un teórico destacado que pudiera desarrollar la doctrina comunista. Pero Stalin supo sacar partido de sus limitaciones. Se presentó como un siervo modesto consagrado al bien común, mientras que otros pugnaban sin cesar por situarse bajo los focos.

Se describía a sí mismo como un *praktik*, un hombre de acción consagrado a la práctica, más que como un teórico de la revolución. Sin lugar a duda, poseía habilidades organizativas excepcionales, una extraordinaria capacidad de trabajo y una gran fuerza de voluntad. A menudo sus rivales lo menospreciaban como mero administrador. Trotski lo llamaba «la sobresaliente mediocridad de nuestro Partido». Pero Stalin actuaba con astucia y sin escrúpulos, y sabía explotar las debilidades de los demás para que le sirvieran como cómplices por voluntad propia. También estaba dotado para el pensamiento estratégico y poseía una genuina destreza en política. Igual que Hitler, fingía preocupación por las personas que lo rodeaban, con independencia de su posición en la jerarquía. Recordaba sus nombres y las conversaciones mantenidas con ellos. También sabía esperar el momento oportuno para cada cosa.[1]

[1] Robert Service, *Stalin: A Biography*, Houndmills, Basingstoke, Macmillan, 2004, p. 132; Eugene Lyons, *Stalin: Czar of all the Russians*, Nueva York, J.B. Lippincott, 1940, p. 287; Stephen Kotkin, *Stalin:*

Mientras Lenin estaba convaleciente, Stalin hizo las veces de intermediario y se valió de los poderes recién adquiridos para acercarse todavía más al líder. Pero la relación entre ambos fue tempestuosa y en 1923 sus caminos se separaron. El achacoso líder dictó una serie de notas que más adelante se conocerían como «Testamento de Lenin», un documento en el que apuntaba que Stalin era tosco de temperamento y tenía que abandonar el puesto de secretario general.

Lenin sería una amenaza para Stalin mientras viviera, pero una vez muerto se le podía sacar partido. Desde el mismo momento de su fallecimiento el 21 de enero de 1924, Stalin se hizo pasar por su pupilo más fiel. Fue el primero entre los miembros del círculo dirigente que entró en la alcoba de su señor. Tomó la cabeza del difunto con ambas manos en un gesto teatral y la acercó a su pecho, luego besó con fuerza las mejillas y los labios.[1]

Durante varias semanas, el cuerpo embalsamado de Lenin se exhibió en un catafalco de cristal en la Plaza Roja, donde el frío del invierno lo preservó intacto. El Partido se dividió sobre lo que habría que hacer con él. Rusia tenía una larga tradición de momificación de sus hombres santos. En el monasterio de las Cuevas de Kiev, donde monjes solitarios habían adorado a Dios antes de la revolución, se encuentran docenas de santos expuestos en catacumbas, con el rostro ennegrecido y las manos demacradas reposando con ropajes andrajosos y polvorientos. La aplicación de un tratamiento comparable al líder revolucionario albergaba connotaciones religiosas que chocaron con el ateísmo de varios líderes, como la propia esposa de Lenin. Félix Dzerzhinski, presidente de la comisión fúnebre,

---

Paradoxes of Power, 1878-1928, Nueva York, Penguin, 2014, p. 424.
    [1] Kotkin, *Stalin: Paradoxes of Power, op. cit.*, p. 534.

se impuso con el apoyo del secretario general. Lenin, en la muerte igual que en vida, serviría a la causa de la clase trabajadora, mientras millones de personas se acercaban a su ataúd para ofrecerle sus respetos.[1]

Unos meses más tarde, al llegar la primavera, un equipo de científicos se llevó el cuerpo de Lenin y se puso a experimentar con productos químicos para impedir su descomposición. Lenin reapareció en agosto de 1924 y su cuerpo emblanquecido, marmóreo, se exhibió en un mausoleo de carácter más permanente. Atraía largas colas de devotos, gente paciente, pobre, mística. Henri Béraud observó que era el tipo de personas a las que se veía «murmurando sus plegarias frente a iconos dorados y velas que ardían con llama amarillenta».[2]

Tras apoderarse del cadáver de Lenin, Stalin quiso apropiarse también de sus palabras. Tomó a su cargo el Instituto Lenin y supervisó la publicación de todos los documentos significativos del líder. Pero las obras completas de Lenin no definían una doctrina. Stalin escribió una serie de conferencias sobre el leninismo, publicadas por entregas en el *Pravda* bajo el título *Fundamentos del leninismo*, a fin de consolidar su propia posición como guardián del legado de su maestro. Escribió que el leninismo era el marxismo de la edad del imperialismo y Lenin el único gran heredero de Marx y Engels.[3]

[1] Fernand Corcos, *Une visite à la Russie nouvelle*, París, Montaigne, 1930, pp. 404-405; Benno Ennker, «The Origins and Intentions of the Lenin Cult», en: Ian D. Thatcher (ed.), *Regime and Society in Twentieth-Century Russia*, Houndmills, Basingstoke, Macmillan Press, 1999, pp. 125-126.

[2] Alexei Yurchak, «Bodies of Lenin: The Hidden Science of Communist Sovereignty», *Representations*, 129, invierno de 2015, pp. 116-157; Béraud, *Ce que j'ai vu à Moscou, op. cit.*, p. 45.

[3] Kotkin, *Stalin, op. cit.*, p. 543; Robert H. McNeal, *Stalin: Man and Rule*, Nueva York, New York University Press, 1988, pp. 90-93.

Pero Stalin halló un contratiempo: en mayo de 1924 los delegados del Partido se reunieron en Moscú para examinar el Testamento de Lenin. Grigori Zinóviev y Lev Kámenev, dos miembros veteranos del Partido que veían con malos ojos las ambiciones de Trotski, hablaron en favor de Stalin, y como consecuencia el Comité Central decidió leer el documento tan sólo a delegados selectos y no ante todo el congreso. Trotski, que no quería figurar como promotor de divisiones en la inminente lucha por el poder, no intervino. Stalin, pálido como la muerte, pidió con humildad que se le relevara de sus obligaciones, con la esperanza de que aquella contrición fingida animara al Comité Central a rechazar su petición. La apuesta le salió bien, pero lo dejó lleno de resentimiento. Era el discípulo de un hombre que, al parecer, había solicitado su destitución.[1]

Tras recobrar la compostura, Stalin empezó a rodearse de partidarios fiables y leales, como Viacheslav Mólotov, Lázar Kaganóvich y Sergó Ordzhonikidze. Se valió de su posición como secretario general para sustituir a los seguidores de todos sus rivales con sus propios esbirros. Reclutó asistentes personales que lo mantenían informado y se encargaban de las tareas más turbias. Lev Mejlis, secretario personal de Stalin, empezó a supervisar todos los aspectos de la imagen pública de éste. Así, por ejemplo, revisaba las fotografías que aparecían en la prensa.[2]

En noviembre de 1924, Stalin puso a Trotski contra las cuerdas. Mientras que Stalin se presentaba como pupilo de Lenin, Trotski había cometido el error táctico de igualarse con éste al publicar sus propias obras completas. Aparte de que pudiera resultar pretencioso, ofreció evidencia textual

---

[1] Service, *Stalin*, *op. cit.*, pp. 223-224.
[2] Así, por ejemplo, RGASPI, 17 de octubre de 1925, 558-11-1158, doc. 59, p. 77.

de que en muchas cuestiones se había opuesto a Lenin. Stalin publicó un sañudo artículo titulado «¿Trotskismo o leninismo?», en el que denunciaba a su rival como partidario de una revolución permanente que chocaba con los principios del leninismo. Los lectores atentos comprendieron que aquel título significaba: «¿Trotski o Stalin?».

Stalin también apuntó contra la crítica a la Nueva Política Económica por Trotski. Otros bolcheviques como Zinóviev y Kámenev, los dos poderosos líderes del Comité Central que habían ayudado a Stalin a sobrevivir al Testamento de Lenin, también veían con desagrado aquel giro hacia el mercado. Stalin cargó contra ellos y los pintó como izquierdistas doctrinarios cuyas ideas llevarían a la Unión Soviética a la perdición. Nikolái Bujarin, infatigable defensor de la economía mixta, le brindó su apoyo. En 1925, Stalin se dirigió en persona a representantes de campesinos que se negaban a sembrar a menos que se les concediera un arriendo sobre sus tierras. Stalin, sin más, les prometió arriendos por veinte, cuarenta años, incluso a perpetuidad. Cuando se le preguntó si aquello no suponía un retorno a la propiedad privada de la tierra, respondió: «Nosotros escribimos la Constitución. También podemos cambiarla». Los informes sobre aquella reunión circularon por el mundo entero. Stalin aparecía como el dirigente del Partido más equilibrado y pragmático, como un líder en sintonía con su pueblo.[1]

En 1926, Trotski, Zinóviev y Kámenev se habían visto obligados a formar una Oposición Unida contra Stalin, que al instante se volvió contra ellos y los denunció por desestabilizar el Partido con la formación de una facción. Como hacía años que las facciones estaban prohibidas, Trotski fue expulsado del Politburó. El número de sus seguidores

[1] «Stalin's Word», *Time*, 27 de abril de 1925.

se redujo a un puñado. En octubre de 1927, en una reunión del pleno del Comité Central, Trotski quiso sacar de nuevo a colación el Testamento de Lenin, pero para entonces muchos de los delegados del Partido veían ya a Stalin como un defensor de Lenin abnegado, eficiente y trabajador. El marginado Trotski, por el contrario, parecía un hombre condescendiente, ruidoso y egocéntrico. Stalin lo aplastó, alegando que tres años antes el Partido ya había examinado el documento y había rechazado su dimisión. Los delegados estallaron en aplausos. En cuestión de un mes, el Partido expulsó a Trotski y a docenas de sus seguidores. En enero de 1928, Trotski fue enviado al exilio en Kazajistán. Un año más tarde se le obligó a abandonar la Unión Soviética.[1]

Tan pronto como se hubo librado de su mayor rival, Stalin empezó a aplicar las políticas del propio Trotski. Éste había advertido contra la aparición de una «nueva clase capitalista» en el campo. A finales de 1927 el suministro de cereales se redujo en un tercio y Moscú y Leningrado se vieron amenazadas por el hambre. Entonces, Stalin envió destacamentos de requisa a los pueblos y les ordenó que se llevaran todo lo que pudieran a punta de pistola. Quienes se resistían sufrieron persecución como «kulaks», término peyorativo que se refería a los campesinos «ricos», pero que de hecho se aplicaba a todo el que se opusiera a la colectivización. Ésta fue la primera batalla en una guerra contra el campo que pocos años más tarde culminó en una hambruna.

Se fustigó por derechistas a los miembros del Partido que, como Bujarin, aún se adherían a los puntos de vista que el propio Stalin había defendido antes. Un miedo atroz se adueñó del Partido. Se denunciaba y arrestaba su-

---

[1] Kotkin, *Stalin, op. cit.*, p. 648.

mariamente a sus miembros por «opositores de izquierdas» o «desviacionistas de derechas». Se efectuaban registros en sus hogares y se detenía a sus familiares. Algunas personas desaparecían de un día para otro. Stalin también actuó contra directivos, ingenieros y planificadores, entre ellos algunos extranjeros a los que se acusó de saboteadores.[1]

A la mitad de una purga en las filas del Partido, se organizó un gigantesco desfile para el Primero de Mayo de 1928. Desde 1886, año en el que la policía de Chicago había disparado contra huelguistas que exigían la jornada de ocho horas, los socialistas de todo el mundo habían celebrado el Primero de Mayo. En numerosas ciudades se organizaban manifestaciones de trabajadores con pancartas y banderas rojas que en ocasiones degeneraban en peleas callejeras con la policía. En una época aún temprana dentro de su carrera, Lenin había visto el potencial de aquellas celebraciones y había escrito que cabía transformarlas en «grandes manifestaciones políticas». En 1901 el propio Stalin se había visto implicado en cruentos enfrentamientos que tuvieron lugar en el Primero de Mayo en Tiflis (Tbilisi), la capital de su Georgia natal.[2]

En 1918, Lenin decretó que el Primero de Mayo sería una fiesta oficial. Una década más tarde, en 1928, Stalin modificó el Código Laboral y añadió el 2 de mayo a las festividades. Los preparativos de las extraordinarias celebraciones empezaban con varias semanas de antelación. Se erigían gigantescas estructuras de madera y cartón en las principales intersecciones de Moscú, con imágenes de obreros, campesinos y soldados marchando hacia el futuro. El Primero de

[1] Eugene Lyons, *Assignment in Utopia*, Londres, George G. Harrap, 1938, p. 173; Service, *Stalin, op. cit.*, p. 259.
[2] Alexander Trachtenberg, *The History of May Day*, Nueva York, International Pamphlets, 1931.

Mayo, Stalin y sus lugartenientes principales aparecieron sobre los parapetos de madera del mausoleo de Lenin y saludaron a una turba que los aclamaba y que cantaba entre pancartas y carrozas. Entonces empezó un gigantesco desfile de estruendosos tanques, automóviles blindados, ametralladoras y reflectores. En lo alto se oía el rumor de los aviones. Aquello fue una enorme exhibición de fuerza organizativa, meticulosamente planeada desde arriba, con todas las palabras dictadas y todos los eslóganes aprobados por decreto. Cientos de miles de personas esperaron pacientemente durante varias horas a que les llegara el turno para cruzar la plaza y atisbar al líder.[1]

En 1929, Stalin estaba listo para imprimir su propio sello sobre la Unión Soviética. Lenin había transformado ya a Rusia en el primer Estado de partido único del mundo y había conseguido lo que Hitler trataría de lograr a partir de 1933 bajo el nombre de *Gleichschaltung*: la eliminación sistemática de todas las organizaciones que no pertenecieran al Partido. Partidos políticos alternativos, sindicatos, medios de comunicación, Iglesias, gremios y asociaciones quedaron supeditados al poder del Estado. En noviembre de 1917 se habían proscrito las elecciones libres y se había puesto fin al Estado de derecho, reemplazado por la justicia revolucionaria y por un extenso sistema de gulags.

Stalin quiso ir más allá y efectuar una transformación definitiva en la economía de la Unión Soviética. En tan sólo cinco años había que convertir un país atrasado, agrícola, en potencia industrial. Se edificaron grandes ciudades industriales a partir de cero, se importaron fábricas enteras desde el extranjero, se ampliaron las plantas de ingeniería y se abrieron nuevas minas para satisfacer la necesidad de carbón, hierro y acero, todo ello a una velocidad vertigi-

---

[1] Lyons, *Assignment in Utopia*, *op. cit.*, pp. 102-103.

nosa. En la Unión Soviética no existía la jornada de ocho horas y los obreros de las fábricas trabajaban siete días a la semana. La llave de la expansión industrial se encontraba en el campo. Los cereales que se sustraían a los campesinos se vendían luego en el mercado internacional con la finalidad de adquirir divisas. A fin de extraer un mayor volumen de cereales, el campo se colectivizó. Se obligó a los campesinos a instalarse en granjas estatales de las que se excluía a los kulaks, pues Stalin veía la colectivización como una oportunidad única para liquidar a dicha clase: se disolvieron unas trescientas veinte mil unidades familiares, y se envió a sus miembros a campos de concentración, se los obligó a trabajar en minas o se los desplazó a regiones remotas del imperio.[1]

Bajo el liderazgo de Stalin, el Partido se había vuelto sacrosanto. La línea del Partido se presentaba como una voluntad divina que se encontraba más allá de todo debate. Stalin devino en personificación de la santidad, en *vozhd* o gran líder, término que previamente se había reservado a Lenin. El Primero de Mayo de 1929, Marx retrocedió a un segundo plano, mientras que Stalin accedió a un estatus igual al de Lenin. Según observaba un periodista estadounidense: «En la Plaza Roja, en los edificios que se hallan frente a los muros del Kremlin, se exhibían enormes rostros de Lenin y Stalin. Sus gigantescos retratos de cuerpo entero se montaron sobre unos andamios de la plaza del Teatro, desde donde se cernían sobre el hotel Metropol por un lado y sobre el Grand Hotel por el otro».[2]

---

[1] Service, *Stalin, op. cit.*, pp. 265-267.
[2] Lyons, *Assignment in Utopia, op. cit.*, pp. 206-207; *Pravda*, en un número especial publicado el 21 de diciembre de 1929 con motivo del Jubileo de Stalin, celebraba a éste como «verdadero sucesor» de Marx y Lenin, y «líder» del partido proletario: RGASPI, 558-11-1352, 21 de diciembre de 1929, doc. 8; véase también Jeffrey Brooks, *Thank You,*

El gran líder cumplió cincuenta años el 21 de diciembre
de 1929, y el *Pravda*, órgano oficial del Partido, explicó
que «innumerables telegramas» habían celebrado la ocasión, porque los trabajadores del mundo entero aclamaban
a Stalin. Llegaron a sacarse a escondidas hojas de papel con
felicitaciones de las cárceles de Polonia, Hungría e Italia.
La maquinaria propagandística explicaba que aquello no
era un culto al héroe, sino la expresión de la devoción que
millones de trabajadores de todo el mundo sentían ante la
idea de la revolución proletaria. Stalin era el Partido, la encarnación de todo lo mejor de la clase obrera: un «ostento-
so entusiasmo que una voluntad de hierro mantiene dentro de sus límites, una fe inconmovible en la victoria fun-
damentada en un sobrio análisis revolucionario marxiano,
un desprecio proletario por la muerte en los frentes de la
guerra civil», la circunspección de un líder cuyo intelecto
«iluminaba el futuro como un faro».[1]

También abundaban otras formas de adulación, porque
los subordinados de Stalin componían encomios en honor
de su líder y se rebajaban con entusiasmo. Lázar Kaganóvich, el secretario del Partido, hombre fornido, de bigote poblado, lo elogiaba como «el colaborador más íntimo,
más activo, más fiel de Lenin». Sergó Ordzhonikidze describió a su señor como discípulo verdadero e inconmovible de Lenin, armado con la voluntad de hierro necesaria
para guiar al Partido hasta el triunfo definitivo de la revolución proletaria mundial.[2]

Comrade Stalin!: Soviet Public Culture from Revolution to Cold War,
Princeton, Princeton University Press, 2000, pp. 60-61.

[1] RGASPI, 558-11-1352, doc. 1, 19 de diciembre de 1929; véase también «Stalin», en: *The Life of Stalin: A Symposium*, Londres, Modern
Books, 1930, pp. 12-14.

[2] Lázar Kaganóvich, «Stalin and the Party»; Sergó Ordzhonikidze,
«The 'Diehard' Bolshevik», reproducidos ambos en *The Life of Stalin*,

Sin embargo, eran pocas las personas que habían visto a Stalin, salvo de lejos, en las dos ocasiones anuales en que comparecía en la tribuna de la Plaza Roja para celebrar el Primero de Mayo y el aniversario de la Revolución de Octubre. Incluso entonces parecía casi una escultura, una robusta figura que adoptaba una pose tranquila e imperturbable, siempre cubierto con un sobretodo militar y una gorra de visera. Pocas veces aparecía en las noticias y jamás hablaba en público. Su voz no se había oído ni una sola vez en la radio. Sus fotógrafos, estrictamente controlados por su secretario personal, se veían obligados a ajustarse a unos estándares. Incluso en los carteles, Stalin aparecía frío y distante, como la encarnación de una voluntad inconmovible de llevar la revolución a buen término.[1]

En una década, Stalin había ascendido de modesto comisario a líder indiscutible del Partido, pero se había visto obligado repetidas veces a combatir contra fuerzas poderosas que se aliaban contra él. En un testamento que perseguiría a Stalin durante el resto de su vida, Lenin, el mismo que le había entregado el poder supremo, se había arrepentido de ello y había pedido su destitución. Una y otra vez, Trotski, un orador formidable, polemista de gran talento y respetado líder del Ejército Rojo, le había hecho frente. El mero afán de venganza y el frío cálculo permitieron que Stalin siguiera avanzando, pero a lo largo de los años también desarrolló un sentimiento de agravio y llegó a verse a sí mis-

---

op. cit., pp. 40 y 87-89.

[1] Lyons, *Assignment in Utopia*, *op. cit.*, pp. 265-266; sobre carteles en 1929, véase James L. Heizer, «The Cult of Stalin, 1929-1939», tesis doctoral, Universidad de Kentucky, 1977, p. 55, citado en Sarah Davies, *Popular Opinion in Stalin's Russia: Terror, Propaganda and Dissent, 1934-1941*, Cambridge, Cambridge University Press, 1997, p. 147.

mo como víctima. Victorioso y lleno de rencor, desconfió siempre de todos los que lo rodeaban.[1]

La imagen de un líder severo y distante que se elevaba por encima de sus posibles críticos casaba con él. Pero Stalin no tardó en empezar a cultivar un aspecto más humano. En el exilio, Trotski se había convertido en una figura trágica, mientras que Stalin, por contraste, parecía el guardián de un león enjaulado. Tan pronto como estuvo en el exilio, trató de parecer más leninista que el propio Stalin. Empezó a publicar un *Boletín de la Oposición* y recurrió a su detallado conocimiento de la política de pasillos para informar de las controversias que se producían entre los líderes del Partido. Su autobiografía *Mi vida*, publicada en ruso y en inglés en 1930, retrataba a Stalin como un personaje mediocre, celoso y taimado cuyas secretas maquinaciones habían culminado en una traición a la revolución. Trotski reproducía el Testamento de Lenin: «Stalin es grosero, desleal y capaz de abusar del poder que obtiene del aparato del Partido. Habría que apartar a Stalin para evitar una escisión». Stalin había acuñado el término *trotskismo* y Trotski, a su vez, popularizó la noción de «estalinismo».[2]

Un año antes, con ocasión del quincuagésimo cumpleaños de Stalin, su colega georgiano Avel Enukidze le había atribuido ciertos rasgos de humanidad que se transformaron en elementos de su mito. Stalin había sido hijo de un zapatero, estudiante precoz y con dotes extraordinarias, pero también joven rebelde, expulsado de un semina-

---

[1] La expresión «victorioso y lleno de rencor» («*victor with a grudge*») es utilizada en el sagaz análisis de Stephen Kotkin en *Stalin, op. cit.*, pp. 474 y 591; con todo, Kotkin no cree que Lenin sea el verdadero autor del Testamento.

[2] León Trotski, *My Life*, Nueva York, Charles Scribner, 1930, pp. 309, 378 y 398. [Existe traducción en español: Trotski, *Mi vida*, trad. Wenceslao Roces, Madrid, Debate, 2006].

rio teológico. Carecía de toda vanidad. Era un hombre del pueblo, que sabía explicar materias complicadas en términos muy sencillos a los trabajadores, que le habían dado el afectuoso apodo de «Soso». Jamás había vacilado en su defensa del bolchevismo y se había entregado por completo a la labor revolucionaria. «Stalin será el mismo hasta el final de su vida», había proclamado Enukidze.[1]

Stalin no era tan sólo líder del Partido, también era, *de facto*, el máximo dirigente de la Internacional Comunista, o Komintern, por lo que se esperaba de él que señalara el camino hacia la revolución proletaria mundial. Pero, a diferencia de Trotski, siguió siendo una figura misteriosa, distante, tanto en su país como en el extranjero. En noviembre de 1930, Stalin invitó a Eugene Lyons, corresponsal de United Press, a un encuentro personal en su despacho. Lyons, un simpatizante del comunismo que había trabajado en la oficina de TASS —la agencia oficial de noticias soviética— en Nueva York, había sido cuidadosamente seleccionado entre docenas de reporteros presentes en Moscú. Stalin fue a recibirlo en la puerta. Sonrió, pero con una timidez que desarmó al corresponsal en aquel mismo instante. Lyons explicaría que su poblado bigote daba a su rostro moreno una imagen amistosa, e incluso benigna. Todos sus rasgos evocaban sencillez, desde sus maneras apacibles, la austeridad de su atuendo y la sobriedad de su despacho hasta los pasillos silenciosos y ordenados del Comité Central. Stalin escuchaba. Era un hombre reflexivo. Lyons le preguntó por fin: «¿Es usted un dictador?». Stalin respondió con gentileza: «No, no lo soy», y le explicó que la toma de decisiones en el Partido era colectiva y que una sola persona no podía imponerse a los demás. «¡Me gusta Stalin!», exclamaba un

---

[1] Avel Yenukidze, «Leaves from my Reminiscences», en: *The Life of Stalin*, *op. cit.*, pp. 90-96.

exultante Lyons de camino hacia la salida. «Stalin laughs!» ('¡Stalin ríe!'), un artículo que era pura adulación, supervisado por el propio Stalin, apareció en la primera plana de periódicos importantes de todo el mundo, «rasgando el manto de secretismo» que envolvía al eremita del Kremlin.[1]

Stalin había introducido una nota íntima y doméstica en la entrevista al hablar de su mujer y sus tres hijos. Una semana más tarde, Hubert Knickerbocker entrevistó a la madre de Stalin, una mujer simple, ataviada con un vestido ordinario de lana gris. «¡Soso fue siempre tan buen muchacho...!», explicaba con entusiasmo, feliz de poder hablar de su tema favorito.[2]

A continuación, otras figuras con mayor prestigio intelectual popularizaron y difundieron la imagen de un hombre gentil, sencillo, modesto, que no era un dictador pese a ostentar un gran poder. Un año más tarde, el escritor socialista George Bernard Shaw fue agasajado con una guardia militar de honor en Moscú y un banquete de celebración de su setenta y cinco cumpleaños. Hizo una gira por el país y visitó escuelas, cárceles y granjas modelo, con campesinos y trabajadores que llevaban meticulosamente preparadas las alabanzas al Partido y a su líder. Tras una audiencia privada de dos horas, magistralmente coreografiada por Stalin, el dramaturgo irlandés llegó a la conclusión de que el dictador era «un hombre que conquista con su simpatía» y afirmó: «No había malicia en él, pero tampoco ingenuidad». Shaw no se cansaría jamás de ensalzar al déspota y murió en 1950, en la cama, con un retrato de su ídolo en la repisa.[3]

---

[1] Lyons, *Assignment in Utopia, op. cit.*, pp. 381-391; «Russia: Stalin Laughs!», *Time*, 1.º de diciembre de 1930.

[2] «Soso was Good», *Time*, 8 de diciembre de 1930.

[3] Véase Stanley Weintraub, «GBS and the Despots», *Times Literary Supplement*, 22 de agosto de 2011.

Emil Ludwig, popular biógrafo de Napoleón y Bismarck, se encontró también con Stalin en diciembre de 1931 y se sorprendió de la sencillez de un hombre que poseía tanto poder pero «no se enorgullecía de poseerlo». Con todo, la biografía que probablemente contribuyó en mayor medida a difundir la imagen de un hombre sencillo que aceptaba a regañadientes la adoración de millones de personas fue la de Henri Barbusse, un escritor francés que se había trasladado a Moscú en 1918 y se había unido al Partido Bolchevique. En su primer encuentro, que tuvo lugar en 1927, Stalin cautivó por completo a Barbusse. El *Pravda* publicó traducciones de sus artículos laudatorios. Tras un nuevo encuentro en 1932, el Departamento de Cultura y Propaganda del Comité Central investigó en detalle a Barbusse, quien también trabajó en la organización del Comité Mundial contra la Guerra y el Fascismo, con sede en París. En octubre de 1933, Barbusse recibió trescientos ochenta y cinco mil francos que Stalin había enviado a la capital francesa, el equivalente aproximado de trescientos treinta mil dólares estadounidenses actuales. En palabras de André Gide, otra figura literaria francesa con la que Stalin había tenido trato, quien escribiera «en la dirección correcta» podría acceder a sustanciales ventajas financieras.[1]

[1] Emil Ludwig, *Nine Etched from Life*, Nueva York, Robert McBride, p. 348; Michael David-Fox narra el apoyo a Barbusse en *Showcasing the Great Experiment: Cultural Diplomacy and Western Visitors to the Soviet Union, 1921-1941*, Oxford, Oxford University Press, 2011, pp. 231-232, así como Jan Plamper, *The Stalin Cult: A Study in the Alchemy of Power*, New Haven, Connecticut, Yale University Press, 2012, p. 133; ninguno de los dos menciona las transacciones financieras que se efectuaron y que se encuentran en RGASPI, 558-11-699, 12 de octubre de 1933, doc. 6, pp. 53-54; André Gide, «Retouches à mon 'Retour de l'URSS'», en: *Souvenirs et Voyages*, París, Gallimard, 2001, pp. 803-871, citado en Andrew Sobanet, «Henri Barbusse, Official Biographer of Joseph Stalin», *French Cultural Studies*, 24, n.º 4, noviembre de 2013,

Stalin suministraba toda la documentación a su biógrafo, y sus subordinados de la maquinaria de propaganda supervisaban hasta el último detalle. En Stalin. *Un mundo nuevo visto a través de un hombre*, publicado en marzo de 1935, Barbusse retrataba a Stalin como un nuevo mesías, un superhombre cuyo nombre cantaban millones de seres humanos en cada uno de los desfiles que se celebraban en la Plaza Roja, y, aunque todos los que lo rodeaban lo adoraban, conservaba su modestia y atribuía todas las victorias a su maestro, Lenin. Cobraba un exiguo salario de quinientos rublos y su hogar tenía sólo tres ventanas. Su hijo mayor dormía en un diván del comedor y el más joven en un cubículo diminuto que hacía las veces de alcoba. Contaba con un único secretario, en comparación con el ex primer ministro británico Lloyd George, que había llegado a contar con treinta y dos. Incluso en su vida personal, aquel «hombre franco y brillante» seguía siendo «sencillo».[1]

Las celebridades extranjeras, desde Henri Barbusse a George Bernard Shaw, ayudaron a Stalin a disimular la paradoja que anidaba en el corazón mismo del culto a su personalidad: se suponía que la Unión Soviética era una dictadura del proletariado, no de una sola persona. En el argumentario comunista, los dictadores fascistas como Mussolini y Hitler eran los únicos que proclamaban que su palabra se hallaba por encima de la ley y consideraban a

p. 368; acerca de otros escritores extranjeros a los que Stalin tanteó como posibles biógrafos, véase Roy Medvédev, «New Pages from the Political Biography of Stalin», en: Robert C. Tucker (ed.), *Stalinism: Essays in Historical Interpretation*, New Brunswick, Nueva Jersey, Transaction, p. 207, nota 9.

[1] Henri Barbusse, *Stalin: A New World seen through One Man*, Londres, John Lane, 1935, pp. viii y 291. [Existe traducción en español: *Stalin. Un mundo nuevo visto a través de un hombre*, trad. M. Pumarega, Santiago de Chile, Moderna, 1935].

su pueblo como una masa de súbditos obedientes que tenían que plegarse a su voluntad. Así, al mismo tiempo que el culto a su personalidad impregnaba todos los aspectos de la vida cotidiana, la misma idea de que Stalin fuera un dictador se convirtió en tabú. En apariencia, era el pueblo quien lo glorificaba contra sus propios deseos y exigía poder verlo, mientras que Stalin comparecía de mala gana ante los millones de personas que acudían a los desfiles en la Plaza Roja.[1]

Todos los aspectos de su imagen contrastaban con los de sus adversarios. Hitler y Mussolini se entregaban a largas diatribas en presencia de sus seguidores, mientras que en las reuniones del Partido el modesto secretario se quedaba sentado en atento silencio en la última hilera de un estrado abarrotado. Los demás hablaban al pueblo, Stalin lo escuchaba. Los demás se dejaban arrastrar por la emoción, Stalin se guiaba por la razón y sopesaba con gran cuidado todo lo que decía. Sus palabras eran pocas, y por eso mismo eran atesoradas y estudiadas por todo el mundo. Como observó Emil Ludwig, incluso su reserva comunicaba poder, porque había algo amenazador en «la peligrosa fuerza del silencio».[2]

Puede que Stalin tuviera un solo secretario, como afirmaba Henri Barbusse, pero desde que en 1929 cumplió los cincuenta años se valió de la maquinaria del Partido para consolidar el culto a su personalidad, porque empezaron a proliferar los carteles, retratos, libros y bustos. En verano de 1930, el XVI Congreso del Partido Comunista devino en una exhibición de fidelidad a Stalin, quien habló duran-

[1] Sobre esta cuestión, véase, entre otros, David-Fox, *Showcasing the Great Experiment*.

[2] Ludwig, *Three Portraits: Hitler, Mussolini, Stalin*, *op. cit.*, p. 104. [*Tres dictadores: Hitler, Mussolini y Stalin*, *op. cit.*, p. 111].

te siete horas. Los elogios, ya obligatorios, circularon por el congreso, en los periódicos y en las radios.[1]

En el campo, donde se llevaba a cabo una implacable campaña de colectivización, se vieron estatuas de Lenin y Stalin en los peores momentos de la hambruna de 1932. Se estima que unos seis millones de personas murieron de hambre entre Ucrania, los Urales, el Volga, Kazajistán y zonas de Siberia, porque grandes reservas de cereales, así como de leche, huevos y carne, se vendieron en el mercado internacional para financiar el Plan Quinquenal. Aun cuando no tuvieran otro remedio que comer hierba y corteza de árbol, los campesinos se veían obligados a aclamar a su líder.[2]

En 1930 «un aplauso estruendoso, prolongado, que se transformó en larga ovación» abrió el XVI Congreso. Cuatro años más tarde, en el XVII Congreso, no se consideraba ya que con eso bastara, y los taquígrafos registraron una «tremenda ovación», así como gritos de «¡Larga vida a nuestro Stalin!». Se llamó a aquella reunión Congreso de Vencedores, porque los delegados celebraron los éxitos de la colectivización agrícola y de la rápida industrialización. Pero entre bastidores, los miembros del Partido se quejaban de los métodos de Stalin. Algunos temían su ambición aunque en público lo aclamaran. Corrió el rumor de que había recibido tantos votos negativos que hubo que destruir varias urnas.[3]

Stalin no hizo nada. Conocía la virtud de la paciencia y

---

[1] Lyons, *Assignment in Utopia, op. cit.*, pp. 340-342.
[2] Las estatuas aparecen en Corcos, *Une Visite à la Russie nouvelle, op. cit.*, p. 117, y su presencia en el campo se menciona en Malcolm Muggeridge, caja 2, Hoover Institution Archives, «Russia, 16.9.1932-29.1.1933», p. 125.
[3] Service, *Stalin, op. cit.*, pp. 312-313 y 360.

exhibía una serena y calculada contención frente a la adversidad. Pero a finales de 1934 un asesino dio muerte a Serguéi Kírov, máximo dirigente de Leningrado, y entonces Stalin adoptó medidas drásticas. Fue el inicio del Gran Terror. Miembros del Partido que en uno u otro momento habían desafiado a Stalin fueron arrestados. En agosto de 1936, Zinóviev y Kámenev, los primeros en sufrir una farsa de juicio, fueron declarados culpables y ejecutados. Luego cayeron otros, como Bujarin y veinte acusados más, de los que se dijo que formaban parte de un «bloque de derechistas y trotskistas». La policía secreta capturó, interrogó, torturó y en muchos casos ejecutó sumariamente a más de un millón y medio de personas corrientes. En 1937 y 1938, momento álgido de la campaña, el ritmo de las ejecuciones se situó en unas mil por día. Se acusaba a los condenados de ser enemigos de clase, saboteadores, oposicionistas, especuladores. En algunos casos los denunciaban sus propios vecinos o parientes.[1]

A medida que se desplegaba el terror, florecía el culto a la personalidad. En 1934, Stalin no era el único al que glorificaban sus subordinados. A finales de la década de 1920, prácticamente todos los dirigentes, hasta los meros directores de empresas locales, hacían que sus trabajadores pasearan sus retratos en desfile triunfal durante las festividades públicas. Algunos de ellos se transformaron en pequeños Stalin e imitaban a su maestro en sus propios feudos. Se inmortalizaban a sí mismos con retratos y estatuas, rodeados de aduladores que entonaban sus elogios. Un ejemplo de ello fue Iván Rumiántsev, él mismo un adulador que había aclamado a Stalin como «genio» en 1934. Se veía a sí mismo como el Stalin de la Región Oriental y obligó a ciento treinta y cuatro

[1] Richard Pipes, *Communism: A History of the Intellectual and Political Movement*, Londres, Phoenix Press, 2002, p. 66.

granjas colectivas a adoptar su nombre. En primavera de
1937, Rumiántsev fue denunciado como espía y ejecutado.[1]

En ocasiones, los miembros del Politburó rebautizaban
ciudades enteras en su propio honor. Había una Stalingrado, pero también una Mólotov y una Ordzhonikidze. Cada
vez que uno de los dirigentes caía en desgracia se revisaban
los topónimos, como sucedió con las malhadadas ciudades
de Trotsk y Zinovevsk. Pero en 1938 quedaba tan sólo un
nombre que gozara de los mismos privilegios que el de Stalin: el de Mijaíl Kalinin, presidente meramente nominal de
la Unión de Repúblicas Socialistas Soviéticas, o jefe de Estado, desde 1919 hasta 1946. Su papel era puramente simbólico, pero se ajustaba a él de manera admirable y firmaba
con diligencia todos y cada uno de los decretos de Stalin.
Cuando su propia esposa sufrió arresto por haber llamado
«tirano y sádico» a Stalin, no movió un dedo.[2]

En junio de 1934, tres meses después del Congreso de
Vencedores, Stalin empezó a supervisar todos los aspectos
de la maquinaria de propaganda estatal. Su imagen alcanzó
una presencia todavía mayor. Un visitante estadounidense

[1] Sobre los «pequeños Stalins», véase Malte Rolf, «Working towards
the Centre: Leader Cults and Spatial Politics», en: Apor Balázs, Jan
C. Behrends, Polly Jones y E. A. Rees (eds.), *The Leader Cult in Communist Dictatorships: Stalin and the Eastern Bloc*, Houndmills, Basingstoke, Palgrave Macmillan, 2004, p. 152; E. A. Rees, «Leader Cults:
Varieties, Preconditions and Functions», en: Balázs *et al.*, *The Leader Cult in Communist Dictatorships, op. cit.*, p. 10; Sheila Fitzpatrick,
*Everyday Stalinism. Ordinary Life in Extraordinary Times: Soviet Russia
in the 1930s*, Oxford, Oxford University Press, 1999, pp. 30-31; Rumiántsev calificó a Stalin como genio en febrero de 1934, véase *XVII
s'ezd Vsesojuznoj Kommunisticheskoj Partii, 26 janvarja-10 fevralja 1934*,
Moscú, Partizdat, 1934, p. 143; acerca del culto a su personalidad, véase
Jörg Baberowski, *Scorched Earth: Stalin's Reign of Terror*, New Haven,
Connecticut, Yale University Press, 2016, pp. 224-227.
[2] Larissa Vasilieva, *Kremlin Wives*, Nueva York, Arcade Publishing,
1992, pp. 122-124.

observó grandes retratos «en las vallas que rodeaban las recientes excavaciones para el metro de Moscú, en las fachadas de los edificios públicos de Kazán, en los Rincones Rojos de las tiendas, en las paredes de los cuartos de guardia y prisiones, en las tiendas, en el Kremlin, en las catedrales, en los cines, en todas partes».[1]

Cuando no estaba firmando sentencias de muerte ni orquestando farsas de juicio, Stalin se reunía con escritores, pintores, escultores y dramaturgos. El individuo desapareció de todas las dimensiones del arte, porque Stalin impuso un estilo llamado «socialismo realista». El arte debía glorificar la revolución. Los cuentos de hadas se prohibieron por no ser proletarios. Había que embelesar a los niños con libros sobre tractores y minas de carbón. En lo que un historiador ha calificado como «sala de espejos», unos mismos motivos se repetían sin cesar, en conformidad con los comités que evaluaban textos e imágenes. Como Stalin era la encarnación de la revolución, él mismo era el más prominente de todos los motivos. «No era inusual que un trabajador escribiera una carta a Stalin durante una reunión en la Casa de Cultura Stalin de la fábrica Stalin, situada en la plaza de Stalin de la ciudad de Stalinsk».[2]

Stalinsk era tan sólo una de las cinco ciudades que recibieron el nombre del gran líder. También existían Stalingrado, Stalinabad, Stalino y Stalinagorsk. Extensos parques, fábricas, ferrocarriles y canales recibían su nombre. El canal de Stalin, que iba desde el mar Blanco hasta Leningrado, en el mar Báltico, excavado por convictos durante el primer Plan Quinquenal, empezó a funcionar en 1933. Los

[1] Brooks, *Thank You, Comrade Stalin!*, *op. cit.*, p. 106; John Brown, *I Saw for Myself*, Londres, Selwyn and Blount, 1935, p. 260.
[2] Malte Rolf, «A Hall of Mirrors: Sovietizing Culture under Stalinism», *Slavic Review*, 68, n.º 3, otoño de 2009, p. 601.

mejores aceros se llamaban stalinita. Eugene Lyons observó: «Su nombre resuena desde todas las columnas impresas, todas las vallas publicitarias, todas las radios. Su imagen es ubicua, la encontramos representada con flores en los parques públicos, en las luces eléctricas, en los sellos de correos. Se vende en bustos de yeso de París y de bronce en casi todas las tiendas, impresa en toscos colores sobre las tazas de té, en litografías y en postales».[1]

El número de carteles de propaganda bajó de doscientos cuarenta en 1934 a setenta en 1937, pero su tirada creció, porque los focos se hallaban cada vez más sobre el propio líder. Cuando la gente corriente hacía una aparición fugaz, siempre era en relación con Stalin: levantaba los ojos para contemplarlo, cargaba con sus retratos en los desfiles, estudiaba sus textos, lo saludaba, cantaba canciones sobre él y lo seguía hacia un futuro utópico.[2]

Stalin, ya omnipresente, adoptó una sonrisa benigna. Después de todo, el Congreso de Vencedores había anunciado en 1934 que ya se había alcanzado el socialismo, y el propio Stalin proclamaba un año más tarde: «La vida se ha vuelto más alegre». Había un Stalin sonriente rodeado por multitudes que lo adoraban, y un Stalin sonriente con niños gozosos que le ofrecían flores. Una imagen de la que llegaron a circular millones de reproducciones lo mostraba en una recepción celebrada en el Kremlin en 1936, en la que una niñita vestida de marinero llamada Gelya Markizova (posteriormente su padre sería fusilado como enemigo del pueblo) le ofrecía flores. Stalin era el *Ded Moroz* ('Abuelo Escarcha'), el Papá Noel ruso, y sonreía con benevolencia

---

[1] Lyons, *Stalin, op. cit.*, p. 215.
[2] Rolf, «A Hall of Mirrors», *op. cit.*, p. 610; Anita Pisch, «The Personality Cult of Stalin in Soviet Posters, 1929-1953: Archetypes, Inventions and Fabrications», tesis doctoral, Universidad Nacional Australiana, 2014, p. 135.

mientras los niños celebraban el Año Nuevo. Parecía que todo fuera un regalo de Stalin. Autobuses, tractores, escuelas, viviendas, granjas colectivas, todo procedía de Él, el máximo dispensador de bienes. Hasta los adultos eran como niños, y Stalin era su padre, o más bien su «padrecito» o *batiushka*, término cariñoso que se había empleado con anterioridad para referirse a los zares que demostraban preocupación por sus súbditos. La Constitución, aprobada en lo peor de los juicios farsa de diciembre de 1936, era la Constitución de Stalin.[1]

Todas las nuevas formas de expresión se organizaban desde arriba. En 1935, el joven escritor Aleksandr Avdéienko concluyó un discurso con un agradecimiento a la Unión Soviética. Lev Mejlis, secretario personal de Stalin, lo abordó y le indicó que debería haber dado las gracias al líder. Unos pocos meses más tarde, las palabras pronunciadas por Avdéienko en el Congreso Mundial de Escritores de París se retransmitieron a la Unión Soviética. Todas sus frases terminaban con las frases rituales «¡Gracias, Stalin!» y «¡Porque estoy alegre, gracias, Stalin!». Su carrera literaria siguió un buen rumbo y en tres ocasiones subsiguientes recibió el Premio Stalin.[2]

Otros escritores que no sentían tanta alegría terminaron en el gulag, el extenso sistema de campos de concentración esparcidos por el país. Ósip Mandelstam, uno de los poetas más grandes de Rusia, sufrió arresto porque en 1934 había recitado ante unos amigos íntimos un sarcástico poema que criticaba al líder, y murió pocos años más tarde en un cam-

---

[1] Brooks, *Thank You, Comrade Stalin!*, *op. cit.*, pp. 69-77; Pisch, «The Personality Cult of Stalin in Soviet Posters», *op. cit.*, p. 69.

[2] El encuentro entre Avdéienko y Mejlis aparece en Davies, *Popular Opinion in Stalin's Russia*, *op. cit.*, p. 149; la retransmisión aparece en Eugene Lyons, «Dictators into Gods», *American Mercury*, marzo de 1939, p. 268.

po de tránsito. A otros, desde poetas y filósofos hasta dramaturgos, simplemente se les mataba a tiros.

Como se suponía que el culto a la personalidad reflejaba la adoración popular, se dio amplia difusión a poemas y canciones compuestos por las masas trabajadoras. Una mujer del Daguestán soviético envió las siguientes líneas adulatorias: «Sobre el valle se yergue la montaña. Sobre el pico, el cielo. Pero los cielos no alcanzan tu altura, Stalin, tan sólo tus pensamientos llegan aún más alto. Las estrellas, la luna, palidecen frente al sol, que a su vez palidece frente al fulgor de tu intelecto». Seidik Kvarchia, un granjero sometido a la colectivización, compuso la «Canción de Stalin»: «*El hombre que luchó a la cabeza de todos los luchadores, | que socorrió a los huérfanos, las viudas y los ancianos, | frente al que tiemblan todos los enemigos*».[1]

A pesar de la muy trabajada imagen de espontaneidad, a partir de 1939 se impuso un rígido canon. Periódicos oficiales, oradores y poetas entonaban un mismo cántico y elogiaban al «genio sin igual», «el grande y amado Stalin», «el líder e inspirador de las clases trabajadoras de todo el mundo», «el grande y glorioso Stalin, cabeza y brillante teórico de la revolución mundial». La gente sabía cuándo había que aplaudir en las reuniones públicas y cuándo había que invocar su nombre en los actos públicos. La clave era la repetición, no la innovación, lo que significaba que una adulación excesiva también comportaba sus riesgos. Nadiezhda Mandelstam, esposa del poeta asesinado, observó que Stalin no necesitaba fanáticos de ningún tipo, lo que quería era que las personas fueran instrumentos obedientes de su voluntad, sin convicciones propias. La maquinaria del Partido—en la mayoría de los casos a través de Aleksandr Poskrebishev, jefe de la

[1] Lyons, «Dictators into Gods», *op. cit.*, p. 269.

cancillería personal de Stalin—dictaba todas las palabras
e imágenes. Pero el propio Stalin era un corrector obsesi-
vo: revisaba editoriales, corregía discursos y reseñaba artículos. En 1937 eliminó, sin más, la expresión «El hombre más grande de nuestro tiempo» de un artículo de la
agencia TASS sobre el desfile del Primero de Mayo. Stalin era como un jardinero que podaba sin cesar su propio culto, y cortaba aquí y allá para que pudiese florecer
cuando llegara la estación.[1]

El término *estalinismo* entró en el vocabulario cuando
Stalin juzgó que había llegado el momento oportuno para
ello. Se cuenta que Lázar Kaganóvich, el primer estalinista verdadero, dijo «¡Reemplacemos "larga vida al leninismo" por "larga vida al estalinismo"!» en una cena con Stalin a principios de la década de 1930. El líder declinó con
modestia, pero el uso del término creció desde el mismo momento en que se aprobó la Constitución, el 5 de diciembre
de 1936: «Nuestra Constitución es el marxismo-leninismo-
estalinismo». Varias semanas más tarde, en la noche de Año
Nuevo, recibió fuertes aplausos al usar la misma expresión
en un discurso titulado «Nuestro país es invencible», en el
que proclamó que Stalin había motivado a un ejército de
ciento setenta millones de personas armadas de «marxismo-leninismo-estalinismo».[2]

Las conferencias pronunciadas por Stalin en 1924 y pu-

---

[1] Nadiezhda Mandelstam, *Hope against Hope: A Memoir*, Nueva
York, Atheneum, 1983, p. 420 [existe traducción en español: *Contra
toda esperanza*, trad. Lydia Kúper, Barcelona, Acantilado, 2012]; RGAS-
PI, 558-11-1479, doc. 36, pp. 54-56.

[2] Simon Sebag Montefiore, *Stalin: The Court of the Red Tsar*, Nueva
York, Knopf, 2004, p. 164; SSSR. *Sezd Sovetov (chrezvychajnyj) (8). Ste-
nograficheskij otchet, 25 nojabrja–5 dekabrja 1936 g.*, Moscú, CIK SSSR,
1936, p. 208; Sergó Ordzhonikidze, *Izbrannye stat'i i rechi, 1918-1937*,
Moscú, Ogiz, 1945, p. 240.

blicadas como *Fundamentos del leninismo* se vendieron con rapidez a partir de 1929, y en 1934 circulaban más de dieciséis millones de ejemplares de las diversas obras del líder. Pero el leninismo no era estalinismo. Se necesitaba un texto fundacional análogo al *Mein Kampf*. Dicha necesidad era aún más urgente por el hecho de que no existía una biografía oficial de Stalin. Los posibles hagiógrafos se arredraban ante la tarea, porque el pasado cambiaba sin cesar. No era lo mismo manipular una fotografía con aerógrafo para hacer desaparecer a un comisario difunto que corregir incesantemente una biografía. Incluso el libro de Henri Barbusse, publicado en 1935, cayó pronto en desgracia porque mencionaba a líderes que habían sido arrestados.[1]

El *Curso breve de historia del Partido Comunista de toda la Unión Soviética* fue la respuesta. Presentaba una línea directa de sucesión desde Marx y Engels hasta Lenin y Stalin. Cubría todos los episodios de la historia del Partido y ofrecía al lector una narración clara en la que la línea correcta de éste, representada por Lenin y por su sucesor Stalin, se habían visto confrontada por una sucesión de maliciosas camarillas antipartido, eliminadas con éxito en el camino hacia el socialismo. El *Curso breve* respondía a un encargo presentado en 1935 por Stalin, que había solicitado varias revisiones y efectuado cinco correcciones exhaustivas del texto antes de autorizar a bombo y platillo su publicación en septiembre de 1938. El libro devino en un texto canónico que divinizaba a Stalin como fuente viva de la sabiduría. Se vendieron más de cuarenta y dos millones de ejem-

---

[1] David Brandenberger, «Stalin as Symbol: A Case Study of the Personality Cult and its Construction», en: Sarah Davies y James Harris (eds.), *Stalin: A New History*, Cambridge, Cambridge University Press, 2005, pp. 249-270; véase también el clásico David King, *The Commissar Vanishes: The Falsification of Photographs and Art in Stalin's Russia*, Nueva York, Metropolitan Books, 1997.

plares tan sólo en lengua rusa, y se realizaron traducciones a sesenta y siete idiomas.[1]

El 21 de diciembre de 1939, Stalin cumplió sesenta años. Seis meses antes se habían formado en la cancillería de Berlín colas de dirigentes que iban a ofrecer sus mejores deseos a Hitler. En Moscú, las felicitaciones constituyeron un ejercicio público de abyección. Los dirigentes del Partido publicaron largos encomios en una edición de doce páginas del *Pravda*. «El hombre más grande de nuestro tiempo», exclamaba Lavrenti Beria, el nuevo director del NKVD. «Stalin, el gran conductor de la locomotora de la historia», declaraba Lázar Kaganóvich. «Stalin es el Lenin de nuestros días», proclamaba Anastás Mikoyán, miembro del Politburó. El Presídium del Soviet Supremo de la URSS anunció en un escrito colectivo que Stalin era «el hombre más amado y más querido de nuestro país y de la clase trabajadora del mundo entero». Otorgaron la condecoración al Héroe del Trabajo Socialista al «Gran Continuador de la obra de Lenin: el camarada Stalin».[2]

Stalin exigía abyección en quienes lo rodeaban y entusiasmo sin límites en las masas, que le enviaban obsequios desde todos los rincones de la Unión Soviética. Había llegado la oportunidad que éstas tanto esperaban para ofrecer una muestra de gratitud inmortal a Stalin, el hombre que de verdad cuidaba de ellas y subvenía a sus necesidades. Llegaron dibujos de niños, fotografías de fábricas, pinturas y bustos de aficionados, telegramas de admiradores..., un torrente de regalos que exigió un mes entero de reconocimientos en las páginas del *Pravda*. Algunos objetos selec-

[1] Kees Boterbloem, *The Life and Times of Andrei Zhdanov, 1896-1948*, Montreal, McGill-Queen's Press, 2004, pp. 176-177 y 215.
[2] RGASPI, 558-11-1354, 20 de noviembre de 1939, pp. 29-34; todas las cartas se hallan en el documento 21.

cionados se exhibieron en el Museo de la Revolución como testimonio de la devoción de la gente.[1]

Una de las personas que le comunicaron sus buenos deseos fue Adolf Hitler. «Por favor, acepte mis más sinceras felicitaciones en su sexagésimo aniversario. Aprovecho la ocasión para ofrecerle mis mejores deseos. Le deseo buena salud a usted y un futuro feliz a todos los pueblos de nuestra amiga, la Unión Soviética».[2]

Durante casi una década, Stalin y Hitler se habían mirado el uno al otro con una mezcla de creciente recelo y admiración reticente. «¡Qué grande es Hitler!», había exclamado Stalin tras la Noche de los Cuchillos Largos. Hitler, por su parte, había quedado profundamente impresionado por el Gran Terror. Pero Stalin había efectuado una lectura minuciosa del *Mein Kampf*, incluidos los pasajes en los que el autor prometía borrar Rusia del mapa. Como había escrito Hitler: «No olvidemos que los gobernantes de la Rusia de hoy en día son delincuentes comunes manchados de sangre, que tratamos con la escoria de la humanidad».[3]

Tras los acuerdos de Múnich, alcanzados en septiembre de 1938, Stalin ordenó que se detuviera el Gran Terror. El principal verdugo, Nikolái Yezhov, sufrió purga en noviembre y Beria lo sustituyó. Por aquel entonces, Stalin estaba rodeado de aduladores. Todos los posibles adversarios que pudieran hallarse en el grupo dirigente habían caído

---

[1] La petición del Museo de la Revolución se halla en RGASPI, 558-11-1354, 29 de julio de 1940, documento 15. La lista de regalos exhibidos se encuentra en el documento 15.

[2] «Foreign Statesmen Greet Stalin on 60th Birthday», *Moscow News*, 1.º de enero de 1940.

[3] Andrew Nagorski, *The Greatest Battle: Stalin, Hitler, and the Desperate Struggle for Moscow that Changed the Course of World War II*, Nueva York, Simon & Schuster, 2008, pp. 16-17.

durante las purgas. Como la falta de celo en la defensa de la línea del Partido podía interpretarse como deslealtad, el servicio secreto se había vuelto incluso contra los que callaban. Stalin no tenía amigos, sólo subordinados; no tenía aliados, sólo aduladores. Como resultado, tomaba en solitario todas las decisiones importantes.

El 23 de agosto de 1939, Stalin asombró al mundo entero al firmar un pacto de no agresión con Hitler, en lo que parecía una jugada brillante, aunque de alto riesgo, en el marco de un juego de poder que no sabía de principios. Al liberar a Alemania de la necesidad de combatir en dos frentes, la Unión Soviética podría cruzarse de brazos y esperar a que los países capitalistas lucharan entre sí hasta quedar exhaustos. Al cabo de pocas semanas, cuando la Unión Soviética invadió media Polonia, se vio bien claro que el pacto incluía cláusulas secretas.

Hitler también dio a Stalin carta blanca en Finlandia, y en noviembre de 1939 la Unión Soviética atacó a su pequeño vecino. Lo que debería haber sido una victoria fácil se transformó en un cruento punto muerto, con más de ciento veinte mil bajas soviéticas. Indudablemente, el Gran Terror había debilitado al Ejército Rojo, porque más de treinta mil oficiales habían sido víctimas de las purgas de Stalin. Tres de los cinco mariscales del Ejército habían sido ejecutados. En marzo de 1940 se firmó un tratado de paz, pero el Kremlin estaba conmocionado. Finlandia había dejado al descubierto la debilidad militar de la Unión Soviética.[1]

Su reputación como nación amante de la paz, que había cultivado con gran esmero, también se vino abajo. La Sociedad de Naciones expulsó a la Unión Soviética. En el ex-

[1] Service, *Stalin*, *op. cit.*, p. 403; véase también David Glantz, *Stumbling Colossus: The Red Army on the Eve of World War*, Lawrence, Kansas, University Press of Kansas, 1998.

tranjero, algunas de las personas que se identificaban con los ideales del socialismo habían empezado a ver a Iósif Stalin como un equivalente de Adolf Hitler.

Stalin cometió entonces un tremendo error de cálculo. A fin de preparar una línea defensiva contra Alemania, invadió los Estados bálticos de Estonia, Letonia y Lituania, y los convirtió en protectorados soviéticos. Este último plan también era miope, porque se basaba en la creencia de que Hitler se empantanaría en Francia. Pero las tropas alemanas llegaron a París en menos de cinco semanas. Era evidente que Hitler podría cubrir uno de los flancos de Alemania mucho antes de lo esperado y volver sus tanques contra la Unión Soviética. En mayo de 1941, un creciente número de pruebas recopiladas por los servicios de inteligencia del propio Stalin apuntaba a una gran concentración de fuerzas militares alemanas a lo largo de la frontera. El dictador ruso, que se guiaba por su experiencia e intuición, supuso que se trataba de meras provocaciones. En palabras del historiador Robert Service, Stalin, llevado por su confianza extrema en sí mismo, había preparado «las condiciones para el mayor desastre militar del siglo XX».[1]

Stalin se hallaba en la cama, en su dacha, a unos doscientos kilómetros de Moscú, cuando más de tres millones de soldados alemanes cruzaron la frontera. Gueorgui Zhúkov, jefe del Estado Mayor, que le había advertido repetidamente de que se avecinaba una invasión, telefoneó al dictador ruso, que regresó al Kremlin a marchas forzadas. Stalin aún creía que se trataba de una conspiración, pero unas horas más tarde el embajador alemán lo sacó de dudas: Alemania estaba en guerra con la Unión Soviética. Stalin cayó en la desesperación, pero se recuperó enseguida y estableció un Mando Supremo compuesto sobre todo por comisarios

[1] Service, *Stalin*, *op. cit.*, p. 409.

políticos. Luego abandonó el Kremlin y regresó a su dacha, donde se escondió durante varios días.

Los tanques alemanes avanzaron por las anchurosas llanuras de la Rusia occidental, en formaciones separadas, abriéndose paso violentamente hacia Leningrado en el norte y Kiev en el sur. Por el camino, muchos ciudadanos soviéticos recibían a los alemanes como libertadores, sobre todo en Ucrania, donde millones de personas habían perecido en la hambruna. Pero Hitler los veía a todos ellos como miembros de una raza degenerada a los que había que reducir a la servidumbre.

El 3 de julio de 1941 Stalin habló por la radio. A fin de preparar al pueblo soviético para la guerra, apeló al patriotismo más que al comunismo. La gente se reunía en las plazas para escuchar la retransmisión. Según un observador extranjero: «Contenían el aliento, en un silencio tan profundo que se habrían podido oír todas las inflexiones de la voz de Stalin». Varios minutos después de que terminara, el silencio continuó. De un día para otro, en su propio país y en el extranjero, Stalin se transformó en defensor de la libertad. Alexander Werth, un periodista residente en Moscú, recordaría: «En aquellos momentos el pueblo soviético sintió que tenía un líder con el que podía contar».[1]

Stalin, de nuevo al mando, ordenó que todas las poblaciones resistieran hasta el final, contra lo que le aconsejaban sus propios generales. En vez de ordenar una retirada estratégica en Kiev, permitió que los alemanes rodearan la capital. Medio millón de soldados quedaron atrapados en su interior. Pero la llegada del invierno, un mes más tarde,

---

[1] Anna Louise Strong, que cita información proporcionada por Erskine Caldwell en su obra *The Soviets Expected It*, Nueva York, The Dial Press, 1942, p. 39; Alexander Werth, *Russia at War, 1941-1945: A History*, Nueva York, Skyhorse Publishing, 2011, p. 165.

en combinación con la feroz resistencia de las tropas rusas, frenó el avance alemán hacia Moscú. En diciembre de 1941, Estados Unidos entró en la guerra y la balanza se inclinó nuevamente a favor de la Unión Soviética. Para entonces, más de dos millones de soldados del Ejército Rojo habían muerto y tres millones y medio se hallaban en cautividad.

Stalin no desapareció del todo después de su discurso por la radio, pero durante los primeros años de la guerra sus apariciones fueron fugaces. No escribía para los periódicos y raramente hablaba en público, dejando escapar todas las oportunidades de inspirar y motivar a su pueblo. *Pravda* publicaba fotografías ocasionales en las que aparecía como comandante del Ejército con gorra militar y una única estrella roja, y el uniforme adornado con imponentes charreteras, pero parecía más un símbolo desencarnado del esfuerzo de guerra que un comandante supremo que guiara a su pueblo en la Gran Guerra Patriótica. No se divulgaba información sobre sus actividades ni sobre su vida familiar. Un periodista extranjero observó que su reclusión tenía la ventaja de que la imagen no podía chocar con la realidad, porque la gente sabía muy poco sobre su líder.[1]

Stalin no volvió a ocupar el centro del escenario hasta que la batalla de Stalingrado, en febrero de 1943, cambió las tornas de la guerra y puso fin a la amenaza contra los campos petrolíferos del Cáucaso. Promovió a muchos de sus oficiales y se adjudicó a sí mismo el título de mariscal de la Unión Soviética. En los periódicos proliferaron nuevas expresiones, desde «estrategia estalinista» y «la escuela de pensamiento militar estalinista» hasta el «genio militar

[1] Victoria E. Bonnell, *Iconography of Power: Soviet Political Posters Under Lenin and Stalin*, Berkeley, California, University of California Press, 1998, p. 252; Service, *Stalin, op. cit.*, p. 451; Richard E. Lauterbach, *These Are the Russians*, Nueva York, Harper, 1944, p. 101.

de Stalin». Después de cada nueva victoria, sus proclamaciones se leían con solemnidad en la radio, acompañadas por salvas de cañones, y el año 1944 se celebró como el de los «diez golpes estalinistas».[1]

Stalin también se presentaba como actor clave en la escena mundial, como estadista de altura, lleno de dignidad, con su bigote gris y sus cabellos canos. Se hizo pública una imagen en la que se le veía en compañía de dignatarios extranjeros en una sala del Kremlin revestida con paneles de madera. Se quedaba en segundo término mientras sus subordinados firmaban acuerdos. Apareció junto al primer ministro británico Winston Churchill y el presidente estadounidense Franklin D. Roosevelt en las cumbres que se celebraron en Teherán, Yalta y Potsdam, en las que planearon el mundo de postguerra. Recobró la sonrisa, sentado majestuosamente con su gabán de mariscal entre los principales estadistas del planeta.[2]

Las grandes personalidades del mundo entero que pasaban por el despacho de Stalin hablaban bien de él. «Cuanto más lo veo, más me gusta», sentenció Churchill, sin saber hasta qué punto Stalin lo despreciaba y denigraba. Los estadounidenses estaban de acuerdo con él. Roosevelt, hombre crédulo, percibió en la naturaleza de Stalin algo que iba más allá del revolucionario, a saber, un «gentilhombre cristiano». Truman, que accedió a la presidencia después de que Roosevelt falleciera, confió a su diario: «Puedo lidiar con Stalin. Es honrado… pero rematadamente listo». Su secretario de Estado, James Byrnes, sostenía: «La verdad es que es una persona muy agradable». Stalin cauti-

[1] Werth, *Russia at War*, op. cit., p. 595; John Barber, «The Image of Stalin in Soviet Propaganda and Public Opinion during World War 2», en: John Garrard y Carol Garrard (eds.), *World War 2 and the Soviet People*, Nueva York, St. Martin's Press, 1990, p. 43.
[2] Plamper, *The Stalin Cult*, op. cit., p. 54.

vaba a los periodistas extranjeros, que solían referirse a él como «tío Joe».[1]

Stalin era apreciado incluso por una parte de su propio pueblo. Durante la década de 1930 el terror y la propaganda habían ido de la mano, y millones de personas habían sufrido hambre, encarcelamiento o ejecución. Tan sólo los más desatinados de sus admiradores extranjeros habrían podido creer que sus propias víctimas adoraban de verdad al autor de tanta miseria humana. Al verse obligada a pedir trabajo en una fábrica textil de Strunino, una pequeña población en las afueras de Moscú, Nadiezhda Mandelstam descubrió que en los tiempos del Gran Terror los lugareños habían vivido con tanta amargura que se referían habitualmente a Stalin como «el tío ese picado de viruelas». Pero casi todo el mundo estaba traumatizado por una guerra que se había librado con un salvajismo sin parangón, porque los invasores habían ido más allá del campo de batalla para torturar, asesinar y esclavizar, resueltos a aplastar a gentes que consideraban de raza inferior.[2]

Habían doblegado ciudades enteras por medio del hambre. Tan sólo en los veintiocho meses de asedio de Leningrado había fallecido un millón de personas. En las regiones ocupadas se había asesinado a más de siete millones de civiles, aparte de otros cuatro millones que habían perecido por hambre o enfermedades. Unos veinticinco millones de personas se habían quedado sin hogar y setenta

[1] Michael Neiberg, Potsdam: *The End of World War II and the Remaking of Europe*, Nueva York, Basic Books, 2015, p. 58; Paul Hollander, *Political Pilgrims: Western Intellectuals in Search of the Good Society*, Londres, Routledge, 2017, p. 1; Kimberly Hupp, «'Uncle Joe': What Americans thought of Joseph Stalin before and after World War II», tesis doctoral, Universidad de Toledo, 2009.
[2] Mandelstam, *Hope against Hope*, p. 345 [*Contra toda esperanza*, op. cit., p. 537].

mil pueblos habían desaparecido del mapa. Quizá es comprensible que algunas personas necesitadas de alguien en quien creer apoyaran a Stalin. La maquinaria de propaganda identificaba a Stalin con la patria. Stalin era el líder en una guerra justa, el Comandante Supremo de un Ejército Rojo que no sólo iba a liberar a la patria, sino que también se cobraría venganza.[1]

Pero, aunque la guerra hiciese maravillas por mejorar su reputación, parece que grandes sectores de la población se mantuvieron en la indiferencia. La propaganda proyectaba sin cesar la imagen de un líder poderoso y sabio que guiaba a las masas contra el enemigo común, pero un periodista inglés que empleó una semana para viajar en tren de Murmansk a Moscú y habló con docenas de soldados, obreros ferroviarios y civiles de todo tipo no oyó mencionar el nombre de Stalin ni una sola vez.[2]

La desconfianza frente al Estado de partido único era profunda en el campo, donde se reclutaba a los jóvenes. Muchos de ellos eran aldeanos religiosos que terminaban las cartas que mandaban a casa con las palabras «Gloria a Jesucristo», y en 1939 algunos desfiguraban los bustos de Lenin y Stalin, y arrastraban a los instructores políticos a la desesperación más extrema. Los que estaban más pendientes de Stalin eran los propagandistas del Ejército. Estas actitudes cambiaron tras la imposición de una implacable disciplina en 1941. En julio de 1942, Stalin emitió la Orden n.º 227, «¡Ni un paso atrás!», que trataba la de-

[1] El número de bajas aparece en Timothy C. Dowling (ed.), *Russia at War: From the Mongol Conquest to Afghanistan, Chechnya, and Beyond*, Santa Barbara, California, ABC-Clio, vol. 1, 2015, p. 172; Richard Overy, *Russia's War: A History of the Soviet Effort: 1941-1945*, Harmondsworth, Penguin Books, 1997, p. 291; Catherine Merridale, *Ivan's War: The Red Army 1939-45*, Londres, Faber and Faber, 2005, p. 3.
[2] Werth, *Russia at War, op. cit.*, p. 369.

sobediencia y la retirada como traición. Se enviaban unidades especiales tras la línea del frente con la misión de disparar a quienes se rezagaran y dejar claro a los soldados a quién debían temer más, Stalin o Hitler. En términos más generales, el régimen apenas tenía consideración alguna con las vidas de sus soldados. Se trataba sin piedad a quienes sufrían heridas o mutilaciones en el combate, y a muchos de ellos se les detenía y deportaba al gulag.[1]

El Ejército Rojo fue destruido y reconstruido por lo menos en dos ocasiones, pero Stalin podía permitirse perder más tanques y seres humanos que Hitler. De camino a Berlín, la capital alemana, las tropas perpetraron saqueos, pillajes y violaciones a gran escala, en la mayoría de los casos con la anuencia de sus superiores, incluido el propio Stalin.[2]

Stalin dirigía la guerra igual que dirigía todo lo demás, sin la ayuda de nadie. En palabras de Isaac Deutscher, uno de sus primeros biógrafos: «Era, de hecho, su propio comandante en jefe, su propio ministro de Defensa, su propio intendente general, su propio ministro de Avituallamientos, su propio ministro de Exteriores, e incluso su propio jefe de Protocolo». Cuando la bandera roja ondeó sobre Berlín, el gran vencedor fue él. Pero Stalin, más paranoico que nunca, desconfiaba del Ejército. El verdadero héroe era Gueorgui Zhúkov, jefe del Estado Mayor y vicecomandante supremo, que había guiado el avance hacia el oeste hasta alcanzar el búnker de Hitler. Los moscovitas lo llamaban «nuestro san Jorge», parangonándolo con el santo patrón de la ciudad. Zhúkov presidió el desfile de la victoria celebrado en la Plaza Roja el 24 de junio de 1945, aun-

---

[1] Merridale, *Ivan's War*, op. cit., pp. 67, 117-118 y 136; Beevor, *The Fall of Berlin 1945, op. cit.*, p. 424.
[2] Beevor, *The Fall of Berlin 1945, op. cit.*, p. 107.

que conocía a su señor lo bastante bien como para llamarlo «genial capitán» en su homenaje. La línea del Partido glorificaba sin cesar a «nuestro gran genio y líder del Ejército, camarada Stalin, a quien debemos nuestra histórica victoria». Aquel mismo mes Stalin se confirió a sí mismo el honor supremo: el título de Generalísimo.[1]

Un año más tarde, Zhúkov tuvo que exiliarse en provincias, después de que sus colegas, bajo tortura, ofrecieran pruebas inculpatorias contra él. Su nombre no volvió a mencionarse. Las celebraciones del Día de la Victoria se suspendieron después de 1946 y se prohibieron las memorias de soldados, oficiales y generales. En el recuerdo oficial de la guerra, todo el mundo se retiró a segundo término para que Stalin fuese el único que brillara. En 1947 se publicó con mucho bombo y platillo una *Breve biografía de Stalin*, concebida para lectores corrientes. Tenía un sorprendente parecido con la hagiografía de Henri Barbusse aparecida en 1935 y llegaron a venderse hasta dieciocho millones de ejemplares en 1953. El capítulo dedicado a la Gran Guerra Patriótica no mencionaba a ninguno de sus generales, y menos que nadie a Zhúkov, y retrataba a Stalin como arquitecto de la victoria.[2]

Durante la guerra, Stalin había hecho circular rumores de que iban a ampliarse las libertades, pero éstas se vieron aplastadas tan pronto como terminó la lucha. Se consideró que millones de rusos que involuntariamente habían caído presos de los alemanes estaban mancillados y eran trai-

---

[1] Isaac Deutscher, *Stalin: A Political Biography*, Nueva York, Vintage Books, 1949, p. 466; Beevor, *The Fall of Berlin 1945, op. cit.*, pp. 425-426.

[2] Service, *Stalin, op. cit.*, p. 543; Brandenburg, «Stalin as Symbol», *op. cit.*, pp. 265-270; *Iosif Vissarionovich Stalin. Kratkaya biografiya*, Moscú, OGIZ, 1947, pp. 182-222.

dores en potencia, por lo que se les trató como tales: muchos de ellos fueron a campos de concentración, a muchos otros se les dio muerte. Stalin también temía que las ideas extranjeras hubieran contaminado al resto de la población.

A medida que las tensiones entre los tres aliados crecían dando paso, a partir de 1947, a la Guerra Fría, las tuercas se apretaron cada vez más. Andréi Zhdánov impuso ortodoxia ideológica mediante una campaña orquestada por el propio Stalin. Se criticaba todo lo extranjero y se exaltaba todo lo local, desde la literatura, la lingüística, la economía y la biología hasta la medicina. Stalin intervino en persona en varios debates científicos en calidad de árbitro, siempre en defensa de los intereses del marxismo. En un artículo de diez mil palabras publicado en el *Pravda*, apuntó que el ruso era el idioma del futuro y despreció a un prominente lingüista por considerarlo antimarxista. En 1948 denigró la genética como ciencia extranjera y burguesa, y frenó toda investigación en biología. Durante más de una década, Stalin había reinado sobre una corte asustada y servil, y ahora lanzaba ataques contra sectores enteros del mundo científico hasta reducirlos a la sumisión y promovía a aduladores que halagaban su genio, al tiempo que los académicos disconformes iban a parar al gulag. Hubo una sola especialidad que no sufrió ataques, a saber, la investigación en armamento atómico, a la que se destinaron recursos ilimitados.[1]

El culto a Stalin empezaba a asumir proporciones gigantescas: no sólo había liberado la Unión Soviética, sino que también había ocupado media Europa. Desde Polonia en el norte hasta Bulgaria en el sur, el Ejército Rojo había conquistado extensos territorios que se transformaron progresivamente en Estados satélites. Moscú envió a los futuros líderes, conocidos como «pequeños Stalins», a hacerse

[1] Service, *Stalin, op. cit.*, pp. 508 y 564.

cargo de la colonización de sus respectivos países: Walter Ulbricht en Alemania Oriental, Bolesłav Bierut en Polonia, Mátyás Rákosi en Hungría. Al principio los avances fueron lentos porque Stalin les había ordenado que procedieran con cautela, pero en 1947 los servicios secretos de todos esos países estaban ya encarcelando a enemigos reales o imaginarios, o mandándolos a campos de concentración. Los comunistas también empezaron a nacionalizar escuelas, desmantelar organizaciones independientes y socavar la posición de la Iglesia. La demanda de carteles, retratos, bustos y estatuas de Stalin subió como la espuma, porque se requería a los nuevos súbditos que adoraran a su lejano señor del Kremlin, celebrado en Varsovia como «amigo inquebrantable de Polonia», en Berlín Este como «el mejor amigo del pueblo alemán».[1]

En la propia Rusia se multiplicaron las estatuas y monumentos a la gloria de Stalin, aunque el dictador, cada vez más frágil y agotado, se iba alejando de la vida pública. El culto a su personalidad llegó a su cenit en 1949, cuando cumplió setenta años. Mientras celebraba su cumpleaños en el teatro Bolshói de Moscú, los reflectores iluminaron una gigantesca figura de Stalin en uniforme militar completo, suspendida de unos globos muy por encima de la Plaza Roja. Al día siguiente, millones de banderines rojos ondearon sobre Moscú, así como pancartas que proclamaban un mismo mensaje: «Gloria al Gran Stalin». Las autoridades distribuyeron unos dos millones de carteles, así como miles de retratos, muchos de los cuales se iluminaban de noche. El *Pravda* anunció con orgullo que se habían instala-

---

[1] Anne Applebaum, *Iron Curtain: The Crushing of Eastern Europe, 1944-1956*, Nueva York, Doubleday, 2012; Jan C. Behrends, «Exporting the Leader: The Stalin Cult in Poland and East Germany (1944/1945-1956)», en: Balázs *et al.*, *The Leader Cult in Communist Dictatorships*, *op. cit.*, pp. 161-178.

do bustos monumentales en treinta y ocho picos montaño-
sos del Asia Central. El primero de ellos databa de 1937,
año en el que unos alpinistas habían transportado la estatua hasta la más alta cima de la Unión Soviética, conocida
como Pico de Stalin.[1]

Los regalos llegaban a Moscú en trenes especiales adornados con banderas rojas. Pero, a diferencia de las celebraciones anteriores, el cumpleaños de Stalin adquirió trans-
cendencia mundial. La gente del campo socialista rivaliza-
ba por demostrar su amor por el líder del Kremlin, el jefe
supremo del movimiento comunista internacional. Más de
un millón de cartas y telegramas llegaron desde todo el
mundo, y el torrente de felicitaciones continuó hasta el verano de 1951. El *Pravda* publicaba varios centenares a diario. También se requerían firmas a las personas corrientes. En Checoslovaquia, unos nueve millones añadieron sus
nombres, recopilados en trescientos cincuenta y seis volúmenes, al mensaje de felicitación. Corea del Norte los su-
peró sin problemas y envió exactamente 16 767 680 firmas
recopiladas en cuatrocientos gruesos volúmenes.[2]

Los regalos llegaban sin cesar. Los trabajadores de Europa del Este mandaron un avión, varios automóviles, una locomotora y una motocicleta. China envió una magnífica estatua de Hua Mulan, una legendaria guerrera del siglo VI,
y también un retrato de Stalin grabado en un grano de
arroz. Muchos de los obsequios, tras ser objeto de un meticuloso inventario, se exhibieron en el Museo Pushkin de
Bellas Artes. Entre ellos había unas doscientas cincuenta
estatuas y quinientos bustos. Muchas de las piezas eran es-

---

[1] «Mr. Stalin 70 Today, World Peace Prizes Inaugurated», *The Times*, 21 de diciembre de 1949, p. 4; «Flags and Lights for Mr. Stalin
Birthday Scenes in Moscow», *The Times*, 22 de diciembre de 1949, p. 4.
[2] RGASPI, 558-4-596, 1950; véase también McNeal, *Stalin, op. cit.*,
pp. 291-292.

pectaculares. Tal vez la más impresionante era una alfombra de setenta metros cuadrados que representaba a Stalin en su despacho.[1]

Stalin compareció el día de su cumpleaños flanqueado por los líderes de la Europa del Este y por Mao Zedong, que en octubre había proclamado, triunfante, la República Popular de China. Unos pocos meses antes se había probado con éxito la primera bomba atómica soviética, con lo que Stalin había devenido en líder de una superpotencia mundial. Aquella demostración de fuerza coincidió con el repliegue del campo socialista tras un telón de acero y marcó un punto de inflexión en la Guerra Fría.

Stalin siguió realizando purgas hasta el último momento. La paranoia es difícil de medir, pero parece que se volvió aún más implacable con la edad. La familia no era una excepción, porque Stalin quería elevarse sobre todos los demás cual divinidad lejana, misteriosa y ajena a su propia historia personal, que sus familiares conocían demasiado bien. En 1948, su cuñada Anna Allilúyeva se enfrentó a una deportación por diez años por publicar un libro de memorias en el que aparecían recuerdos aparentemente inocuos de la vida anterior de Stalin. Ninguno de los parientes de éste se hallaba a salvo, con excepción de sus hijos. La corte estaba aterrorizada y no podía hacer más que alabar su sabiduría y competir por sus favores, al mismo tiempo que Stalin los atormentaba y humillaba, jugaba con sus miedos o los enfrentaba unos con otros. Se llevaron a cabo nuevas purgas, constantes e inexorables. La población del gulag se duplicó con creces entre 1944 y 1950, hasta alcanzar los dos millones y medio. Entre purga y purga, Stalin erigía monumentos cada vez más extravagantes a su propia gloria. El 2 de julio

---

[1] RGASPI, 558-11-1379, doc. 2 y 4; véase también la lista con fecha de 22 de abril de 1950 en RGASPI, 558-11-1420; RGASPI, 558-4-596, 1950.

de 1951 encargó una estatua de sí mismo para el canal que unía el Volga con el Don, en la que habría que usar treinta y tres toneladas de bronce. Había empezado a autodivinizarse, porque advertía que se acercaba el final.[1]

El primero de marzo de 1953 hallaron a Stalin tendido en el suelo y empapado en su propia orina. Un vaso sanguíneo había estallado en su cerebro, pero nadie había osado molestarlo en su habitación. La asistencia médica también se demoró más de la cuenta, porque el séquito del líder temía efectuar una llamada que luego pudiera considerarse inoportuna. Stalin murió tres días más tarde. Su cuerpo se embalsamó y exhibió, pero las multitudes de afligidos que querían atisbar por última vez a su líder escaparon a todo control. Varios cientos de personas murieron pisoteadas en el pánico subsiguiente. El 9 de marzo, tras un funeral de Estado muy elaborado, colocaron su cuerpo junto al de Lenin. Doblaron las campanas y se dispararon salvas. Todos los trenes, autobuses, tranvías, camiones y coches del país se detuvieron. En la Plaza Roja se hizo el silencio más absoluto. Un corresponsal extranjero observó: «Un único gorrión descendió sobre el mausoleo». Tuvo lugar una proclamación oficial y, a continuación, la bandera se izó poco a poco hasta volver a ondear en lo alto. Llegaron los encomios de los beneficiarios del régimen, ninguno de ellos más elocuente que los que escribieron Borís Polevoi y Nikolái Tíjonov, ganadores del Premio Stalin. Millones de personas lo lloraron. Un mes después del funeral, el nombre de Stalin desapareció de los periódicos.[2]

[1] Service, *Stalin*, *op. cit.*, p. 548; Overy, *Russia's War*, *op. cit.*, pp. 288 y 302; Roy Medvédev, *Let History Judge: The Origins and Consequences of Stalinism*, Nueva York, Knopf, 1972, p. 508.

[2] Harrison E. Salisbury, «The Days of Stalin's Death», *The New York Times*, 17 de abril de 1983; Brooks, *Thank You, Comrade Stalin!*, *op. cit.*, p. 237.

4

MAO

Al celebrarse la gala de los setenta años de Stalin en el teatro Bolshói, el dictador compareció para mostrarse ante
las cámaras, flanqueado por Mao Zedong y Nikita Jruschov. Mao estaba huraño, impresionado por su homólogo
del Kremlin, pero resentido al mismo tiempo por el trato
recibido. Había contado con que lo acogerían como al líder de una gran revolución que había llevado a una cuarta
parte de la humanidad a la órbita comunista, pero al llegar
a la estación Yaroslavski se había encontrado con que sólo
lo esperaban dos subordinados de Stalin que ni siquiera lo
habían acompañado hasta el alojamiento donde se hospe-
daría. Stalin había concedido una breve entrevista a Mao
y lo había elogiado por su éxito en Asia, pero en la Unión
Soviética la victoria del Partido Comunista Chino quedó
cubierta durante varios meses por un manto de silencio.

Tras las celebraciones del aniversario, llevaron a Mao a
una dacha que se hallaba fuera de Moscú y lo hicieron esperar varias semanas antes de concederle una audiencia
formal. Las entrevistas se cancelaban, las llamadas telefónicas no se devolvían. Mao perdía la paciencia y refunfu-
ñaba que no había ido hasta allí sólo para «comer y cagar».
Día tras día le hacían notar la modesta posición que ocupaba en una hermandad comunista que giraba en su totalidad alrededor de Stalin.[1]

[1] Acerca del viaje de Mao a Moscú, véase Paul Wingrove, «Mao in
Moscow, 1949-50: Some New Archival Evidence», *Journal of Communist Studies and Transition Politics*, 11, n.º 4, diciembre de 1995, pp. 309-
334; David Wolff, «'One Finger's Worth of Historical Events': New
Russian and Chinese Evidence on the Sino-Soviet Alliance and Split,

Durante los veintiocho años anteriores, el Partido Comunista Chino había dependido del apoyo financiero de Moscú. Mao, un joven de veintisiete años, alto, delgado y atractivo, había recibido en 1921 su primera asignación monetaria de manos de un agente de la Komintern para cubrir los costes del viaje a la reunión fundacional del Partido en Shanghái. Pero el dinero no se entregaba sin pedir nada a cambio. Lenin había comprendido que los principios del bolchevismo apenas hallaban apoyo popular fuera de Europa, y había exigido que los partidos comunistas se unieran a sus contrapartes nacionalistas en un frente que derribara a las potencias coloniales. Tenía su parte de razón. Después de varios años, el partido no pasaba de unos pocos centenares de miembros, en un país con una población de más de cuatrocientos ochenta millones de personas.

En 1924, el Partido Comunista Chino se coaligó con el Partido Nacionalista, que también recibía ayuda militar de Moscú. Fue una alianza incómoda, pero dos años más tarde los nacionalistas de Chiang Kai-shek lanzaron una campaña militar desde el territorio que dominaban en el sur, en un intento de arrebatar el poder a los caciques militares locales y unificar el país. En Hunan, provincia natal de Mao, siguieron instrucciones de asesores rusos y fundaron asociaciones campesinas con la esperanza de promover una revolución. En las zonas rurales, el orden social se descomponía, porque los aldeanos pobres aprovecharon la ocasión para volverlo todo del revés. Se hicieron con el poder, asaltaron a los ricos y poderosos, y establecieron un reinado

---

1948-1959», *Cold War International History Project Bulletin, Working Paper*, 30, agosto de 2002, pp. 1-74; Sergey Radchenko y David Wolff, «To the Summit via Proxy-Summits: New Evidence from Soviet and Chinese Archives on Mao's Long March to Moscow, 1949», *Cold War International History Project Bulletin*, 16, invierno de 2008, pp. 105-182.

del terror. A una parte de las víctimas las apuñalaron con cuchillos, a otras pocas incluso las decapitaron. Paseaban por las calles a los pastores protestantes locales como «lacayos del imperialismo», con las manos atadas a la espalda y una soga al cuello. Se produjeron saqueos de iglesias.[1]

Aquello fue una revelación para Mao, que estaba fascinado por la violencia. «Aplastan contra el suelo a las gentes adineradas», escribió, admirado, en su informe sobre el movimiento campesino. Efectuó una osada predicción, en la que auguró que «varios cientos de millones de campesinos se alzarán como una poderosa tempestad [...] destrozarán todas las ataduras y avanzarán por el camino de la liberación. Enterrarán a todos los imperialistas, caciques militares, funcionarios corruptos, tiranos locales y ricos malvados».[2]

Mao llevaba años buscando su camino. De joven, había sido un lector voraz, y se había visto a sí mismo como un intelectual que escribía artículos de tendencia nacionalista. Había trabajado como bibliotecario, maestro de escuela, editor y activista sindical. En las zonas rurales, por fin, descubrió su vocación: aunque no pasara de figura menor dentro del partido, sería él quien movilizara a los campesinos para alcanzar la liberación.

La violencia que tenía lugar en el campo repugnaba a los nacionalistas, que terminaron por apartarse del modelo soviético. Un año más tarde, en abril de 1927, las tropas de Chiang Kai-shek entraron en Shanghái, y el líder nacionalista lanzó una sangrienta purga en la que cientos de comunistas fueron ejecutados. El Partido Comunista Chino pasó a la clandestinidad. Mao se retiró a la montaña con un

[1] *The New York Times*, 15 de mayo de 1927.
[2] Mao Zedong, «Report on an Investigation of the Peasant Movement In Hunan», marzo de 1927, *Selected Works of Mao Zedong*, Beijing, Foreign Languages Press, 1965, vol. 1, pp. 23-24.

variopinto ejército de mil trescientos hombres, en busca de campesinos que lo llevaran al poder.

Mao volvió del revés su propia ideología y abandonó a los trabajadores urbanos para abrazar a los mismos campesinos que el marxismo ortodoxo menospreciaba. Él y sus seguidores, relegados a regiones montañosas remotas, pasaron años aprendiendo a movilizar la fuerza bruta de los campesinos pobres para derribar cargos gubernamentales, saquear recursos locales y controlar extensiones de tierra cada vez más amplias. Se volvieron expertos en guerra de guerrillas y recurrieron a emboscadas y breves incursiones para hostigar a las tropas de sus archienemigos, los nacionalistas, que no gozaban de tanta movilidad.

Al mismo tiempo se produjeron choques ideológicos con el Comité Central, que seguía oculto en Shanghái, cerca de los trabajadores fabriles. Había quien veía mal las tácticas heterodoxas de Mao. Zhou Enlai, un joven afable y culto que tenía a su cargo los asuntos militares del Partido, describió a sus tropas como «simples bandidos que van de aquí para allá». Pero hacia 1930, Mao empezó a ganarse la atención de Stalin. Mao sabía cómo tratar con la «escoria kulak» en el campo y desbancar a sus competidores. Era terco en la búsqueda del poder y lo impulsaba una ambición feroz al servicio de una personalidad manipuladora y grandes habilidades políticas. Además, era implacable. En cierto incidente que tuvo lugar en una ciudad llamada Futian, mandó confinar en jaulas de bambú a un centenar de oficiales de batallón que se habían amotinado contra su liderazgo, los hizo desnudar y torturar, y a muchos de ellos se los remató con bayonetas.[1]

El 7 de noviembre de 1931, aniversario de la Revolución de Octubre, Mao proclamó una república soviética en una

---

[1] Alexander V. Pantsov y Steven I. Levine, *Mao: The Real Story*, Nueva York, Simon & Schuster, 2012, pp. 206, 242 y 248.

zona montañosa de la provincia de Jiangxi, con financiación proveniente de Moscú. Apareció un Estado dentro del Estado, que emitía sus propias monedas, billetes y sellos. Mao se hallaba al frente y gobernaba a tres millones de súbditos. Pero varios miembros del Comité Central abandonaron Shanghái para unirse a él y criticaron la guerra de guerrillas. Despojaron a Mao de sus cargos y confiaron a Zhou Enlai el mando en el frente de batalla. El resultado fue un desastre, porque Chiang Kai-shek vapuleó al Ejército Rojo, y en octubre de 1934 forzó a los comunistas a huir. Lo que más adelante se conocería como la Larga Marcha fue un arduo recorrido de nueve mil kilómetros, a pie, por algunos de los parajes más inhóspitos del país.

Mao se valió de la Larga Marcha para recobrar el poder. De camino hacia Yan'an, una región montañosa remota y aislada, situada en una meseta de loess de la provincia de Shaanxi, explotó la derrota del soviet de Jiangxi para aislar a sus rivales, apartar a Zhou Enlai y hacerse de nuevo con el control sobre el Ejército Rojo.

Las tropas llegaron en octubre de 1935, reducidas de su número inicial de ochenta y seis mil a tan sólo ocho mil, pero se trataba de seguidores leales y entusiastas. Mao, siempre buen demagogo, transformó la Larga Marcha en un manifiesto. Escribió: «La Larga Marcha ha anunciado a unos doscientos millones de personas en once provincias que el camino del Ejército Rojo es el único que lleva a la liberación».[1]

No se trataba de un mero alarde. Mao daba por hecho que estallaría una guerra mundial y albergaba la esperanza de que ésta condujera a una revolución también mundial.

---

[1] Mao Zedong, «On Tactics against Japanese Imperialism», 27 de diciembre de 1935, traducido en Stuart Schram, *Mao's Road To Power: Revolutionary Writings, 1912-49*, Armonk, Nueva York, M. E. Sharpe, 1999, vol. 5, p. 92.

Y sabía que contaba con la atención de Stalin. Meses antes, Moscú había cambiado su política exterior, por sus crecientes temores de sufrir un ataque por parte de Alemania o de Japón. En 1931, Japón había invadido Manchuria, una extensa región rica en recursos naturales, que iba desde la Gran Muralla, al norte de Beijing, hasta Siberia. Se produjeron interminables disputas fronterizas con la Unión Soviética, incluidas algunas violaciones del espacio aéreo. En julio de 1935, la Komintern se refería abiertamente a Tokio como «enemigo fascista».[1]

Stalin, igual que había hecho su maestro Lenin más de diez años antes, animó a los comunistas de otros países a promover la creación de un frente unido con quienes se hallaban en el poder, en vez de tratar de derribarlos. Pero aquella estrategia exigía que se reforzara la autoridad de los líderes del Partido Comunista. Se emprendió una campaña en toda regla para magnificar a Mao. La Komintern lo aclamaba como uno de los «portaestandartes» del movimiento comunista mundial. Aquel mismo año, el *Pravda* publicó un largo panegírico titulado «Mao Zedong: líder del pueblo trabajador de China», seguido por el panfleto «Líderes y héroes del pueblo chino». Mao era el *vozhd*, el gran líder, un título que hasta entonces se había reservado a Lenin y Stalin.[2]

Mao les siguió el juego. Unos meses más tarde, tras una minuciosa investigación, invitó a Edgar Snow, un joven e idealista reportero de Misuri, a visitar Yan'an. El trato que había que dispensar al periodista se dictó hasta el último detalle: «Seguridad, secreto, calidez y alfombra roja».

[1] Alvin D. Coox, *Nomonhan: Japan Against Russia 1939*, Palo Alto, California, Stanford University Press, 1988, p. 93.
[2] Yang Kuisong, *Mao Zedong yu Mosike de en'en yuanyuan* ('Gratitud y resentimiento entre Mao y Moscú'), Nanchang, Jiangxi renmin chubanshe, 1999, p. 21; Pantsov y Levine, *Mao, op. cit.*, p. 293.

Snow pasó varios meses en la sede comunista. Mao le explicó una versión mitificada de su propia vida. Le habló sobre su niñez, juventud y carrera como revolucionario. Mao revisaba y corregía en detalle todo lo que Snow escribía.[1]

Estrella roja sobre China, publicado en 1937, tuvo éxito desde el primer momento. Presentó al misterioso líder del Partido Comunista Chino ante el resto del mundo. Lo describió como «experto consumado en chino clásico, lector voraz, profundo estudioso de la filosofía y la historia, buen orador, hombre de excepcional memoria y extraordinarios poderes de concentración, escritor capaz, descuidado en sus hábitos y apariencia personal, pero sorprendentemente meticuloso en todos sus deberes, un hombre de energía incansable, y estratega militar y político de considerable genio».[2]

Mao era un hijo de su tierra, un hombre pobre que se había levantado por pura fuerza de voluntad y orgullo, resuelto a luchar por sus humillados compatriotas. Era un hombre austero. Vivía en una cueva en el loess y cultivaba sus propias hojas de tabaco. Tenía los pies firmemente asentados en la tierra. Era un rebelde, provisto de un sentido del humor rústico y vivaz. Trabajaba sin descanso. Era poeta. Era filósofo. Era un gran estratega. Pero por encima de todo era un hombre elegido por el destino, al que profundas fuerzas históricas habían llamado a regenerar a su país. Edgar Snow auguró: «Podría muy bien llegar a ser un gran hombre».[3]

---

[1] Jung Chang y Jon Halliday, *Mao: The Unknown Story*, Londres, Jonathan Cape, 2005, p. 192.

[2] Edgar Snow, *Red Star over China: The Classic Account of the Birth of Chinese Communism*, Nueva York, Grove Press, 1994, p. 92. [Existe traducción en español: *Estrella roja sobre China*, Buenos Aires, Ágora, 2020].

[3] Lee Feigon, *Mao: A Reinterpretation*, Chicago, Ivan R. Dee, 2002, pp. 67-69.

Estrella roja sobre China alcanzó un gran éxito. Tan sólo un mes después de su publicación, se habían vendido doce mil ejemplares en Estados Unidos. Se tradujo enseguida al chino y dio a conocer el nombre de Mao. La fotografía de la cubierta del libro, en la que aparecía Mao con una gorra militar adornada con una única estrella, se transformó en una imagen icónica.[1]

Stalin había pedido una alianza entre los comunistas y los nacionalistas. Mao sabía muy bien que Chiang Kai-shek no tenía ninguna intención de colaborar con él, y no tardó en anunciar que estaba dispuesto a formar un «amplio frente unido nacional revolucionario» contra Japón. También pidió a Stalin dos millones de rublos extra en concepto de ayuda militar.[2]

Gracias a aquella oferta, Mao se perfiló como el líder más preocupado por el destino de la nación, porque la amenaza de una guerra con Japón crecía sin cesar. El 12 de diciembre de 1936, algunos miembros de la propia alianza de Chiang secuestraron a éste y lo obligaron a cesar todas las hostilidades contra los comunistas. Aquella tregua fue como agua de mayo, porque dio a Mao el tiempo necesario para cobrar fuerza en el seno de un nuevo frente unido.

En julio de 1937, la fortuna volvió a favorecer a Mao, porque Japón cruzó la frontera desde Manchuria y tomó Beijing en pocas semanas. Durante los años siguientes, el Ejército japonés conseguiría lo que los comunistas no habían sido capaces de lograr, a saber, atacar, destruir o expulsar a las tropas nacionalistas de todas las ciudades importantes de la costa. Se sucedieron batallas atroces, y las mejores di-

---

[1] Feigon, *Mao, op. cit.*, p. 67; Robert M. Farnsworth, *From Vagabond to Journalist: Edgar Snow in Asia, 1928-1941*, Columbia, Misuri, University of Missouri Press, 1996, p. 222.

[2] Pantsov y Levine, *Mao, op. cit.*, p. 296.

visiones de Chiang sufrieron en Shanghái un asalto de tres meses por parte de los tanques, el fuego naval y la aviación del enemigo. Cientos de miles de personas murieron en la batalla de Shanghái. El destino de Nanjing fue aún peor, porque los japoneses perpetraron asesinatos y violaciones sistemáticos contra los civiles de la capital nacionalista durante el invierno de 1937-1938.

Entretanto, los comunistas estaban cómodamente instalados en el interior del país. En enero de 1940, de acuerdo con un informe del propio Zhou Enlai, más de un millón de soldados había muerto o estaba herido. Pero tan sólo treinta y una mil bajas provenían del Ejército Rojo. Chiang Kai-shek y su Gobierno se vieron obligados a retirarse a la capital provisional de Chongqing, en Sichuan. Unas tres mil toneladas de bombas cayeron sobre la ciudad en centenares de incursiones aéreas, hasta que el ataque a Pearl Harbor hizo entrar a Estados Unidos en la guerra.[1]

En Yan'an no se disparó ni una sola bala. La estrategia de Mao, que consistía en librar una guerra de guerrillas muy por detrás de las líneas enemigas, había cosechado virulentas críticas, pero Stalin le brindó su apoyo. En verano de 1938, Moscú exigió que los miembros del Partido cerraran filas tras su líder y aplastaran a quienes habían tratado de imponerse contra él. Pocos meses más tarde el Kremlin caracterizó a Mao como «táctico avezado» y «teórico brillante». Se publicó apresuradamente una versión abreviada de *Estrella roja sobre China*.[2]

Por primera vez, Mao carecía de verdaderos rivales, y aprovechó la oportunidad para reescribir el pasado. En

---

[1] Jay Taylor, *The Generalissimo: Chiang Kai-shek and the Struggle for Modern China*, Cambridge, Massachusetts, Harvard University Press, 2009, p. 169.
[2] Pantsov y Levine, *Mao, op. cit.*, p. 324.

un pleno celebrado en otoño de 1938, la primera cuestión del día fue su informe sobre la historia del Partido desde su fundación, que había tenido lugar diecisiete años antes. Constaba de ciento cincuenta páginas y la discusión duró tres días. Mao expresaba su rechazo a todos los que le hubieran hecho frente en el pasado, tildándolos de «oportunistas de derecha» u «oportunistas de izquierda». Acusó a unos pocos de trotskismo. Fue la primera versión canónica de la historia del Partido, en la que se narraba una larga serie de errores cometidos contra la línea correcta de éste, hasta que Mao Zedong había triunfado por fin y había guiado al Ejército Rojo a Yan'an durante la Larga Marcha.[1]

El siguiente paso de Mao consistió en consagrarse como teórico. Contó con la ayuda de Chen Boda, un joven con pinta de ratón de biblioteca, pero ambicioso, que se había instruido en Moscú y terminaría por redactar los escritos que el propio Mao firmaba. Juntos escribieron *Sobre la nueva democracia*, un panfleto publicado en enero de 1940 que presentaba al Partido Comunista como un frente amplio que pugnaba por unir a todas las «clases revolucionarias», incluida la burguesía nacional. Mao prometió un sistema multipartidista, libertades democráticas y la protección de la propiedad privada. Aquel programa era ficticio por completo, pero gozó de un gran atractivo popular.[2]

A lo largo de los años siguientes, muchos miles de estudiantes, docentes, artistas, escritores y periodistas acudieron en masa a Yan'an atraídos por la promesa de un futuro más democrático. Pero Mao recelaba de aquellos librepen-

---

[1] RGASPI, 17-170-128a, Gueorgui Dimitrov, informe a Stalin sobre el VI Pleno del Comité Central del PCCh, 21 de abril de 1939, pp. 1-3; véase también el informe de Dmitri Manuilski en pp. 14-43.

[2] Pantsov y Levine, *Mao, op. cit.*, p. 331; Arthur A. Cohen, *The Communism of Mao Tse-tung*, Chicago, University of Chicago Press, 1964, pp. 93-95.

sadores y exigía absoluta lealtad. En 1942 lanzó la Campaña de Rectificación. En palabras del historiador Gao Hua, su objetivo era «intimidar al Partido entero por medio de la violencia y el terror, erradicar todo pensamiento individual independiente, someter a todos a la autoridad única y suprema de Mao».[1]

Mao orquestó toda la campaña, lo supervisó todo hasta el último detalle, pero permitió que fuera su esbirro Kang Sheng quien figurara en primer plano. Éste era un hombre siniestro, con bigotito y gafas gruesas, siempre vestido de negro. Se había instruido en Moscú, donde había ayudado a la policía secreta a eliminar a cientos de estudiantes chinos durante el Gran Terror. Bajo su supervisión se llevaron a cabo interminables purgas en Yan'an, en las que se obligaba a las personas a denunciarse entre sí. Miles de sospechosos padecieron encierro, investigaciones, torturas, purgas y, ocasionalmente, fueron ejecutados. Por la noche se oían los estremecedores aullidos de las personas encarceladas en cuevas.[2]

Cuando la campaña tocó a su fin, más de quince mil presuntos espías y agentes enemigos habían sido desenmascarados. Mao había permitido que el terror escapara a todo freno, al tiempo que se presentaba a sí mismo como líder modesto, distante pero benévolo. Entonces intervino para frenar la violencia y dejó que fuera Kang Sheng quien cargara con las culpas. Los que habían logrado sobrevivir al horror vieron a Mao como un salvador.[3]

---

[1] Gao Hua, *Hong taiyang shi zenyang shengqi de: Yan'an zhengfeng yundong de lailongqumai* ('¿Cómo se elevó el sol rojo? Orígenes y desarrollo del Movimiento de Rectificación de Yan'an'), Hong Kong, Chinese University Press, 2000, p. 580.

[2] Gao, *Hong taiyang shi zenyang shengqi de*, op. cit., p. 530; véase también Chen Yung-fa, *Yan'an de yinying* ('La sombra de Yan'an'), Taipéi, Instituto de Historia Moderna-Academia Sinica, 1990.

[3] Gao, *Hong taiyang shi zenyang shengqi de*, op. cit., p. 593.

Mao también fundó una Comisión Central de Estudios Generales, en la que instaló a un gran número de estrechos aliados, como por ejemplo Liu Shaoqi, un hombre adusto y puritano, miembro del Partido, que más adelante alcanzaría la posición de Número Dos. La Comisión de Estudios lo dirigía todo en Yan'an y consiguió que el Partido Comunista se convirtiera, a efectos prácticos, en una dictadura personal de Mao. Destacados miembros que se habían enfrentado a Mao en el pasado sufrieron humillaciones, y fueron obligados a escribir confesiones y a pedir perdón en público por sus errores. Zhou Enlai fue uno de ellos, e hizo grandes esfuerzos para redimirse a fuerza de proclamar su inquebrantable adhesión a Mao. Esto se consideró insuficiente y se le puso a prueba en una serie de asambleas de denuncia en las que tuvo que llamarse a sí mismo «estafador político» y confesar que carecía de principios. Zhou tuvo que pasar por una agotador proceso de autohumillación, pero logró salir de aquella prueba transformado en fiel asistente de Mao, resuelto a no oponerse a él nunca más. A diferencia de Stalin, Mao rara vez ordenaba la ejecución de sus rivales, y en cambio los transformaba en cómplices sometidos a vigilancia constante, obligados en todo momento a demostrar su fidelidad.[1]

El primero de julio de 1943, en el vigésimo segundo aniversario de la fundación del Partido, Mao anunció que la Campaña de Rectificación había «garantizado la unanimidad ideológica y política» en éste. Así, dio luz verde a un culto a la personalidad que no conocía límites. Todo el mundo tenía que aclamar a Mao Zedong, todo el mundo tenía que estudiar el Pensamiento Mao Zedong. Este último término apareció cuatro días más tarde y era una invención

[1] Gao Wenqian, *Zhou Enlai: The Last Perfect Revolutionary*, Nueva York, PublicAffairs, 2007, p. 88.

de Wang Jiaxiang, un ideólogo formado en la Unión Soviética. El más destacado de los hagiógrafos de Mao fue Liu Shaoqi, quien lo celebraba como «gran líder revolucionario» y «maestro del marxismo leninismo». La alabanza de Liu dio la señal para que otros cerraran filas en torno al líder y se refirieran a él como «gran timonel revolucionario», «estrella salvadora», «genial estratega» y «político genial». Theodore White y Annalee Jacoby, dos periodistas estadounidenses, observaron que los panegíricos eran «serviles hasta lo nauseabundo». Cuando Mao hablaba, hombres curtidos, templados en años de guerra de guerrillas, tomaban notas con afán «como si hubieran bebido de la fuente del conocimiento».[1]

El periódico que hacía las veces de portavoz del Partido, el *Jiefang Ribao*, supervisado por Mao, publicó grandes titulares en los que se proclamaba: «¡El camarada Mao Zedong es el salvador del pueblo chino!». A finales de 1943 los retratos de Mao estaban por todas partes y se mostraban ostensiblemente junto a los de Marx, Engels, Lenin y Stalin. Las insignias en las que aparecía su testa circulaban entre la elite del Partido, y su retrato de perfil, en relieve de oro, adornaba la fachada de un enorme auditorio. Las gentes cantaban para glorificarlo: «Oriente es rojo, sale el sol; China ha alumbrado a un Mao Zedong; ¡él busca la felicidad del pueblo!».[2]

---

[1] Raymond F. Wylie, *The Emergence of Maoism: Mao Tse-tung, Ch'en Po-ta, and the Search for Chinese Theory, 1935-1945*, Palo Alto, California, Stanford University Press, 1980, pp. 205-206; Gao, *Hong taiyang shi zenyang shengqi de, op. cit.*, pp. 607-609; Li Jihua, «Dui Mao Zedong geren chongbai de zisheng» ('La propagación del culto a la personalidad de Mao Zedong'), *Yanhuang chunqiu*, 3, marzo de 2010, pp. 40-45; Theodore H. White y Annalee Jacoby, *Thunder out of China*, Londres, Victor Gollanz, 1947, p. 217.

[2] PRO, FO 371/35777, 1.º de febrero de 1943, p. 21.

En abril de 1945, tras un intervalo de diecisiete años, se celebró por fin un congreso del Partido. Cientos de los delegados habían sufrido persecución durante la Campaña de Rectificación y algunos de ellos habían sido reemplazados por hombres leales a Mao. Todos ellos lo aclamaron como líder y los órganos superiores del Partido lo eligieron presidente. El Pensamiento Mao Zedong se incorporó a los estatutos del Partido. En su informe inicial, Liu Shaoqi mencionó en más de cien ocasiones el nombre del presidente y se refirió a él como «el mayor revolucionario y estadista en toda la historia china», así como «el mayor teórico y científico de la historia china». Por fin, Mao había transformado el Partido en un instrumento de su propia voluntad.[1]

Japón se rindió el 15 de agosto de 1945. Para entonces, Mao controlaba a novecientos mil soldados distribuidos por varias zonas rurales del norte de China. Unos pocos días antes, Stalin había declarado la guerra a Japón y había enviado casi un millón de soldados a través de la frontera siberiana para ocupar Manchuria y el norte de Corea, donde aguardaron a que sus aliados se les unieran en el paralelo 38. Mao había trazado grandiosos planes para suscitar una rebelión en la lejana Shanghái, pero el interés inmediato de Stalin radicaba en garantizar que las tropas estadounidenses abandonaran China y Corea. A fin de conseguirlo, reconoció a Chiang Kai-shek como líder de una China unida mediante un tratado sino-soviético.

Sin embargo, las tropas soviéticas destacadas en Man-

[1] Stuart R. Schram, «Party Leader or True Ruler? Foundations and Significance of Mao Zedong's Personal Power», en: Stuart R. Schram (ed.), *Foundations and Limits of State Power in China*, Londres, School of Oriental and African Studies, 1987, p. 213.

churia cedieron discretamente el campo a los comunistas, que empezaron a entrar en la región desde Yan'an. Los soviéticos ayudaron a Mao a transformar sus cuadrillas de guerrilleros en una formidable máquina de combate. Abrieron dieciséis instituciones militares, entre las que había escuelas para la fuerza aérea, artillería e ingenieros. Algunos oficiales chinos se desplazaron a la Unión Soviética para recibir formación avanzada. También llegó soporte logístico por aire y por ferrocarril. Tan sólo en Corea del Norte se asignaron dos mil vagones de carga a la tarea.[1]

Por otra parte, los estadounidenses impusieron en septiembre de 1946 un embargo armamentístico a su aliado en tiempos de guerra, Chiang Kai-shek. Chiang, convencido de que China no podría defenderse si no controlaba Manchuria, centro industrial y entrada estratégica en el país, siguió enviando a sus mejores tropas a la región. Mao no se rindió, resuelto a agotar a su enemigo mediante una implacable guerra de desgaste, sin importarle el precio.

En 1948, los comunistas iniciaron el asedio de las ciudades de Manchuria. Las forzaban a la rendición mediante el hambre. Changchun cayó después de que ciento sesenta mil civiles murieran de hambre. Beijing no quiso correr el mismo destino y capituló algo más tarde. Las ciudades cayeron una tras otra como piezas de dominó, incapaces de resistirse a la maquinaria de guerra creada por los comunistas. Chiang Kai-shek y sus tropas huyeron a Taiwán. A finales de 1949, al término de una conquista militar larga y sangrienta, se proclamó la República Popular de China.[2]

En el mismo momento en que la bandera roja ondeó so-

---

[1] Frank Dikötter, *The Tragedy of Liberation: A History of the Chinese Revolution, 1945-1957*, Londres, Bloomsbury, 2013, pp. 16-17. [*La tragedia de la liberación. Una historia de la revolución China (1945-1957)*, trad. Joan Josep Mussarra, Barcelona, Acantilado, 2019, pp. 46-47].

[2] *Ibid.*, pp. 3 y 22-23 [pp. 19 y 49-50].

bre Beijing, un retrato de Mao Zedong, realizado a toda prisa, apareció sobre la puerta principal de la Ciudad Prohibida. Durante los meses siguientes se colocaron retratos del Presidente en escuelas, fábricas y oficinas, a menudo acompañados por instrucciones precisas sobre cómo había que exhibirlos. La característica verruga del líder se convirtió en una de sus marcas distintivas y la gente la tocaba con afecto, como si se tratara de una figura de Buda. El estudio del Pensamiento Mao Zedong se volvió obligatorio, y adultos de toda extracción social tuvieron que estudiar de nuevo y leer los libros de texto oficiales de la nueva ortodoxia. Todos los días, colegiales, soldados, presos y oficinistas entonaban a pleno pulmón canciones revolucionarias como «Mao Zedong es nuestro sol» o el «Himno al presidente Mao». Las mismas melodías brotaban de altavoces instalados en las esquinas, las estaciones de ferrocarril, los dormitorios colectivos, las cantinas y las principales instituciones. Dos veces al año se celebraban desfiles minuciosamente coreografiados, en los que el Presidente, desde lo alto de una tribuna en la plaza de Tiananmen, pasaba revista a soldados, tanques y coches blindados que avanzaban con milimétrica precisión.[1]

Con el culto a la personalidad llegó un régimen severo que seguía el modelo de la Unión Soviética. El eslogan del momento era: «El hoy de la Unión Soviética es nuestro mañana». Mao emulaba a Stalin, buscaba la llave de la ri-

---

[1] PRO, FO 371/92192, 20 de noviembre de 1950, p. 19; Robert Guillain, «China under the Red Flag», en: Otto B. Van der Sprenkel, Robert Guillain y Michael Lindsay (eds.), *New China: Three Views*, Londres, Turnstile Press, 1950, pp. 91-92; acerca de las normas que regulaban la exhibición de retratos, véase, por ejemplo, SMA, 9 de septiembre de 1952, A22-2-74, pp. 6-7; 29 de diciembre de 1951, B1-2-3620, p. 61; Hung Chang-tai, «Mao's Parades: State Spectacles in China in the 1950s», *China Quarterly*, 190, junio de 2007, pp. 411-431.

queza y el poder en la colectivización de la agricultura, la eliminación de la propiedad privada, el control integral de la vida de la gente corriente y cuantiosos gastos en defensa nacional.[1]

Las promesas efectuadas en *Sobre la nueva democracia* se quebrantaron una tras otra. El primer acto del régimen consistió en poner fin al antiguo orden en el campo. Lo hizo bajo la apariencia de una reforma agraria. Los aldeanos se vieron obligados a golpear y desposeer a sus antiguos líderes en asambleas de denuncia colectiva. Los acusaron de «terratenientes», «tiranos» y «traidores». Algunos lo hicieron de buena gana, pero muchos otros no tuvieron elección, porque no querían convertirse en víctimas ellos mismos. Se dio muerte a casi dos millones de personas, y muchas otras fueron estigmatizadas como «explotadores» y «enemigos de clase». Sus bienes se distribuyeron entre los verdugos y así se cerró un pacto, sellado con sangre, entre los pobres y el Partido.[2]

En las ciudades se categorizó a los individuos en clases (*chengfen*) de acuerdo con su lealtad a la revolución. Los había «buenos», «dudosos» y «hostiles». La categoría de clase determinaba el acceso de cada uno al alimento, educación, salud y empleo. Los que habían sido marcados como «hostiles» quedaron estigmatizados de por vida, y más allá de su propia vida, porque sus hijos heredaban la clasificación.[3]

De octubre de 1950 a octubre de 1951 se desató un Gran Terror. El régimen atacó a los «contrarrevolucionarios», «espías», «bandidos» y otros que se interponían en el cami-

[1] Dikötter, *The Tragedy of Liberation*, *op. cit.*, pp. 134-137. [*La tragedia de la liberación*, *op. cit.*, pp. 228-229].
[2] *Ibid.*, p. 83 [p. 146].
[3] *Ibid.*, pp. 47-48 [p. 86].

no de la revolución. Mao fijó la cuota de ejecuciones en uno por mil, pero en algunas regiones se dio muerte al doble o al triple, a menudo eligiendo las víctimas al azar. Al año siguiente se sometió a los antiguos funcionarios a una purga a gran escala y se llamó al orden a la comunidad empresarial. En 1953, todas las organizaciones externas al Partido—comunidades religiosas, sociedades filantrópicas, cámaras de comercio independientes, asociaciones civiles—habían sido liquidadas.[1]

Una inquisición literaria garantizó que artistas y escritores se conformaran a los dictados del Partido. Los libros que se consideraban indeseables se quemaban en grandes hogueras o se reducían a toneladas de pulpa. El verano de 1950, Shangwu Yinshuguan (conocida en inglés como The Commercial Press), una de las editoriales más importantes del país, tenía unos ocho mil títulos en catálogo. Un año más tarde, tan sólo mil doscientos treinta y cuatro de ellos se consideraban aceptables para «las masas». El realismo socialista concebido por Stalin se impuso en todos los ámbitos de las artes visuales y literarias. Su tema más importante era Mao, no Stalin. Los trabajos, ensayos, poemas, conferencias, cavilaciones y eslóganes del Presidente se publicaban en tiradas de millones de ejemplares, desde libros baratos en rústica hasta caras ediciones con sobredorados. Se publicó una gran cantidad de obras propagandísticas, que explicaban la historia de la opresión y el camino hacia la liberación, a veces con las palabras y la caligrafía del propio Mao. Los periódicos y revistas también dieron una amplia difusión a su sabiduría. Las fotografías del Presidente solían ocupar un lugar prominente en portada.[2]

[1] *Ibid.*, pp. 99-100 [pp. 172-173].
[2] *Ibid.*, p. 190 [p. 320]; William Kinmond, *No Dogs in China: A Report on China Today*, Nueva York, Thomas Nelson, 1957, pp. 192-194.

En 1949 el Presidente eligió a una fotógrafa llamada Hou Bo, que se había alistado en el Partido a los catorce años, y no tardaron en imprimirse millones de sus fotografías. «La fundación del PCC» (1949), «Mao Zedong nadando por el Yangtsé» (1955) y «El presidente Mao a gusto con las masas» (1959)—en algunos casos, muy retocadas—se hallan entre las imágenes que conocieron una distribución más amplia durante el siglo XX.[1]

No se dio el nombre de Mao a parques, calles ni ciudades. El Presidente había concebido para sí mismo un monumento de carácter menos tangible, puesto que se consideraba el rey filósofo de Oriente. La idea de base era que él había combinado la teoría del marxismo-leninismo con la práctica concreta de la revolución china. En vez de aplicar dogmáticamente el marxismo-leninismo en unas condiciones muy distintas a las de Rusia, Mao se había hecho cargo de la sinificación del marxismo. En diciembre de 1950, el Presidente publicó un artículo titulado «Sobre la práctica», seguido en abril de 1952 por «Sobre la contradicción». Se celebró a ambos como desarrollo filosófico del materialismo dialéctico de Marx, Engels, Lenin y Stalin. Aunque en aquellos artículos apenas había nada que pudiera considerarse original, la idea de una sinificación del marxismo sedujo a sus admiradores, tanto en el propio país como en el extranjero.[2]

Mao también quería pasar por hombre renacentista: filósofo, sabio y poeta, todo a la vez, así como calígrafo inmerso en las tradiciones literarias de su país. Al mismo

---

[1] John Gittings, «Monster at the Beach», *The Guardian*, 10 de abril de 2004.
[2] El estudio clásico sobre esta cuestión es Cohen, *The Communism of Mao Tse-tung*. El autor, por supuesto, sufrió ostracismo, mientras profesores eruditos de la Universidad de Harvard escribían libros eruditos sobre la «sinificación del marxismo».

tiempo que la poesía tradicional desaparecía de los estantes, los versos del propio Presidente alcanzaban una amplia difusión. Uno de los momentos álgidos fue la publicación de los *Diecinueve poemas del presidente Mao*. En realidad, los poemas que figuraban en el compendio eran veintiuno, pero Mao quería imitar una antología clásica muy conocida titulada *Diecinueve poemas antiguos*. Impulsó la aparición inmediata de un movimiento dedicado a estudiar su obra, porque eruditos profesores universitarios y secretarios del Partido competían en sus elogios a aquella «ruptura histórica en la historia de la literatura».[1]

Aunque la poesía de Mao era sólo un poco mejor que la de Stalin, que también gustaba de hacer sus pinitos en las artes poéticas, el dirigente chino gozaba de una genuina capacidad para el manejo de las palabras. Sus concisos eslóganes llegaban a todos los hogares. Así, por ejemplo: «Las mujeres sostienen la mitad del cielo», «La revolución no es una fiesta», «El poder sale del cañón de una pistola» y «El imperialismo es un tigre de papel». Su divisa era «Servir al pueblo», y se proclamaba por todas partes en carteles y pancartas, con caracteres de color blanco escritos en una llamativa caligrafía sobre fondo rojo. Los impactantes trazos de su pincel se usaron para escribir los nombres de edificios oficiales, adornar monumentos públicos y decorar jarras, jarrones y calendarios. Todavía hoy, su caligrafía luce en la cabecera del *Renmin Ribao* ('Diario del pueblo').[2]

Mao, igual que Stalin, era una figura remota, casi divina, apenas vista, apenas oída, oculta en lo más recóndito de la

[1] Valentin Chu, *The Inside Story of Communist China: Ta Ta, Tan Tan*, Londres, Allen & Unwin, 1964, p. 228.
[2] Véase Richard Curt Kraus, *Brushes with Power: Modern Politics and the Chinese Art of Calligraphy*, Berkeley, California, University of California Press, 1991.

Ciudad Prohibida donde en otro tiempo habían morado los emperadores. Pero tenía una gran habilidad para hacer política en los pasillos y se reunía sin cesar con personas que se hallaban en todos los niveles de la jerarquía del Partido. Su apariencia personal era engañosa. Parecía un hombre gentil, humilde, casi como un abuelo que se preocupaba por los demás. No era buen orador y tenía que lidiar con un fuerte acento de Hunan, pero sí era un buen conversador, que sabía hacer que su público se sintiera cómodo. Caminaba y hablaba poco a poco, siempre con gran seriedad. Sonreía a menudo y con benevolencia. «Parece tan gentil que son pocos quienes se fijan en sus ojos fríos y evaluadores, o se dan cuenta de la mente calculadora que trabaja sin cesar dentro de él». Cuando entraba en una sala donde iba a celebrarse una reunión, se esperaba de los presentes que se pusieran en pie y aplaudieran.[1]

Mao trataba de emular a Stalin, pero su mentor temía la aparición de un vecino poderoso que pudiera rivalizar con él en el liderazgo del campo socialista. En 1950, Stalin le impuso varias semanas de espera antes de firmar el Tratado de Amistad, Alianza y Asistencia Mutua. También había reducido la financiación destinada al Primer Plan Quinquenal de China, y advirtió a Mao de que se daba demasiadas prisas en colectivizar la economía.

Mao recibió la muerte de Stalin, en 1953, como una liberación. Por fin, el Presidente podía acelerar el ritmo de la colectivización. A finales de aquel mismo año impuso un monopolio sobre los cereales que obligó a los campesinos a vender sus cosechas a precios fijados por el Estado. Dos años más tarde se crearon colectivos que recor-

[1] Chow Ching-wen, *Ten Years of Storm: The True Story of the Communist Regime in China*, Nueva York, Holt, Rinehart and Winston, 1960, p. 81.

daban a las granjas estatales de la Unión Soviética. Los colectivos volvieron a quitar las tierras a los campesinos y transformaron a éstos en siervos de la gleba al servicio del Estado. En las ciudades, todo el comercio y la industria quedaron en manos del Estado, porque el Gobierno expropió por igual tiendas, empresas privadas y grandes industrias. Pero la Marea Alta Socialista—así se conoció la campaña de colectivización acelerada—tuvo efectos devastadores sobre la economía y provocó un amplio descontento popular.[1]

En 1956, Mao sufrió un revés. El 25 de febrero, el último día del XX Congreso del Partido Comunista Soviético, Nikita Jruschov convocó una sesión secreta, no programada, en el Gran Palacio del Kremlin. En un discurso de cuatro horas, sin interrupciones, denunció las sospechas, el miedo y el terror creados por Stalin. En un virulento ataque contra su antiguo señor, Jruschov le acusó de ser el responsable de brutales purgas, deportaciones de masas, ejecuciones sin juicio y torturas a miembros del Partido leales e inocentes. A continuación, Jruschov denostó a Stalin por su «megalomanía» y el culto a la personalidad que había promovido durante su reinado. Los miembros de la audiencia escuchaban en atónito silencio. Cuando terminó, no hubo aplausos, porque muchos de los delegados estaban aturdidos y se marcharon conmocionados.[2]

Se enviaron copias del discurso a los partidos comunistas extranjeros y así empezó una reacción en cadena. En Beijing, el Presidente se vio obligado a ponerse a la defensiva. Mao era el Stalin de China, el gran líder de la Repú-

[1] Dikötter, *The Tragedy of Liberation*, *op. cit.*, p. 227. [*La tragedia de la liberación*, *op. cit.*, pp. 379-381].
[2] William Taubman, *Khrushchev: The Man and his Era*, Londres, Free Press, 2003, pp. 271-272.

blica Popular. El discurso secreto sólo podía suscitar dudas a propósito de su liderazgo, y sobre todo de la adulación que lo rodeaba. La desestalinización era nada menos que un desafío a la autoridad del propio Mao. Igual que Jruschov se había comprometido a devolver el país al Politburó, Liu Shaoqi, Deng Xiaoping, Zhou Enlai y otros que se hallaban en Beijing hablaron en favor de los principios del liderazgo colectivo. También se valieron de la crítica de Jruschov a las granjas estatales para frenar el ritmo de la colectivización. Parecía que estuvieran desplazando al Presidente.[1]

En el VIII Congreso del Partido, celebrado en septiembre de 1956, el Pensamiento Mao Zedong desapareció de los estatutos y se censuró el culto a la personalidad. Mao, constreñido por el ejemplo de Jruschov, apenas tenía otra opción que aceptar aquellas medidas con buena cara, e incluso contribuyó a ellas durante los meses previos a la reunión. Pero en privado el Presidente estaba tan furioso que acusó a Liu Shaoqi y Deng Xiaoping de haberse hecho con el control y haberlo relegado a un segundo término.[2]

La revuelta húngara dio a Mao una oportunidad de volver a imponerse. En noviembre de 1956, mientras las tropas soviéticas aplastaban a los rebeldes en Budapest, el Presidente culpó al Partido Comunista Húngaro de haber causado su propia desgracia al no prestar atención a los agravios que sufría el pueblo, y haber permitido que se enconaran y escaparan a todo control. Mao se hizo el demócrata, el campeón del hombre corriente, y exigió que se

[1] Dikötter, *The Tragedy of Liberation, op. cit.*, pp. 275-276. [*La tragedia de la liberación, op. cit.*, pp. 455-456].
[2] Pang Xianzhi y Jin Chongji (eds.), *Mao Zedong zhuan, 1949-1976* ('Biografía de Mao Zedong, 1949-1976'), Beijing, Zhongyang wenxian chubanshe, 2003, p. 534; Li, *The Private Life of Chairman Mao: The Memoirs of Mao's Personal Physician, op. cit.*, pp. 182-184.

permitiera a quienes no eran miembros del Partido que expresaran su descontento. En febrero de 1957 pidió al Partido que «permitiese que cien flores florecieran, que cien escuelas de pensamiento compitieran entre sí», y animó a la gente corriente a superar sus temores y expresarse sin cortapisas.

Mao había cometido un grave error de cálculo. Había contado con que sus admiradores lo cubrirían de adulaciones y castigarían así al Partido que había eliminado el Pensamiento Mao Zedong de sus estatutos. Pero la gente escribió ingeniosos eslóganes en defensa de la democracia y los derechos humanos, y había incluso quien exigía que el Partido Comunista abandonara el poder. Los estudiantes y trabajadores salieron a la calle por decenas de miles y clamaron en favor de la democracia y de la libertad de expresión. Mao se sintió abrumado por la extensión que había alcanzado el descontento popular. Confió a Deng Xiaoping una campaña en la que se denunció a medio millón de estudiantes e intelectuales como «derechistas» deseosos de destruir el Partido, y se envió a muchos de ellos a campos de trabajo situados en los confines del imperio.[1]

La apuesta de Mao había salido mal, pero al menos él y sus camaradas de armas volvían a estar unidos y resueltos a someter al pueblo. Mao empuñaba de nuevo el timón del Partido y estaba deseoso de impulsar la colectivización radical en el campo. En noviembre de 1957, invitado a Moscú junto con otros líderes de partidos comunistas de todo el mundo para celebrar el cuadragésimo aniversario de la Revolución de Octubre, expresó ostentosamente su com-

---

[1] Dikötter, *The Tragedy of Liberation*, *op. cit.*, p. 291. [*La tragedia de la liberación*, *op. cit.*, pp. 480-481].

promiso de lealtad para con Jruschov y lo reconoció como líder del campo socialista.

En lo más hondo, Mao creía que era él mismo quien había de asumir el liderazgo sobre todos los países socialistas. Incluso en vida de Stalin, Mao se había visto como un revolucionario más resuelto que el dictador ruso. Al fin y al cabo, era él quien había guiado a una cuarta parte de la humanidad a la liberación. Era, a la vez, el Lenin y el Stalin de China. Cuando Jruschov anunció que la Unión Soviética iba a igualar a Estados Unidos en producción per cápita de carne, leche y mantequilla, Mao recogió el guante y proclamó que China superaría en quince años la producción de acero de Gran Bretaña, a la que entonces aún se consideraba una gran potencia industrial. Mao estaba decidido a dejar atrás a Jruschov y propugnaba un Gran Salto Adelante hacia el comunismo que eclipsara a la Unión Soviética.

El Gran Salto Adelante fue el primer intento del Presidente por arrebatar el cetro a la Unión Soviética. La gente del campo fue agrupada en gigantescos colectivos llamados comunas populares. Mao pensaba que, si transformaba a todos los hombres y mujeres de las zonas rurales en soldados de un gigantesco ejército que luchara día y noche por transformar la economía, podría superar a la Unión Soviética. Estaba convencido de haber hallado el puente de oro que conduciría al comunismo, y de que se transformaría con ello en el mesías que guiaría a la humanidad a un paraíso de abundancia universal.

Mao se valió de la campaña para relanzar el culto a su personalidad y doblegó a sus rivales en una serie de asambleas del Partido que se celebraron durante los primeros meses de 1958. «¿Qué hay de malo en la veneración?», preguntaba retóricamente. «La verdad se halla en nuestras manos, ¿por qué no vamos a venerarla?». «Todo grupo tiene

Postal de Mussolini a partir de una fotografía de Gianni Caminada, 1921.

Mussolini a caballo en su Villa Torlonia, septiembre de 1930.

Mussolini en el balcón del Palazzo Venezia de Roma tras la declaración de guerra a Etiopía del 2 de octubre de 1935. La fotografía fue ampliamente reproducida, pero en realidad se trata de un montaje efectuado con una imagen de una multitud y una instantánea de Mussolini tomada entre 1931 y 1933.

Un enorme retrato del Duce en el Duomo de Milán, noviembre de 1933.

Mussolini declara la guerra a Etiopía por radio, 2 de octubre de 1935.

Efigie de Mussolini esculpida por soldados en el valle de Adua, Etiopía, febrero de 1936.

Hitler ensaya en 1925, al tiempo que escucha una gra-
bación de sus propios discursos. Tras ver las fotografías, ordenó a Heinrich Hoffmann que destruyera los
negativos, pero éste desobedeció.

Cartel electoral de Hitler, 1932.

Hitler, en medio de jóvenes militantes en Berlín, fotografía de Heinrich
Hoffmann, 1933.

Hitler recibido por sus partidarios en Núremberg en 1933.

Tienda de fotografía de Heinrich Hoffmann, Düsseldorf, julio de 1939.

Hitler y Uschi Schneider, la hija de Herta Schneider, amiga íntima de infancia de Eva Braun, en el Berghof, Berchtesgaden, 1942.

Iósif Stalin en su escritorio del Kremlin, 1935.

Stalin con Gelya Markizova, junio de 1936.

Un tractor en el campo con un retrato de Stalin, hacia 1940.

Alemanes aclamando a Stalin, 14 de agosto de 1951, Berlín oriental.

Marineros soviéticos nadan con retratos de Stalin en la celebración del
Día de la Armada, Sebastopol, julio
de 1950.

Un grupo de pioneros en un
monumento a Stalin, Uzbekis-
tán, hacia 1940.

Mao en la portada de *Red Star over China*, 1937.

Mao rodeado de estudiantes, Shaoshan, 1959.

Una comuna popular de las afueras de Shanghái, 1964.

Los empleados de una librería llevan las obras escogidas de Mao Zedong a los campesinos de un distrito suburbano de Beijing, hacia 1966.

Un desfile en Beijing, hacia 1970.

Un grupo de niños uniformados lee el Pequeño Libro Rojo durante la Revolución Cultural, hacia 1968.

Kim Il-sung ofrece «orientación sobre el terreno» en una fábrica de maquinaria, hacia 1967.

Un coro canta frente a un enorme retrato de Kim Il-sung en el Palacio de la Cultura, Pyongyang, hacia 1981.

Padre e hijo, 1992.

Trabajadores barren el suelo frente a una gigantesca estatua de bronce de Kim Il-sung, Pyongyang, 1994.

Quincuagésimo aniversario del Partido de los Trabajadores de Corea, un año después de la muerte de Kim Il-sung, 1995.

Un Duvalier con aires de modestia, hacia 1963.

Duvalier recorre Puerto Príncipe, arma en mano, hacia 1963.

Un desfile en Puerto Príncipe en honor de Duvalier, 1968.

Un indigente echado frente al retrato de Papa Doc, 1974.

Ceauşescu recibe un cetro presidencial, marzo de 1974.

El matrimonio Ceauşescu rodeado de niños ataviados con trajes tradicionales, diciembre de 1979.

Grandes multitudes aclaman a Ceauşescu en Bucarest, enero de 1988.

Un grupo de niños da la bienvenida al matrimonio Ceauşescu, noviembre de 1989.

El Palacio del Pueblo, fotografiado poco después del día de Navidad de 1989, en el que Ceauşescu fue fusilado.

Puerta a la entrada de Harar con los retratos de Brézhnev, Castro y, en el centro, Mengistu, hacia 1981.

Mengistu al frente de una concentración de masas, junio de 1977.

Mengistu y Castro celebran el cuarto aniversario de la revolución en Adís Abeba, septiembre de 1978.

Mengistu estrecha las manos de Kim Il-sung, febrero de 1986.

que venerar a su líder, no puede no venerar a su líder», observaba Mao, que así explicaba que éste era el «culto a la personalidad correcto».[1]

Sus leales seguidores se adhirieron enseguida a su punto de vista. Ke Qingshi, alcalde de Shanghái, exclamaba con entusiasmo: «¡Debemos tener fe ciega en el Presidente! ¡Debemos obedecer al Presidente con absoluta entrega!».[2] Tarde o temprano, todos los dirigentes de cierta importancia tuvieron que formular una autocrítica. Zhou sufrió repetidamente desaires y humillaciones, y tuvo que confesar en tres ocasiones sus errores frente a la asamblea de dirigentes del Partido. Terminó por decir a la audiencia que Mao era la «personificación» de la verdad y que sólo se cometían errores cuando el Partido se divorciaba de su gran liderazgo.[3]

A Zhou Enlai se le permitió seguir en su puesto, pero muchos de los que se hallaban en las filas del Partido tuvieron menor fortuna. Los dirigentes de provincias enteras perdieron sus puestos, porque casi por todas partes se procedió a liquidar camarillas «antipartido». Tan sólo en la provincia de Yunnan, una inquisición purgó a miles de miembros, uno de cada quince en los rangos más elevados del Partido.[4]

Mao insistía en la lealtad más absoluta y transformaba a todos los demás en aduladores de su persona. Como resul-

---

[1] GSPA, discurso de Mao del 10 de marzo de 1958 en Chengdu, 91-18-495, p. 211.
[2] Li Rui, *Dayuejin qin liji* ('Narración del Gran Salto Adelante por un testigo'), Haikou, Nanfang chubanshe, 1999, vol. 2, p. 288.
[3] Frank Dikötter, *Mao's Great Famine: The History of China's Most Devastating Catastrophe, 1958-1962*, Londres, Bloomsbury, 2010, p. 20. [*La gran hambruna en la China de Mao*, trad. Joan Josep Mussarra, Barcelona, Acantilado, 2017, pp. 54-55].
[4] *Ibid.*, pp. 22-23 [pp. 57-58].

tado, se adoptaban decisiones sin otra base que los caprichos del Presidente, a menudo sin tener en cuenta en absoluto el impacto de éstas. En verano de 1959 ya estaba claro
que el Gran Salto Adelante había sido un desastre, pero el
Presidente interpretó como puñalada en la espalda hasta
una moderada carta de crítica que Peng Dehuai, ministro
de Defensa, remitió a una asamblea del Partido en Lushan.
Se tildó a Peng de cabecilla de una «camarilla antipartido»
y se le alejó de toda posición influyente. Liu Shaoqi intervino para cubrir de elogios al presidente: «El liderazgo del
camarada Mao Zedong no es inferior en nada al de Marx y
Lenin. Estoy convencido de que, si Marx y Lenin hubieran
vivido en China, habrían guiado la revolución china exactamente del mismo modo». Como diría el médico de Mao:
«[El Presidente] estaba deseoso de afecto y aplausos. A
medida que crecía el rechazo contra su persona dentro del
Partido, también crecía su hambre por hallar aprobación».[1]

Lin Biao, más que ningún otro, intervino en defensa del
Presidente, y con su voz frágil y chillona acusó a Peng Dehuai de ser «ambicioso, dado a la conspiración e hipócri-
ta». Lin gozaba de amplia consideración como uno de los
estrategas más brillantes de la guerra civil y había ordenado en persona el asedio de Changchun en 1948. Hombre
flaco, de tez blanquecina, padecía una gran variedad de fo-
bias contra el agua, el viento y el frío. El mero sonido del
agua corriente le provocaba diarrea. «Tan sólo Mao es un
gran héroe y nadie más debería atreverse a aspirar a ese papel —graznó, y añadió—: ¡Todos nosotros nos encontramos muy por detrás de él, así que no lo intentéis siquiera!».[2]

[1] Li Rui, *Lushan Huiyi Shilu* ('Relato verídico del pleno de Lushan'),
Hong Kong, Tiandi tushu youxian gongsi, 2.ª edición, 2009, pp. 232 y
389-390; Li, *The Private Life of Chairman Mao*, op. cit., p. 381.
[2] Li, *Lushan Huiyi Shilu*, op. cit., p. 232.

En privado, Lin era mucho más crítico que Peng, y confiaba a su diario privado que el Gran Salto Adelante se fundaba «en la fantasía» y era «un absoluto desastre». Pero sabía que la mejor manera de mantenerse en el poder consistía en abrumar al Presidente con halagos. Lin había comprendido mucho tiempo atrás lo crucial que era ensalzar a Mao: «Se venera a sí mismo, tiene fe ciega en sí mismo, se adora a sí mismo, se atribuye el mérito de todos los éxitos, pero culpa a los demás de sus propios fracasos».[1]

Todos los que habían expresado reservas sobre el Gran Salto Adelante fueron perseguidos, y tres millones seiscientos mil miembros del Partido fueron purgados por ser «derechistas» o «pequeños Peng Dehuai» y reemplazados por elementos duros, sin escrúpulos, que se movían con los vientos de radicalismo que soplaban desde Beijing en busca de su propio beneficio y se valían de todos los medios que tenían a mano para extraer cereales del campo.[2]

En vez de lograr que la economía china superara a la de la Unión Soviética, el Gran Salto Adelante fue una de las mayores catástrofes del siglo XX, porque decenas de millones de personas murieron, víctimas del exceso de trabajo, las palizas o el hambre. En octubre de 1960, Mao se vio forzado a abandonar su grandioso plan, pero tuvo que pasar más de un año para que la economía empezara a recuperarse.[3]

---

[1] Gao, *Zhou Enlai*, pp. 187-188; Liu Tong, «Jieshi Zhongnanhai gaoceng zhengzhi de yiba yaoshi: Lin Biao biji de hengli yu yanjiu» ('Claves para comprender la alta política en Zhongnanhai: clasificación y estudio de las notas de Lin Biao'), comunicación presentada en el Congreso Internacional sobre la Guerra y la Revolución en China durante el siglo XX, Shanghai Communications University, 8-9 de noviembre de 2008.

[2] Dikötter, *Mao's Great Famine*, op. cit., p. 102. [*La gran hambruna en la China de Mao*, op. cit., p. 179].

[3] *Ibid.*, pp. 116-123 [pp. 201-212].

En enero de 1962, unos siete mil importantes cuadros del Partido procedentes de todo el país se reunieron para hablar sobre el fracaso del Gran Salto Adelante. La estrella de Mao se hallaba en su punto más bajo. Circulaban rumores que presentaban al Presidente como iluso, incompetente y peligroso. Algunos delegados lo consideraban responsable de la hambruna que habían sufrido la gente corriente. El propio Liu Shaoqi había sufrido una sincera consternación ante el desastroso estado en el que se hallaban las zonas rurales. Durante las sesiones llegó a usar la expresión «desastre provocado por el hombre», con lo que arrancó gritos contenidos a la audiencia. Una vez más, Lin Biao acudió al rescate y celebró el Gran Salto Adelante como un éxito sin precedentes en la historia china: «Los pensamientos del presidente Mao siempre son acertados. Jamás pierde de vista la realidad». Zhou Enlai tomó la palabra y aceptó la culpa por todo lo que había salido mal.[1]

El Presidente estaba satisfecho con Lin, pero recelaba de todos los demás. Su legado entero se hallaba en peligro, y temía tener el mismo destino que Stalin, denunciado por Jruschov tras su muerte.

Emprendió el contraataque en fecha tan temprana como agosto de 1962. Entonces sentó las bases de la Revolución Cultural. Explicó que las fuerzas contrarrevolucionarias estaban en todas partes y de nuevo trataban de guiar al país por el camino que conducía al capitalismo. Lanzó una Campaña de Educación Socialista bajo el lema «No olvidéis la lucha de clases». Un año más tarde, Mao exhortó a la nación a aprender de Lei Feng, un joven soldado que había dedicado su vida entera a servir al pueblo. Su diario póstumo, crónica de su progreso ideológico, se publicó y se estu-

---

[1] Véase Frank Dikötter, *The Cultural Revolution: A People's History, 1962-1976*, Londres, Bloomsbury, 2016, p. 12.

dió por todo el país. Lei Feng explicaba: «La sangre entregada por el Partido y por el presidente Mao ha penetrado en todas las células de mi cuerpo». Mao llegó a aparecerse a él en una visión: «Ayer tuve un sueño. Soñé que veía al presidente Mao. Me acariciaba la cabeza como un padre compasivo. Me hablaba con una sonrisa: "Hazlo bien en tus estudios. ¡Sé siempre leal al Partido, leal al pueblo!". Me embargó el gozo. Traté de hablar, pero no podía».[1]

Periódicos de toda China publicaron cartas en las que trabajadores y aldeanos expresaban con entusiasmo sus alabanzas. Se convocaron cientos de miles de reuniones en las que se elogiaba a Lei Feng como comunista modelo. Se produjeron obras de teatro y películas. Se compusieron canciones, algunas de ellas con varias docenas de versos. Los cuentacuentos iban por los pueblos y fascinaban a los aldeanos iletrados con el amor de Lei Feng por el Presidente. El Museo Militar de Beijing le dedicó una exposición. A la entrada, una gran pantalla sobre la que se habían inscrito caracteres con la caligrafía de Mao Zedong exhortaba a los visitantes: «¡Aprended del camarada Lei Feng!». Lei Feng era el Mao de los pobres, un Mao simplificado para las masas. Tenía que sacar a la gente de la apatía provocada por la Gran Hambruna de Mao e inflamar su odio contra los enemigos de clase.[2]

Lin Biao, que había sustituido a Peng Dehuai como ministro de Defensa en recompensa por su actuación en Lushan, promovió el estudio del Pensamiento Mao Zedong

---

[1] *Renmin Ribao*, 7 de febrero de 1963, citado en Cohen, *The Communism of Mao Tse-tung, op. cit.*, p. 203.

[2] David Milton y Nancy D. Milton, *The Wind Will Not Subside: Years in Revolutionary China, 1964-1969*, Nueva York, Pantheon Books, 1976, pp. 63-65; véase también Jacques Marcuse, *The Peking Papers: Leaves from the Notebook of a China Correspondent*, Londres, Arthur Barker, 1968, pp. 235-246.

en el seno de las fuerzas armadas. Se pedía a los soldados que memorizaran breves pasajes de las obras de Mao. En enero de 1964 se publicó un compendio mimeografiado de citas, y antes de que terminara el año se distribuyó una versión más extensa de éste en el Ejército de Liberación del Pueblo. Se publicó con vistosas cubiertas de color rojo y no más grande que la palma de una mano, por lo que cabía en el bolsillo de un uniforme militar estándar. Lin Biao le añadió un lema sacado del diario de Lei Feng: «Leed el libro del presidente Mao, escuchad las palabras del presidente Mao, actuad de acuerdo con las instrucciones del presidente Mao y luchad por el presidente Mao». En agosto de 1965 apareció una nueva edición de las *Citas del presidente Mao*, también conocida como Pequeño Libro Rojo, y millones de ejemplares se distribuyeron fuera del ámbito militar.[1]

Mao gozaba con la adulación y ordenó que todo el país emulara a Lin Biao y al Ejército de Liberación del Pueblo. Afirmó: «El mérito del Ejército de Liberación es que su ideología política es correcta». A modo de respuesta, el Ejército empezó a asumir un rol más prominente en la vida civil y creó departamentos políticos en las divisiones de la Administración pública a fin de promover el Pensamiento Mao Zedong. Además, fomentó una atmósfera más marcial, en sintonía con la Campaña de Educación Socialista. Se organizaron «campamentos de verano» militares para estudiantes y trabajadores del campo. Se enseñó a los niños de Primaria a usar armas de aire comprimido a base de disparar contra retratos de Chiang Kai-shek y de imperia-

---

[1] Lu Hong, *Junbao neibu xiaoxi: 'Wenge' qinli shilu* ('La historia del periódico del Ejército de Liberación del Pueblo, contada desde dentro'), Hong Kong, Shidai guoji chubanshe, 2006, pp. 14-17; Daniel Leese, *Mao Cult: Rhetoric and Ritual in China's Cultural Revolution*, Cambridge, Cambridge University Press, 2011, pp. 111-113.

listas estadounidenses. Se abrieron campamentos de entrenamiento militar para estudiantes de mayor edad con antecedentes fiables. Allí aprendían a arrojar granadas y disparar con fuego real. En verano de 1965, más de diez mil estudiantes universitarios y cincuenta mil estudiantes de secundaria de Shanghái pasaron una semana en alguno de aquellos campamentos.[1]

A fin de celebrar el Día Nacional, el Ejército organizó para el primero de octubre de 1964 un monumental espectáculo en la plaza de Tiananmen, con varios coros y ballet en uniforme militar. Una colosal efigie del presidente Mao iba al frente del desfile, que avanzaba al son de «Presidente Mao, el sol que brilla en nuestro corazón». Se le dijo a la nación que el pueblo, «armado con el Pensamiento Mao Zedong», podía sobreponerse a los «intentos capitalistas y feudales de restauración, así como a los ataques de los enemigos interiores y extranjeros». Dos semanas más tarde, China hizo explotar su primera bomba atómica, con lo que pasó a figurar entre las superpotencias mundiales.[2]

En primavera de 1966, Mao estaba preparado para lanzar la Revolución Cultural. Era su segundo intento de convertirse en el eje histórico en torno al que giraría el universo socialista. En vez de un nuevo intento de transformar la economía—como el anterior, que había culminado en el desastre del Gran Salto Adelante—, el Presidente se cen-

[1] Li, *The Private Life of Chairman Mao, op. cit.*, p. 412; Lynn T. White III, *Policies of Chaos: The Organizational Causes of Violence in China's Cultural Revolution*, Princeton, Princeton University Press, 1989, pp. 194-195, 206, 214-216.
[2] Carta de D. K. Timms, 6 de octubre de 1964, FO 371/175973; véase también Laszlo Ladany, *The Communist Party of China and Marxism, 1921-1985: A Self-Portrait*, Londres, Hurst, 1988, p. 273.

tró en la cultura. Mao debía de haberse preguntado cómo era posible que un solo hombre, Nikita Jruschov, hubiera logrado por sí solo cambiar por completo las políticas de la poderosa Unión Soviética cuando, en 1956, había atacado a Stalin y había propuesto una «coexistencia pacífica» con el campo imperialista. La respuesta era que no se había tenido en cuenta la cultura. Los capitalistas habían desaparecido, se habían confiscado sus propiedades, pero la cultura capitalista seguía en pie y permitía que unas pocas personas que se hallaban en lo alto socavaran y, al fin, desmantelaran todo el sistema.

Lenin había llevado a cabo la Gran Revolución Socialista de Octubre y había sentado un precedente para el proletariado del mundo entero. Pero revisionistas modernos como Jruschov habían usurpado el liderazgo del Partido y habían llevado la Unión Soviética por el camino de la restauración capitalista. La Gran Revolución Cultural Proletaria sería la segunda etapa en la historia del movimiento comunista internacional, porque protegería la dictadura del proletariado contra el revisionismo. Los fundamentos del comunismo futuro se estaban sentando en China, en cuanto que el Presidente guiaba a las gentes oprimidas y esclavizadas del mundo entero hacia la libertad. Mao era el que había heredado, defendido y desarrollado el marxismo-leninismo hasta llevarlo a una nueva fase, la del marxismo-leninismo-Pensamiento Mao Zedong. No se mencionaba para nada a Stalin.[1]

Todas estas ideas eran estupendas, pero Mao también se valió de la Revolución Cultural para librarse de sus enemigos reales e imaginarios, sobre todo de los delegados que habían discutido el Gran Salto Adelante en enero de 1962.

[1] Dikötter, *The Cultural Revolution*, *op. cit.*, p. xi.

Diez años antes, Mao había cometido un error de cálculo al permitir que los intelectuales expresaran sus opiniones durante la campaña de las Cien Flores. En esta ocasión estaba más preparado. En primer lugar, puso al país en alerta al ordenar el arresto de cuatro dirigentes del Partido en mayo de 1966. Los acusó de pertenecer a una «camarilla antipartido» que había tramado un retorno al capitalismo. Luego, el primero de junio, se suspendieron las clases en todo el país, porque se azuzó a los estudiantes contra sus maestros.

Los estudiantes de todos los niveles habían pasado por años de adoctrinamiento durante la Campaña de Educación Socialista. Animados por la maquinaria del Partido, acosaban, denunciaban, humillaban e incluso torturaban a presuntos enemigos de clase, pero algunos de ellos fueron demasiado lejos y exigieron responsabilidades a destacados miembros del Partido. Equipos de trabajo enviados por Deng Xiaoping y Liu Shaoqi, que se pusieron al frente de la Revolución Cultural cuando el Presidente no se hallaba en Beijing, los castigaron por sus actividades. A mediados de julio, Mao regresó a la capital. En vez de respaldar a sus dos colegas, los acusó de reprimir a los estudiantes y de «ejercer una dictadura». Los apartó a ambos y Lin Biao reemplazó a Liu Shaoqi como número dos.

El grito de guerra de Mao era «rebelarse está justificado», y los estudiantes se rebelaron. Los Guardias Rojos aparecieron en agosto de 1966, ataviados con improvisados uniformes militares, provistos del Pequeño Libro Rojo. Juraron defender al Presidente y llevar a buen término la Revolución Cultural. Durante las primeras horas del 18 de agosto, casi un millón de ellos comparecieron en la plaza de Tiananmen y aguardaron para poder ver al Presidente. Cuando el sol empezaba a elevarse sobre el extremo oriental de la plaza, Mao bajó de la tribuna. Vestía un holgado uniforme militar. La multitud estalló en vítores,

DICTADORES

al tiempo que todo el mundo sostenía el alto el Pequeño Libro Rojo.[1]

Entre agosto y noviembre de 1966, Mao pasó revista a unos doce millones de Guardias Rojos en ocho concentraciones de masas. Al fin, cuando ni siquiera la enorme plaza que se halla enfrente de la Ciudad Prohibida pudo contenerlos, atravesó la ciudad en un jeep abierto y llegó a dos millones de estudiantes en una sola salida. Todas las asambleas se preparaban con gran detalle. En plena noche, los Guardias Rojos marchaban en grupos hasta la plaza, o se desplazaban mediante una flota de seis mil camiones, siempre sin aviso previo, por razones de seguridad. Se les ordenaba que se sentaran en hilera y aguardaban durante varias horas. Cuando el Presidente aparecía por fin, se levantaban de un salto, estiraban el pescuezo y avanzaban en masa, vitoreándolo al grito de «¡Larga vida al presidente Mao!».[2]

Muchos de ellos quedaban extasiados tan sólo con vislumbrar al Presidente. Otros sentían decepción. Unos pocos pasaban miedo. Pero todos ellos sabían muy bien lo que tenían que hacer y decir, porque la frase clave se había publicitado sin cesar en la prensa, la radio y la televisión después de cada una de las concentraciones de masas en Beijing: «Hoy soy la persona más feliz del mundo. ¡He visto a nuestro Gran Líder, el presidente Mao!».[3]

El 18 de septiembre, al finalizar la primera asamblea, Lin Biao hizo un largo discurso en el que exhortó a los emocionados jóvenes a destruir «las antiguas ideas, la antigua cultura, las antiguas costumbres y los antiguos hábitos de las clases explotadoras».

[1] *Ibid.*, pp. 71-74. [2] *Ibid.*, pp. 107-109.
[3] Chang Jung, *Wild Swans: Three Daughters of China*, Clearwater, Florida, Touchstone, 2003, p. 413.

Procedieron a hacerlo con entusiasmo. Quemaron libros, profanaron tumbas, destruyeron templos, destrozaron iglesias y, en general, se volvieron contra todo lo que recordara el pasado, hasta los nombres de las calles y los rótulos de las tiendas. También efectuaron incursiones en domicilios privados. Tan sólo en Shanghái visitaron un cuarto de millón de hogares y se llevaron todos los restos del pasado, como libros, fotografías familiares, estatuas antiguas y valiosos pergaminos.[1]

Al mismo tiempo que el mundo antiguo era atacado, empezaba a forjarse—según proclamaba Mao—una nueva cultura proletaria. Todo el mundo comprendía que la única alternativa aceptable era el culto al presidente Mao. El aspecto más visible de aquel culto fue una sucesión de eslóganes. Aparecían por todas partes. Una persona que siguió todo aquello de cerca observaba: «Ya en el pasado eran muy frecuentes, pero se han sobrepasado todos los límites. En todo trecho desnudo de pared hay que inscribir con gran cuidado una cita o un tributo a Mao». Algunos de los eslóganes favoritos eran: «Nuestro gran maestro, gran líder, gran comandante, gran timonel» y «¡Larga vida al presidente Mao!». Cubrían tiendas, fábricas y escuelas, y en algunos casos iban de un extremo a otro del edificio. Se pintaron citas en el exterior de autobuses, camiones, coches y camionetas.[2]

En aquel nuevo mundo bañado en rojo, todos los sentidos sufrían un bombardeo constante. Los Guardias Rojos subían a estrados provisionales para exhortar al pueblo con sus voces estridentes a unirse a la revolución. Se arengaba a los transeúntes con una retórica inflamada, en

---

[1] Dikötter, *The Cultural Revolution*, *op. cit.*, p. 89.
[2] PRO, FO 371-186983, de Leonard Appleyard a John Benson, «Manifestaciones del culto a Mao», 28 de septiembre de 1966.

la que menudeaban las citas del Presidente. En los cielos, las azafatas de los vuelos nacionales deleitaban a los pasajeros con lecturas regulares del Pequeño Libro Rojo. Pero el arma más temible era el altavoz. Los altavoces se habían usado durante mucho tiempo en campañas de propaganda, pero por entonces estaban siempre encendidos y vomitaban sin cesar las mismas citas, siempre a todo volumen. Los Guardias Rojos leían el Pequeño Libro Rojo en cabinas de policía conectadas con los altavoces de las calles. Cuadrillas de jóvenes revolucionarios desfilaban por las ciudades y cantaban a pleno pulmón canciones revolucionarias que alababan al Presidente y su pensamiento. Las mismas canciones se retransmitían por la radio, que a su vez estaba conectada a altavoces en patios, escuelas, fábricas y oficinas de la Administración. Una de las favoritas era «Cuando navegamos por los mares, dependemos del timonel», y otra, «El pensamiento de Mao Zedong refulge con luz dorada».[1]

Nadie quería quedarse atrás en el culto al líder. A medida que la gama de objetos condenados como «feudales» o «burgueses» se ampliaba, la gente corriente recurría cada vez más a los productos que no suponían ningún peligro desde el punto de vista político. Las fotografías, insignias, carteles y libros de Mao hacían furor y ramas enteras de la industria se reciclaron para producir objetos de culto.

Tan sólo en Shanghái se construyeron siete nuevas fábricas, con una superficie total de 16 400 metros cuadrados—el equivalente aproximado de tres campos de fútbol—para satisfacer la demanda de fotografías, retratos, carteles y libros. En la provincia de Jiangsu se reestructuraron plantas industriales enteras para dedicarlas a la impresión del Pequeño

[1] Louis Barcata, *China in the Throes of the Cultural Revolution: An Eye Witness Report*, Nueva York, Hart Publishing, 1968, p. 48.

Libro Rojo. Las fábricas que producían tinta roja trabajaban sin descanso, pero no daban abasto.[1]

Los libros necesitaban cubiertas lustrosas, brillantes y rojas. La cantidad de plástico requerido por el Pequeño Libro Rojo alcanzó las cuatro mil toneladas en 1968. En fecha tan temprana como agosto de 1966, el Ministerio de Comercio restringió la producción de zapatos, zapatillas y juguetes de plástico, y las fábricas de todo el país se prepararon para contribuir a la difusión del Pensamiento Mao Zedong.[2]

La economía planificada no lograba satisfacer la demanda popular. En el caso de las insignias de Mao, por ejemplo, la producción nacional sobrepasó los cincuenta millones de insignias mensuales en 1968, pero con eso no bastó. Emergió un floreciente mercado negro que competía con el Estado. Algunas entidades estatales producían insignias para sus propios miembros, pero llevaron su producción a un terreno de legalidad dudosa, atraídas por la posibilidad de lucrarse. Aparecieron fábricas clandestinas dedicadas por completo a proveer al mercado negro. Competían con las empresas estatales por obtener recursos escasos: robaban cubos, teteras, ollas y sartenes de aluminio. Había tal demanda que en algunas fábricas se llegaba al extremo de arrancar la capa protectora de aluminio de máquinas de elevado precio para satisfacer aquel frenesí por las insignias.[3]

Había miles de insignias distintas. En unos pocos casos se trataba de toscos productos de metacrilato, plástico e incluso bambú, mientras que en otros se elaboraban cui-

[1] SMA, 11 de diciembre de 1967, B167-3-21, pp. 70-73; NMA, Instrucciones del Centro, 5 de abril y 12 de julio de 1967, 5038-2-107, pp. 2 y 58-59.
[2] HBPA, Directriz del Ministerio de Comercio, 30 de agosto de 1966, 999-4-761, p. 149.
[3] SMA, 2 de mayo de 1967, B182-2-8, pp. 5-8.

dadosamente con porcelana coloreada a mano, la mayoría con una base de aluminio y el perfil de Mao en oro o plata, mirando invariablemente a la izquierda. Al igual que el Pequeño Libro Rojo, la insignia devino en símbolo de lealtad al presidente y se llevaba sobre el corazón. Las insignias fueron los objetos de propiedad privada con los que más se comerció durante los primeros años de la Revolución Cultural. Estaban sujetas a todo tipo de especulación capitalista. El volumen de aluminio que se desvió de otras actividades industriales fue tal que en 1969 Mao ordenó que aquello se detuviera: «Devolvedme mis aviones». La moda declinó enseguida y podemos considerar que prácticamente llegó a su final en 1971, tras la muerte de Lin Biao.[1]

La primera fase de la Revolución Cultural estuvo marcada por la cruel violencia entre facciones, porque la gente corriente, los cuadros del Partido y los dirigentes militares no se ponían de acuerdo sobre sus verdaderos objetivos. Las diferentes facciones se enfrentaban, convencidas todas ellas de encarnar la verdadera voz de Mao Zedong, y el país se encaminó a la guerra civil. Algunas personas luchaban por las calles, armadas con ametralladoras y artillería antiaérea. Con todo, el Presidente logró imponerse. Iba improvisando y, por el camino, destruyó millones de vidas. Intervenía periódicamente para rescatar a un seguidor leal o para arrojar a los lobos a un estrecho colaborador. Una simple frase de Mao declarando que una u otra facción era «contrarrevolucionaria» decidía las vidas de incontables personas. Su veredicto podía cambiar de un día para otro, y así alimentaba un ciclo de violencia aparentemente interminable, en el que las gentes se afanaban por demostrar su lealtad para con el Presidente.

---

[1] Helen Wang, *Chairman Mao Badges: Symbols and Slogans of the Cultural Revolution*, Londres, British Museum, 2008, p. 21.

En verano de 1967 la violencia escapó a todo control y el Presidente intervino. Hizo una gira por el país en la que pidió una Gran Alianza. El primero de octubre, medio millón de soldados marchó por la plaza de Tiananmen en una gran exhibición de unidad y coordinación. Delante iba una gigantesca efigie de plástico de Mao, de color plateado, que señalaba al frente. Más atrás iban cientos de miles de personas corrientes, obligadas a marchar juntas. En muchos casos miembros de facciones opuestas se hallaban en un mismo contingente.[1]

En todas partes se programaron clases para el estudio del Pensamiento Mao Zedong. Años antes, el Ejército de Liberación del Pueblo había respaldado el Pensamiento Mao Zedong, y en aquel momento recurrió al culto a su líder para imponer orden y disciplina. El culto a la personalidad, en palabras de Lin Biao, había de unir a «todo el Partido, todo el Ejército y todo el pueblo». En marzo de 1968 se lanzó una nueva campaña llamada de las Tres Lealtades y los Cuatro Amores Ilimitados que llevó la adoración a Mao a nuevas cotas. Exigía absoluta lealtad al Presidente, su pensamiento y la «línea revolucionaria proletaria». En las escuelas, oficinas y fábricas se erigieron altares a Mao. Grandes caracteres en los que se leía «El sol rojo en nuestros corazones», recortados en papel rojo, lustroso y brillante, se disponían en semicírculo en torno a la figura del Gran Timonel. La cabeza de éste irradiaba rayos de sol. En todos los lugares, la gente contemplaba la mirada del Presidente en el mismo momento de despertar, y por la noche comparecían de nuevo ante él y se inclinaban ante su retrato.[2]

[1] PRO, FCO 21/41, Donald C. Hopson, «Carta desde Beijing», 7 de octubre de 1967.
[2] Por ejemplo, Pamela Tan, *The Chinese Factor: An Australian Chi-*

Existía incluso una danza de la lealtad, que consistía en unos pocos movimientos sencillos que había que hacer con los brazos tendidos desde el corazón hacia el retrato del Presidente. El baile se acompañaba con la canción «Amado presidente Mao». La televisión estatal dedicaba veladas enteras a la danza y el cántico rituales. Por lo general, un busto gigantesco ocupaba el centro del escenario y arrojaba rayos de luz eléctrica que vibraban y parpadeaban, como si de la divinidad brotaran luz y energía.[1]

Los bustos y estatuas de Mao proliferaron como setas después de la lluvia. Tan sólo en Shanghái aparecieron más de seiscientos mil. La mayoría de ellas estaban hechas con yeso de color blanco mate, y otras con hormigón armado, aluminio y hojalata. Algunas se erguían sobre los peatones hasta la majestuosa altura de quince metros, mientras que otras se quedaban en unos modestos tres metros. Recursos que ya eran escasos se malgastaban en aquella competición informal, y en 1968 la ciudad llegó a emplear novecientas toneladas de hojalata, sin contar otros materiales. El Instituto del Acero hizo un monumento con acero inoxidable que costó cien mil yuanes.[2]

La primera fase de la Revolución Cultural llegó a su fin en el verano de 1968. Se crearon unos sedicentes «comités re-

---

nese Woman's Life in China from 1950 to 1979, Dural, Nueva Gales del Sur, Roseberg, 2008, p. 131.

[1] PRO, FCO 21/19, Percy Cradock, «Carta desde Beijing», 3 de junio de 1968.

[2] SMA, B103-4-1, 11 de julio de 1967, pp. 1-3; B98-5-100, 9 de diciembre de 1969, pp. 10-11; B109-4-80, 1.º de agosto de 1968, p. 31; sobre las estatuas de Shanghái, es imprescindible leer Jin Dalu, *Feichang yu zhengchang: Shanghai 'wenge' shiqi de shehui bianqian* ('Lo extraordinario y lo ordinario: cambio social en Shanghái durante la Revolución Cultural'), Shanghái, Shanghai cishu chubanshe, 2011, vol. 2, pp. 198-228.

volucionarios del Partido» que se hicieron con el control de éste y del Estado. Los oficiales militares predominaban claramente en ellos y el poder efectivo quedó en manos del Ejército. Durante los tres años siguientes transformaron el país en un Estado militarizado en el que los propios miembros del Ejército supervisaban escuelas, fábricas y departamentos de la Administración. Además, organizaron una serie de purgas, y todos los que habían tomado la palabra en el momento culminante de la Revolución Cultural, en 1966-1967, fueron castigados. Al principio, se exilió a regiones rurales a millones de elementos indeseables, entre ellos estudiantes y aquellos que se habían tomado al pie de la letra las palabras del Presidente, para que fueran «reeducados por los campesinos». A continuación, tuvo lugar una caza de brujas de ámbito nacional en busca de «espías», «traidores» y «renegados». Se crearon comités especiales para estudiar las presuntas relaciones con el enemigo tanto de la gente corriente como de los miembros del Partido. Una campaña contra la corrupción doblegó todavía más a los habitantes del país, porque casi cualquier acto—rasgar sin querer un cartel donde aparecía el Presidente, cuestionar la planificación económica—podía considerarse delito.[1]

Por todo el país se obligaba a la gente a dar pruebas de su devoción por el presidente, a denunciar a colegas, amigos, vecinos y familiares. Mediante una sucesión de purgas absurdas e impredecibles se desgarró el tejido de comunidades enteras, provocando la aparición de individuos dóciles y atomizados que tan sólo eran leales al Presidente. Y en todas partes se obligaba a los elementos recalcitrantes a ser a reeducados. La gente corriente asistía a clases sobre el Pensamiento Mao Zedong y los miembros del

---

[1] Dikötter, *The Cultural Revolution, op. cit.*, pp. 240-241.

Partido acudían a las Escuelas para Cuadros del Partido 7 de Mayo.

En abril de 1969, el IX Congreso del Partido aprobó unos nuevos estatutos que establecían que el «marxismo-leninismo-Pensamiento Mao Zedong» sería la base teórica del Partido. El Pensamiento Mao Zedong se reafirmó como ideología rectora del país. Por fin, el Presidente pudo anular las decisiones adoptadas en el VIII Congreso del Partido, celebrado en septiembre de 1956. Para entonces ya se había expulsado del Partido y denunciado a Liu Shaoqi, junto con docenas de veteranos dirigentes, por «renegado, traidor y esquirol infiltrado, y lacayo del imperialismo, del revisionismo moderno y de los reaccionarios nacionalistas que han perpetrado crímenes sin cuento». Murió seis meses después en confinamiento solitario, con el cuerpo lleno de úlceras de decúbito y los cabellos largos y desaliñados. Se eligió un nuevo Comité Central en el que menos de una quinta parte de sus miembros habían pertenecido a ese órgano en 1956.[1]

Aun así, Mao desconfiaba de los militares y sobre todo de Lin Biao, que había sido pionero en el estudio del Pensamiento Mao Zedong en el Ejército. Si bien Mao se había valido de él para poner en marcha y sostener la Revolución Cultural, el mariscal, a su vez, había aprovechado el desorden resultante para acrecentar su propio poder y situar a

---

[1] «Zhongyang zhuan'an shencha xiaozu 'guanyu pantu, neijian, gongzei Liu Shaoqi zuixing de shencha baogao' ji 'pantu, neijian, gongzei Liu Shaoqi zuizheng'» ('Informe sobre Liu Shaoqi por el Grupo Central de Estudio de Casos'), 18 de octubre de 1968, Cultural Revolution Database; he utilizado, con algunos cambios menores, la traducción de Milton y Milton, *The Wind Will Not Subside*, pp. 335-339; acerca de la composición del congreso, véase Roderick MacFarquhar y Michael Schoenhals, *Mao's Last Revolution*, Cambridge, Massachusetts, Harvard University Press, 2006, pp. 292-293.

sus seguidores en puestos clave del Ejército. Tras su muerte en un misterioso accidente aéreo en septiembre de 1971 se puso fin al poder de los militares sobre la vida civil, y también el Ejército sufrió una purga y fue víctima de la Revolución Cultural.

El culto a Mao, estrechamente asociado a Lin Biao y al Ejército de Liberación del Pueblo, perdió fuelle casi de un día para otro. China se alejó todavía más de la Unión Soviética y en 1972 se volvió hacia Estados Unidos. Las ciudades se acicalaron para una visita de Nixon. Se retiraron carteles y se moderaron los eslóganes antiimperialistas. El aspecto de Shanghái se remozó. Hubo que enviar un pequeño ejército de mujeres a borrar un gran eslogan que se leía frente al hotel de la Paz y que rezaba «Larga vida a los invencibles pensamientos del presidente Mao». Aparecieron nuevos eslóganes en los que se daba la bienvenida a la «Gran unidad entre los pueblos del mundo». El presidente desapareció de los escaparates. Se desmontaron miles de estatuas y se mandaron a reciclar con discreción.[1]

También se acicaló y engalanó al propio Presidente. Su encuentro con Nixon fue un gran golpe propagandístico. La noticia causó una gran conmoción en el mundo entero, porque implicaba que la Unión Soviética perdía peso dentro del equilibrio de poderes de la Guerra Fría. Mao, en Beijing, se regodeaba diciendo: «[Estados Unidos] se transforma de simio en hombre, sin llegar a ser del todo un hombre, la cola aún no ha desaparecido». Había rebajado a Nixon, líder de la nación más poderosa de la tierra, a simple emisario que buscaba una audiencia con el emperador. Al cabo de poco, líderes de países europeos, latinoameri-

---

[1] GDPA, 296-A2.1-25, Informe sobre Shanghái, 7 de marzo de 1973, pp. 189-198; PRO, FCO 21/962, Michael J. Richardson, «Nombres de calles», 26 de enero de 1972.

canos, africanos y asiáticos acudieron en masa a Beijing en busca de reconocimiento.[1]

Durante sus últimos años, el Presidente aún jugaba a enfrentar facciones entre sí. Zhou Enlai recibió un diagnóstico de cáncer y Mao se negó a autorizar el tratamiento, y lo dejó morir a principios de 1976. El propio Mao falleció unos pocos minutos después de la medianoche del 9 de septiembre de 1976. La gente se reunió en escuelas, fábricas y oficinas para oír el comunicado oficial. Algunas personas se sintieron aliviadas, pero tuvieron que disimularlo. Fue el caso de Chang Jung, una estudiante de Sichuan que por unos instantes se sintió embargada de pura euforia. A su alrededor, todo el mundo lloraba. Si no expresaba la emoción requerida, corría el riesgo de que la señalaran por ello. Apoyó el rostro en el hombro de la mujer que tenía enfrente y empezó a sollozar y lloriquear.[2]

No fue en absoluto la única que se vio obligada a fingir. En China, por tradición, la piedad filial obligaba a llorar por los parientes muertos, e incluso a arrojarse al suelo frente a su ataúd. La ausencia de lágrimas suponía una deshonra para la familia. A veces, en los funerales de dignatarios importantes, se contrataba a actores que se lamentaban exageradamente, con lo que animaban a los demás asistentes a expresar su pena sin rebozo. Y del mismo modo que muchas personas habían aprendido el arte de expresar sin esfuerzo alguno su ira proletaria en las asambleas de denuncia, también había muchas otras que sabían hacer de plañideras.

En privado, no demostraban tanta tristeza. En Kunming, capital provincial de Yunnan, los licores a la venta se agotaron de un día para otro. Una joven recuerda que su padre

---

[1] Chang y Halliday, *Mao, op. cit.*, p. 583.
[2] Chang, *Wild Swans, op. cit.*, p. 651.

invitó a casa a su mejor amigo, cerraron la puerta y abrieron la única botella de vino que tenían. Al día siguiente acudieron a un oficio fúnebre público en el que la gente lloraba desconsolada. «Cuando era niña, las expresiones de los adultos me confundían: en público todo el mundo parecía triste, mientras que mi padre había estado muy alegre la noche anterior».[1]

Algunas personas sentían verdadero dolor, sobre todo las que se habían beneficiado de la Revolución Cultural. Y quedaba un gran número de seguidores convencidos, sobre todo entre los jóvenes. Ai Xiaoming, una muchacha de veintidós años deseosa de entrar en el Partido y contribuir al socialismo, estaba tan acongojada que lloró hasta el punto de casi desmayarse.[2]

Pero parece que en las zonas rurales fueron bien pocos quienes sollozaron. Un aldeano pobre de Anhui recordaba que «por aquel entonces ni una sola persona lloró».[3]

Mao fue a parar a un mausoleo, igual que Stalin, pero, a diferencia de éste, no salió de él. Su retrato aún cuelga en Beijing y su rostro sonríe en todos los billetes de la República Popular. Mao se valió del culto a la personalidad para transformar a las personas en aduladores que se esforzaban en satisfacer todos sus caprichos. Hizo que los dirigentes del Partido fueran cómplices de sus crímenes. Y al ser cómplices, ellos y sus sucesores tuvieron que asumir el papel de protectores de su imagen, decididos a no repetir el error que Jruschov cometió con su discurso secreto.

[1] Jean Hong, entrevista, 7 de noviembre de 2012, Hong Kong; Rowena Xiaoqing He, «Reading Havel in Beijing», *Wall Street Journal*, 29 de diciembre de 2011.

[2] Ai Xiaoming, en una entrevista por Zhang Tiezhi, 22 de diciembre de 2010, Guangzhou.

[3] Wu Guoping, en una entrevista por Dong Guoqiang, 1.º de diciembre de 2013, condado de Zongyang, Anhui.

5

KIM IL-SUNG

El 14 de octubre de 1945 se realizó una concentración de masas en un campo deportivo de Piongyang para dar la bienvenida al Ejército Rojo. Medio año antes, en la reunión de Stalin con Roosevelt en Yalta, las potencias aliadas habían negociado el destino de Corea, colonia japonesa desde 1910. Habían acordado una ocupación conjunta de la península y en el último momento habían decidido dividir el país a lo largo del paralelo 38. Piongyang fue designada capital provisional de Corea del Norte bajo control soviético.

Aquel día, Kim Il-sung, flanqueado por oficiales soviéticos, pronunció su primer discurso público. En el mismo momento en que el general Lébedev lo presentó, se sintió la agitación entre los asistentes, porque la gente asociaba su nombre a un guerrillero legendario, un gran patriota que diez años antes se había movido a su antojo por Manchuria acosando al enemigo japonés. Pero Kim no respondía a aquella imagen preconcebida. Sólo tenía treinta y tres años y se le veía poco experimentado. Aferraba, lleno de nervios, el texto que estaba leyendo. Según dijo uno de los asistentes, parecía «un repartidor de restaurante chino», con el cabello rapado al cero y un atuendo de color azul demasiado ceñido para su cuerpo regordete. Pronunció con voz monótona un discurso salpicado de jerga marxista, dedicando exagerados elogios a Stalin. Se rumoreó entre la multitud que en realidad se trataba de un impostor, un doble impuesto por la Unión Soviética. Mal comienzo para el hombre que iba a erigirse en gobernante supremo de Corea del Norte.[1]

---

[1] Robert A. Scalapino y Chong-sik Lee, *Communism in Korea. Part I:*

Kim había nacido en una familia cristiana. Su padre se había educado con misioneros. En 1919, cuando sólo contaba siete años, la familia cruzó la frontera con Manchuria para escapar de la opresión colonial, igual que hicieron en la misma época varios cientos de miles de coreanos. En 1931, Japón les dio alcance, porque transformó Manchuria en un Estado títere. Kim, que andaba por los diecinueve años, se unió al Partido Comunista Chino. Pero se sospechaba que los partisanos coreanos espiaban para Japón y más de un millar sufrieron interrogatorios y torturas en una serie de brutales purgas. Centenares de ellos murieron. Kim también padeció arresto, si bien lo exoneraron en 1934.[1]

Para entonces, Kim era uno de los escasos coreanos comunistas que aún quedaban. Al cabo de poco tiempo comandaba varios cientos de guerrilleros y llevó a cabo incursiones en Manchuria y en la propia Corea. En junio de 1937, él y sus hombres atacaron a una guarnición policial en un pequeño pueblo llamado Pochŏnbo, a poco más de cuarenta kilómetros del monte Paektu, una montaña sagrada donde se cree que nació el fundador del primer reino. Desde un punto de vista estratégico, la operación era insignificante, pero atrajo una amplia cobertura de prensa, al ser la primera vez que los comunistas lograban llevar a cabo una incursión en Corea. Los japoneses incluyeron a Kim en su lista de bandidos más buscados y provocaron con ello que su nombre se volviera familiar entre los muchos millones de personas que odiaban a sus amos coloniales.[2]

The Movement, Berkeley, California, University of California Press, 1972, pp. 324-325; Lim Un, *The Founding of a Dynasty in North Korea: An Authentic Biography of Kim Il-song*, Tokio, Jiyu-sha, 1982, p. 149.

[1] Hongkoo Han, «Wounded Nationalism: The Minsaengdan Incident and Kim Il-sung in Eastern Manchuria», University of Washington, tesis doctoral, 1999, p. 347.

[2] Han, «Wounded Nationalism», *op. cit.*, pp. 365-367; Scalapino y

En 1940, Kim ya era el rebelde más buscado de Manchuria y se vio obligado a pasar a la Unión Soviética. Una vez allí, el Ejército Rojo lo acogió, instruyó y adoctrinó junto con sus seguidores. En 1942 lo promovieron a capitán, pero tres años más tarde le negaron la oportunidad de acrecentar todavía más su reputación con una marcha victoriosa hasta Piongyang. El receloso Stalin otorgó ese papel a los más fiables «coreanos soviéticos», un grupo ligado desde hacía tiempo a Moscú. Pero Kim y sesenta de sus partisanos lograron entrar por su cuenta en Corea del Norte y desembarcaron en la ciudad portuaria de Wŏnsan un mes después de que Japón se rindiera. Fue un retorno ignominioso para Kim, que no llegó como libertador de su país sino como humilde capitán, con uniforme extranjero, e insistió en que su viaje de regreso al país se mantuviera en secreto.[1]

Una vez en Piongyang, se relacionó con los altos cargos soviéticos, les proporcionó comida y mujeres, y se valió de sus contactos para colocar a sus seguidores en posiciones clave de los órganos de seguridad pública. Los rusos necesitaban un testaferro para el Gobierno provisional, pero se decidieron por Cho Man-sik. Cho, conocido como el «Gandhi de Corea», era un nacionalista cristiano que había promovido durante décadas la búsqueda de la independencia por medios no violentos. Era un hombre muy respetado, pero enseguida se vio que sólo colaboraría con los soviéticos en sus propios términos. Terminó por rechazar un fideicomiso de cinco años bajo el control de la Unión Soviética, y ésa fue la gota que colmó el vaso. En enero de 1946 le impusieron arresto domiciliario. Entonces Kim

Lee, *Communism in Korea*, op. cit., pp. 202-203; Dae-sook Suh, *Kim Il-sung: The North Korean Leader*, Nueva York, Columbia University Press, 1988, pp. 37-47.

[1] Charles Armstrong, *The North Korean Revolution: 1945-50*, Ithaca, Nueva York, Cornell University Press, 2002, cap. 2.

pasó a ocupar la primera posición, porque Stalin seleccionó su nombre en una lista de posibles candidatos. Su único rival era Pak Hŏn-yŏng, un activista por la independencia que había organizado el Partido Comunista Coreano en el sur tras la liberación.[1]

En octubre de 1945, Kim había causado mala impresión, pero los soviéticos lo ayudaron a mejorar su imagen. Piongyang se adornó con retratos de él colgados al lado de los de Stalin. Se elogiaba su juventud, se enaltecía su mítico pasado. Kim trabajó por mejorar su sonrisa y dar una imagen de gentileza y alegría. Se transformó en la encarnación de la modestia. Decía a la gente: «No soy un general, sino vuestro amigo». Un entrevistador explicó que le había impactado «la luz del genio» que centelleaba en sus ojos. Uno de los momentos clave fue en agosto de 1946, cuando se aclamó a Kim como «gran líder», «héroe de la nación» y «líder de todo el pueblo coreano» en el congreso fundacional del Partido de los Trabajadores de Corea del Norte. El novelista Han Sŏrya, que no tardaría en convertirse en el principal orquestador del culto a la personalidad de Kim, se refería a él como «nuestro sol», a diferencia del sol japonés ante el que los súbditos coloniales se habían visto obligados a inclinarse en el pasado.[2]

En el mismo momento en que Kim recibió la aprobación de Moscú, el modelo soviético se impuso en todos los niveles de la sociedad. La industria se nacionalizó y se llevó a cabo una drástica reforma agraria. Kim se encontraba en el centro de todo ello. Iba de un lado para otro del país y

[1] Lim, *The Founding of a Dynasty in North Korea*, *op. cit.*, p. 152.
[2] Bradley K. Martin, *Under the Loving Care of the Fatherly Leader: North Korea and the Kim Dynasty*, Nueva York, Thomas Dunne Books, 2004, p. 53; Armstrong, *The North Korean Revolution*, *op. cit.*, p. 223; John N. Washburn, «Russia Looks at Northern Korea», *Pacific Affairs*, 20, n.º 2, junio de 1947, p. 160.

ofrecía consejos a sus súbditos sobre materias que iban desde la práctica de la agricultura sobre tierras escarpadas hasta la mejora de la calidad de vida. Fue él quien logró una cosecha espectacular en 1946, y también fue él quien contuvo las inundaciones invernales aquel mismo año. Se celebraban asambleas en las zonas rurales, donde los aldeanos expresaban su gratitud al general Kim mediante canciones, discursos y cartas. Entretanto, aproximadamente un millón de personas, el siete u ocho por ciento de la población, votó con los pies, y tuvo lugar un éxodo de riqueza y talento en dirección a Corea del Sur.[1]

Sus credenciales revolucionarias eran objeto de elogios. Una breve biografía traducida del *Komsomolskaya Pravda* en 1946 se explayaba con los poderes sobrenaturales que los aldeanos atribuían al guerrillero que los japoneses no habían logrado capturar durante tantos años: volaba por los aires y atravesaba montañas. Gitóvich y Bursov, dos rusos que habían entrevistado a Kim y a sus partisanos, dieron a conocer a sus padres al gran público. El padre había sido un maestro devoto y revolucionario profesional que había pasado dos veces por prisión. La madre, una astuta cómplice que había proporcionado a su hijo armas que tenía escondidas por la casa. Pero fue un escritor coreano llamado Han Chae-tok el primero que celebró el «retorno triunfal» de Kim a la patria, y lo pintó como el «héroe de toda Corea», que se había puesto al frente del movimiento de liberación desde los diecisiete años. Su narración apareció en forma de libro en 1948.[2]

---

[1] Armstrong, *The North Korean Revolution*, op. cit., p. 150; la estimación de un millón se debe a Byoung-Lo Philo Kim, *Two Koreas in Development: A Comparative Study of Principles and Strategies of Capitalist and Communist Third World Development*, citado en Martin, *Under the Loving Care of the Fatherly Leader, op. cit.*, p. 56.

[2] David Allen Hatch, «The Cult of Personality of Kim Il-Song:

La incursión en Pochŏnbo se transformó en leyenda,
gracias sobre todo a un poema épico publicado por Jo
Ki-chŏn, un poeta llamado a veces «el Maiakovski de Corea». *Monte Paektu*, publicado en 1947, describía la región como una tierra mística en la que abundaban los relatos fantásticos, como por ejemplo historias de guerreros
durmientes que estaban a punto de levantarse y liberar a
su tierra y sus líderes revolucionarios saltando de montaña en montaña.[1]

En 1948 descendía el telón de acero y el mundo quedaba dividido en dos. En Corea, dos Gobiernos muy distintos aparecieron a un lado y otro del paralelo 38. La reuni-
ficación pacífica parecía cada vez más improbable. En el
sur, Syngman Rhee, adversario del comunismo, ganó con
el apoyo de Estados Unidos las primeras elecciones presidenciales, que tuvieron lugar en mayo. Unos pocos meses
más tarde, el 15 de agosto de 1948, exactamente tres años
después de que el país se liberara del yugo japonés, se proclamó la República de Corea en Seúl. El 9 de septiembre,
Kim Il-sung proclamó la República Democrática de Corea
del Norte.

Pasó de general a primer ministro y se hizo con el poder
supremo. Otro título que empezó a utilizarse después de la
fundación de la República Democrática fue el de *suryŏng*,
el equivalente del término *vozhd* que se aplicaba a Stalin.
Su fotografía figuraba como frontispicio en libros y revistas. Sus discursos, que eran numerosos, se publicaban en
los periódicos. El Primero de Mayo, decenas de miles de
personas se juntaron para alabar a Stalin y a Kim. Tal como

Functional Analysis of a State Myth», tesis doctoral, Washington D.C.,
The American University, 1986, pp. 106-109.
  [1] Benoit Berthelier, «Symbolic Truth: Epic, Legends, and the Making of the Baekdusan Generals», 17 de mayo de 2013, *Sino-NK*.

la maquinaria propagandística no se hartaba de repetir, el pueblo estaba unido tras su líder.[1]

Corea del Norte era ya un país sumamente militarizado, pero como cada vez era más probable que estallara un conflicto con el sur, en febrero de 1948 se creó un Ejército del Pueblo Coreano, equipado y asesorado por Moscú. Las tropas soviéticas se retiraron a finales de año. Corea del Norte recibió doscientos tanques, así como camiones, artillería y armas ligeras.

Como ocurre en todos los Estados de partido único, el Ejército pertenecía al partido, no al pueblo. Kim Il-sung era su comandante supremo y estaba deseoso de extender la revolución y liberar al sur de las garras de Syngman Rhee y de su «facción reaccionaria estadounidense» con el fin de unificar el país. En marzo de 1949 acudió a Stalin, pero su amo y señor puso reparos. Kim tuvo que ver con gran frustración cómo Mao se hacía con el poder en China y llevaba a una cuarta parte de la humanidad al campo socialista, mientras su propio país seguía dividido.

Kim insistió repetidamente a Stalin, que no tenía ninguna prisa por empezar un conflicto abierto que involucrara a Estados Unidos. Pero a finales de 1949 el mandatario ruso empezó a ceder. Los estadounidenses no habían intervenido en la guerra civil china y prácticamente habían abandonado a Chiang Kai-shek en Taiwán. En enero de 1950, después de que Estados Unidos indicara que Corea ya no se hallaba en su perímetro de defensa en el Pacífico, Stalin dio luz verde. Pero se negó a enviar tropas: «Si os dan una patada en los dientes, no voy a levantar ni un dedo. Tendréis que pedirle toda la ayuda a Mao». Mao estuvo de acuerdo,

---

[1] Hatch, «The Cult of Personality of Kim Il-Song», *op. cit.*, pp. 83 y 104.

porque necesitaba, a su vez, que Stalin le proporcionara los recursos marítimos y aéreos para invadir Taiwán.[1]

El 25 de junio de 1950 una aplastante invasión aérea y terrestre partió del norte. El sur estaba mal preparado. Contaba con menos de cien mil soldados, porque los estadounidenses habían negado deliberadamente a Syngman Rhee la entrega de material blindado, armas antitanque y artillería de más de ciento cinco milímetros. Su ejército se desmoronó en unas semanas. Por un instante, Kim Il-sung llegó a parecer un genio militar. En las áreas liberadas se veía por todas partes su retrato.[2]

Pero Kim cometió un error de cálculo de gran magnitud. Al principio, tanto él como sus consejeros contaron con que hallarían respaldo popular, pero la gente del sur se mantuvo neutral en su mayoría. Las multitudes no los vitorearon ni hicieron ondear banderas rojas. Estados Unidos, por su parte, no se abstuvo de intervenir, aunque temiera un conflicto a gran escala con la Unión Soviética. Lo que hizo fue convocar a las Naciones Unidas, proclamar que se había quebrantado la paz y enviar tropas para apoyar a Corea del Sur. Así, en agosto de 1950 cambiaron las tornas. Dos meses más tarde, el general Douglas MacArthur llegó al paralelo 38. Podría haberse detenido allí, pero se decidió a continuar hasta la frontera china, sin prestar atención a las exigencias de seguridad más básicas de la República Popular.

Kim se hallaba en una situación desastrosa. En octubre, Mao acudió al rescate. Envió a cientos de miles de soldados

---

[1] Chen Jian, *China's Road to the Korean War*, Nueva York, Columbia University Press, 1996, p. 110; Serguéi N. Goncharov, John W. Lewis y Xue Litai, *Uncertain Partners: Stalin, Mao, and the Korean War*, Stanford, California, Stanford University Press, 1993, pp. 142-145.
[2] Max Hastings, *The Korean War*, Nueva York, Simon & Schuster, 1987, p. 53; Hatch, «The Cult of Personality of Kim Il-Song», *op. cit.*, p. 153.

a cruzar la frontera durante la noche. Atacaron por sorpresa al enemigo. Pero tras obtener una serie de rápidas victorias, agotaron también sus líneas de suministro. En verano de 1951 los ejércitos enemigos se hallaban en un cruento punto muerto en torno al paralelo 38.

Kim tenía que encontrar un chivo expiatorio para justificar la derrota y actuó contra el número dos del partido, un hombre nacido en Corea y criado en la Unión Soviética llamado Ho Kai. Ho era un excelente administrador y había creado la maquinaria del partido a partir de cero. También había sido el colaborador más cercano de Kim y le había servido como patrono y mentor. Tan sólo esto habría sido buen motivo para librarse de él, pero además Ho era el hombre de Moscú en Piongyang. Como en aquel momento la presencia china contrapesaba la de los soviéticos, Kim llegó a la conclusión de que podía pasar al ataque. Para empezar, pidió a Ho que purgara el partido, y luego se volvió contra él y lo acusó de haberse excedido. Ho fue humillado en presencia de otros líderes, despojado de sus cargos y expulsado del partido. Kim readmitió a cientos de miles de militantes que habían sido expulsados previamente. Muchos de ellos eran aldeanos casi analfabetos y todos vieron a Kim como su salvador.[1]

La guerra exigía unidad y obediencia al líder. En 1952 se sentaron las bases del culto a su personalidad, al mismo tiempo que los bombardeos se volvían más intensos. El 15 de abril, Kim cumplió cuarenta años, y se publicó una breve biografía que se volvió de lectura obligatoria para todo el mundo. Aparecieron lugares de estudio en todo el país, porque la gente de las fábricas y escuelas celebraba el cumpleaños de Kim «adoctrinándose con entusiasmo» con sus pensamientos. Aparecieron salones memoriales en su ho-

---

[1] Suh, *Kim Il-sung, op. cit.*, pp. 123-126; Lim, *The Founding of a Dynasty in North Korea, op. cit.*, p. 215.

nor en Pŏchonbo y en Mangyŏngdae, el lugar donde había nacido, sobre una colina a la salida de Piongyang.[1]

El entusiasmo sin límite de las masas iba de la mano con la humillación ritual de posibles rivales. Tres de los líderes más prominentes del partido publicaron encomios en honor de Kim Il-sung y lo celebraron como Gran Líder, en el mismo plano que Lenin y Stalin. Las alabanzas menos efusivas provinieron de Pak Hon-yong, el fundador del Partido Comunista Coreano en Seúl, que en 1948 se había trasladado a Corea del Norte para ocupar el cargo de ministro de Asuntos Exteriores.[2]

Por fin, se anunció un alto el fuego en 1953, unos pocos meses después de que Stalin muriera. Stalin había alargado la guerra durante dos años, satisfecho con las bajas que sufría el campo imperialista. Kim no había sido más que un peón en su gran juego de ajedrez geopolítico.

La frontera no se modificó, pero tres millones de personas habían perdido la vida en una de las guerras más crueles y mortíferas de los tiempos modernos. Buena parte de la península había quedado reducida a escombros. En el norte apenas quedaba nada en pie.

Kim anunció la victoria. Desde el principio, la maquinaria de propaganda había presentado la Guerra de Liberación de la Patria como una contienda meramente defensiva, en la que Estados Unidos era el invasor. El plan imperialista para colonizar la península entera había sido frustrado con éxito gracias a la brillante intuición del Gran Líder. Todo era una gran mentira, pero el adoctrinamiento incesante y el total aislamiento frente al mundo exterior la hicieron creíble. Durante más de una década, el Estado de

---

[1] Hatch, «The Cult of Personality of Kim Il-Song», *op. cit.*, pp. 159-160.

[2] Scalapino y Lee, *Communism in Korea, op. cit.*, pp. 428-429.

partido único reforzó el control sobre lo que se podía leer, lo que se podía decir, dónde se podía vivir y adónde se podía viajar. Los agentes de seguridad empezaron a mantener a todo al mundo bajo vigilancia constante y enviaban a los disconformes a campos de trabajo dispersos por las remotas e inhóspitas montañas del norte.[1]

Corea del Norte no sólo se transformó en un país aislado, sino también en una sociedad que vivía en una mentalidad de asedio permanente, con miedo constante a sufrir una invasión por parte de fuerzas hostiles que parecían hallarse en todas partes. La maquinaria de propaganda repetía sin cesar este mensaje, pero por lo general la gente corriente que había sufrido años de miseria a manos del enemigo lo compartía.

Corea del Norte era una sociedad traumatizada por la guerra. La propaganda presentaba al Gran Líder como una figura paterna en torno a la que su conmocionado pueblo podía unirse y buscar sentido a la vida. Con todo, el fracaso militar hizo que los rivales de Kim en el partido se envalentonaran. Éste recelaba de Pak Hon-yong, el ministro de Asuntos Exteriores, que un año antes se había mostrado tibio en sus alabanzas. Pak conservaba un gran número de seguidores entre los miembros del partido que habían colaborado en la resistencia clandestina en Corea antes de 1945. Kim los hizo arrestar en marzo de 1953. Siempre deseoso de emular a Stalin, organizó una farsa de juicio, y doce de los acusados se plegaron a confesar los crímenes más estrambóticos ante la prensa internacional. Se les declaró culpables y fueron condenados a muerte. Todo aquello sirvió para distraer a la gente de la devastación ocasionada por la guerra.[2]

[1] Andréi Lankov, *The Real North Korea: Life and Politics in the Failed Stalinist Utopia*, Oxford, Oxford University Press, 2013, pp. 37-39.
[2] Blaine Harden, *The Great Leader and the Fighter Pilot: A True*

Kim también siguió el ejemplo de Stalin en la reconstrucción de su país. Corea del Norte recibió ayuda ingente desde el campo socialista, y toda ella se empleó en la industrialización acelerada y la colectivización en las zonas rurales. Pero Kim, como siempre, tenía prisa, y a la altura de 1955 había evidencias de hambruna generalizada. A menudo se veían niños mendigando descalzos en la nieve. En el norte, los habitantes de aldeas enteras se acurrucaban unos contra otros y trataban de darse calor durante los meses de frío. Una vez más, la Unión Soviética y China intervinieron, y enviaron doscientas mil toneladas de cereales a modo de auxilio en tiempos de emergencia.[1]

Aunque Corea del Norte dependiera de la Unión Soviética, los retratos de Marx, Lenin y Stalin desaparecieron. No se exhibió ninguno en el desfile del Día Nacional que se organizó para el 15 de agosto de 1954. Por otra parte, el embajador ruso se quejaba: «En todas las estaciones de ferrocarril, en todos los ministerios, en todos los hoteles, hay efigies de Kim Il-sung de tamaño superior al natural». La sabiduría de éste se celebraba en canciones y poemas. Sus eslóganes se escribían con grandes letras en las paredes, en pancartas que colgaban en escuelas, fábricas y oficinas. Se filmaban películas que homenajeaban los lugares que había visitado, e incluso una roca sobre la que había reposado.[2]

_____

Story About the Birth of Tyranny in North Korea, Nueva York, Penguin Books, 2016, pp. 6-7; Suh, *Kim Il-sung, op. cit.*, pp. 127-130; Andréi Lankov, *From Stalin to Kim Il Sung: The Formation of North Korea, 1945-1960*, Nuevo Brunswick, Nueva Jersey, Rutgers University Press, 2002, pp. 95-96.

[1] Véase MfAA, A 5631, Informe de la embajada, 23 de marzo de 1955, pp. 63-64.

[2] MfAA, A 5631, Informe de la embajada, 23 de marzo de 1955, p. 54; RGANI, 5-28-411, Diario del embajador V. I. Ivanov, 21 de marzo de 1956, pp. 165-168; una roca protegida con una cubierta de cristal aparece en Horst Kurnitzky, *Chollima Korea: A Visit in the Year 23*, Lulu

Kim estaba en todas partes. Era un líder incansable, enérgico, que se preocupaba de todos los detalles. Inspeccionaba las escuelas, hacía giras por las cooperativas, visitaba las fábricas, e incluso aparecía sin previo aviso en asambleas locales y las presidía. Los periódicos informaban de todo ello con sumo detalle y numerosas fotografías. Empezó a usarse la expresión «orientación sobre el terreno», porque Kim daba consejos sobre cría de abejas, mantenimiento de huertos, técnicas de irrigación, producción de acero y construcción de edificios. De acuerdo con una estimación, realizó más de mil trescientos viajes entre 1954 y 1961. Sus enseñanzas se publicaban y se estudiaban con suma atención por todo el país. La Fábrica de Celulosa de Sinuiju celebró encuentros diarios dedicados a las enseñanzas del Gran Líder desde que éste la visitó a principios de 1956.[1]

Se presentó ante incontables trabajadores y aldeanos, y se transformó en leyenda viva. Sabía escuchar y siempre se preocupaba por el bienestar de la gente de su país. Cada vez que visitaba sus hogares y conocía a sus familias, la interrogaba con suma atención sobre su vida y tomaba notas. Le concedía beneficios. Los trabajadores le escribían para agradecerle su liderazgo. Él, a su vez, les escribía para felicitarlos por sus éxitos.[2]

Pero, por debajo de los oropeles de la propaganda, el miedo acompañaba al culto a la personalidad, porque el más mínimo indicio de falta de respeto para con el Gran Líder se castigaba severamente. Una víctima fue condenada a cinco años por haber forrado un libro con una hoja de periódico que contenía una fotografía de Kim Il-sung. Otra pasó

Press, 2006 (1.ª edición 1972), p. 19.

[1] Hatch, «The Cult of Personality of Kim Il-Song», *op. cit.*, pp. 172-175; Hunter, *Kim Il-song's North Korea*, *op. cit.*, p. 13.

[2] Hatch, «The Cult of Personality of Kim Il-Song», *op. cit.*, pp. 176-180.

cinco años en un campo de trabajos forzados por garaba-
tear un cartel cualquiera. Un aldeano que se quejó de las
requisas de cereales señalando con el dedo un retrato del
líder y gritándole «¡Atormentas en vano al pueblo!» pasó
siete años confinado. Miles de personas sufrieron condena
por delitos similares.[1]

Cuanto mayor era la visibilidad que cobraba el líder, más
obligados se veían sus colegas a quedarse a su sombra. La
adulación constante desviaba las posibles críticas que hubieran podido hacerle sus rivales dentro del partido. Pero
en 1956, en el mismo instante en que Jruschov denunció
el culto a la personalidad, vieron una oportunidad para rebajar un poco el peso de Kim. Yi Sang-jo, embajador de
Corea del Norte en Moscú, se quejó a los funcionarios del
Ministerio de Asuntos Exteriores de que su líder se había
rodeado de aduladores y acumulaba cada vez más poder,
mientras la prensa lo glorificaba como a un genio que había guiado la lucha revolucionaria desde los doce años. En
una visita efectuada un mes más tarde a Moscú, Jruschov
reprendió a Kim y le pidió que hiciera reformas. Kim aceptó humildemente sus recomendaciones.[2]

En su propio país, los críticos se envalentonaron y se en-

[1] RGANI, 5-28-410, pp. 233-235; este documento ha sido traducido
por Gary Goldberg en «New Evidence on North Korea in 1956», *Cold
War International History Project Bulletin*, 16, otoño de 2007-invierno
de 2008, pp. 492-494.

[2] RGANI, 5-28-412, 30 de mayo de 1956, pp. 190-196; este documento también ha sido traducido por Gary Goldberg en «New Evidence on North Korea in 1956», *Cold War International History Project Bulletin*, 16, otoño de 2007-invierno de 2008, p. 471; acerca de este incidente, véase Andréi Lankov, *Crisis in North Korea: The Failure of De-
Stalinization, 1956*, Honolulu, University of Hawai'i Press, 2005; Balázs
Szalontai, *Kim Il Sung in the Khrushchev Era: Soviet-DPRK Relations and
the Roots of North Korean Despotism, 1953-1964*, Stanford, California,
Stanford University Press, 2006.

frentaron a Kim en una reunión del Comité Central celebrada en agosto de 1956. Se ensañaron con los resultados
de sus políticas económicas, se mofaron de la incompetencia de sus subordinados y lo acusaron de concentrar demasiado poder en sus manos. Por encima de todo criticaron el
culto a la personalidad e invocaron el XX Congreso para
pedir reformas. Pero a lo largo de los años Kim había ido
colocando seguidores jóvenes y leales en el Comité Central.
Éstos abuchearon a sus oponentes, les chillaron y silbaron
mientras pronunciaban sus discursos, y luego votaron contra sus propuestas.

Kim sacó partido del enfrentamiento. Denunció a sus rivales como «faccionalistas». En algunos casos los despojó
de su cargo, y en otros los expulsó del partido. Muchos de
ellos habían nacido en la Unión Soviética o en China. Varios de ellos, temiendo por sus vidas, buscaron refugio en
sus países de origen. Aquella persecución inquietó a Moscú
y Beijing, que se dieron cuenta de que estaban perdiendo
influencia en Piongyang. Mandaron una delegación conjunta a Corea para incrementar la presión. Una vez más,
Kim aceptó humildemente sus consejos y convocó una nueva reunión del Comité Central para septiembre. Rehabilitó
a sus rivales e hizo algunos gestos meramente simbólicos
que apuntaban a una desestalinización.

Kim se salvó gracias al levantamiento que un mes más
tarde, en octubre de 1956, tuvo lugar en Budapest. Mientras los tanques soviéticos ponían fin a la apuesta de los
húngaros por la libertad, la reforma del campo socialista se
detuvo. Kim sintió que los hechos le habían dado la razón
y durante los años siguientes eliminó a todos sus críticos.
Las familias de quienes habían huido al extranjero desaparecieron. Probablemente fueron ejecutadas.[1]

---

[1] Lankov, *Crisis in North Korea, op. cit.*, p. 154.

En octubre de 1957, los líderes del campo socialista se reunieron para celebrar el cuadragésimo aniversario de la Revolución de Octubre, y Mao se llevó aparte a Kim para expresarle el pesar que había sentido por el envío de la delegación conjunta. Ambos líderes se oponían a la desestalinización. Kim, que no era hombre que dejara pasar las oportunidades, pidió a Mao que retirara sus tropas. Unos cuatrocientos mil soldados chinos habían permanecido en Corea del Norte después de terminar la guerra y se les percibía como una fuerza de ocupación en medio de una población de diez millones. Se marcharon en octubre de 1958. Kim, por fin, era dueño de su país. A fuerza de maniobras, había logrado escapar de la tutela de sus dos apoyos más poderosos: la Unión Soviética y la República Popular.

En una caza de brujas que se desarrolló por todo el país, y que recordaba la purga que se había producido en China después de las Cien Flores, decenas de miles de «faccionalistas» y «conspiradores» de todo jaez fueron arrastrados a asambleas públicas de denuncia, acusados, humillados y a veces golpeados, y en algunas ocasiones ejecutados en público. Un sospechoso sufrió a lo largo de doce días las denuncias de sus colegas de la Academia de la Ciencia por haber insistido, tras el XX Congreso de Moscú, en que la frase «Nuestro amado líder Kim Il-sung» no apareciera en las publicaciones oficiales. Muchos otros dieron con sus huesos en prisión o en campos de trabajo.[1]

En 1957 se dividió a la población del país en tres grupos diferenciados, de acuerdo con su lealtad para con el partido. Dicho sistema se designó con el término *sŏngbun*, basado en el vocablo *chengfen* que se utilizaba en la República Popular de China para referirse a un sistema análogo adoptado en 1950. Por debajo de la «clase leal» y la «clase va-

---

[1] *Ibid.*, pp. 152-154.

DICTADORES

cilante» había una «clase hostil», que comprendía aproximadamente el veinte por ciento de la población. El estatus de clase lo determinaba todo, desde la cantidad de comida que podía obtener una familia hasta el acceso a la educación y el empleo. En Corea del Norte, igual que en China, la clasificación pasaba de padres a hijos. Gente sin más delito que tener un familiar que había emigrado a Corea del Sur era deportada de la ciudad al campo. La lealtad al partido no tardó en convertirse en lealtad para con el Gran Líder.[1]

El Presidente tuvo su Gran Salto Adelante, y el Gran Líder, su Caballo Alado. La Campaña de Chŏllima, que recibía su nombre del mítico caballo alado que podía galopar cientos de kilómetros en un solo día, empezó en verano de 1958. Tenía como objetivo impulsar a Corea del Norte hacia el futuro, pero sin asistencia económica de la Unión Soviética ni de la República Popular. Kim pensaba que serían los incentivos ideológicos, más que las recompensas materiales, lo que motivaría a su pueblo a trabajar con mayor ahínco y alcanzar la autosuficiencia económica. Su eslogan rezaba: «Corred a la velocidad de Chŏllima». Corea del Norte tenía que alcanzar y superar la producción industrial de Japón en menos de dos años. Igual que en la Unión Soviética y en China, se denunciaba como «saboteadores» a los trabajadores que no cumplían con lo estipulado. Con la Campaña de Chŏllima llegó una nueva oleada de represión. En el período entre octubre de 1958 y mayo de 1959,

---

[1] Resulta curioso que en la literatura secundaria apenas se mencione explícitamente que el sistema de *sŏngbun* se basaba en el establecido por Mao. Encontramos una excepción en Judy Sun y Greg Wang, «Human Resource Development in China and North Korea», en: Thomas N. Garavan, Alma M. McCarthy y Michael J. Morley (eds.), *Global Human Resource Development: Regional and Country Perspectives*, Londres, Routledge, 2016, p. 92; acerca de las persecuciones, véase Lankov, *Crisis in North Korea, op. cit.*, p. 164.

230

se denunció a cien mil personas como «elementos hostiles y reaccionarios».[1]

A medida que los rivales de Kim desaparecían, se reescribía el pasado. En marzo de 1955, la maquinaria de propaganda ya había empezado a borrar de la historia a la Unión Soviética y a la República Popular, y se concentraba en la contribución de las «masas revolucionarias» a la liberación del país. En 1956 un museo revolucionario abrió sus puertas en Piongyang. Contaba con una única sección, a saber, cinco mil metros cuadrados dedicados a las actividades antijaponesas de Kim Il-sung. En 1960 el museo había duplicado con creces su tamaño, pero en sus numerosas salas tan sólo había un par de vitrinas dedicadas a la Unión Soviética. Doce grandes estatuas de Kim, presentado ahora como el «Emancipador Nacional», saludaban a los visitantes.[2]

Un año más tarde, en septiembre de 1961, se celebró el IV Congreso del Partido, que marcó un antes y un después para Kim Il-sung. Había logrado eliminar a toda la oposición y había instalado a sus seguidores en todo el partido. Unos pocos meses antes había aprovechado la ruptura sinosoviética para cortejar tanto a la Unión Soviética como a China, y había firmado dos tratados consecutivos que reforzaban la protección del país frente a Corea del Sur y Estados Unidos. La lucha de Kim por consolidar su poder parecía haber llegado a buen término.[3]

---

[1] Lankov, *Crisis in North Korea*, *op. cit.*, p. 182.
[2] RGANI, 5-28-314, carta de S. Suzdalev, embajador de la Unión Soviética, a N. T. Fedorenko, 23 de marzo de 1955, pp. 13-15; RGANI, 5-28-412, 10 de mayo de 1956, informe sobre la conversación de I. Biakov, primer secretario de la embajada soviética, con el director del Museo de Historia de la Lucha Revolucionaria del Pueblo Coreano, pp. 249-252; BArch, DY30 IV 2/2.035/137, boletín informativo, 14 de marzo de 1961, p. 72.
[3] Suh, *Kim Il-sung*, *op. cit.*, pp. 168-171.

DICTADORES

Pasaron varios años en los que Kim apenas se dejó ver en público y delegó la mayoría de las tareas en sus subordinados, pero de todos modos estaba por doquier. No había periódico donde no aparecieran sus citas. Todo lo que se publicaba en cualquier ámbito, desde la ingeniería civil hasta la biología molecular, incluía una obligada referencia a su trabajo. Sus discursos se recopilaron en antologías y se publicaron en el marco de sus obras completas. Sus obras selectas aparecieron traducidas. Sus súbditos estudiaban sus palabras bajo su benévola mirada en todas las oficinas y aulas del país. Por otra parte, apenas se veía ni se leía a Marx, Engels y Lenin.[1]

El 9 de septiembre de 1963, Corea del Norte organizó un monumental desfile para celebrar su decimoquinto aniversario. En los discursos inaugurales no se efectuó ni una sola mención a la Unión Soviética. El eslogan era: «Todo mediante nuestro propio esfuerzo». Una gigantesca efigie de Kim Il-sung circuló por las calles de Piongyang.[2]

Pero Kim, como buen dictador, tenía que establecerse como fundador de una ideología. Sus escritos se estudiaban ampliamente, pero necesitaba una filosofía, preferiblemente una filosofía que añadiera el sufijo *-ismo* a su nombre. En diciembre de 1955, al tiempo que la Unión Soviética y China enviaban ayuda alimentaria de emergencia a Corea del Norte, Kim Il-sung había presentado su Pensamiento Juche. Una traducción aproximada del término *juche* podría ser 'autosuficiencia'. Aquella jerigonza encerraba una sencilla idea: el pueblo es dueño de su propio destino y, si

[1] BArch, DY30 IV 2/2.035/137, boletín informativo, 14 de marzo de 1961, pp. 72-73 y 79; véase también Hatch, «The Cult of Personality of Kim Il-Song», *op. cit.*, pp. 183-192; acerca de la retirada de la vida pública, véase Suh, *Kim Il-sung, op. cit.*, p. 187.
[2] MfAA, A 7137, información sobre el Día Nacional, 16 de septiembre de 1963, pp. 45-49.

se vuelve autosuficiente, podrá alcanzar el verdadero socialismo. El marxismo-leninismo, que insistía en que las condiciones materiales eran la fuerza primaria que ocasionaba el cambio histórico, se volvió del revés.[1]

Durante años, el Pensamiento Juche apenas se mencionó, aunque la noción de autosuficiencia estuviera en la base de la Campaña de Chŏllima, y la independencia y la autosuficiencia hubieran figurado siempre entre los eslóganes más prominentes de Corea del Norte. Pero en abril de 1965, cuando la ruptura entre China y la Unión Soviética hubo alcanzado su máxima gravedad, Kim se desplazó a Indonesia con ocasión del décimo aniversario de la conferencia de países africanos y asiáticos celebrada en Bandung. Viajó por primera vez a un país que no se hallaba en el campo socialista y aprovechó para defender su aspiración de erigirse en líder de los países no alineados del Tercer Mundo. En Yakarta, habló largo y tendido sobre los principios básicos del Juche. Defendió sin apenas disimulo una posición de independencia respecto a la Unión Soviética y la República Popular de China en el marco de la lucha antiimperialista.[2]

Dentro de la propia Corea del Norte, el Pensamiento Juche servía a un propósito muy distinto. En octubre de 1966, después de quince años de desarrollo acelerado en la industria pesada, hasta algunos de los seguidores de Kim pedían una mejora en la calidad de vida de la gente corriente. El país se hallaba de nuevo al borde de la hambruna. La

---

[1] Acerca del discurso de diciembre de 1955, es imprescindible leer Brian R. Myers, «The Watershed that Wasn't: Re-Evaluating Kim Il-sung's 'Juche Speech' of 1955», *Acta Koreana*, 9, n.º 1, enero de 2006, pp. 89-115.

[2] James F. Person, «North Korea's chuch'e philosophy», en: Michael J. Seth, *Routledge Handbook of Modern Korean History*, Londres, Routledge, 2016, pp. 705-798.

capital, Piongyang, llevaba varios meses sin ver aceite de cocina ni carne.[1]

Kim entendió aquellas demandas como una amenaza y exigió que el Pensamiento Juche se convirtiera en ideología oficial de Corea del Norte. Quería nada menos que un sistema ideológico monolítico, la «unidad entre la ideología y la voluntad», a fin de poder encabezar la revolución. Exigía obediencia incondicional a todos los miembros del partido. En 1967 purgó a los críticos.[2]

Al tiempo que las palabras de Kim adquirían una validez absoluta, los epítetos que se le dedicaban se volvieron todavía más extravagantes. Se le aclamaba como «líder genial de una nación de cuarenta millones» y «el líder destacado del movimiento internacional comunista y de los trabajadores». Era él quien, en agosto de 1945, había liberado a la patria del yugo colonial, y también quien había infligido «represalias que multiplicaban por cien y por mil la agresión sufrida» contra los imperialistas estadounidenses y los había puesto de rodillas durante la guerra de Corea. Era el faro rojo que guiaba a los oprimidos de África, América Latina y Asia. Un poeta nigeriano escribió en el semanario norcoreano *Pyongyang Times*: «Kim Il-sung es nuestro sol rojo».[3]

El culto a Kim se extendió a su familia. Una compañía teatral del Ministerio de Seguridad puso en escena una obra, que alcanzó amplia difusión, sobre las «gestas heroi-

---

[1] MfAA, C 1088/70, Ingeborg Göthel, informe, 29 de julio de 1966, p. 100.

[2] Person, «North Korea's chuch'e philosophy», pp. 725-767; MfAA, G-A 344, 10 de noviembre de 1967, carta de la embajada, pp. 1-7, observa que el culto a la personalidad se reforzó al producirse las purgas.

[3] MfAA, C 1092/70, informe de la embajada, 19 de agosto de 1968, pp. 19-20; PRO, FCO 51/80, «North Korea in 1968», 3 de julio de 1969, p. 13; FCO 21-307, «Kim Il-sung, the 'Prefabricated Hero'», 3 de junio de 1967.

cas» de su madre, a la que se llamaba «madre de Kim Il-sung y de todos nosotros». Se canonizó a su padre como santo de la revolución, mientras que el círculo familiar revolucionario se amplió también a su abuelo, su abuela y uno de sus bisabuelos.[1]

El Primero de Mayo de 1967, el primero que se celebraba desde hacía cuatro años, se desarrolló bajo el estandarte del Pensamiento Juche. No se vieron banderas extranjeras. Los pendones lucían los colores de la bandera nacional—amarillo, verde y azul—, pero no se vio ni uno solo de color rojo. «Todo a través de nuestro propio esfuerzo», «Unidad en la autosuficiencia», proclamaban las banderas del desfile, encabezado por varios caballos alados gigantescos, seguidos por interminables retratos y efigies del Gran Líder. Al término de la celebración, los participantes entonaron ceremoniosamente un cántico en honor de Kim Il-sung, y luego vitorearon su nombre durante varios minutos.[2]

No hubo Revolución Cultural. Kim Il-sung, igual que otros dictadores, sentía desconcierto ante el caos que ésta había engendrado en China. Pero la entronización del Pensamiento Juche estuvo acompañada de un ataque a todo lo que tuviera un regusto a cultura burguesa. Se expulsó de la capital, Piongyang, a unas trescientas mil personas que tenían algún familiar considerado «no fiable desde un punto de vista político». Se prohibieron las canciones e historias de amor. El teatro popular, en el que cantantes y músicos narraban historias tradicionales, se volvió tabú. Se proscribió la música clásica, como por ejemplo Beethoven. Incluso *Kak zakalyalas stal* ('Así se templó el acero'), una nove-

---

[1] Suh, *Kim Il-sung*, p. 197; PRO, FCO 51/80, «North Korea in 1968», 3 de julio de 1969, p. 13.

[2] MfAA, C 1088/70, Ingeborg Göthel, informe sobre el Primero de Mayo, 5 de mayo de 1967, pp. 55-58.

la inscrita en el socialismo realista y publicada en 1936 por Nikolái Ostrovski, fue víctima de la censura. En mayo de 1968 se adoptó un enfoque más exhaustivo: se confiscaron todos los libros extranjeros y se juzgó «indeseable» el estudio de las obras originales de Marx y Engels. En puntos de reunión, auditorios para conferencias y salas de estudio especializadas—que en ocasiones los extranjeros describían como «salas de culto»—, una audiencia cautiva estudiaba las obras de Kim Il-sung y las memorizaba para dar testimonio de su propia y ardiente lealtad.[1]

La tensión crecía y se fomentaba un ambiente marcial. El desfile de mayo de 1967 fue también una exhibición de destreza militar. Largas formaciones de armas antitanque, artillería antiaérea y lanzagranadas avanzaron con gran estruendo por la capital. Los eslóganes que marcaban el tono eran «¡Liberemos Corea del Sur!» y «Armemos a todo el pueblo». En una atmósfera de guerra inminente, se llevaban a cabo con regularidad simulacros de ataque aéreo en ciudades y pueblos, en los que se obligaba hasta a los enfermos y ancianos a recorrer varios kilómetros para protegerse en refugios antiaéreos.[2]

No hay nada como una amenaza de guerra para centrar toda la atención en el líder, porque hace que la gente cierre filas y promueve la unidad, pero el aumento de la tensión también se debía a los cambios en las filas del partido que

[1] MfAA, C 1088/70, Hermann, informe de la embajada, 5 de enero de 1968, pp. 76-77, así como Ingeborg Göthel, informe, 3 de noviembre de 1967, pp. 16-17; Ingeborg Göthel, informe de la embajada, 22 de septiembre de 1967, pp. 18-19; C 1023/73, informe de la embajada, 22 de mayo de 1968, pp. 98-99; acerca de las salas de estudio especializadas, véase también Rinn-Sup Shinn *et al.*, *Area Handbook for North Korea*, Washington, US Government Printing Office, 1969, p. 276.

[2] MfAA, C 1088/70, Ingeborg Göthel, informe sobre el Primero de Mayo, 5 de mayo de 1967, pp. 55-58; Ingeborg Göthel, informe, 3 de noviembre de 1967, pp. 16-17.

habían tenido lugar en 1962. Después de purgar a todos sus oponentes, Kim promovió a sus propios y jóvenes generales a posiciones clave. Hasta cierto punto, fue una reacción frente a un golpe militar que había tenido éxito en Corea del Sur en mayo de 1961. También se debió a que el deseo de reunificar la península mediante una conquista militar cobraba intensidad. A lo largo de varios años, sus militares reforzaron el Ejército y armaron al pueblo, transformando el país en una «fortaleza inexpugnable».

Pero en enero de 1968 fueron demasiado lejos. Para empezar, enviaron una unidad de guerrilleros a Seúl con la misión de asesinar al presidente de Corea del Sur, Park Chung-hee. Fracasaron y varios de los comandos murieron allí mismo. Unos días más tarde apresaron inopinadamente un buque de la Inteligencia estadounidense llamado *Pueblo*. Maltrataron a los ochenta y tres miembros de su tripulación y los tuvieron aprisionados durante once meses, con lo que llevaron al país al borde de la guerra.[1]

Kim felicitó en público a los oficiales responsables de la captura del *Pueblo*, pero tras resolver la crisis por medio de largas negociaciones destituyó con discreción a doce de los generales de mayor rango que se hallaban entre sus propios partidarios. Cuando un poderoso grupo militar se halla al mando, ningún dictador se siente seguro, aunque le haya sido leal durante toda la vida. Aquello fue el final de la política militarista de la década de 1960.

En 1969 se promovió en su lugar a jóvenes seguidores de Kim consagrados al desarrollo económico. Los familiares de Kim empezaron a ocupar algunos de los cargos más elevados, que se habían quedado vacantes. Su hermano menor se elevó hasta el cuarto puesto en la jerarquía. Su esposa asumió la presidencia de la Unión Democráti-

---

[1] Suh, *Kim Il-sung*, *op. cit.*, pp. 231-234.

ca de Mujeres de Corea. En mayo de 1972 los alemanes orientales y los soviéticos elaboraron una lista de familiares de Kim que se hallaban en posiciones de poder y contaron una docena.[1]

El 15 de abril de 1972, Kim cumplió sesenta años. Los preparativos de la celebración habían empezado meses antes. En octubre de 1971, la maquinaria propagandística anunció que se estaban construyendo monumentos en honor del Gran Líder por todo el país. Se erigieron santuarios conmemorativos en campos de batalla revolucionarios y se inscribieron poemas en piedra para señalar los lugares que había pisado Kim Il-sung. Se construyeron nuevas carreteras, puentes y terraplenes. En señal de agradecimiento por haber contado con sus orientaciones sobre el terreno, se inauguraron monumentos en todas las provincias y ciudades, fábricas, minas y cooperativas agrícolas de cierta importancia. Nadie quería ir a la zaga. La gente se presentaba voluntaria para trabajar sin descanso, a menudo durante la noche, con luz artificial. Su sacrificio personal era una demostración de genuino amor por el Gran Líder, un obsequio para quien había hecho tanto por su pueblo.[2]

El lugar de nacimiento de Kim en Mangyŏngdae, que ya habían visitado 1,3 millones de estudiantes y obreros en peregrinajes anuales, pasó por un proceso de reconstrucción en el que se instalaron señales que recordaban momentos

---

[1] MfAA, G-A 347, Barthel, informe sobre la discusión con Samóilov, 17 de mayo de 1972, pp. 16-18; véase también Suh, *Kim Il-sung, op. cit.*, p. 242.

[2] «Talk to the Officials of the Propaganda and Agitation Department of the Central Committee of the Workers», 29 de octubre de 1971, documento de la página web de la Korean Friendship Association, descargado el 15 de enero de 2016; Suh, *Kim Il-sung, op. cit.*, p. 319.

históricos de su vida: el lugar donde se había sentado con su padre, la colina por donde había descendido con el trineo, el sitio donde había practicado la lucha, su lugar favorito para pescar, su columpio e incluso un árbol bajo el que se había sentado. Se mostraban los arados y rastrillos que había utilizado su familia, así como el cuenco amarillo en el que había comido arroz. Más al norte, en Pochŏnbo y Musan, dos lugares históricos donde el Gran Líder había luchado contra los japoneses, se erigieron veintitrés monumentos históricos.[1]

Las obras públicas alcanzaron una escala faraónica. Se desviaron enormes recursos hacia los proyectos del aniversario, y exigían tanto cemento que se interrumpieron todas las entregas a la Unión Soviética, a pesar de las obligaciones contractuales. Hubo que recurrir al trabajo de los mineros para poder cumplir los plazos, y poblaciones enteras se quedaron a oscuras porque el carbón necesario para las centrales eléctricas se había agotado.[2]

Piongyang se transformó. La capital había quedado reducida a escombros durante la guerra de Corea, pero los planificadores urbanos habían aprovechado la oportunidad para transformar aquella urbe en un monumento al Gran Líder. A lo largo de los años habían ido apareciendo grandes bulevares con hileras de árboles, intercalados con parques, fuentes y parterres. La construcción de la nueva plaza de Kim Il-sung había empezado en 1954 y estuvo terminada a tiempo para las celebraciones del sexagésimo aniversario. En aquel gran espacio pavimentado con granito se erguía una estatua de bronce de Kim.

[1] Harrison E. Salisbury, *To Peking and Beyond: A Report On The New Asia*, Nueva York, Quadrangle Books, 1973, p. 207; Suh, *Kim Il-sung, op. cit.*, p. 319.
[2] MfAA, C 6877, 6 de marzo de 1972, pp. 76-77; MfAA, G-A 347, carta de la embajada, 11 de enero de 1972, p. 14.

Sin embargo, el homenaje más imponente apareció en la elevada colina de Mansudae, desde la que se contempla la ciudad. El Museo de la Revolución que se encontraba en ella, y que quince años antes había ocupado una superficie no superior a cinco mil metros cuadrados, se reformó por completo y se convirtió en un colosal monumento con una impresionante extensión de cincuenta mil metros cuadrados y más de noventa salas para exposiciones. Frente al museo se alzaba una estatua del Gran Líder con una mano apoyada en la cadera y la otra tendida como para señalar al futuro. Medía veinte metros y era la estatua más grande que jamás se hubiese erigido en el país. Por las noches se iluminaba y era visible a varios kilómetros de la ciudad.[1]

Semanas antes de la celebración se inauguró una campaña que llevaba por título «Obsequios de lealtad». Constituía una oportunidad, abierta a todo el mundo, de demostrar el amor por el líder mediante cuotas de producción aún más elevadas que las habituales. Antes del cumpleaños también llegaron a la capital verdaderos obsequios en barcos enviados por los coreanos que vivían en Japón. Iban cargados con centenares de vehículos importados, como por ejemplo coches Mercedes Benz, así como camiones, buldóceres y excavadoras, además de televisores en color, joyas, sedas y otros artículos de lujo.[2]

[1] Salisbury, *To Peking and Beyond, op. cit.*, pp. 208-209; véase también Suh, *Kim Il-sung, op. cit.*, pp. 316-317; ambos atribuyen doscientos cuarenta mil metros cuadrados de superficie al museo. Sin embargo, dicha cifra parece improbable para un espacio con noventa y dos salas. La cifra de cincuenta mil metros cuadrados proviene de Helen-Louise Hunter, *Kim Il-song's North Korea*, Westport, Connecticut, Praeger Publishers, 1999, p. 23.

[2] MFAA, C 6877, 6 de marzo de 1972, pp. 76-77; Sonia Ryang, *Writing Selves in Diaspora: Ethnography of Autobiographics of Korean Women in Japan and the United States*, Lanham, Maryland, Lexington Books, 2008, p. 88.

El 15 de agosto se inauguró con gran pompa el museo. Unos trescientos mil visitantes desfilaron por sus muchas salas en respetuoso silencio. Sus siete secciones les permitían seguir la historia del Gran Líder, desde su lucha contra los japoneses hasta sus hazañas en el escenario internacional. Se exhibían miles de objetos: guantes, zapatos, cinturones, gorras, suéteres y bolígrafos de Kim, mapas y panfletos, dioramas de batallas famosas, maquetas de importantes reuniones, cuadros de célebres escenas. Había estatuas por todas partes, todas ellas aprobadas por Kim Il-sung.[1]

Empezaron a usarse insignias. Habían aparecido dos años antes, pero en aquel momento fueron objeto de una amplia distribución. Un primer lote de veinte mil llegó de China a tiempo para las celebraciones. En ellas aparecía el Gran Líder, con aire severo, sobre un fondo de color rojo. Otra efigie con una sonrisa más benévola no aparecería hasta mucho más tarde. Al principio se las llamaba «insignias del partido» y las usaban los altos cargos, pero al cabo de poco tiempo se exigió que todos los súbditos las llevaran, siempre sobre el pecho, en el bolsillo izquierdo.[2]

Seis meses más tarde, en diciembre de 1972, se aprobó una nueva constitución. Consagraba el Juche y, a todos los efectos, sustituía el marxismo-leninismo por el pensamiento del Gran Líder. Se creó un nuevo cargo. Aparte de presidente del partido, Kim fue investido presidente de la República. Como tal, era a la vez jefe de Estado y comandante de las Fuerzas Armadas, con capacidad para emitir de-

---

[1] Salisbury, *To Peking and Beyond, op. cit.*, pp. 208-209; Suh, *Kim Il-sung, op. cit.*, pp. 316-319.

[2] SMA, B158-2-365, 20 de diciembre de 1971, pp. 107-111, y B163-4-317, 1.º de diciembre de 1971, pp. 134-135; una visión general de las insignias en años posteriores se encuentra en Andréi Lankov, *North of the DMZ: Essays on Daily Life in North Korea*, Jefferson, Carolina del Norte, McFarland, 2007, pp. 7-9.

cretos, conceder indultos, y cerrar y abrogar tratados. La Constitución no sólo consolidaba la presencia de Kim Il-sung en todos los niveles de gobierno, sino que también establecía un sutil desplazamiento de poder del partido hacia el Estado.[1]

Corea del Norte se había transformado en un país hermético. Apenas se veían extranjeros, aparte de los miembros de embajadas del campo socialista, que se hallaban bajo vigilancia. Pero el sexagésimo aniversario de Kim fue también una fiesta de presentación. Delegaciones de treinta países asistieron a las ceremonias.[2]

Por primera vez se invitó a un corresponsal estadounidense a visitar Corea del Norte. Pusieron mucho cuidado en elegirlo. Había informado durante muchos años desde la Unión Soviética y Albania. Se llamaba Harrison Salisbury y lo pasearon en un Mercedes-Benz la misma mañana de su llegada. Lo llevaron a granjas, fábricas y escuelas modelo. Todo aquello causó en él una fuerte impresión, desde los aldeanos felices que trabajaban en los campos hasta los niños de los jardines de infancia que cantaban con orgullo a la gloria del Gran Líder: «No tenemos nada que envidiar al resto del mundo».[3]

Salisbury conoció a aquel mariscal de aires paternales, que lo recibió con los brazos abiertos. Igual que Stalin y Mao, caminaba poco a poco y se rodeaba con un aura de solemnidad. Y, también igual que ellos, sabía sonreír y hacer que sus invitados se sintieran cómodos, se reía a carcajadas e incluso entre dientes, y de vez en cuando se volvía hacia sus colegas para que apoyaran sus palabras. Salisbury

---

[1] Suh, *Kim Il-sung, op. cit.*, pp. 270-271.
[2] MFAA, C 6877, boletín informativo, 28 de abril de 1972, pp. 66-67.
[3] Salisbury, *To Peking and Beyond, op. cit.*, pp. 196-197 y 204-205.

llegó a la conclusión de que Kim Il-sung era un «estadista extraordinariamente sagaz y visionario».

La cámara sacó fotografías de la reunión, cuidadosamente coreografiada, entre Salisbury y Kim. Pero el intérprete que se había sentado entre ambos no apareció en los periódicos del día siguiente. Se había borrado todo rastro de su presencia. Una semana más tarde llegó un nuevo periodista estadounidense, seguido a su vez por otros visitantes, porque Corea del Norte iba abriendo sus puertas con prudencia.[1]

En 1965, Kim se había presentado en Yakarta como defensor de las naciones no alineadas y había cortejado al Tercer Mundo, mientras la Unión Soviética y la República Popular estaban enemistadas. En 1968, después de que doscientos cincuenta mil soldados de la Unión Soviética invadieran Checoslovaquia para poner fin a la campaña de reformas democráticas en el país, Corea del Norte se negó a asistir al Encuentro Internacional de Partidos Comunistas y Obreros de Moscú. Kim Il-sung invocó abiertamente el Pensamiento Juche para enfrentarse a Moscú y proclamó que la revolución nacional pasaba por delante de la internacional. Se publicaron en el extranjero artículos periodísticos, panfletos y biografías resumidas del Gran Líder, con anuncios a toda página en importantes periódicos de Suecia, Gran Bretaña y Estados Unidos. La propaganda se centraba en presentar a Kim Il-sung como un genio, un líder de estatura internacional, que había efectuado una creativa labor de desarrollo del marxismo-leninismo al producir una obra que inspiraba a los pueblos revolucionarios del mundo entero.[2]

Durante los años siguientes, Corea del Norte examinó

[1] *Ibid.*, pp. 214 y 219.
[2] MfAA, C 315/78, 8 de abril de 1970, pp. 155-158.

todas las posibilidades de establecer relaciones con países que hubieran expresado reservas frente a la Unión Soviética, desde Yugoslavia en septiembre de 1971 hasta la República de las Seychelles en agosto de 1976. También sacó partido del aislamiento de China durante la Revolución Cultural. Decenas de miles de personas salían regularmente a la calle para recibir a los dignatarios extranjeros que visitaban Piongyang. El propio Kim iba al extranjero y viajaba por otros países con la misma energía con la que había recorrido Corea del Norte. En 1975 emprendió dos viajes importantes y concedió generosas entrevistas a corresponsales extranjeros en una docena de Estados. Trataba de encontrar amigos en otras naciones.[1]

En muy buena medida, aquella ofensiva diplomática se dirigía a las Naciones Unidas, que admitieron por fin a Corea del Norte en 1975. Pero a lo largo de la década de 1970 Kim siguió proyectándose como líder del Tercer Mundo. Corea del Norte financiaba más de doscientas organizaciones que estudiaban el Pensamiento Juche en unos cincuenta países. En 1974 se celebró un Foro Internacional sobre el Juche en Tokio y por fin apareció el término «kim il-sunguismo». El acontecimiento más importante tuvo lugar en septiembre de 1977. Se invitó a representantes de setenta y tres países a acudir a Piongyang para asistir a una serie de seminarios sobre kim il-sunguismo presididos por el Gran Líder en persona. Los participantes escucharon con respeto y ninguno de ellos planteó ni una sola pregunta.[2]

En 1978, Kim Il-sung advirtió que sus esfuerzos por promover el Pensamiento Juche habían provocado más burlas

[1] Suh, *Kim Il-sung*, *op. cit.*, p. 262.
[2] Lim, *The Founding of a Dynasty in North Korea*, *op. cit.*, p. 269; Suh, *Kim Il-sung*, *op. cit.*, pp. 267-268.

que respeto. La campaña se interrumpió. La financiación de los centros de estudio en el extranjero cesó y se redujo el número de entrevistas con periodistas extranjeros. El breve período en el que Corea del Norte había brindado su apoyo al Tercer Mundo llegó a su fin.[1]

En su propio país, se presentaba a Kim Il-sung como figura clave en el escenario mundial, como un estadista importante, influyente, que intervenía en todas las cuestiones internacionales. En 1978 se inauguró un Salón de Exposiciones por la Amistad Internacional en el monte Myohyang, una montaña sagrada situada a unas dos horas al norte de Piongyang. El extenso recinto, construido de acuerdo con el modelo de un templo tradicional, exhibía innumerables obsequios que el Gran Líder había recibido a lo largo de los años a modo de demostración de estima, como, por ejemplo: vehículos blindados enviados por Stalin y Mao, limusinas negras del antiguo primer ministro soviético Gueorgui Malenkov, una maleta de piel de cocodrilo del cubano Fidel Castro, una piel de oso de Ceauşescu, un colmillo de elefante, una cafetera, ceniceros, jarrones, lámparas, bolígrafos, alfombras, un sinfín de objetos que se exhibían en un sinfín de salas. Todos ellos constituían una prueba tangible del respeto sin límites que los líderes de todo el mundo sentían por Kim Il-sung. Hacia 1981, alrededor del noventa por ciento de las noticias internacionales que aparecían por las noches en televisión trataban de publicaciones, congresos o seminarios en el extranjero sobre el Gran Líder. El mundo entero lo veneraba.[2]

---

[1] Suh, *Kim Il-sung, op. cit.*, pp. 267-268.
[2] Philippe Grangereau, *Au pays du grand mensonge. Voyage en Corée*, París, Payot, 2003, pp. 134-137; Hunter, *Kim Il-song's North Korea, op. cit.*, p. 22.

Los juramentos de lealtad absoluta al líder se habían vuelto habituales después de que Kim Il-sung cumpliera los sesenta años. Cuando cumplió sesenta y tres, la radio y la televisión mostraron imágenes de trabajadores que al comienzo del día formulaban un juramento de lealtad y se inclinaban frente a su retrato, con un libro de sus citas en la mano. Volvían a inclinarse ante su efigie cuando terminaban de trabajar. Los miembros del partido también empezaron a jurar lealtad a su hijo, Kim Jong-il, un joven regordete que acababa de cumplir treinta años y había asumido el puesto de secretario del partido.[1]

Comenzaron a aparecer fotografías ampliadas de Kim Jong-il, que siempre imitaba las poses de su padre. El 16 de febrero de 1976, unos quince mil niños y adolescentes celebraron el trigésimo cuarto cumpleaños de Kim Jong-il en el estadio de Pyongyang. Aún resultó más sintomática la conspicua ausencia de varios altos cargos en los actos públicos de los años siguientes. Varios de ellos fueron sometidos a purga en diciembre de 1977. Kim apartó a los que consideraba sospechosos de oponerse al nombramiento de su hijo como sucesor. En octubre de 1980, Kim Jong-il ocupó la cuarta posición más elevada en el escalafón del partido.[2]

La primera tarea que emprendió el hijo fue demostrar su propia lealtad para con su padre. En abril de 1982 coordinó la construcción de varios monumentos que conmemoraban el septuagésimo cumpleaños del Gran Líder. Se erigió un gran megalito frente a la plaza de Kim Il-sung, al otro lado del río, que se elevaba ciento setenta metros sobre la ciudad. La Torre del Juche estaba coronada por una escultura de cuarenta y cinco toneladas que representaba

[1] C 6926, Kirsch, carta de la embajada, 21 de noviembre de 1975, pp. 1-3.
[2] Suh, *Kim Il-sung, op. cit.*, pp. 278-282.

una llama roja y se iluminaba por las noches. Más al norte de Piongyang se inauguró un Arco de Triunfo que imitaba el de París. Cada uno de sus 25 550 bloques de granito representaba un día distinto en la vida del hombre que había liberado al país. Bajo su guía, el término kim il-sunguismo reemplazó al Pensamiento Juche.

El Gran Líder desapareció gradualmente de la escena. Las visitas que realizaba por el país para orientar a sus habitantes eran menos frecuentes, no pronunciaba tantos discursos y apenas concedía entrevistas. Aún viajaba, y efectuó visitas de buena voluntad a la Unión Soviética y a China para restablecer relaciones amistosas. El culto a su personalidad cobró una nueva dimensión. En 1958 se habían descubierto diecinueve árboles con inscripciones de combatientes revolucionarios de los tiempos de la guerra con Japón. Pero a mediados de la década de 1980 se hallaron otros nueve mil árboles con eslóganes, todos ellos falsos. Todos aquellos árboles se transformaron en santuarios, con fotografías de las inscripciones a la vista: «Larga vida a Kim Il-sung, presidente de la Corea independiente», «El Gran Hombre enviado por el cielo», «Kim Il-sung es el líder de una revolución mundial». Los miembros del partido y las divisiones militares peregrinaban a aquellos santuarios. Varios centenares de árboles elogiaban a un niño: «¡Alégrate, Corea! ¡Ha nacido el Gran Sol!». En 1990, el día del cumpleaños de Kim Jong-il—conocido por aquel entonces como el Amado Líder—un misterioso arco iris apareció sobre el monte Paektu, la tierra sagrada en el norte.[1]

El Gran Líder murió de un ataque al corazón el 8 de julio de 1994, a los ochenta y dos años. Treinta y cuatro horas

---

[1] Hans Maretzki, *Kim-ismus in Nordkorea: Analyse des letzten DDR, Botschafters in Pjöngjang*, Böblingen, Anika Tykve, 1991, pp. 34 y 55; Lankov, *North of the DMZ, op. cit.*, pp. 40-41.

después, la gente compareció en oficinas, escuelas y fábricas para escuchar un largo obituario pronunciado por un locutor vestido de negro. Todo el mundo lloraba, pero habría sido imposible decir qué lágrimas eran sinceras y cuáles no. Los equipos médicos estaban a punto para asistir a todo el que se desmayara. Durante los días siguientes, un gran número de personas enlutadas se reunieron en torno a la gigantesca estatua de Kim Il-sung en la colina de Mansudae. Competían en sus manifestaciones de dolor, se daban golpes en la cabeza, padecían teatrales desmayos, se rasgaban el vestido, agitaban los puños hacia el cielo con fingida cólera. Las interminables retransmisiones televisivas en las que aparecían sus desconsolados camaradas los animaban a proceder de ese modo. Se vieron imágenes de pilotos llorando en la cabina, de marineros golpeándose la cabeza contra los mástiles del barco. Se decretó un período de luto de diez días. La policía secreta vigilaba a todo el mundo y trataba de medir la sinceridad de cada uno observando su expresión facial y escuchando el tono de su voz. Una niña de cinco años se escupió en la mano y se ensució la cara con saliva para que pareciese que lloraba. Bajo la atenta mirada del Amado Líder, el cuerpo del Gran Líder entró en un gigantesco mausoleo. Pero Kim Il-sung conservó después de su muerte el título de presidente que había poseído en vida. Tal como proclamaron los nuevos monumentos llamados «torres de la vida eterna», erigidos en todas las ciudades importantes, Kim «vive por siempre».[1]

---

[1] Don Oberdorfer, *The Two Koreas: A Contemporary History*, Reading, Massachusetts, Addison-Wesley, 1997, pp. 341-342; Barbara Demick, *Nothing to Envy: Ordinary Lives in North Korea*, Nueva York, Spiegel and Grau, 2009, pp. 100-101.

6

DUVALIER

La Citadelle Henri Christophe, que sobresale de la jungla cual gigantesco bajel de piedra en lo alto de una montaña, es la fortaleza más grande de las Américas, concebida para alojar a cinco mil personas. La construyó entre 1806 y 1820 un antiguo esclavo y líder fundamental de la rebelión haitiana. Henri Christophe había luchado durante varios años a las órdenes de Toussaint Louverture, la leyenda de raza negra que transformó una rebelión de esclavos de la colonia francesa en un movimiento popular por la independencia. Toussaint Louverture murió en 1802, pero dos años más tarde su numeroso y bien disciplinado ejército había aplastado a las fuerzas de los colonizadores y había fundado la primera república negra en todo el mundo. Poco más tarde, su lugarteniente Jean-Jacques Dessalines se elevó al rango de emperador. Su reinado no duró, porque murió asesinado en 1806.[1]

A continuación, se desencadenó una lucha por el poder, que tuvo como resultado la división del país en dos mitades. El sur quedó en poder de la *gens de couleur*, término con el que se designaba a los mestizos que habían sido libres antes de la abolición de la esclavitud. Los antiguos esclavos se dirigieron al norte, donde Henri Christophe fundó un reino en 1811. Durante los años siguientes se proclamó rey de Haití con el nombre de Enrique I y recurrió al trabajo forzoso para edificar extravagantes palacios y for-

---

[1] Acerca de la historia temprana de Haití, véase Philippe Girard, *Haiti: The Tumultuous History – From Pearl of the Caribbean to Broken Nation*, Nueva York, St. Martin's Press, 2010.

249

DICTADORES

talezas. Christophe creo su propia aristocracia y diseñó escudos de armas para sus duques, condes y barones. Éstos, a su vez, nombraron príncipe heredero a su hijo Jacques-Victor Henri. Pero Enrique I se hundió poco a poco en la paranoia. Veía intrigas y conspiraciones por todas partes. Para no arriesgarse a sufrir un golpe de Estado, se disparó a sí mismo una bala de plata a los cincuenta y tres años. A su hijo lo mataron diez días después.

El norte y el sur se reunificaron, pero las divisiones sociales perduraron. La elite estaba orgullosa de sus vínculos con Francia y miraba con desprecio a la mayoría de la población, compuesta de aldeanos pobres, descendientes de esclavos africanos. Durante más de un siglo, se sucedieron sedicentes monarcas y emperadores de ambas comunidades, y la mayoría de ellos reinaron ejerciendo la violencia política. La economía apenas avanzó, entorpecida en gran medida por las abrumadoras reparaciones que Francia impuso en 1825 a cambio de reconocer la independencia del país. La deuda no se terminó de pagar hasta 1947.

Estados Unidos ocupó la isla en 1915 y se quedó en ella durante dos décadas, período en que se agravó la división racial. Uno de los que reaccionaron contra la ocupación estadounidense fue Jean Price-Mars, respetado profesor, diplomático y etnógrafo que tomó por bandera los orígenes africanos de Haití. Veía el vudú, una mezcla de ritos de la Iglesia católica y de creencias africanas que había florecido entre los esclavos de las plantaciones, como una religión indígena equiparable al cristianismo. Después de que los estadounidenses se marcharan, algunos de sus seguidores dieron un paso más allá y desarrollaron una ideología nacionalista que preconizaba que había que derribar a la elite y entregar el control del Estado a los representantes de la población mayoritaria. Lo llamaron *noirisme*, a partir de la palabra francesa *noir*, 'negro', y postularon que las diferencias sociales que habían dividido Haití durante tanto tiempo estaban determinadas por profundas leyes evolutivas.

Uno de los seguidores de los que hablábamos fue François Duvalier. En un artículo publicado en 1939 y titulado «Question d'Anthropo-Sociologie: Le determinisme racial» ('Una cuestión de antroposociología: el determinismo racial'), el joven escritor insistía en que la biología determinaba la psicología, en cuanto que cada uno de los grupos raciales poseía su propia «personalidad colectiva». La verdadera alma haitiana era negra, y su religión, el vudú. Los noiristas abogaban por un Estado autoritario y exclusivo que pusiera el poder en manos de un verdadero líder negro.[1]

François Duvalier había sido un niño tímido y estudioso. Tuvo dos profesores influyentes en secundaria. Uno de ellos fue Jean Price-Mars, el reputado etnógrafo, y el otro Dumarsais Estimé, adversario declarado de Estados Unidos. Ambos lo empujaron a enorgullecerse de la herencia africana de su país. Duvalier probó a dedicarse al periodismo. Arremetió contra la elite y defendió la causa de los aldeanos pobres. Equiparaba ya la negritud con la opresión.[2]

En 1934, tras graduarse en Medicina en la Universidad de Haití, Duvalier, que por aquel entonces tenía veintisiete años, trabajó en varios hospitales locales y empleó su tiempo libre para investigar el vudú y escribir sobre el noirismo

---

[1] Eric H. Cushway, «The Ideology of François Duvalier», trabajo final de máster, Universidad de Alberta, 1976, pp. 79 y 96-97; Martin Munro, *Tropical Apocalypse: Haiti and the Caribbean End*, Charlottesville, Virginia, University of Virginia Press, 2015, p. 36.

[2] John Marquis, *Papa Doc: Portrait of a Haitian Tyrant 1907-1971*, Kingston, LMH Publishing Limited, 2007, p. 92.

en la estela de Price-Mars. Se hizo amigo de Lorimer Denis, un joven arisco de veinticuatro años que se cubría la cabeza con un sombrero y llevaba bastón, a la manera de un sacerdote vudú. Duvalier adoptó su estilo y forjó una red de contactos con sacerdotes (*houngans*) y sacerdotisas (*mambos*). Veía aquella religión como el verdadero corazón y el alma de los campesinos haitianos. Trabajó junto con Denis para la Oficina de Etnología, creada en 1941 por su profesor Price-Mars para contrarrestar una brutal campaña contra el vudú orquestada por el Estado en la que se destruyeron objetos de culto y se obligó a los sacerdotes a renunciar a sus creencias.[1]

Para cuando la Segunda Guerra Mundial finalizó, Duvalier había pasado dos semestres en Estados Unidos estudiando salud pública. En 1945 regresó al campo para colaborar en el combate contra las enfermedades tropicales. Una vez allí, se dio a conocer como un hombre desinteresado que dedicaba su existencia a los campesinos pobres, siempre con un botiquín colgado del hombro y una jeringuilla en la mano. «Sufre con su dolor, llora por su desgracia», escribiría más adelante, hablando sobre sí mismo en tercera persona.[2]

En 1946, su antiguo profesor Dumarsais Estimé, un hábil funcionario que había subido por el escalafón hasta ocupar el puesto de ministro de Educación, fue elegido presidente y se instaló en el Palacio Nacional, un edificio grande y bello construido por los estadounidenses en 1920, con una cúpula que recuerda la de la Casa Blanca. A Duvalier lo

---

[1] Paul Christopher Johnson, «Secretism and the Apotheosis of Duvalier», *Journal of the American Academy of Religion*, 74, n.° 2, junio de 2006, p. 428; Cushway, «The Ideology of François Duvalier», *op. cit.*, pp. 78-83.

[2] François Duvalier, *Guide des 'Œuvres Essentielles' du Docteur François Duvalier*, Puerto Príncipe, Henri Deschamps, 1967, p. 58.

nombraron director general del Servicio de Salud Pública Nacional y tres años más tarde ascendió a ministro de Sanidad y Trabajo. Pero Estimé resultaba demasiado radical para la elite: amplió la presencia de los negros en el funcionariado, introdujo impuestos progresivos y promovió el vudú en cuanto que religión indígena de la mayoría de la población. En mayo de 1950, una junta militar presidida por Paul Magloire, un corpulento oficial militar que dirigía la policía de Puerto Príncipe, lo expulsó del poder. Duvalier perdió su propio cargo y se enfureció contra el poder de la elite. Aprendió una amarga lección, a saber: no se podía confiar en el Ejército.

Volvió a practicar la medicina en el campo, pero no tardó en unirse a las filas de la oposición. En 1954 el Gobierno puso precio a su cabeza y tuvo que refugiarse en la montaña junto con uno de los amigos en quienes más confiaba, un joven llamado Clément Barbot. Un periodista estadounidense quiso contactar con ellos y lo guiaron hasta su escondrijo con los ojos vendados. Herbert Morrison encontró a los dos hombres disfrazados de mujeres. Barbot llevaba un fusil ametrallador escondido entre los pliegues de la falda. Así empezó el mito de Duvalier, el luchador de la resistencia que huía de escondrijo en escondrijo para evitar que lo capturasen.[1]

En septiembre de 1956, después de que Paul Magloire concediera una amnistía a todos los oponentes políticos, Duvalier dejó de esconderse. Unos pocos meses más tarde, Magloire perdió el apoyo del Ejército y huyó del país junto con su familia, tras vaciar las arcas del Estado. En aquel

---

[1] Trevor Armbrister, «Is There Any Hope for Haiti?», *Saturday Evening Post*, 236, n.º 23, 15 de junio de 1963, p. 80; véase también Bleecker Dee, «Duvalier's Haiti: A Case Study of National Disintegration», tesis doctoral, Universidad de Florida, 1967, p. 70.

entonces se sentía un deseo cada vez más vivo por romper con el pasado, hasta el punto de que la junta militar se vio obligada a organizar una farsa electoral. Antonio Kébreau, presidente del Consejo Militar, pidió que se presentaran candidaturas.[1]

Duvalier registró la suya al mismo tiempo que una docena de rivales. A continuación, se sucedieron diez meses de caos político, con huelgas que dañaron la economía, violencia generalizada y la caída de cinco Gobiernos provisionales. En agosto de 1957 quedaban dos candidatos principales: François Duvalier y Louis Déjoie, un rico propietario de plantaciones de caña de azúcar e industrias. Durante la campaña, Duvalier invocó a Dumarsais Estimé, que gozaba de un amplio respeto, y prometió afianzar y llevar más allá la revolución que su antiguo maestro había iniciado en 1946. Hizo promesas a los trabajadores y también a los campesinos. Apeló a la unidad nacional y a la reconstrucción económica. Pero, por encima de todo, Duvalier adoptó una imagen apacible y discreta, como de un médico que se preocupa por los demás. Él y su familia eran demasiado pobres para comprarse una casa, porque aquel hombre tan gentil dedicaba su vida a sus pacientes. Trabajaba sin descanso hasta bien avanzada la noche. Su pueblo lo adoraba. «Los campesinos aman a su doctor, yo soy su Papa Doc», señalaba con delicadeza. Aparentaba ser un hombre inofensivo.[2]

Aquel médico tranquilo parecía fácil de controlar. En cuanto hubo aceptado el nombramiento de Kébreau como jefe de Estado Mayor, la junta militar adoptó medidas para

---

[1] NARA, RG 59, Caja 3090, Gerald A. Drew, «Political Situation in Haiti», 3 de agosto de 1957.

[2] Bernard Diederich, *The Price of Blood: History of Repression and Rebellion in Haiti Under Dr. François Duvalier, 1957-1961*, Princeton, Nueva Jersey, Markus Wiener, 2011, pp. 17-18.

debilitar a su principal adversario. Los oficiales militares que apoyaban a Déjoie perdieron sus cargos, los partidarios de éste sufrieron ataques, y terminó por prohibirse toda campaña en su favor.[1]

Duvalier fue elegido presidente el 22 de septiembre de 1957. El veintidós era su número de la suerte. Un mes más tarde, en su discurso inaugural, declaró con solemnidad: «Mi gobierno protegerá escrupulosamente el honor y los derechos civiles en los que se regocijan todos los pueblos libres. Mi gobierno garantizará la libertad del pueblo de Haití».[2]

Lo primero que hizo Duvalier fue apartar a sus rivales políticos, que cuestionaban el resultado de las elecciones. En pocas semanas se depuraron los cuadros de la Administración pública. Duvalier los sustituyó con sus propios seguidores, sin prestar atención a los conocimientos o experiencia de éstos. Dos meses más tarde sus aliados dominaban los poderes ejecutivo y judicial, y se habían hecho también con el control del legislativo.[3]

Duvalier contrató a Herbert Morrison como director de relaciones públicas. Éste había adquirido una cámara de segunda mano durante la campaña presidencial y había sacado centenares de fotografías para promocionar a Duvalier en el extranjero. Habían aparecido instantáneas acompañadas del texto «Campeón de los pobres», en las que el

[1] NARA, RG 59, Caja 3090, Gerald A. Drew, «Political Situation in Haiti», 3 de agosto de 1957.
[2] Mats Lundahl, «Papa Doc: Innovator in the Predatory State», *Scandia*, 50, n.° 1, 1984, p. 48.
[3] MAE, 96QO/24, Lucien Félix, «Conférence de presse de Duvalier», 4 de octubre de 1957; MAE, 96QO/24, Lucien Félix, «Un mois de pouvoir du président Duvalier», 22 de noviembre de 1957; NARA, RG 59, Caja 3090, «Harassment of Haitian Labor Leaders», 10 de enero de 1958; Virgil P. Randolph, «Haitian Political Situation», 30 de enero de 1958.

presidente electo aparecía junto a un campesino pobre. En su nuevo puesto, Morrison viajaba por la isla con su cámara y sacaba fotos que retrataban Haití como un faro de la democracia. Un año más tarde describía a Duvalier en una radio neoyorquina como «un humilde médico rural, un hombre laborioso y honrado que trata de ayudar a su pueblo». Como explicó al público estadounidense: «Es la primera vez en la historia de Haití que la clase media y las masas de los suburbios, las masas rurales, han elegido a un hombre de su preferencia en unas elecciones libres».[1]

Clément Barbot recibió el encargo de organizar la policía secreta. Se le ordenó que atacara a los oponentes del régimen. Sus agentes lo hicieron con tal brutalidad que fue motivo de indignación general. Al cabo de unas semanas de las elecciones, se llevaban a muchachos de no más de once años a los matorrales y les daban palizas con bastones de madera de nogal. Familias enteras terminaron en prisión.[2]

Antonio Kébreau, jefe de Estado Mayor del Ejército, intimidaba, encarcelaba y deportaba a quienes se oponían al régimen. Los sindicatos fueron aplastados y los periódicos silenciados, y en algunos casos el fuego consumía sus locales. Una emisora de radio fue destrozada. Se acusaba a los sospechosos de ser comunistas y se les encarcelaba por centenares. El toque de queda decretado por la junta antes de las elecciones se prorrogó indefinidamente.[3]

[1] *Haiti Sun*, 24 de diciembre de 1957, p. 11; Louis E. Lomax, «Afro Man Chased out of Haiti», *Baltimore Afro-American*, 15 de octubre de 1957; Stephen Jay Berman, «Duvalier and the Press», trabajo final de máster en Periodismo, Universidad de California del Sur, 1974, p. 28.

[2] NARA, RG 59, Caja 3090, Virgil P. Randolph, «Haitian Political Situation», 30 de enero de 1958; Louis E. Lomax, «Afro Man Chased out of Haiti», *Baltimore Afro-American*, 15 de octubre de 1957.

[3] MAE, 96QO/24, Lucien Félix, «Un mois de pouvoir du président

Sin embargo, el poder continuaba en manos del Ejército. La alianza entre Duvalier y Kébreau era incómoda y se debía tan sólo a que se necesitaban el uno al otro. Pero la junta, al ayudarlo a destrozar a sus oponentes, fue demasiado lejos y un ciudadano estadounidense que se había destacado por su apoyo a Louis Déjoie sufrió una paliza mortal. En diciembre, Estados Unidos retiró a su embajador a modo de protesta. Duvalier aprovechó el incidente y culpó al Ejército de la violencia. Kébreau fue destituido dos meses más tarde.[1]

Durante los meses siguientes se redujo el tamaño del Ejército, porque se dio de baja, trasladó o jubiló anticipadamente a numerosos oficiales, sobre todo a los que se hallaban en los rangos superiores. En verano se presentó una nueva oportunidad de depurar las filas, porque el 28 de julio de 1958 cinco mercenarios estadounidenses, acompañados por dos oficiales del Ejército haitiano, desembarcaron cerca de la capital con la esperanza de sublevar a la población y asediar el palacio del presidente. Militares leales a Duvalier dieron muerte a todos los insurgentes.

El intento de golpe de Estado acabó por beneficiar a su presunta víctima. Una semana más tarde, Duvalier se dirigió por radio a todo el país: «He conquistado la nación. He ganado el poder. Yo soy la Nueva Haití. Quienes tratan de destruirme tratan de destruir a la propia Haití. Haití respira a través de mí; gracias a Haití existo…, Dios y el Destino me han elegido». Se suspendieron todas las garantías constitucionales y se otorgaron plenos poderes al presidente a

---

Duvalier», 22 de noviembre de 1957; NARA, RG 59, Caja 3090, «Harassment of Haitian Labor Leaders», 10 de enero de 1958; Virgil P. Randolph, «Haitian Political Situation», 30 de enero de 1958.

[1] MAE, 96QO/25, Lucien Félix, telegrama, 13 de marzo de 1958; NARA, RG 59, Caja 3090, Virgil P. Randolph, «Haitian Political Situation», 30 de enero de 1958.

fin de que adoptara todas las medidas necesarias para preservar la seguridad nacional. Menos de un año después de llegar al poder, Duvalier reinaba como un monarca absoluto y su poder apenas conocía límites.[1]

En nombre de la seguridad nacional, Duvalier sustrajo aún más fondos al Ejército y creó una milicia propia para utilizarla como contrapeso a las fuerzas regulares. Igual que la policía secreta, se hallaban bajo la supervisión de Clément Barbot. Al principio los milicianos eran conocidos como *cagoulards*, igual que los fascistas encapuchados que aterrorizaron Francia durante la década de 1930, pero al cabo de poco tiempo se les conoció como *tonton macoutes*, un término criollo equivalente a «hombre del saco» o «coco». Al cabo de un año, Barbot alardeaba de disponer de una milicia de veinticinco mil hombres, aunque probablemente no pasaran nunca de diez mil, con un núcleo duro de dos mil que se hallaban en la capital. Los macoutes vestían como gánsteres, con trajes lustrosos de sarga azul, gafas oscuras con montura de acero y sombreros Homburg de color gris. Iban armados con una pistola, que llevaban en el cinturón o en una funda que colgaba bajo el brazo. Tan sólo Duvalier podía aceptar a un macoute y darle permiso para llevar un arma. Los macoutes, a su vez, respondían ante Duvalier. En palabras del *New Republic*, todo macoute era «informante, jefe de barrio, extorsionador, matón y pilar político del régimen». Eran los ojos y oídos de Duvalier. Pocos de ellos recibían una paga y todos se servían de su poder para extorsionar, intimidar, acosar, violar y asesinar.[2]

[1] NARA, RG 59, Caja 3092, Virgil P. Randolph, «Joint Weeka No. 32», 6 de agosto de 1958; MAE, 96QO/25, Lucien Félix, «Le coup de main du 29 juillet 1958», 31 de julio de 1958.
[2] Robert D. Heinl y Nancy Gordon Heinl, *Written in Blood: The Story of the Haitian People, 1492-1995*, Lanham, Maryland, University Press of America, 1998, p. 572; Robert I. Rotberg, *Haiti: The Politics of*

Los macoutes aplastaron o limitaron todas las libertades, menos una. En abril de 1958, la nueva Constitución proclamó la libertad religiosa. De un plumazo, la posición dominante de la Iglesia católica quedó en entredicho. El vudú dejó de estar prohibido. Duvalier había estudiado dicha religión durante más de dos décadas y había desarrollado vínculos sistemáticos con los houngans. Llegado aquel momento, hizo buen uso de su saber y los reclutó para que hicieran las veces de líderes de los macoutes en el campo. Los consultaba con frecuencia, los invitaba a palacio y les pedía que llevaran a cabo ceremonias religiosas.[1]

El propio Duvalier se presentaba como un espíritu vudú. Desde los tiempos de su temprana amistad con Lorimer Denis había adoptado las maneras de un houngan. A menudo vestía de negro, llevaba bastón y adoptaba aires taciturnos. Su modelo era el Barón Samedi, espíritu de los muertos y guardián de los cementerios. La cultura popular representaba a menudo al Barón Samedi con chistera y frac negro, gafas oscuras y las fosas nasales rellenas con algodón, como un cadáver a punto de ser enterrado, según lo que se estilaba en el campo.

Duvalier llevaba unos anteojos gruesos y oscuros, y de vez en cuando aparecía en público con chistera y frac. Murmuraba misteriosamente en un tono nasal profundo, como si recitara conjuros contra sus enemigos. Fomentó los rumores sobre sus conexiones con el mundo de lo oculto. En 1958 el antropólogo estadounidense Harold Courlander acudió a su palacio para ofrecerle sus respetos. Conocía a Duvalier desde sus antiguos años en la Oficina de Etnología.

Squalor, Boston, Houghton Mifflin, 1971, pp. 215-216.
[1] MAE, 96QO/25, Lucien Félix, «La nouvelle constitution de la République d'Haiti», 17 de abril de 1958; Lundahl, «Papa Doc», *op. cit.*, p. 60.

El visitante parpadeó, sorprendido, cuando un guardia lo llevó a una habitación oscura adornada con cortinas negras. Duvalier, ataviado con un traje negro de lana, estaba sentado frente a una mesa alargada, con docenas de velas negras, rodeado de sus macoutes, todos ellos con sus gafas oscuras.[1]

Uno de los rumores más persistentes empezó a circular después de que los macoutes intervinieran en el entierro de un antiguo rival en abril de 1959. Sacaron el ataúd del coche fúnebre de color negro, lo cargaron en su propio vehículo y se marcharon, dejando atrás a una multitud de asistentes perplejos. La explicación oficial fue que habían retirado el cadáver para evitar manifestaciones públicas junto a su tumba, pero no tardó en correr el rumor de que el presidente quería su corazón como amuleto mágico para reforzar su propio poder.[2]

Circularon muchas otras historias. El presidente solicitaba el consejo de los espíritus sentado en la bañera, cubriéndose la cabeza con la chistera del Barón Samedi. Examinaba entrañas de cabra en el Salon Jaune del Palacio Nacional. Pero Duvalier no fundamentaba su poder tan sólo en aquellos rumores. Del mismo modo que purgó las filas del Gobierno y del Ejército, también eliminó a los houngans que se negaban a cooperar: «Jamás olvidéis que yo soy la autoridad suprema del Estado. Así pues, soy vuestro único amo», les dijo en 1959.[3]

Haití comparte la isla La Española con la República Dominicana, que se encuentra en la parte oriental. A su oeste, al

---

[1] Elizabeth Abbott, *Haiti: The Duvaliers and Their Legacy*, Nueva York, McGraw-Hill, 1988, pp. 91-92.

[2] Bernard Diederich y Al Burt, *Papa Doc: Haiti and its Dictator*, Londres, Bodley Head, 1969, p. 139; Rotberg, *Haiti, op. cit.*, p. 218.

[3] Lundahl, «Papa Doc», *op. cit.*, p. 60.

otro lado del Paso de los Vientos, de tan sólo cincuenta kilómetros de ancho, se halla la isla de Cuba. En enero de 1959, Fidel Castro y sus guerrilleros entraron en La Habana. En lo que fue un nuevo golpe de suerte para Duvalier, Estados Unidos empezó a cortejarlo con asistencia económica y asesoramiento militar. Al mes siguiente le concedió seis millones de dólares en concepto de ayuda y reflotó con ello un régimen que padecía una grave crisis económica. En una entrevista con Peter Kihiss, de *The New York Times*, Duvalier afirmó sobre sí mismo que no era un dictador, sino tan sólo un médico empeñado en reconstruir su propio país.[1]

Con todo, los espíritus del vudú pueden mostrarse caprichosos. El 24 de mayo de 1959, Duvalier sufrió un ataque al corazón. La enfermedad implicaba debilidad y empezaron a circular rumores sobre el declive de sus poderes. La tumba de su padre fue profanada, el ataúd destruido y los restos dispersados. Sus enemigos se envalentonaron. Explotaron bombas en la capital. Varios políticos cuestionaron el uso que daba a los fondos del Estado. Un senador llegó a pronunciar una diatriba contra su régimen. Pero incluso en aquel momento de vulnerabilidad extrema, parecía que Duvalier medrara. El embajador estadounidense visitó el palacio el día 2 de junio para que su apoyo fuera patente.[2]

Un mes más tarde, Duvalier dio publicidad a su retorno al poder mediante un gesto teatral: compareció en la escalinata del Palacio Nacional, acompañado por su familia y consejeros, para pasar revista a un desfile militar. Miles de seguidores entusiastas, que los macoutes habían reunido

---

[1] MAE, 96QO/25, Lucien Félix, «La situation politique et économique en Haiti», 3 de febrero de 1959; «Voyage du Président», 18 de marzo de 1959.
[2] NARA, RG 59, Caja 3092, «Joint Weeka No. 22», 5 de junio de 1959; NARA, RG 59, Caja 3093, Gerald A. Drew, «Embtel 423», 3 de junio de 1959; Rotberg, *Haiti, op. cit.*, p. 218.

con gran cuidado, le brindaron una clamorosa acogida. Al día siguiente, el presidente recorrió las calles de la capital acompañado por el director de Relaciones Públicas, Herbert Morrison, que sacó fotografías del acontecimiento.[1]

Dos meses más tarde, Duvalier anunció que se había descubierto una extensa conspiración comunista para derribar su Gobierno. Exigió las atribuciones necesarias para gobernar por decreto y la suspensión de la inmunidad parlamentaria. Se valió casi de inmediato de sus nuevas prerrogativas: destituyó a seis senadores que durante el verano habían aprovechado su enfermedad para criticar su obra de gobierno.[2]

Por aquel entonces Duvalier vivía aislado, rodeado de aduladores. Sus consejeros asumían simultáneamente varios cargos oficiales, pese a que nunca se especificara su esfera de autoridad, con lo que reinaba una gran confusión en la Administración. Toda persona competente en su trabajo despertaba los recelos de Duvalier, aun tratándose de un subordinado leal. Como resultado, tenía que tomar parte en cada una de las decisiones, aunque no pareciera muy interesado en las labores de gobierno como tales. Un asesor estadounidense escribió que empleaba «todo su tiempo en la manipulación política de las personas».[3]

Los tiranos no confían en nadie, y aún menos en sus propios aliados. Duvalier se deshacía por igual de amigos y enemigos, y acababa con cualquiera que le pareciese demasiado ambicioso, o que pudiera desarrollar un poder inde-

[1] NARA, RG 59, Caja 3093, Gerald A. Drew, «President François Duvalier Resumes Active Duty», 7 de julio de 1959.

[2] NARA, RG 59, Caja 3091, Philip P. Williams, «Executive-Legislative Relations», 23 de septiembre de 1959; Rotberg, *Haiti*, *op. cit.*, pp. 220-221.

[3] NARA, RG 59 Caja 7, Caspar D. Green, «Memorandum», Misión de Operaciones de Estados Unidos, 13 de mayo de 1960.

pendiente. Nadie era indispensable. Mientras había estado enfermo, su confidente y esbirro Clément Barbot había mantenido el orden, pero como jefe de los macoutes podía volverse peligroso. El 15 de julio, después de que Barbot iniciara negociaciones secretas con Estados Unidos, Duvalier ordenó su arresto sumario, junto con el de diez de sus colegas. El número dos de Haití, como tantos otros colaboradores de dictadores, no había calibrado hasta dónde llegaban las dotes de su amo para el disimulo. Morrison, el director de relaciones públicas del presidente, pasó a hallarse bajo sospecha a causa de su amistad con Barbot, pero logró escapar a Miami. Dos semanas más tarde el presidente pasó revista a los macoutes frente al palacio flanqueado por los altos mandos. Por primera vez desde su creación—que se remontaba a dos años atrás—, la milicia recibía reconocimiento oficial. Duvalier les pidió que «mantuvieran los ojos abiertos».[1]

Sólo quedaba un último bastión de resistencia, a saber, la Iglesia. Ésta respaldaba a los estudiantes que aún tenían el coraje necesario para organizar huelgas, a pesar de la feroz represión ejercida por los macoutes. En enero de 1961, Duvalier expulsó al obispo, de nacionalidad francesa, y a cuatro sacerdotes, y se ganó la excomunión por parte del Vaticano. Su poder sobre el país era casi absoluto.

La Constitución imponía un límite de seis años a la presidencia. Dos años antes de que expirara aquel período, Duvalier empezó a preparar el segundo mandato. El 14 de abril de 1961 cumplió cincuenta y cuatro años, y los periódicos lo celebraron como «Líder Supremo», «Líder Espi-

---

[1] MAE, 96QO/26, «Evolution vers l'extrémisme de gauche», 9 de agosto de 1960; véase también Charles le Genissel, «Arrestation de M. Clément Barbot», 6 de agosto de 1960; NARA, RG 59, Caja 1633, carta del embajador haitiano al secretario de Estado, 15 de julio de 1960; «Civilian Militia Palace Parade», *Haiti Sun*, 7 de diciembre de 1960, pp. 1 y 20.

ritual de la Nación», «Venerado Líder», «Apóstol del Bien Colectivo» y «Hombre Más Grande de Nuestra Historia Moderna». Así se marcó el tono de las elecciones para un cuerpo legislativo recién creado que tenían que celebrarse dos semanas más tarde. Todos los candidatos pugnaban por manifestar su lealtad a Duvalier. El nombre del presidente aparecía en todas las papeletas. En Cabo Haitiano, los macoutes paraban a la gente que salía de la iglesia el domingo por la mañana y la llevaban a los colegios electorales. Hicieron votar a un niño de siete años. Al día siguiente los periódicos anunciaron que el pueblo no sólo había votado por los candidatos al poder legislativo, sino que había aprobado por iniciativa propia un segundo mandato para el presidente Duvalier.[1]

En el Día de la Bandera, en el que por tradición se celebra en la ciudad de Arcahaie la creación de la bandera haitiana por Jean-Jacques Dessalines, multitudes de aldeanos recibieron con vítores a Duvalier, vigilados por las fuerzas de seguridad. Se sucedieron extravagantes discursos en los que el presidente fue aclamado por sus súbditos. El discurso más extremo fue el del padre Hubert Papailler, ministro de Educación Nacional, que explicó que el pueblo había tomado las urnas por asalto con la esperanza de que el líder no reinara tan sólo durante otros seis años, sino «quizá el mismo tiempo que Dios, que es Quien le ha dado su poder». Duvalier miraba, inescrutable tras sus gafas oscuras.[2]

La asunción del poder por parte de Duvalier tuvo lugar el 22 de mayo, una fecha que comportaba buenos augu-

[1] MAE, 96QO/26, «Bulletin Mensuel d'Information», 13 de abril de 1961; NARA, RG 59, Caja 1633, carta del embajador haitiano al secretario de Estado, Charles W. Thomas, «Haiti Re-Elects President», 9 de mayo de 1961.

[2] NARA, RG 59, Caja 1633, David. R Thomson, «Political Events in Haiti», 21 de mayo de 1961.

rios, porque contenía el número veintidós. Durante varios días seguidos, los macoutes habían rondado por el campo en busca de voluntarios y habían forzado a hombres, mujeres y niños a embarcarse en una flota de camiones. Azotaban a quienes se resistían. No les daban comida, aunque el viaje durara todo un día. Los alojaban en escuelas y almacenes, donde los obligaban a aguardar hasta el momento oportuno. Todas las carreteras que salían de la capital se cerraron con barricadas. Al llegar el día señalado, unas cincuenta mil personas fueron escoltadas hasta el palacio, donde cumplieron con su obligación de demostrar su apoyo, llevar pancartas, sostener retratos en alto y lanzar vítores cada vez que se les ordenaba. Duvalier proclamaba: «Vosotros sois Yo, y Yo soy Vosotros».[1]

Estados Unidos, donde John F. Kennedy se había instalado ya en la Casa Blanca, se sintió molesto ante las elecciones sorpresa. A mediados de 1962 suspendieron discretamente la ayuda económica. Un gran número de extranjeros huyó del país. Al deteriorarse la economía, Duvalier recurrió a Estados Unidos como chivo expiatorio por todos los males que afligían a Haití.

En abril de 1963, Duvalier sacó de la prisión a Clément Barbot, e incluso le ofreció un coche nuevo como signo de reconciliación. En vez de demostrar gratitud, el antiguo esbirro trató de secuestrar a Jean-Claude y Simone Duvalier, los dos hijos del presidente. Éste puso en marcha un reinado de terror por medio de los macoutes, que aprovecharon la oportunidad para saldar deudas y eliminar a sus propios enemigos. Mataron a centenares de sospechosos y aún fueron muchos más los que desaparecieron. En la ca-

[1] MAE, 96QO/26, Charles le Genissel, «Prestation de serment du docteur Duvalier», 25 de mayo de 1961; NARA, RG 59, Caja 1634, Ambassy Port-au-Prince, «Joint Weeka No. 21», 26 de mayo de 1961.

pital, los cadáveres se pudrían al borde de la calle. En menos de una semana, Estados Unidos emitió cinco protestas formales por incidentes en los que se habían visto implicados ciudadanos estadounidenses.[1]

Unas semanas más tarde, Estados Unidos incrementó la presión al declinar invitaciones oficiales para asistir al primer aniversario de la reelección de Duvalier. La embajada empezó a evacuar a sus empleados. Se suspendieron las relaciones diplomáticas. Pero Duvalier no cedió, porque calculaba que Washington necesitaría un aliado en su lucha contra Cuba. Las celebraciones se llevaron a cabo el 22 de mayo. Miles de aldeanos danzaron y cantaron loores frente al palacio, como estaba ordenado. Papa Doc apareció en el balcón, «con una calma tan absoluta que resultaba narcótica», según dijo un testigo. «No existen balas ni metralletas capaces de asustar a Duvalier—dijo el presidente—. Ya soy un ente inmaterial». En Nueva York, el *Newsweek* lo declaró «loco de remate». Pero el 3 de junio Estados Unidos pidió que se reanudaran las relaciones diplomáticas normales. En Haití, la radio proclamaba el «triunfo de las artes de estadista» de Papa Doc.[2]

A mediados de julio Duvalier obtuvo una nueva victoria, cuando sus hombres finalmente hallaron a Barbot y a su hermano en el campo y los mataron a tiros. Los periódicos publicaron fotografías de sus cadáveres desfigurados.

Parecía que cada nueva crisis reforzara a Duvalier. En agosto, después de un nuevo intento malogrado de invasión por parte de uno de sus enemigos exiliados, suspendió todos los derechos civiles durante seis meses, incluido

---

[1] NARA, RG 59, Caja 3922, «Joint Weeka No. 29», 20 de julio de 1963; Berman, «Duvalier and the Press», *op. cit.*, p. 57.

[2] Dee, «Duvalier's Haiti», *op. cit.*, pp. 154-157; Diederich, *Papa Doc, op. cit.*, pp. 216-217; Berman, «Duvalier and the Press», *op. cit.*, p. 62.

el derecho de reunión. Fue un gesto simbólico, porque no quedaban ya libertades por suspender. El 17 de septiembre de 1963, Haití se transformó oficialmente en un Estado de partido único, porque todas las actividades políticas tendrían que llevarse a cabo bajo la égida del Partido de Unidad Nacional. Dicho partido nunca había tenido grandes dimensiones, pero una maquinaria de partido independiente constituiría un nuevo medio para proteger la revolución y conectaría a un número mayor de personas con Duvalier, más allá de los houngans y los macoutes.[1]

Duvalier declaró durante los meses siguientes: «Yo soy la revolución y la bandera». En el centro de Puerto Príncipe, las luces de neón parpadeaban, mostrando sin cesar un mismo mensaje: «Yo soy la Bandera de Haití, Unida e Indivisible. François Duvalier». La plaza cercana se rebautizó como Place de la Révolution Duvalier. Los retratos y bustos de plástico del dictador, que ocupaban ya un lugar prominente en tiendas y oficinas, aparecieron en hogares privados. En la radio, donde su voz se oía con regularidad, Duvalier se presentaba a sí mismo como personificación de Dios proclamando: «Y el verbo se hizo carne». Pero no se erigieron estatuas. Duvalier tuvo la modestia de renunciar a ellas, después de que los legisladores votaran una ley para aprobar la construcción de monumentos en memoria de su líder. Igual que Hitler, pensaba que sólo se tenían que erigir estatuas a los difuntos.[2]

---

[1] MAE, 96QO/27, Charles le Genissel, «Mesures exceptionelles», 29 de agosto de 1963; NARA, RG 59, Caja 3922, «Joint Weeka No. 38», 22 de septiembre de 1963.

[2] Rotberg, *Haiti, op. cit.*, p. 233; NARA, RG 59, Caja 3923, Norman E. Warner, «Duvalier Speech on September 30, 1963», 8 de octubre de 1963; *Hispanic American Report*, 16, n.° 8, septiembre de 1963, p. 869; NARA, RG 59, Caja 1634, «Joint Weekas No. 24 and 29», 16 de junio y 21 de julio de 1961.

La adulación tenía un objetivo. Duvalier quería convertirse en presidente vitalicio. En marzo de 1964 se convocó sucesivamente a palacio a figuras destacadas de la Iglesia, el comercio y la industria para que pusieran de manifiesto su lealtad. Tras esperar durante horas con un calor asfixiante, se les hacía leer en público textos ya preparados en los que imploraban al presidente que no abandonara jamás el cargo. En todos los casos, Duvalier se mostraba gentil. Daba las gracias efusivamente a todo el mundo, sobre todo a quienes se sabía que lo habían criticado. Durante varios días seguidos, la prensa publicó telegramas que exigían que se modificara la Constitución. Se leían salmos y se cantaban himnos. El primero de abril, el propio presidente compareció en público para decir: «Soy un hombre excepcional, de esos que el país puede producir tan sólo cada cincuenta o setenta y cinco años».[1]

Durante los meses siguientes tuvieron lugar interminables desfiles, porque se trasladó a miles de personas a la capital para que rogasen a su líder que no se marchara. Apareció un cartel en el que se veía a Cristo con las manos sobre el hombro de Duvalier, que aparecía sentado: «Yo lo he elegido». La campaña culminó en un referendo celebrado el 14 de junio. En la papeleta de voto se había impreso un «sí». De una población total de cuatro millones, 2 800 000 votaron a favor y 3 234 en contra, obteniendo una victoria con el 99,89 por ciento de los votos. Se redactó una nueva constitución que se ajustaba a la demanda popular. El 22 de junio el presidente pronunció un juramento solemne ante la totalidad del cuerpo diplomático. Tras llegar con una hora de retraso, empezó a leer un discurso de noventa minutos. El público tenía que permanecer de pie, pero un

---

[1] MAE, 96Q0/54, «Présidence à vie», 13 de abril de 1964; Dee, «Duvalier's Haiti», pp. 177-178.

diplomático alemán que no pudo aguantar la fatiga se sentó, y entonces Duvalier interrumpió el discurso, se volvió y envió a un encargado de protocolo a pedirle que se levantara de nuevo.[1]

Unas pocas semanas más tarde, la editorial del Estado publicó un folleto titulado «Catéchisme de la Révolution» ('Catecismo de la Revolución') en honor del Presidente Vitalicio. Contenía frases pegadizas, concebidas para la memorización. El primer capítulo daba el tono:

P.: ¿Quién es Duvalier?

R.: Duvalier es el Patriota Más Grande de todos los tiempos, el Emancipador de las Masas, el Renovador de la Nación Haitiana, el Campeón de la Dignidad Nacional, el Líder de la Revolución y Presidente Vitalicio de Haití.

P.: ¿Con qué otro nombre podemos identificar a Duvalier?

R.: Duvalier también es el digno heredero de sangre del ideal dessaliniano y ha recibido el título de Presidente Vitalicio para que pueda salvarnos.[2]

Igual que el gran defensor de la independencia Jean-Jacques Dessalines, que se había declarado emperador en 1804, François Duvalier iba a gobernar de por vida. En septiembre un decreto ordenó que los retratos de Duvalier y de su héroe Dessalines se exhibieran en las aulas de todas las escuelas, con independencia de que fueran privadas, públicas o religiosas.[3]

---

[1] NARA, RG 59, Caja 2262, «Joint Weeka No. 26», 26 de junio de 1964; NARA, RG 59, Caja 2263, «Build-Up Begins for May 22 Celebrations», 20 de mayo de 1964.

[2] Jean Fourcand, *Catéchisme de la Révolution*, Puerto Príncipe, Imprimerie de l'Etat, 1964, p. 17.

[3] NARA, RG 59, Caja 2262, «Joint Weeka No. 38», 18 de septiembre de 1964.

En 1965, Haití pasaba por graves dificultades. La asistencia financiera estadounidense, que en 1960 había llegado a poco más de la mitad del gasto público del país, se había interrumpido por completo. El país exportaba sisal y café, pero los precios del mercado internacional se habían hundido. El turismo había menguado, sobre todo a causa del reinado de terror impuesto por los macoutes. El comercio y la industria se resentían de la incesante demanda de contribuciones para los fondos de austeridad, bonos nacionales y loterías del Estado.[1]

Ninguna de las promesas electorales de luchar contra el hambre, la pobreza, el analfabetismo y la injusticia se había cumplido. El desempleo crecía y el analfabetismo era más elevado que antes. Como el sesenta y cinco por ciento de todos los fondos se dedicaba a la seguridad del Estado, la mayoría de los servicios públicos fueron descuidados. Los coches abandonados se cubrían de herrumbre en las calles. Parques que habían sido hermosos se llenaban de maleza y malas hierbas. Se informó de muertes por hambre en Los Cayos y Jérémie, dos zonas de la península meridional donde las cosechas habían sido abundantes.[2]

Con todo, a pesar del clima de miedo e inseguridad, la mortalidad era relativamente baja. Igual que en Corea del Norte, aproximadamente el siete u ocho por ciento de la población pudo votar con los pies. Los pobres atravesaban ilegalmente la frontera con la República Dominicana o navegaban por el Paso de los Vientos hasta Cuba. Quienes se hallaban en mejor situación huían a las Bahamas con la es-

[1] Rotberg, *Haiti, op. cit.*, pp. 239-242.
[2] Richard West, «Haiti: Hell on Earth», *New Statesman*, 29 de abril de 1966, traducción francesa en MAE, 96Q0/54, «Articles et documents», 12-19 de agosto de 1966; «Crushing a Country», *Time*, 27 de agosto de 1965; informes sobre hambruna en NARA, RG 59, Caja 2263, «Joint Weeka No. 46», 12 de noviembre de 1965.

peranza de entrar en Estados Unidos. A mediados de la década de 1960, un ochenta por ciento de los mejores abogados, médicos, ingenieros, docentes y otros profesionales vivían en el exilio. Los que se quedaban en Haití se veían forzados a caer en la apatía.[1]

El propio Duvalier llevaba una vida de recluso. Apenas se le veía, sólo se le oía ocasionalmente. Estaba preso en su propio palacio. Tomaba él solo todas las decisiones. Igual que Mussolini, se había apropiado de todas las labores de gobierno. No sólo decidía a quién había que matar y a quién había que dejar con vida, sino también la clase de materiales que se usarían en la construcción de una nueva carretera, a quién había que conceder títulos universitarios y qué ortografía se adoptaría en criollo.[2]

Pero el entusiasmo, incluso el que se imponía pistola en mano, empezaba a desvanecerse. El país estaba en paz, pero sumido en la postración. Por primera vez durante muchos años, las celebraciones del 22 de junio, una fecha que había reemplazado al 22 de mayo como festividad principal en el calendario del dictador, perdieron vistosidad.[3]

En noviembre de 1965, Duvalier apareció a la luz del día y visitó varias tiendas de la capital. Al parecer, se trataba de una reacción contra retransmisiones de radio hostiles procedentes de Nueva York en las que se apuntaba que era el miedo lo que le impedía salir de palacio. Media docena de sedanes, repletos de guardaespaldas que garantizaban

---

[1] Rotberg, *Haiti, op. cit.*, p. 243; Millery Polyné, *From Douglass to Duvalier: U. S. African Americans, Haiti, and Pan Americanism, 1870-1964*, Gainesville, Florida, University of Florida Press, 2010, p. 190.

[2] Rotberg, *Haiti, op. cit.*, p. 344; Michel Soukar, *Un général parle: Entretien avec un Chef d'état-major sous François Duvalier*, Puerto Príncipe, Le Natal, 1987, p. 56.

[3] NARA, RG 59, Caja 2263, «Joint Weeka No. 25», 20 de junio de 1965.

su seguridad, acompañaban siempre a su Mercedes-Benz blindado. Unos días más tarde, el presidente visitó varios orfanatos. Su aparición, según la crónica oficial publicada en los periódicos, provocó «entusiasmo y delirio».[1]

El 2 de enero de 1966, Duvalier dio un nuevo tono a su mensaje a la nación por Año Nuevo. Anunció que había llegado la hora de poner fin a la fase explosiva de la revolución duvalierista. Como ya había liquidado la «superestructura política, social y económica del antiguo régimen», podía empezar a reconstruirse la economía. El toque de queda llegó a su fin. Se retiraron las barricadas de las vías públicas, se limpiaron las calles. El palacio presidencial recibió una mano de pintura. Se frenó a los macoutes.[2]

El propio Duvalier cambió de imagen y empezó a presentarse como hombre de Estado anciano y de buena voluntad, líder espiritual del mundo negro. En abril, el Presidente Vitalicio recibió al Rey de Reyes, Haile Selassie, emperador de Etiopía. Antes de que su avión aterrizara, el aeropuerto se rebautizó apresuradamente como Aéroport François Duvalier. La vía pública que le daba acceso pasó a llamarse Avenue Haile Selassie. La cobertura de la prensa, radio y televisión locales fue abundante y adulatoria. Duvalier se mostró desacostumbradamente abierto con la prensa internacional invitada a Haití por la nueva empresa de relaciones públicas del régimen. Concedió una serie de entrevistas en las que se le veía cordial y seguro de sí mismo. Admitió con franqueza que los medios de comunicación estaban sometidos a censura, pues la juzgaba necesaria para proteger al pueblo de la desinformación. Un co-

---

[1] NARA, RG 59, Caja 2263, «Joint Weeka No. 46», 12 de noviembre de 1965.

[2] Rotberg, *Haiti, op. cit.*, p. 247; NARA, RG 59, Caja 2263, «Joint Weeka No. 16», 24 de abril de 1966.

rresponsal lo describió como «encantador, cooperativo y completamente relajado».[1]

Realizó nuevas apariciones públicas. En junio asistió a un partido de fútbol junto con su hijo Jean-Claude. Pocos días más tarde llevó a su hija Marie-Denise a la ceremonia de inauguración del congreso anual de la Caribbean Travel Association. Por primera vez desde 1963 ejerció funciones diplomáticas. Brindó por el embajador británico en una recepción organizada con ocasión del aniversario de la reina Isabel II.[2]

Duvalier—eso era lo que oía su pueblo—era un gran estadista, celebrado por figuras internacionales. Un periódico local publicó una declaración atribuida a Haile Selassie: «Tienes que seguir como presidente, para que este pueblo pueda seguir beneficiándose de tu bondad. He comprendido, por haberte visitado, por lo que he visto, los motivos por los que este pueblo y esta nación te aman tanto». La cita era una invención de uno de los escritores anónimos que redactaban los textos del presidente.[3]

Duvalier había hecho creer que era un líder de estatura internacional, un estadista con acceso directo a Washington y al Vaticano. En junio concedió una entrevista con Martin Agronsky a la CBS. Sentado en su trono dorado y azul en el Palacio Nacional, dio a entender que estaba en «estrecho contacto» con el presidente Johnson para la renovación de la ayuda estadounidense. Pero sus contactos con la Casa Blanca eran «materia reservada que no se po-

---

[1] NARA, RG 59, Caja 2263, «Joint Weeka No. 16», 24 de abril de 1966; telegrama confidencial al Departamento de Estado, 26 de abril de 1966.

[2] NARA, RG 59, Caja 2263, «Joint Weeka No. 24», 19 de junio de 1966.

[3] NARA, RG 59, Caja 2263, «Alleged Statement by Haile Sellasie», 8 de mayo de 1966.

día discutir en público». Aquel mismo año el Vaticano reanudó relaciones con Haití y concedió a Duvalier el derecho a nombrar sus propios obispos. El Presidente Vitalicio apareció en la radio y la televisión, y fingió que el acuerdo era resultado de una estrecha colaboración entre él mismo y el papa Pablo VI.[1]

Duvalier también cultivaba su propia imagen como gran escritor, historiador, etnólogo, poeta y filósofo. Por encima de todo, Duvalier era el padre del duvalierismo, que se expresó mediante la publicación de sus obras esenciales. En sus propias palabras: «Si alguien es líder, debe tener una doctrina. Sin doctrina no se puede gobernar a un pueblo». Los dos primeros volúmenes aparecieron en mayo de 1966 y fueron muy bien recibidos, celebrados por reseñas elogiosas en los periódicos y cartas laudatorias de miembros eminentes de la comunidad. Se leyeron fragmentos en la radio en un programa de cinco horas, que posteriormente retransmitieron todas las emisoras de la capital. Se explicaba a los oyentes que Duvalier era un gigante que se hallaba en la misma categoría que Kipling, Valéry, Platón, san Agustín y De Gaulle: «Es el principal creador de doctrinas de este siglo».[2]

Se enviaron ejemplares de obsequio a las escuelas y otras instituciones educativas. Los dos pesados volúmenes también se entregaban como regalo a estudiantes destacados, que—al parecer, siguiendo órdenes—escribían nuevas cartas adulatorias que se publicaban en los periódicos.[3]

[1] NARA, RG 59, Caja 2263, telegrama confidencial al Departamento de Estado, 9 de junio de 1966; «Duvalier October 26 Speech», 18 de diciembre de 1966.

[2] NARA, RG 59, Caja 2263, «Joint Weeka No. 30», 31 de julio de 1966; «Joint Weeka No. 36», 9 de septiembre de 1966.

[3] NARA, RG 59, Caja 2263, «Joint Weeka No. 30», 31 de julio de 1966; «Confidential Report», 2 de septiembre de 1966; NARA, RG 59, Caja 2172, «Joint Weeka No. 43», 29 de octubre de 1967.

Uno de los momentos culminantes se dio en septiembre, cuando la cámara legislativa aprobó un decreto por el que se concedía a Duvalier el título de Gran Maestro del Pensamiento Haitiano. Asimismo, estableció que el aniversario de su nacimiento sería el Día de la Cultura Nacional y que toda la población debería aprender de memoria por lo menos tres cuartas partes de las obras esenciales, aunque el noventa por ciento fuera analfabeta.[1]

Duvalier cumplió sesenta años y las celebraciones se alargaron durante cuatro días, en un estilo apropiado para un dictador que ostentaba un control absoluto sobre su país. El Mardi Gras, el carnaval haitiano, se adelantó para favorecer el ambiente festivo. Reinas de la belleza llegaron procedentes de Miami y la República Dominicana. Se realizaron lecturas poéticas y se dio un lugar prominente en ellas a las obras de François Duvalier. Destacados políticos, militares, académicos, hombres de negocios y funcionarios presentaron sus homenajes. Una delegación de dos mil niños uniformados desfiló frente al palacio, igual que los macoutes y los soldados.[2]

Sin embargo, la explosión de una bomba en un carrito de helado mató a dos personas e hirió a cuarenta, echando a perder las celebraciones. Duvalier sospechó que estaba a punto de producirse un golpe militar y mandó encerrar a diecinueve oficiales de la guardia de palacio en Fort Dimanche, una mazmorra en las afueras de la capital. Por si acaso, también ordenó el arresto de dos ministros. El 8 de junio, Duvalier llegó a Fort Dimanche con uniforme militar completo y casco, y presidió en persona la ejecución de

---

[1] NARA, RG 59, Caja 2263, «Joint Weeka No. 30», 31 de julio de 1966; «Confidential Report», 2 de septiembre de 1966.
[2] NARA, RG 59, Caja 2172, «Joint Weeka No. 15», 16 de abril de 1967; «The Birthday Blowout», *Time*, 28 de abril de 1967.

los diecinueve sospechosos, que murieron atados a estacas en un campo de tiro.[1]

Dos semanas más tarde, el 22 de junio, día en que el país celebraba el tercer aniversario de la elección de Duvalier como Presidente Vitalicio, una audiencia cautiva compuesta por miles de personas se reunió frente al palacio. En una gran demostración de poder, Duvalier recitó con solemnidad los nombres de los diecinueve oficiales, efectuando teatrales pausas después de cada uno. Al terminar, anunció: «Todos ellos han sido ejecutados», provocando una gran conmoción entre la multitud. Exclamó: «Soy un brazo de hierro que golpea inexorablemente». Luego dijo ser la encarnación de la nación, comparable a otros grandes líderes como Atatürk, Lenin, Nkrumah y Mao.[2]

El culto a la personalidad se reforzó durante los meses siguientes y halló su culminación en el décimo aniversario de la revolución. Se acuñaron monedas de oro con cuatro denominaciones distintas en las que aparecía la efigie del presidente. Se publicó una compilación de sus obras esenciales bajo el título de *Bréviaire d'une Révolution*. Al igual que el Pequeño Libro Rojo, que había aparecido poco antes, se editó en formato de bolsillo para que se pudiera llevar fácilmente. Los periódicos se llenaron de reseñas adulatorias, que la embajada estadounidense describió como «insufriblemente obvias y repetidas hasta el infinito». Pocos días antes del acto principal, Duvalier habló a la nación, refiriéndose a sí mismo como el «Dios que vosotros habéis creado». Durante los dos días siguientes hubo grandes desfiles. Se inauguraron un Puente François Duvalier,

[1] Abbott, *Haiti, op. cit.*, p. 144; «Coming to a Boil», *Time*, 25 de agosto de 1967.

[2] NARA, RG 59, Caja 2172, «Joint Weeka No. 25», 25 de junio de 1967; véase también Abbott, *Haiti, op. cit.*, p. 145.

una Biblioteca François Duvalier, una Piscina François Duvalier (de tamaño olímpico) y una Terminal Aérea François Duvalier.[1]

El 22 de septiembre el presidente habló de nuevo, refiriéndose a sí mismo en tercera persona. Enumeró sus muchos éxitos y concluyó diciendo:

Somos negros superiores, porque ningún otro negro en todo el mundo ha triunfado como nosotros en una epopeya histórica. Es por eso por lo que, sin entregarnos a ninguna especie de narcisismo, y sin ningún sentido de superioridad, nos consideramos a nosotros mismos, negros de Haití, superiores a todos los demás negros del mundo. Es por eso, queridos amigos, por lo que quiero deciros que vuestro Jefe es considerado un Sol Vivo por los negros de todo el mundo. Se dice que ha iluminado la conciencia revolucionaria de los negros del continente americano y de todo el mundo.[2]

Duvalier era un manipulador de hombres, no de masas. Aunque se presentara como campeón de los pobres, apenas demostró ningún interés en movilizarlos, ni siquiera por la gloria de su propia persona. Raramente salía de palacio y nunca viajaba por el país. Los macoutes se encargaban de que varias veces al año miles de personas comparecieran en el césped de su palacio para aclamarlo obedientemente, pero por lo demás no se molestaba a la gran mayoría.

[1] NARA, RG 59, Caja 2172, «Joint Weeka No. 11», 19 de marzo de 1967; NARA, RG 59, Caja 2172, «Joint Weeka No. 37», 24 de septiembre de 1967; NARA, RG 59, Caja 5, «Haiti», 26 de septiembre de 1967.
[2] NARA, RG 59, Caja 2173, «Duvalier Speaks Extemporaneously Again», 5 de noviembre de 1967; «Joint Weeka No. 37», 24 de septiembre de 1967.

No había ideología oficial, ni un partido omnipresente, ni se intentaba instituir el control sobre el pensamiento, aunque se prohibiera toda oposición. De vez en cuando la radio retransmitía sus discursos, pero hasta 1968 los repetidores del norte del país eran demasiado débiles como para que la señal pudiera recibirse. Los periódicos publicaban sus declaraciones, pero apenas llegaban al campo empobrecido, donde eran pocos los que sabían leer.[1]

Duvalier fue el dictador por excelencia, un hombre que ejercía el poder desnudo, sin justificarse mediante la ideología, a pesar de toda la palabrería sobre la revolución. Gobernaba en solitario desde su escritorio de caoba, siempre con una pistola automática a su alcance y varios guardias de palacio tras la puerta más cercana. No había junta, ni facciones, ni camarillas, ni un verdadero partido, salvo por el nombre. Tan sólo subordinados que se disputaban su atención, que competían entre sí por suplantarse unos a otros mediante demostraciones de lealtad absoluta. Duvalier, que recelaba de todo el mundo, se empeñaba en explotar sus debilidades, manipular sus emociones y poner a prueba su lealtad. Contribuyó a todo ello el que en ocasiones cometiera errores de cálculo y aplastara a amigos y enemigos por igual.[2]

Su red de cómplices voluntarios llegaba hasta el campo. El presidente era popular incluso en las regiones más remotas del país. Ninguna otra persona con autoridad en el Estado se atribuyó jamás el mérito por una decisión afortunada. En las reuniones de los diputados se sucedían los encomios al líder. Se creía que todo hecho positivo, aunque fuera una estación de lluvias beneficiosa, provenía de Duvalier.[3]

---

[1] Acerca de la radio, véase NARA, RG 59, Caja 2172, «Joint Weeka No. 2», 14 de enero de 1968.

[2] Rotberg, *Haiti, op. cit.*, pp. 350-366.

[3] NARA, RG 59, Caja 2172, «Trip Report: Northwest Department of Haiti», 29 de diciembre de 1968.

La red de lealtades era comparativamente pequeña, pero bastó para sostener su régimen. Los otros cuatro millones de personas le importaban muy poco. Estaban acostumbradas a Gobiernos depredadores. En el peor de los casos vivían con miedo, y en el mejor, instaladas en la apatía y la sumisión.

Sin embargo, un pequeño comando de soldados profesionales, bien equipados y entrenados, podría haber derribado al régimen sin mucha dificultad. No llegó a ocurrir, en buena medida gracias a Estados Unidos. Tras el desastre de abril de 1961, en el que una partida de refugiados cubanos entrenados por la CIA trató de desembarcar en la Bahía de Cochinos y derribar a Castro, no cabía esperar que Estados Unidos interviniera en Haití. Y aunque Washington sintiera repugnancia por Duvalier, éste, a diferencia de Castro, era un aliado en plena Guerra Fría. Duvalier sacó el máximo partido de aquella relación. Podía mostrarse testarudo, impredecible, irascible, pero nunca cortaba de verdad los vínculos que lo unían a la gran potencia. Sabía cómo insultar a los estadounidenses al tiempo que se beneficiaba de la ayuda económica que éstos le concedían.[1]

El mejor medio de propaganda del que disponía Duvalier en Washington era el comunismo. A lo largo de una década, exageró los peligros de la izquierda y calificó a sus enemigos reales e imaginarios como agentes secretos de Cuba y de Moscú.

En diciembre de 1968, dos partidos rivales se unieron para constituir el Partido Unificado de los Comunistas Haitianos. Tenían el firme propósito de derribar a Duvalier. En marzo de 1969, acudieron al único pueblo de Haití donde no había ningún houngan y arriaron la bandera del régimen. Duvalier respondió con una persecución a gran escala

---

[1] Rotberg, *Haiti*, *op. cit.*, p. 235.

en la que docenas de personas murieron por arma de fuego o ahorcadas en público, y muchas más se vieron obligadas a huir a las montañas. Todo libro que estuviera vagamente relacionado con el comunismo se volvió tabú, y su mera posesión, un delito que podía castigarse con la muerte. Tres meses más tarde, Nelson Rockefeller, gobernador de Nueva York, visitó Puerto Príncipe, y Duvalier pudo asegurarle que la amenaza comunista había sido eliminada. Fue el inicio de un nuevo acercamiento a Estados Unidos.[1]

Con todo, en la fotografía de prensa que se publicó para la ocasión aparecía un Duvalier enfermo, que se apoyaba en Rockefeller. Papa Doc estaba frágil, su salud declinaba, y a sus sesenta y dos años parecía mucho mayor de lo que era. Empezó a eliminar toda oposición que pudiera cuestionar la designación de su propio hijo como heredero. En enero de 1971, se nombró sucesor a Jean-Claude. Se llevó a cabo el correspondiente referéndum, pero al parecer tan sólo uno de los 2 391 916 votos fue negativo. François Duvalier murió de un ataque al corazón tres meses más tarde, el 21 de abril de 1971. Su reinado fue apenas unos meses más breve que el de Henri Christophe (1806-1820). Su hijo asumió el poder el 22 de abril a primera hora. Como siempre, era una fecha afortunada para la familia Duvalier.[2]

Miles de haitianos desfilaron frente al cuerpo del gobernante fallecido, que yacía expuesto con solemnidad en el Palacio Nacional. Duvalier vestía su levita negra favorita y reposaba en un ataúd forrado de seda, con cubierta de

---

[1] MAE, 96QO/56, Philippe Koening, «La rébellion du 24 avril», 10 de junio de 1970; «Action anti-communiste», 30 de abril de 1969; Abbott, *Haiti, op. cit.*, p. 152; Marquis, *Papa Doc, op. cit.*, p. 264.

[2] MAE, 96QO/73, Philippe Koenig, «Haiti après la mort du Président François Duvalier», 28 de abril de 1971; NARA, RG 59, Caja 2346, «Political/Economic Summary No. 3», 21 de febrero de 1971; «Political/Economic Summary No. 8», 8 de mayo de 1971.

cristal. Perder a un dictador puede resultar tan traumático como vivir bajo su autoridad, pero a pesar del temor generalizado a que el caos sucediera a su desaparición, se impuso la calma más absoluta. En un primer momento, sus restos mortales se inhumaron en el Cementerio Nacional, pero luego fueron trasladados a un grandioso mausoleo erigido por su hijo. En 1986, después de que Baby Doc perdiera el poder, una turba airada destruyó el lugar de descanso eterno de Papa Doc.

7

CEAUŞESCU

El Palacio del Pueblo, ubicado en lo que antiguamente fue una lujosa área residencial de Bucarest, es el edificio administrativo más grande del mundo. Su tamaño eclipsa el de la Gran Pirámide de Guiza. Su estructura, kitsch y neoclásica, alberga más de mil salas repletas de columnas de mármol, escaleras ornadas y candelabros de cristal. Nicolae Ceauşescu, que puso la piedra angular en junio de 1985, anunció que el proyecto era un digno tributo a la grandeza de su propio tiempo, conocido oficialmente como la «Era Ceauşescu».

En realidad, era un monumento que había hecho construir en su propio honor. Se derribaron diez kilómetros cuadrados de casas—en los que había veinte iglesias y seis sinagogas—para despejar el terreno y miles de obreros trabajaron las veinticuatro horas del día. El proyecto consumió un tercio del presupuesto nacional. Ceauşescu supervisaba todos los detalles y se presentaba sin previo aviso para dar órdenes. Hombre enérgico de baja estatura, se mostraba susceptible en todo lo que tuviera que ver con su talla, e hizo reconstruir las escaleras hasta dos veces para adaptarlas a su paso. Aunque no llegó a ver terminado el proyecto, las obras se reanudaron poco después de su ejecución, que tuvo lugar el día de Navidad de 1989. Aún no está terminado.[1]

Nada predisponía a Ceauşescu a erigirse en dictador. No

---

[1] «Obituary: Anca Petrescu», *Daily Telegraph*, 1.º de noviembre de 2013; Robert Bevan, *The Destruction of Memory: Architecture at War*, Londres, Reaktion Books, 2006, pp. 127-131.

había sido un niño prometedor, ni había demostrado ninguna aptitud especial. Abandonó el hogar a los once años para trabajar como aprendiz de zapatero y cuatro años más tarde fue detenido por distribuir folletos de carácter comunista. En 1933 el número de afiliados al Partido Comunista Rumano no sobrepasaba unos pocos centenares de personas. El comunismo era impopular, porque la mayoría de los rumanos desconfiaba de la Unión Soviética. Pero Ceauşescu era un hombre convencido, un fanático, que halló en la ideología una clave aparentemente sencilla para comprender un mundo complicado.

La policía lo detuvo en repetidas ocasiones y en todos los casos lo dejó marchar a causa de su juventud. En 1936 lo enviaron por dos años a una prisión para delitos políticos. No era popular entre los otros reclusos. Sufría burlas por su escasa cultura, su tartamudeo y su acento regional. Era de carácter impulsivo, ferozmente competitivo, y a menudo se mostraba desdeñoso con los demás. Pero tuvo la astucia política de forjar vínculos con los líderes del movimiento comunista, como Gheorghe Gheorghiu-Dej, que tomó bajo su protección al joven. Pasó algunas temporadas en prisión durante la Segunda Guerra Mundial, en la que su país se alineó con Alemania.[1]

El Ejército Rojo ocupó Rumanía en 1944 y la transformó en Estado satélite. A partir de 1947, Gheorghiu-Dej la gobernó como primer líder comunista. Maniobró con éxito contra sus rivales y todos ellos sufrieron purga, arresto o asesinato. Lucreţiu Pătrăşcanu, miembro fundador del partido, murió ejecutado en 1954. Centenares de miles de presos políticos ingresaron en campos de internamiento.

Para 1956, Gheorgiu-Dej se había consolidado en su

---

[1] John Sweeney, *The Life and Evil Times of Nicolae Ceauşescu*, Londres, Hutchinson, 1991, pp. 44-51.

posición en la medida suficiente para poder hacer un uso selectivo de las políticas de Jruschov. Por un lado, reforzó la independencia económica de su país respecto a la Unión Soviética y desplazó el comercio hacia Occidente. Por el otro, prosiguió con el desarrollo de un sistema represivo dominado por la Securitate, la división de policía secreta creada en 1948 con el auxilio de la Unión Soviética. Gheorghiu-Dej contaba con ellos para inspirar temor entre la población.[1]

También amplió el culto a su propia personalidad. Se retiraron los retratos de Stalin y el suyo apareció en todas las escuelas, fábricas y oficinas. En los periódicos se veían fotografías de aldeanos que se reunían en torno a la radio para escucharle. Viajó por el país, aclamado por su pueblo, mientras sus camaradas se quedaban en segundo término.[2]

Ceauşescu ascendió rápidamente por el escalafón y mejoró aún más sus relaciones con Gheorghiu-Dej. Atacó con vehemencia a los opositores del régimen, persiguió a los intelectuales críticos y ayudó a llevar a término la colectivización forzosa en el campo. Ceauşescu era un lugarteniente entregado a su tarea, modesto, trabajador y leal. Igual que su jefe, criticaba la dependencia de su país respecto al Kremlin, pero al mismo tiempo estaba deseoso de mantener las rígidas estructuras del Estado de partido único estalinista.

En 1954, Gheorghiu-Dej confiaba ya en Ceauşescu has-

---

[1] Dennis Deletant, *Communist Terror in Romania: Gheorghiu-Dej and the Police State, 1948- 1965*, Nueva York, St. Martin's Press, 1999.

[2] Alice Mocanescu, «Surviving 1956: Gheorghe Gheorghiu-Dej and the 'Cult of Personality' in Romania», en: Apor Balázs, Jan C. Behrends, Polly Jones y E. A. Rees (eds.), *The Leader Cult in Communist Dictatorships: Stalin and the Eastern Bloc*, Houndmills, Basingstoke, Palgrave Macmillan, 2004, p. 256; «Rumania: Want amid Plenty», *Time*, 8 de junio de 1962.

ta el punto de ponerlo al mando de la secretaría del Comité Central. Todos los nuevos nombramientos se efectuaban a través de su oficina. Al igual que Stalin a principios de la década de 1920, Ceauşescu protegía a sus subordinados y trabajaba por hacerlos medrar.[1]

Gheorghiu-Dej murió en 1965. El liderazgo estaba dividido acerca del proceso de desestalinización. Se creía que Gheorghe Apostol, de quien se rumoreaba que había sido elegido sucesor por un Gheorghiu-Dej ya enfermo, estaba demasiado ligado a la Unión Soviética. Gheorghe Maurer, un líder del partido de edad avanzada, que gozaba de una gran consideración, animó a los otros dirigentes a brindar su apoyo a Ceauşescu. Aquel hombre diminuto, limitado por su falta de habilidad verbal y de talento organizativo, parecía un mascarón de proa óptimo para el partido.[2]

Ceauşescu había sido elegido secretario general en marzo de 1965 y durante los dos años siguientes se tomó su tiempo y cumplió con el papel de portavoz de un liderazgo colectivo. Pero aprovechó al máximo su posición, habló a las multitudes, visitó fábricas y creó vínculos con las fuerzas militares y de seguridad. Sus viajes al extranjero en representación del partido hallaron amplia cobertura en la prensa. También adoptó un tono de desafío y molestó a Moscú al invitar a líderes críticos con la Unión Soviética. En 1966 recibió a Zhou Enlai, y en 1967, al futuro presidente Richard Nixon.

El 26 de enero de 1968, Ceauşescu cumplió cincuenta años. Hombre prudente, no quería dar la impresión de

[1] Mary Ellen Fisher, *Ceauşescu: A Study in Political Leadership*, Boulder, Colorado, Lynne Rienner Publishers, 1989, pp. 49-52; Vladimir Tismaneanu, *Stalinism for All Seasons: A Political History of Romanian Communism*, Berkeley, California, University of California Press, 2003, p. 176.

[2] Fisher, *Ceauşescu*, *op. cit.*, p. 69.

que fomentaba un culto a su personalidad. Con todo, sus discursos se publicaron en dos volúmenes y alcanzaron un gran éxito. Sus colegas, especialmente Apostol y Maurer, estaban dispuestos a rendirle homenaje.[1]

Tres meses más tarde, en abril de 1968, Ceaușescu se sintió lo bastante fuerte como para atacar a su antiguo jefe y denunció a Gheorghiu-Dej por el arresto, enjuiciamiento y ejecución de miembros leales del partido. Así logró eliminar a uno de sus principales rivales, Alexandru Drăghici, que por aquel entonces se hallaba al frente de la policía secreta. Ion Iliescu, uno de los fieles seguidores de Ceaușescu, ocupó su lugar. Pero el caso de Lucrețiu Pătrășcanu, ejecutado en 1954, unos pocos días antes de que Ceaușescu se uniera al Comité Central, implicó a toda la vieja guardia. Todos ellos habían quedado mancillados y se vieron obligados a suplicarle.[2]

El momento de Ceaușescu llegó durante el verano, cuando la Unión Soviética invadió Checoslovaquia para reprimir el levantamiento del país contra el comunismo. Bulgaria, Polonia y Hungría ofrecieron sus tropas para apoyar a la Unión Soviética, pero Rumanía no. Mientras los tanques entraban en Praga, Ceaușescu convocó una concentración de masas en la plaza del Palacio, frente al Comité Central. Pronunció un discurso apasionado en el que condenó los actos de Leonid Brézhnev como un «gran error y un grave peligro contra la paz en Europa». De un día para otro se transformó en héroe nacional, adorado por su promesa de que no se permitiría a ninguna potencia «violar el territorio de nuestra patria».[3]

---

[1] MAE, 201QO/167, Jean-Louis Pons, «50ᵉᵐᵉ anniversaire de Mr. Ceaușescu», 30 de enero de 1968.

[2] Fisher, *Ceaușescu, op. cit.*, pp. 133-139.

[3] *Ibid.*, pp. 143-145.

CEAUŞESCU

Ceauşescu se presentaba como un héroe intrépido, como el hombre que había osado hacer frente a la Unión Soviética. Los dignatarios extranjeros hacían cola para visitarlo y lo retrataban como defensor de un socialismo con rostro humano. En agosto de 1969, se ofreció una espléndida recepción a Richard Nixon, que ya era presidente de Estados Unidos. Se publicaron fotografías en las que el hombre más poderoso del mundo se inclinaba hacia Ceauşescu, quien, por su parte, estaba sentado en una cómoda silla. Más adelante Nixon proclamaría: «¡Será comunista, pero es un comunista de los nuestros!».[1]

Tres días después de que Nixon se marchara, se convocó un congreso del partido. Ceauşescu introdujo un cambio en los estatutos que disponía que fueran los miembros del congreso quienes lo eligiesen directamente a él. Aquello implicaba que el Comité Central no dispondría ya de medios para destituirlo. En un discurso tras otro, los delegados homenajearon a su líder. Quedaba un único miembro de la vieja guardia, Gheorghe Maurer, que pasó a ocupar el rango de número dos. Ceauşescu era el líder indiscutido y sus hombres se hallaban al mando de todos los organismos importantes dentro del partido.[2]

Entre julio de 1965 y enero de 1973, Ceauşescu emprendió ciento cuarenta y siete giras relámpago por el país. Tan sólo en enero de 1970 visitó cuarenta y cinco empresas industriales y divisiones agrícolas, o por lo menos eso era lo que contaba *Scinteia*, el periódico del partido. Las visitas se pre-

[1] Sweeney, *The Life and Evil Times of Nicolae Ceauşescu, op. cit.*, p. 95.
[2] En rigor, otro de los dirigentes que habían formado parte del Politburó de Gheorghiu-Dej seguía en activo. Se trataba de Emil Bodnăraş. Sin embargo, estaba enfermo y no asistió al congreso. Fisher, *Ceauşescu, op. cit.*, pp. 154-157.

287

paraban minuciosamente, de acuerdo con una coreografía que apenas cambió a lo largo de los años. Todo empezaba con un desfile de automóviles adornados con flores. Los vecinos se concentraban a lo largo de la calle principal y ondeaban banderas rojas para saludar a su líder. Los niños le ofrecían flores. Ceauşescu aparecía en el balcón de la sede local del partido y se dirigía a la multitud. A menudo se subía a un pedestal para parecer más alto. La muchedumbre lo aclamaba con entusiasmo. La policía secreta vigilaba en segundo término para garantizar que todo el mundo participara. Todas las visitas aparecían en la primera plana de todos los periódicos y contribuían a consolidar la imagen de Ceauşescu como líder ubicuo y en estrecho contacto con su pueblo. Como resultado, la gente tendía a echar las culpas por todo a sus subordinados, y no a él. Durante los períodos de racionamiento, la gente susurraba: «Si Ceauşescu conociera la situación, arremetería contra los tenderos con una escoba de hierro».[1]

Ceauşescu disfrutaba de aquel ritual que se ensayaba con tanto cuidado, pero no estaba preparado para la bienvenida que le dispensaron al visitar China y Corea en junio de 1971. En Beijing, los principales dirigentes fueron al encuentro de Ceauşescu y de su delegación ya en la pista del aeropuerto. A lo largo de las calles había decenas de miles de personas que lo vitoreaban. En la plaza de Tiananmen se orquestó una gran exhibición gimnástica en su honor. Centenares de participantes, vestidos de distintos colores, sincronizaron sus movimientos para hacer aparecer mensajes de bienvenida: «¡Larga vida a la amistad sino-rumana!».[2]

[1] Fisher, *Ceauşescu, op. cit.*, pp. 92-93; OSA, 300-8-3-5811, «Nicolae Ceauşescu and the Politics of Leadership», 29 de marzo de 1973, pp. 16-18.

[2] ANR, 2574-72-1971, Minutas de la reunión del Comité Ejecutivo (Politburó), 25 de junio de 1971, p. 11.

Ceauşescu notó que en todas partes la gente trabajaba con ahínco, parecía que en China no existía la ociosidad. «Están muy bien organizados y son muy disciplinados», observó. En Piongyang, la siguiente etapa del viaje, todo se había reconstruido a partir de cero después de la devastación de la guerra de Corea. La ciudad tenía edificios grandes y modernos. Las tiendas estaban llenas de productos. La agricultura y la industria florecían, gracias a un espíritu de autosuficiencia económica. Unidad, disciplina, autarquía, independencia: todos estos objetivos parecían converger cuando la población entera se movilizaba a las órdenes de su líder.[1]

Igual que Hitler en su primer viaje a Italia, Ceauşescu parecía no darse cuenta de que buena parte de lo que había visto en China y Corea no era más que teatro. Llegó al extremo de denunciar al personal de su propia embajada en Beijing y Piongyang, acusándolos de haber engañado al Comité Ejecutivo al informar de graves escaseces, cuando él no había visto más que abundancia al alcance de todo el mundo.[2]

Tan pronto como regresó a Bucarest, Ceauşescu puso en marcha su propia mini Revolución Cultural. En 1965 se había presentado a sí mismo como reformista y durante unos pocos años las restricciones ideológicas de la era estalinista se habían relajado. La censura de prensa se había suavizado y se había concedido cierta libertad a los escritores. Se veían programas extranjeros en televisión. Pero el deshielo había sido limitado y Ceauşescu había subrayado varias veces que el marxismo-leninismo seguía siendo «el denominador común de nuestro arte socialista»[3].

---

[1] *Id.*

[2] *Ibid.*, pp. 45-46; OSA, 300-8-47-188-23, informe sobre la situación en Rumanía, 13 de julio de 1971, pp. 9-11.

[3] Fisher, *Ceauşescu, op. cit.*, p. 126.

Aquellas limitadas libertades llegaron a su fin. En China, Ceauşescu había asistido a la liquidación del mundo antiguo, porque todos los aspectos de la cultura se habían reconstruido de acuerdo con líneas revolucionarias. Quería hacer lo mismo en su propio país. El 6 de julio de 1971 pronunció un discurso ante el Comité Ejecutivo que posteriormente se llegó a conocer como las Tesis de Julio. Clamó contra las «ideas retrógradas e influencias ideológicas burguesas» y exigió que se eliminaran de la prensa, la radio, la televisión, la literatura e incluso la ópera y el ballet. Elogió el realismo socialista y pidió una estricta conformidad ideológica en todos los terrenos. Tenía que producirse una revolución en el ámbito de la cultura que sirviera como herramienta ideológica para moldear a un «Hombre Nuevo».[1]

Se purgó a los dirigentes. Ion Iliescu, promovido tan sólo tres años antes, perdió su cargo. Según parece, en el vuelo de regreso tuvo lugar una furiosa discusión sobre lo que habían visto en Corea del Norte.[2]

Al regimentarse la cultura se difundió el culto a la personalidad. Aun antes de su viaje a Asia Oriental, Ceauşescu había deseado hacerse con un biógrafo de la corte. Halló un cómplice bien dispuesto en Michel-Pierre Hamelet, un periodista francés que trabajaba para *Le Figaro* y había acompañado al secretario general del Partido Comunista Francés a Rumanía en 1967. Desde el primer momento, Ceauşescu había cautivado a Hamelet: «Me impactó el fuego de sus ojos, la energía mental que manifestaban, la sonrisa irónica que iluminaba su rostro en todo momen-

---

[1] OSA, 300-8-47-188-23, Informe sobre la situación en Rumanía, 13 de julio de 1971, pp. 9-11; la referencia a un «Hombre Nuevo» procede de Popescu, secretario del partido; véase OSA, 300-8-47-188-24, Informe sobre la situación en Rumanía, 20 de julio de 1971, p. 13.

[2] El enfrentamiento entre Ceauşescu e Iliescu se menciona en Sweeney, *The Life and Evil Times of Nicolae Ceauşescu*, p. 102.

to». Regresó a Rumanía unos pocos años más tarde y recibió todo tipo de ayuda para escribir la biografía del líder. *Nicolae Ceaușescu* se publicó en francés en 1971 y aquel mismo año aparecieron traducciones en rumano, húngaro y alemán. Hamelet retrataba a Ceaușescu como un «humanista apasionado» que anunciaba nada menos que «la llegada de una nueva era» en la que las relaciones sociales se transformarían de acuerdo con una nueva ideología. Había sido un niño prodigio nacido en la pobreza. Iba descalzo a la escuela, no tenía dinero para comprar libros, pero siempre era el primero de la clase. Hamelet entrevistó a su antiguo maestro, quien recordaba que el muchacho había destacado en matemáticas, pero por encima de todo había sido un verdadero camarada para los demás. A los dieciséis años la policía lo había identificado como peligroso agitador y lo había mandado de vuelta a su aldea cargado de grilletes. Pero nada le haría abandonar la causa. Se había convertido en enemigo del Estado, organizador resuelto del movimiento comunista, defensor apasionado de los dogmas del marxismo-leninismo.[1]

Hamelet no fue el único hombre a quien se encargó la difusión de aquella imagen de un muchacho campesino que a fuerza de mucho trabajo, coraje y mero talento se había sobrepuesto a las adversidades y se había erigido en líder socialista. En 1972, Donald Catchlov publicó en Londres *Romania's Ceaușescu*, que propagó aún más el mito de Ceaușescu. A continuación, Heinz Siegert publicó *Ceaușescu* en alemán en 1973, y Giancarlo Elia Valori, *Ceaușescu* en italiano en 1974. *El semidiós de Rumanía* apareció en griego en 1978.[2]

---

[1] Michel-Pierre Hamelet, *Nicolae Ceaușescu: Présentation, choix de textes, aperçu historique, documents photographiques*, París, Seghers, 1971.

[2] ANR, 2898-19-1976, Lista de libros sobre Nicolae Ceaușescu pu-

Ceauşescu, que por lo general trabajaba a través del Departamento de Propaganda y Agitación, aprobaba en persona todos los detalles, incluido el número de ejemplares que se imprimirían. Por lo general, la financiación era generosa. En 1976, Mihai Steriade, autor de un folleto titulado *La presencia y el prestigio de un humanista: Nicolae Ceauşescu*, pidió ocho mil dólares estadounidenses como ayuda para «hacer propaganda de Rumanía» en Bélgica. El propio Ceauşescu decidió rebajar esa suma a cinco mil dólares.[1]

El Departamento de Propaganda y Agitación, también llamado Agitprop, se encargaba así mismo de promover la imagen del líder en el extranjero por otros medios. En 1971, por ejemplo, pagó al periódico italiano *L'Unità* unos cinco mil dólares estadounidenses por publicar un suplemento sobre el aniversario del Partido Comunista Rumano. En él aparecieron fotografías de Ceauşescu como líder internacional en compañía de Mao, Nixon y De Gaulle. No se mencionaba a ninguno de los dirigentes soviéticos.[2]

Ceauşescu era líder del partido y jefe del Estado, pero, a diferencia de otros dictadores, no se contentó con ostentar la autoridad simbólica del jefe de Estado al tiempo que ejercía el verdadero control a través de la maquinaria del partido. La autoridad del Consejo de Estado se amplió y organismos independientes encabezados por Ceauşescu ejercieron un poder paralelo al del Consejo de Ministros.

---

blicados en el extranjero, 4 de marzo de 1976, pp. 1-6; OSA, 300-8-47-201-3, «Situation Report», 9 de febrero de 1978, p. 9.

[1] ANR, 2898-10-1973, nota de la Sección de Relaciones con el Extranjero, 28 de mayo de 1973, pp. 12-13.

[2] La cantidad exacta fue de 7,5 millones de liras; véase ANR, 2898-21-1971, nota de la Sección de Relaciones con el Extranjero del Comité Central, 4 de septiembre de 1971, p. 102; véase también Günther Heyden, informe sobre una visita al Instituto Rumano de Estudios Históricos y Sociopolíticos, 27 de septiembre de 1971, DY 30/IVA 2/20/357, pp. 377-378.

Uno de ellos era el Consejo de Defensa, y otro el Consejo Económico. A efectos prácticos, aquello significaba que Ceauşescu disponía tanto del Estado como del partido y podía utilizar a uno contra el otro cuando hallara oposición. No sólo controlaba todas las palancas del poder, sino que también se erigió en autoridad suprema en todos los temas, desde los escaparates de las tiendas hasta la decoración de los interiores del Teatro Nacional de Bucarest. Era un hombre impaciente y desarrolló una tendencia a reorganizar los rangos de la burocracia cuando no ejecutaban con rapidez suficiente las políticas que él les dictaba. Además, imponía a menudo la rotación de los cargos entre el partido y el Estado para que nadie pudiera consolidar una posición de poder. Los continuos cambios no hacían más que incrementar la confusión y la ineficacia.[1]

Pero nunca se daba por satisfecho. En 1974, Ceauşescu se decidió por asumir el cargo de presidente de la República, aparte del de presidente del Consejo de Estado, así dispondría del poder necesario para nombrar ministros por decreto personal. En una reunión preparatoria, sus subalternos compitieron entre sí por ver quién planificaba una ceremonia inaugural más extravagante. Emil Bodnăraş, vicepresidente del Consejo de Estado, propuso que se imprimiera un ejemplar especial de la Constitución en letras doradas. A otra persona se le ocurrió saludar a Ceauşescu con salvas de cañón, pero éste tuvo la modestia de rechazarlas.[2]

El 28 de marzo, tras ser debidamente elegido presidente de Rumanía, Ceauşescu asumió el cargo con toda la pompa y circunstancia de un monarca feudal. El momento culmi-

[1] OSA, 300-8-3-5811, «Nicolae Ceauşescu and the Politics of Leadership», 29 de marzo de 1973, pp. 3-15.

[2] ANR, 2574-31-1974, transcripción de la reunión del Comité Ejecutivo (Politburó) del Comité Central, 27 de marzo de 1974, pp. 50-59.

nante de la ceremonia, retransmitido por radio y televisión, fue la presentación de un cetro presidencial. Salvador Dalí, el pintor surrealista, se sintió tan impresionado por el espectáculo que mandó un telegrama de felicitación. El mensaje apareció al día siguiente en *Scinteia*. Parece que el redactor no se dio cuenta de que era satírico: «Aprecio profundamente su histórico acto de inaugurar el uso del cetro presidencial».[1]

En el mismo mes, Gheorghe Maurer, el fiel número dos que había tratado de preservar cierto grado de moderación, fue relevado de sus funciones. Ya no había nadie que se encontrara a la altura de Ceauşescu. Se aprobó una ley de prensa que imponía una censura aún más estricta sobre el material escrito. Se prohibieron las calumnias contra los dirigentes del partido, así como toda crítica contra cualquiera de las políticas del propio partido. A finales de aquel año, el XI Congreso del Partido creó un nuevo organismo: concentró todo el poder en la Oficina Permanente del Consejo Ejecutivo. Al igual que otros órganos estatutarios, tan sólo poseía facultades consultivas, porque sus doce miembros no hacían más que escuchar a Ceauşescu con respeto. Para celebrar la ocasión, *Scinteia* caracterizó al líder como «Julio César, Alejandro Magno, Pericles, Cromwell, Napoleón, Pedro el Grande y Lincoln», y lo aclamó como «nuestro Dios laico, el corazón del partido y de la nación». Ceauşescu se había erigido en Conducator. Dicho título derivaba del verbo *conduce*, o *ducere* en latín. Al igual que el Duce o el Führer, era el líder supremo de la nación.[2]

---

[1] Sweeney, *The Life and Evil Times of Nicolae Ceauşescu, op. cit.*, p. 105.
[2] Fisher, *Ceauşescu, op. cit.*, pp. 184-185 y 212-213; Anneli Ute Gabanyi, *The Ceauşescu Cult: Propaganda and Power Policy in Communist Romania*, Bucarest, The Romanian Cultural Foundation Publish-

Ceauşescu era secretario general, presidente y comandante supremo, pero buscaba reconocimiento oficial como ideólogo destacado. En 1968 habían aparecido dos tomos con una selección de sus escritos y discursos. La cosa se aceleró durante los años siguientes, porque Agitprop presentó un plan de publicación anual, supervisado por el propio Ceauşescu. En 1971 sus discursos se tradujeron a media docena de lenguas, y a continuación aparecieron con regularidad sus obras selectas, que en 1976 se encontraban en una amplia variedad de lenguas que iba desde el italiano hasta el chino.[1]

En 1976, Ceauşescu tomó a su cargo la Comisión Ideológica del Comité Central. Sus subordinados hicieron cola para aclamarlo como «pensador fundamental en el marxismo contemporáneo», brillante ideólogo que había «remozado y desarrollado el marxismo». Ceauşescu era «marxismo-leninismo en acción». Escritores, académicos y activistas del partido estaban obligados a usar su obra como fuente de referencia principal.[2]

Los escritos de Ceauşescu eran un batiburrillo de ideas contradictorias, pero lo esencial era que revestían al comunismo de una pátina de nacionalismo. Ceauşescu hacía las veces de campeón del nacionalismo al mismo tiempo que sostenía la fe marxista, y llamaba a todo el conjunto «patriotismo revolucionario». Al menos en teoría, su saber atraía a gente del mundo entero. Según observó el primer ministro Manea Manescu tras un largo viaje a varios países asiáticos: «Nicolae Ceauşescu goza de un enorme

---

ing House, 2000, pp. 17-18; Thomas J. Keil, *Romania's Tortured Road toward Modernity*, Nueva York, Columbia University Press, 2006, p. 301.

[1] ANR, 2898-19-1976, lista de libros sobre Nicolae Ceauşescu publicados en el extranjero, 4 de marzo de 1976, pp. 1-6.

[2] OSA, 300-8-3-5850, «Ceauşescu's Ideological Role is Strengthened», 29 de julio de 1976, pp. 1-9.

prestigio internacional, profunda estima y respeto en todas partes, incluso en las regiones más remotas del mundo, donde su nombre ha devenido en símbolo de ardiente patriotismo e internacionalismo, de lucha por la independencia y soberanía nacional». Era uno de los líderes del comunismo mundial, una figura internacional en el movimiento obrero.[1]

En 1978, cuando Ceaușescu cumplió sesenta años, la nación entera rindió homenaje a su líder. Constantin Pârvulescu afirmó que Ceaușescu era «el líder popular más genuino que ha emergido en toda la historia del pueblo rumano». El Partido, el Estado y la Nación anunciaron en su mensaje oficial que la nueva Era Ceaușescu que él mismo había inaugurado representaba «el capítulo más fructífero en los mil años de nuestra historia, abundante en logros y grandes triunfos».[2]

Dado que Ceaușescu era el ideólogo en jefe de la nación, los principales centros académicos organizaban ceremonias especiales en las que se reconocían y celebraban sus muchos méritos en dicho ámbito. Recibió abundantes títulos honoríficos: una academia le concedió el doctorado en Economía y otra en Ciencias Políticas. Su defensa de la existencia soberana de Rumanía había pasado a llamarse Doctrina Ceaușescu. Ésta suponía un menosprecio a la idea de soberanía limitada, conocida como Doctrina Brézhnev, llamada así por el hombre que una década antes había mandado los tanques a aplastar la rebelión popular en Praga. Se organizó una exposición en la que se exhibieron todos los regalos que Ceaușescu había recibido en el curso de sus muchos viajes al extranjero y que ilustraban la alta estima

---

[1] *Ibid.*, p. 7.
[2] OSA, 300-8-47-201-3, «Situation Report», 9 de febrero de 1978, p. 2.

en que se le tenía como estadista internacional y destacado teórico del marxismo-lenininsmo.[1]

Las celebraciones duraron tres semanas. Se le dedicaron poemas, canciones, obras de teatro, pinturas, bustos, tapices y medallas. Su nombre se escribió en letras mayúsculas. Ceauşescu era la antorcha, el abanderado, la estrella de enero, el abeto más alto del país. Era un halcón. Era «la medida de todos los seres y todas las cosas que se encuentran en este país bendito llamado Rumanía». Encarnaba al pueblo como una especie de Cristo, «un cuerpo sacado del cuerpo del pueblo, un alma sacada del alma del pueblo».[2]

Ceauşescu recibió por segunda vez el codiciado título de Héroe de la República Socialista de Rumanía. Yugoslavia le otorgó la condecoración al Héroe del Trabajo Socialista. Un magnánimo Brézhnev le concedió la Orden de Lenin. Pero todos estos galardones se quedaron muy por debajo del reconocimiento que obtuvo por parte de Occidente. Pocos meses después de su aniversario, Jimmy Carter, presidente de Estados Unidos, invitó a Ceauşescu y a la esposa de éste a una cena en la Casa Blanca. Pero seguramente el momento álgido de su carrera fue la visita oficial al Palacio de Buckingham, que tuvo lugar en junio de 1978, organizada por sir Reggie Secondé, embajador británico en Rumanía. Secondé no se hacía ilusiones. En un informe confidencial para el Foreign and Commonwealth Office valoraba a Ceauşescu como «el dictador más absoluto que pueda hallarse en el mundo actual». La clase dirigente londinense recibió al autócrata con los brazos abiertos. Un disidente rumano escenificó una protesta en solitario, pero la poli-

---

[1] OSA, 300-8-47-201-3, «Situation Report», 9 de febrero de 1978, p. 3; PRO, FCO 28/3444, R. A. Burns, «President Ceauşescu's 60th Birthday», 8 de febrero de 1978, pp. 4-5.

[2] OSA, 300-8-47-201-3, «Situation Report», 9 de febrero de 1978, pp. 6-10.

cía lo detuvo enseguida. Ceauşescu acompañó a la reina Isabel II en su carruaje real, saludó con el brazo a las multitudes que vitoreaban y recibió la Orden del Baño. Una vez en el palacio de Buckingham, sus guardias de seguridad probaron la comida antes de que se la sirvieran. Todos los actos públicos—desayunos, almuerzos, cenas y banquetes—se retransmitieron por la televisión rumana durante las veinticuatro horas del día. La visita supuso un golpe duro contra todos los que se oponían al tirano.[1]

Sin embargo, la resistencia no desapareció del todo. Ion Pacepa, un poderoso general de la Securitate, desertó unas semanas más tarde a Estados Unidos. Destruyó la red de inteligencia del país e hizo público el funcionamiento interno de la corte de Ceauşescu. Pacepa fue condenado a muerte en rebeldía y se ofreció una recompensa de dos millones de dólares por su cabeza. Ceauşescu recelaba cada vez más de todos los que le rodeaban. A medida que su círculo se reducía, se apoyaba cada vez más en los miembros de su familia.[2]

El principal entre todos ellos era su esposa Elena, una mujer adusta e inculta, pero ambiciosa y resuelta, que había hallado inspiración en Madame Mao durante su viaje a China de 1971. Era la compañera constante de Ceauşescu y se hallaba siempre a su lado en los congresos del partido, ceremonias de Estado y visitas oficiales en su propio país y en el extranjero. Se había elevado a lo más alto de la jerarquía política en unos pocos años y en 1977 se incorporó al poderoso Buró Permanente del Consejo Ejecutivo.

[1] PRO, FCO 28/3407, R. L. Secondé, «President Ceauşescu of Romania: A Summary», 24 de abril de 1978, pp. 4-5; Sweeney, *The Life and Evil Times of Nicolae Ceauşescu, op. cit.*, pp. 111-120.

[2] Pacepa escribió posteriormente unas memorias de carácter condenatorio sobre el régimen de Ceauşescu, tituladas *Red Horizons: The True Story of Nicolae and Elena Ceauşescus' Crimes, Lifestyle, and Corruption*, Washington D. C., Regnery Publishing, 1990.

Elena compartía el apetito de su marido por los títulos y honores. Aunque su formación académica fuese mínima, todo el mundo se refería a ella como «Doctora Ingeniera Académica Elena Ceauşescu», y se hacía pasar por la principal científica del país. A la altura de 1977 había recibido veinticuatro condecoraciones extranjeras, que iban desde la Orden Nacional del Leopardo de Zaire, la Orden de la Bandera Nacional de Corea del Norte y la Orden de Orange-Nassau de los Países Bajos hasta la Orden de las Virtudes egipcia. En 1975, la Unión Soviética le ofreció una medalla para conmemorar el 30.º Aniversario de la Victoria sobre el Fascismo. Aunque se trate de un catálogo impresionante, se queda corto frente a la colección que había acumulado su esposo, que para 1977 había obtenido unas cincuenta condecoraciones internacionales, como por ejemplo la prestigiosa Legión de Honor francesa, así como interminables Órdenes de la Bandera Roja de diversos países comunistas.[1]

En enero de 1979, varios meses después de la deserción de Pacepa, Elena asumió la presidencia de la Comisión de Cuadros del Estado y del Partido, con lo que la potestad sobre todos los nombramientos pasó a sus manos. Su nueva posición coincidió con su sexagésimo cumpleaños, profusamente celebrado durante dos días, en los que todos los miembros del partido ensalzaron con abyección a la primera dama como «estrella que se encuentra al lado de otra estrella en el eterno arco celeste». La primera dama asumió su nuevo papel con fruición. Insistió en que se investigara a cada uno de los 2,9 millones de afiliados al partido, lo que suponía poner a prueba al partido entero. La obedien-

[1] ANR, 2898-28-1977, inventarios de medallas y condecoraciones extranjeras concedidas a Elena y Nicolae Ceauşescu, 21 de noviembre de 1977, pp. 1-16.

cia ciega se transformó en norma. Los hermanos de Elena recibieron importantes cargos gubernamentales y su hijo Nicu ingresó en el Comité Central.

En noviembre de 1979, al celebrarse el XII Congreso del Partido, Elena era ya la poderosa número dos. Una única voz solitaria se atrevió todavía a enfrentarse a los Ceauşescu. Se trataba de Constantin Pârvulescu, miembro fundador del partido, que tan sólo un año antes había aclamado al líder. Acusó a Ceauşescu de no hacer caso de los verdaderos problemas del país y de perseguir sólo su propia gloria. Los asistentes al congreso lo acallaron a gritos y encomiaron a su líder por la popularidad que había alcanzado en el extranjero.[1]

El culto a la personalidad impidió de manera efectiva que otras personas pudieran desarrollar una posición de poder independiente. Durante la siguiente década, otros miembros de la familia recibieron cargos. Según algunas fuentes, no menos de cincuenta parientes de Ceauşescu ocupaban posiciones influyentes en 1989, inmediatamente antes de que el régimen se hundiera.[2]

Nicolae Ceauşescu celebró su sexagésimo cumpleaños en enero de 1978 y se le comparó con varios héroes nacionales del pasado: Mircea el Viejo, Esteban el Grande, Miguel el Valiente. Todos ellos habían sido gobernantes de la Valaquia medieval.

Otro modelo era Burebista, el rey que había destruido

---

[1] Los alemanes orientales describieron el asunto Pârvulescu en BArch, DY 30/IV 2/2.035/52, 23 de noviembre de 1979, pp. 2-7; véase también Fisher, *Ceauşescu, op. cit.*, p. 240.

[2] Jonathan Eyal, «Why Romania Could Not Avoid Bloodshed», en: Gwyn Prins (ed.), *Spring in Winter: The 1989 Revolutions*, Mánchester, Manchester University Press, 1990, pp. 149-150.

el dominio de los celtas, se había opuesto al avance de los romanos y había unido las tribus del reino dacio durante los años 61-44 antes de Cristo. Se calificó de civilización sin parangón a Dacia, que había ocupado una zona que en buena medida coincidía con la Rumanía actual. Ceauşescu, igual que Mussolini, se veía a sí mismo como la reencarnación de una tradición gloriosa y antigua. Volvía los ojos hacia el pasado arcaico de la nación y hallaba continuidades entre diversas etapas históricas. Dichas continuidades ligaban el reino de Dacia con la República Socialista de Rumanía, y lo transformaban a él en nada menos que la culminación de miles de años de historia.

El 5 de julio de 1980 se celebró el 2050.º aniversario de la fundación de Dacia con gran pompa. Todo el escalafón superior de la maquinaria del partido asistió a la ceremonia, celebrada en el Estadio de la República. Se pusieron en escena obras alegóricas y se leyeron poemas. Se presentó a Ceauşescu como descendiente directo de Burebista. Éste no tardó en convertirse en tema predilecto de los artistas rumanos. Su efigie se pintaba, esculpía y bordaba, siempre con perfil noble y barba viril. La película *Burebista* fue el principal acontecimiento artístico del año. Lingüistas, historiadores y arqueólogos publicaban obras eruditas sobre los dacios.[1]

Con todo, parecía que la gente corriente careciera de entusiasmo. Evitaba las celebraciones públicas. Unos pocos expresaban abiertamente su descontento con el régimen, a pesar de la ubicuidad de la policía. El embajador francés escribía: «Ceauşescu está muy desacreditado entre la población». El motivo era evidente. Por todas partes había

---

[1] OSA, 300-8-47-204-10, «Situation Report», 22 de julio de 1980, pp. 2-5; MAE, 1929INVA/4629, Pierre Cerles, informe del embajador, 22 de diciembre de 1980.

largas colas. En las carnicerías sólo se vendía manteca de cerdo, salchichas, vísceras y patas de pollo. No había fruta, salvo unas pocas manzanas en el norte y melocotones en el sur (pero no al revés). El vino ordinario se hallaba tan sólo al alcance de quienes cenaban en los restaurantes más exclusivos. El país se enfrentaba a la escasez energética, porque una industria petroquímica que había cobrado dimensiones excesivas consumía cantidades enormes de gasolina. Tan sólo una de cada tres bombillas se encendía, y el transporte público dejaba de funcionar los domingos.[1]

Rumanía había entrado en un período de grave recesión. Una de las piedras angulares de la Doctrina Ceauşescu era la autosuficiencia económica. El Conducator, igual que su predecesor, Gheorghe Gheorghiu-Dej, emulaba el modelo estalinista al tiempo que tomaba distancias respecto a la Unión Soviética. Como quería establecer una industria potente, pidió préstamos exorbitantes a los países occidentales para importar la tecnología, el equipamiento y las materias primas que se necesitaban. Pero los precios del petróleo se dispararon durante la crisis energética de 1979, lo que provocó una gran subida de los tipos de interés, y el régimen se vio obligado a solicitar préstamos aún más cuantiosos.

En 1981 la deuda extranjera alcanzó un pico en torno a los doce mil millones de dólares estadounidenses y Rumanía no pudo pagar ya los intereses. Ceauşescu tomó la súbita decisión de satisfacer toda la deuda en el menor tiempo posible mediante la imposición de un programa de austeridad. Se redujeron las importaciones y se incrementaron las exportaciones. Los envíos de carne a la Unión Soviética se triplicaron con creces entre 1983 y 1985. El maíz, la fruta, las verduras y el vino se destinaron a los mercados

[1] MAE, 1929INVA/4630, «Situation en Roumanie», 20 de diciembre de 1980.

extranjeros. La comida se racionó y hubo que hacer cola para conseguir productos tan básicos como el pan y las patatas. A veces se usaba pienso en vez de harina para hacer pan. También se impusieron onerosos recortes al consumo energético. La gente vivía en la oscuridad y pasaba frío durante el invierno. No había combustible para los tractores.[1]

Cuanto más desgraciada era la situación, mayor fuerza cobraba la propaganda. A medida que la calidad de vida declinaba, el culto a Ceauşescu se volvía aún más extravagante. Los aniversarios fueron aclamados y festejados con gran boato, con independencia de la cifra, lo cual siempre delata la desesperación de un régimen. En 1982 se celebró el septuagésimo cuarto aniversario de Nicolae Ceauşescu, seguido por el decimoséptimo aniversario del IX Congreso del Partido, celebrado en 1965. Unos pocos meses más tarde, en el sexagésimo aniversario de la fundación de la Liga de los Jóvenes Comunistas, miembros del partido y gente corriente tuvieron que dedicar sus loas a la «juventud revolucionaria» del Conducator. Poco después, en aquel mismo año, se celebró el octavo aniversario de su elección como presidente de Rumanía. En todos los casos se recibieron verdaderas riadas de telegramas provenientes de todos los rincones del reino, en los que se daban las gracias al Conducator por la Era Ceauşescu y el Milagro Rumano. Ceauşescu exigía demostraciones constantes de gratitud por parte del mismo pueblo al que estaba arruinando. También aprovechó aquellas ocasiones para culpar al Gobierno por todas las carencias y exonerarse a sí mismo y a su partido.[2]

---

[1] Sweeney, *The Life and Evil Times of Nicolae Ceauşescu*, *op. cit.*, pp. 130-133.

[2] OSA, 300-8-3-5914, Anneli Maier, «Anniversary of the 1965 RCP Congress», 11 de agosto de 1982, pp. 1-4.

En junio de 1982, en los intervalos entre varias celebraciones, el Conducator presidió la Comisión Ideológica del Comité Central. Dicho comité sustituyó el marxismo-leninismo, que no volvió a mencionarse, por los escritos de Nicolae Ceauşescu.[1]

Probablemente, el culto a su personalidad llegó a su apogeo en 1985, cuando el país celebró los veinte años de la Era Ceauşescu con conciertos, festivales, conferencias y ceremonias. Todo se había ensayado meticulosamente y la ejecución fue perfecta. Todo el mundo aclamaba a Ceauşescu como el «hijo más amado del pueblo». En todas las ciudades se organizaron exposiciones con las recopilaciones de sus escritos.[2]

El retrato de Ceauşescu, que había empezado a exhibirse en las instituciones estatales y del partido tras el viaje a Corea de 1971, se hallaba ya en todas partes. Por ley, tenía que estar presente en las paredes de escuelas, fábricas y cuarteles militares, así como en los puestos de control en la frontera. La gente corriente también se veía obligada a mostrar su retrato en ceremonias públicas, aniversarios conmemorados por el Estado, concentraciones de masas y visitas oficiales. Por ley, tenía que aparecer en la primera página de todos los libros de texto, y en todos los de enseñanza primaria debía figurar una fotografía a color de Nicolae y Elena Ceauşescu. Por orden expresa del Conducator, ésta tenía que mostrar a la Primera Pareja «rodeada de pioneros y halcones», es decir, de estudiantes uniformados de las dos organizaciones del partido en las que estaban obligados a inscribirse los niños desde los cuatro hasta los catorce años.[3]

---

[1] BArch, DY 30/11599, junio de 1982, pp. 87-89.

[2] MAE, 1930INVA/5471, Michel Rougagnou, «Célébration du vingtième anniversaire», 23 de julio de 1985.

[3] ANR, 2898-80-1984, normas para la exhibición del retrato oficial de Nicolae Ceauşescu, 7 de marzo de 1984, pp. 1-4; ANR, 2989-21-1984, nota sobre el nuevo ABECEDAR, 1984, p. 8.

Había un único canal de televisión que retransmitía tan sólo durante dos horas al día. Por lo general, la mitad de la programación estaba dedicada a las actividades y los logros de Ceaușescu. Durante las celebraciones de 1985 se produjeron programas especiales bajo la supervisión personal del Conducator, como por ejemplo «El IX Congreso: El Congreso de los nuevos avances», «Veinte años de logros socialistas», «La Era de Nicolae Ceaușescu» y «La ciencia durante la época de Nicolae Ceaușescu». Las retransmisiones de radio seguían una línea similar: durante todo el día se oían elogios a Ceaușescu.[1]

Las portadas de los periódicos, sometidos a un estricto control, invariablemente informaban sobre los muchos éxitos de Ceaușescu. Las librerías, por ley, tenían que mostrar en un lugar privilegiado sus discursos, que en 1986 habían pasado de los modestos dos volúmenes iniciales a una impresionante colección de veintiocho pesados tomos. En los kioscos se encontraban selecciones más breves de sus obras. Las tiendas de música ofrecían grabaciones de sus discursos.[2]

Todas las decisiones, aunque fueran de poca importancia, tenían que pasar por los Ceaușescu. Un simple cambio en el nombre de una calle necesitaba la aprobación de Nicolae, que escribía «*de acord*» al margen. Elena decidía qué partidos de fútbol se verían en televisión. Los Ceaușescu decidían hasta el último detalle de su culto a la personalidad, como por ejemplo el número de veces por día que se mencionarían sus nombres en radio y televisión. Pero no se erigieron estatuas. Ceaușescu, igual que Hitler y Duvalier,

[1] ANR, 2898-32-1985, Informe sobre los programas especiales dedicados al sexagésimo quinto aniversario de la fundación del Partido Comunista, 1985, pp. 1-4.
[2] David Binder, «The Cult of Ceaușescu», *The New York Times*, 30 de noviembre de 1986.

rechazaba que se erigieran estatuas en su honor, con la única excepción de un gran busto en su pueblo natal. Los artistas encargados de un monumento llamado Victoria del Socialismo que se iba a erigir en Bucarest le pidieron permiso para incorporar su efigie, pero lo negó en varias ocasiones.[1]

Ceaușescu tenía en mente algo mucho más grande. Años antes, Piongyang, con sus rectilíneos bulevares y gigantescos edificios gubernamentales, le había enseñado qué aspecto podía tener una utopía comunista: una ciudad moderna de verdad, sin rastro del pasado. En 1977 un terremoto devastó varias zonas de Bucarest y Ceaușescu vio la oportunidad de edificar una nueva capital sobre los restos de la antigua. La destrucción sistemática del centro de la ciudad, donde abundaban las casas, iglesias y monasterios de varios siglos de antigüedad, empezó en 1982. Al cabo de un par de años tan sólo quedaba una colina desnuda, allanada a su vez para que pudiera construirse el Palacio del Pueblo, un proyecto faraónico que tuvo ocupados a decenas de miles de trabajadores durante las veinticuatro horas del día. No se llegó a terminar. Sí se construyó un Bulevar de la Victoria del Socialismo, de tres kilómetros y medio de longitud por noventa y dos metros de anchura, flanqueado por bloques de apartamentos inspirados en Corea del Norte.[2]

Se planeó un Museo de Historia Nacional para otro distrito, a dos kilómetros del palacio, pero sólo llegó a erigirse la fachada. En la periferia de la capital se derribó un recinto monástico del siglo XVIII con el propósito de ganar espacio para un nuevo Palacio de Justicia. En el caso de este último proyecto no llegaron a ponerse los cimientos.

[1] ANR, 2898-36-1984, transcripción de una reunión entre Nicolae Ceaușescu y representantes de la Unión de Artistas Visuales, 18 de septiembre de 1984, pp. 2-6.

[2] Lucian Boia, *Romania: Borderland of Europe*, Londres, Reaktion Books, 2001, pp. 288-290.

Ceauşescu, deseoso de remodelar el país de acuerdo con un nuevo modelo rectilíneo, actuó también fuera de la capital en el marco de un proyecto llamado sistematización. Dicha iniciativa, lanzada en 1972, comportaba la destrucción deliberada de miles de pequeñas aldeas. Se obligaba a sus habitantes a mudarse a bloques de apartamentos de construcción chapucera, a menudo desprovistos de ascensores y de agua corriente. El proyecto se abandonó a causa de la crisis energética de 1979, aunque la falta de fondos no fuera nunca un impedimento para Ceauşescu. En 1988, mientras la economía rumana se desmoronaba, revivió la sistematización y seleccionó entre siete mil y ocho mil pueblos para su futura destrucción.[1]

Un único pueblo prosperaba. En Scornicesti, destino de peregrinaje para todos los habitantes de la nación, hubo una casa de campo que se salvó de la bola de derribo, a saber, la casa donde había nacido Nicolae Ceauşescu. El pueblo podía presumir de sus calles pavimentadas, sus casas nuevas, un gran estadio, una fábrica modelo y tiendas donde parecía que no se agotaran nunca los productos a la venta.[2]

La Securitate aplastaba toda expresión de descontento. Se veía a sus hombres en todas las calles de la capital, armados con fusiles ametralladores, y en controles regulares que se hallaban cada quince kilómetros más o menos en el campo. Una red de espías e informantes cubría todo el país.

La gente hacía lo que se requería de ella sin mucha convicción. En 1985 el embajador francés quedó impresionado por una sociedad en la que todo estaba perfectamente regimentado, desprovista de «todo sentido de espontanei-

[1] Gabriel Ronay, «Romania Plans Village Blitz», *Sunday Times*, 23 de mayo de 1988; OSA, 300-8-47-212-11, «The Rural Resettlement Plan», 16 de septiembre de 1988, p. 13.
[2] Binder, «The Cult of Ceauşescu», *op. cit.*

dad en la expresión de sentimientos hacia el líder». En las concentraciones de masas, las personas que se hallaban al frente y aclamaban al líder con entusiasmo eran a menudo agentes de seguridad disfrazados de trabajadores. La gente de a pie que se hallaban más atrás se contentaba con seguir la corriente, al tiempo que los altavoces reproducían grabaciones de vítores para lograr el volumen necesario.[1]

La gente entonaba las alabanzas al líder en público, pero lo maldecían en voz baja. Un observador advirtió que los transeúntes se detenían para aplaudirlo cuando aparecía en público para inspeccionar la construcción de un edificio, pero en cuanto se había marchado empezaban los insultos. John Sweeney, periodista británico que visitó Rumanía en verano de 1985, observó que «el país entero se había encerrado en un enfado mudo y pasivo contra el régimen». No obstante, pasado el tiempo él mismo reconoció que ninguno de los extranjeros que en aquella época escribían sobre Rumanía se hacían una idea de la miseria en la que vivía la gente corriente, porque todos sus pasos estaban vigilados de cerca por agentes de seguridad.[2]

Si bien la gente corriente detestaba al régimen, no era probable que se rebelara. El partido contaba con cuatro millones de miembros en el seno de una población de veintidós millones, lo que significaba que aproximadamente una de cada seis personas se beneficiaba de algún modo del régimen, y que su destino estaba ligado al de Ceaușescu. Le servían bien, y éste a su vez les brindaba su apoyo y les pro-

---

[1] MAE,1930INVA/5471, Michel Rougagnou, «Célébration du vingtième anniversaire», 23 de julio de 1985; Sweeney, *The Life and Evil Times of Nicolae Ceaușescu, op. cit.*, pp. 157-158.
[2] Sweeney, *The Life and Evil Times of Nicolae Ceaușescu, op. cit.*, p. 158.

porcionaba generosos beneficios que los separaban del resto de la población.[1]

Pero, paradójicamente, era la Unión Soviética la que hacía que el alzamiento popular fuera sumamente improbable. En 1968, Ceauşescu se había declarado contra el envío de tropas a Checoslovaquia, y a partir de ahí se había labrado una imagen de hombre que había osado plantar cara a la Unión Soviética. Menospreciaba e insultaba periódicamente a los soviéticos, pero Moscú toleraba sus travesuras, porque nunca había constituido una amenaza de verdad. Seguía siendo un comunista rígido y doctrinario. La gente corriente sabía muy bien que la Unión Soviética todavía era el guardián del socialismo, siempre vigilante, y que el Ejército Rojo, de acuerdo con la Doctrina Brézhnev, podía cruzar las fronteras para reprimir un alzamiento. El temor que sentían ante Brézhnev se imponía al rechazo que les inspiraba Ceauşescu.[2]

La llegada al poder de Mijaíl Gorbachov les hizo ver a Ceauşescu bajo una luz muy distinta. En enero de 1987, el promotor de la perestroika expuso un proyecto de democratización, y a partir de entonces el Conducator empezó a presentarse como defensor de la pureza ideológica. Rechazó la reforma política como mera fantasía y se comprometió a seguir el «camino correcto hacia el comunismo». En vez de suavizar el rigor económico, exigió un «espíritu de sacrificio» aún mayor y al cabo de poco tiempo impuso nuevas medidas de austeridad. Éstas tuvieron como efecto que su destartalada economía dependiera aún más de la Unión Soviética.[3]

[1] Las cifras provienen de MAE, 1930INVA/5471, Michel Rougagnou, «La vie du parti dans l'entreprise», 6 de octubre de 1983.
[2] MAE, 1930INVA/4630, Pierre Cerles, «Le communisme à la roumaine», 24 de mayo de 1978.
[3] OSA, 300-8-47-211-1, «Ceauşescu Rejects Soviet-Style Reform», 6 de febrero de 1980, pp. 3-6.

A la vez que Occidente abría los brazos a Gorbachov, sus dirigentes dejaron de congraciarse con Ceaușescu. Éste empezó a recibir cada vez menos invitaciones. Las visitas se volvieron escasas e infrecuentes. Los periodistas extranjeros eran cada vez más críticos, con lo que dieron alas a los disidentes que se hallaban en el país. En marzo de 1989, seis ancianos estadistas publicaron una carta abierta en la que atacaban el culto a la personalidad del líder y la omnipresente vigilancia sobre la población. Uno de los firmantes era Constantin Pârvulescu, que pese a contar noventa y tres años, fue detenido e interrogado y se vio sometido de nuevo a arresto domiciliario.

La salud del propio Ceaușescu declinaba. Padecía diabetes, que llevaba muchos años sin tratar porque estaba demasiado paranoico como para fiarse de nadie, ni siquiera de sus propios médicos. Confiaba tan sólo en su mujer, pero ésta compartía su paranoia y, además, era ignorante. Ambos estaban convencidos de que el destino los había elegido para guiar a su país a la grandeza. Desconectados de la realidad, instalados en un espléndido aislamiento, rodeados de aduladores y mentirosos que ellos mismos habían promocionado a lo largo de los años, llegaron a creer en su propio culto.[1]

En noviembre de 1989, el XIV Congreso del Partido eligió una vez más a Ceaușescu como líder del Partido Comunista Rumano. El Conducator aprovechó la ocasión para denostar las revoluciones que estaban derribando los regímenes comunistas de la Europa del Este. En junio, el sindicato Solidaridad había ganado las elecciones en Polonia, lo que provocó la caída del Partido Comunista pocos meses más tarde. Gorbachov no había intervenido. En octu-

---

[1] Sweeney, *The Life and Evil Times of Nicolae Ceaușescu, op. cit.*, pp. 172-174.

bre, Hungría adoptó un paquete de reformas democráticas que supusieron el final del comunismo. Una vez más, Gorbachov calló.[1]

El 17 de diciembre, tropas rumanas abrieron fuego contra una multitud de manifestantes en Timisoara, donde el Gobierno había ordenado el arresto de un pastor local que predicaba contra un proyecto que entrañaba la destrucción de docenas de históricas iglesias y monasterios. La violenta represión suscitó protestas en todo el país. El 21 de diciembre, Nicolae Ceauşescu apareció en el balcón de la sede del partido en el centro de Bucarest, flanqueado por todo el aparato, para dirigirse a una concentración de masas organizada en apoyo al régimen. Aquella vez, la multitud no lo vitoreó. Al cabo de unos minutos, la gente que se hallaba al final empezó a silbar y a abuchearlo. Ceauşescu levantó la mano para pedir silencio y dio varios golpecitos seguidos en el micrófono. La agitación continuó. Ceauşescu ponía cara de asombro. Su mujer se inclinó hacia la multitud y la amonestó: «¡Callaos! ¿Qué os pasa?». Ceauşescu trató de seguir con su discurso, con voz ronca y frágil, y ofreció un incremento del salario mínimo en un intento de aplacar a los manifestantes. Pero había vacilado. Una vez desapareció el miedo, la concentración se transformó en revuelta.

El discurso se retransmitía en directo. Al interrumpirse la retransmisión, todo el mundo se dio cuenta de que una revolución empezaba. Por todas partes, la gente se unió a las protestas, atacó edificios gubernamentales, destrozó los retratos oficiales de Ceauşescu y quemó sus libros de propaganda. Ceauşescu ordenó a la Securitate que luchara hasta el último hombre. A lo largo de la noche ésta disparó contra los manifestantes, pero no pudo frenar el vendaval.

---

[1] MAE, 1935INVA/6478, Jean-Marie Le Breton, «Campagne d'élections», 16 de noviembre de 1989.

Al día siguiente, el Ejército se unió a la revolución. Cuando los enfurecidos manifestantes iniciaron el asedio de la sede del partido, Elena y Nicolae Ceauşescu no tuvieron más remedio que huir en helicóptero y aterrizar en un campo, fuera de la capital. Ese mismo día fueron apresados y puestos bajo arresto. El día de Navidad, Ion Iliescu, líder del Frente de Salvación Nacional, una organización espontánea creada por miembros del Partido Comunista que se habían vuelto contra su líder, organizaron con premura un tribunal militar para juzgar a los Ceauşescu. Tras ser condenados a pena de muerte, la pareja fue conducida a un gélido patio junto a un bloque de letrinas. Según parece, Ceauşescu cantó *La Internacional*. La primera dama chilló «¡Que os jodan!» mientras los ponían frente al paredón y los mataban a tiros.[1]

---

[1] Peter Siani-Davies, *The Romanian Revolution of December 1989*, Ithaca, Nueva York, Cornell University Press, 2007, pp. 81-82; Emma Graham-Harrison, «'I'm Still Nervous', Says Soldier who Shot Nicolae Ceauşescu», *The Guardian*, 7 de diciembre de 2014.

8

MENGISTU

En las afueras de Axum, la antigua capital etíope donde los italianos desmontaron y se llevaron un descomunal obelisco a modo de botín de guerra en 1937, aún se encuentran tanques soviéticos calcinados, abandonados en los campos polvorientos. En otras partes de Etiopía también se pueden hallar herrumbrosos recuerdos de una guerra civil que se cobró, por lo menos, 1,4 millones de vidas. Durante casi dos décadas, el Cuerno de África sufrió las devastaciones provocadas por la revolución que en 1974 derrocó al emperador.

El antiguo imperio de Etiopía se convirtió al cristianismo en el año 330, poco tiempo después que Roma. Los puertos del mar Rojo habían servido como refugio para los creyentes exiliados. La fe sirvió como fuerza centralizadora. A finales del siglo XIX, el emperador Menelik II expandió el imperio, transformó el país en un Estado moderno y guio a sus tropas a la victoria contra Italia. La batalla de Adua, en la que triunfó sobre los italianos, tuvo como consecuencia que Etiopía no fuera colonizada, salvo por un breve período entre 1936 y 1941.

Haile Selassie, coronado en 1916, detentó el poder absoluto durante casi cinco décadas, un récord para un jefe de Estado. León de Judá, Rey de Reyes, Elegido de Dios, encarnaba la voluntad divina. La autoridad, de acuerdo con la Iglesia ortodoxa etíope, tiene que ejercerse poderosamente desde arriba, e indudablemente Haile Selassie era un autócrata. Se valió de su poder para mantener unido el imperio, a menudo por la fuerza. Su imagen aparecía en todas partes, en monedas, pinturas, sellos, postales y fotografías.

Escuelas y hospitales llevaban su nombre. A diferencia de otras formas de cristianismo, la Iglesia etíope jamás ha tratado de regular la producción de iconos.[1]

Fuera de Etiopía, Haile Selassie era objeto de culto religioso por parte de los rastafaris, que lo veían como Dios encarnado, el Mesías que había vuelto para guiar a la gente negra a una Edad de Oro en la que reinarían la paz y la prosperidad. Pero el monarca se negaba a emprender ningún tipo de reforma social, y en las décadas que siguieron a la Segunda Guerra Mundial se resistió cada vez más a adaptarse al mundo moderno. En 1973, una devastadora hambruna puso al descubierto la tremenda pobreza del campo. Incontables aldeanos murieron de hambre. Los precios de la comida y la gasolina se dispararon en las ciudades y las protestas se multiplicaron. La disciplina militar se desmoronó y varias unidades del Ejército se amotinaron. En febrero de 1974 la agitación se extendió por la marina, la fuerza aérea y la policía, y finalmente, el primero de marzo, se manifestó también entre la guardia imperial. A fin de aplacar al Ejército, Haile Selassie nombró un Gobierno provisional y le asignó la misión de transformar el país en una monarquía constitucional.[2]

Al cabo de poco tiempo, un grupo de mandos militares conocido como Derg tomó el poder. Derg, un término amhárico que significa 'comité', era el nombre abreviado del Comité de Coordinación de las Fuerzas Armadas, Guardia Imperial, Policía y Ejército Territorial, creado para estudiar las demandas del Ejército. En realidad, se trataba de una junta golpista, compuesta sobre todo por oficiales de bajo rango que representaban distintas unida-

[1] Estelle Sohier, «Politiques de l'image et pouvoir royal en Éthiopie de Menilek II à Haylä Sellasé (1880-1936)», tesis doctoral, Universidad de París 1, 2007, pp. 159-169.

[2] PRO, FCO 31/1829, Willie Morris, «Annual Review for 1974», 6 de febrero de 1975.

des militares. Se apartó a los oficiales de mayor rango, porque se consideraba que estaban contaminados por su asociación con el emperador.[1]

En julio, el Derg destituyó al primer ministro. A continuación, abolió el Consejo de la Corona del emperador y procedió a arrestar uno por uno a los colaboradores personales del monarca. Se nacionalizaron todos los palacios, así como todas las empresas que habían sido propiedad de la familia imperial. El 11 de septiembre por la noche, el Derg retransmitió por el canal estatal de televisión un documental sobre la hambruna en el que también iban apareciendo imágenes del fastuoso lujo en el que había vivido Haile Selassie. Con ello destruyeron el prestigio que aún hubiera podido conservar el emperador. Al día siguiente depusieron a Haile Selassie, lo metieron en un Volkswagen y se lo llevaron del palacio.[2]

El Derg, con el eslogan «Etiopía primero», empezó por nombrar como cabeza visible a un general ampliamente respetado. Iba a durar poco. Aman Andom era eritreo y partidario de un acuerdo negociado con el Frente de Liberación Eritreo, organización que había cobrado nueva vida con el hundimiento del imperio y que exigía independencia para su pueblo. Eritrea, una extensa y formidable provincia marítima, donde había puertos de vital importancia, se extendía a lo largo de centenares de kilómetros a orillas del mar Rojo. Sin ella, Etiopía no tendría acceso al mar. Los oficiales subalternos del Derg insistían en que se reforzaran las tropas presentes en la región y se preparara una gran ofensiva contra los secesionistas.

[1] Bahru Zewde, *A History of Modern Ethiopia*, Londres, James Currey, 2001, p. 234.
[2] PRO, FCO 31/1829, Willie Morris, «Annual Review for 1974», 6 de febrero de 1975.

El 23 de noviembre Aman fue relevado de su cargo. El Derg aprovechó la oportunidad para acabar con sus oponentes más declarados. Se llevó a cabo una ejecución colectiva en la que se fusiló sumariamente a unos sesenta antiguos líderes civiles y militares del país. Aman murió en un tiroteo con soldados enviados a arrestarlo en su domicilio.

El Derg nombró en su lugar al general Teferi Banti, partidario de la línea dura en Eritrea. Se trataba de una figura más acomodaticia. En sus apariciones públicas iba siempre acompañado por dos de sus vicepresidentes, Atnafu Abate y Mengistu Haile Mariam. Empezó por introducir un nuevo código penal que autorizaba al Derg a someter a consejo de guerra a cualquiera que hablara contra el eslogan «Etiopía primero».[1]

De los tres hombres que se hallaban al mando del Derg, Mengistu era probablemente la figura menos atractiva. Corrían rumores sobre su nacimiento, una cuestión siempre importante en una sociedad feudal. Se decía que su madre, una sierva de la corte que había muerto en 1949, cuando Mengistu contaba ocho años, era hija ilegítima de uno de los consejeros de la corona que servían al emperador. Otros llamaban la atención sobre el tono oscuro de su piel y alegaban que provenía de una familia de esclavos del sur. En cualquier caso, su familia no pertenecía a los amhara, el pueblo dominante en las tierras altas del centro de Etiopía. Se había criado al servicio de una familia noble, a la sombra del palacio imperial.[2]

---

[1] *Id.*

[2] Richard J. Reid, *Frontiers of Violence in North-East Africa: Genealogies of Conflict since c. 1800*, Oxford, Oxford University Press, 2011, p. 174; Christopher Clapham, *Transformation and Continuity in Revolutionary Ethiopia*, Cambridge, Cambridge University Press, 1988, p. 41.

La educación de Mengistu era mínima, y poco después de que su madre muriera se alistó en el Ejército, al que ya pertenecía su padre. Llamó la atención del general Aman Andom, que lo tomó bajo su protección. De chico de los recados en el despacho del general ascendió por el escalafón hasta llegar a sargento. Tras graduarse en una academia militar, lo asignaron al comandante de una división de Adís Abeba, pero tenía una vena rebelde que le granjeó la animadversión de su superior, que lo calificó de exaltado. En 1970 lo enviaron durante varios meses al campo de instrucción militar de Aberdeen, en Maryland, Estados Unidos. Una vez allí mejoró su formación y adquirió un conocimiento rudimentario del inglés.[1]

Aunque prefiriera quedarse en segundo plano, era Mengistu quien dominaba el Derg. Fue él quien envió soldados a la casa de su antiguo mentor e hizo que la revolución se volviera sangrienta con la Masacre de los Sesenta. También fue Mengistu quien proclamó el «socialismo etíope» el 20 de diciembre de 1974. Al cabo de unos meses se nacionalizaron docenas de empresas y toda la tierra fue declarada propiedad pública. Mengistu proclamó en una concentración de masas que el feudalismo quedaría relegado para siempre a los museos, porque se estaba creando un «nuevo orden». Se envió a cincuenta y seis profesores y estudiantes al campo para «difundir la revolución».[2]

El Derg gobernaba el país desde el Gran Palacio, un amplio recinto que alberga edificios residenciales, salones y

[1] Shambel Tesfaye Reste Mekonnen, *Misikirnet be Derg Abalat* ('Testimonios de miembros del Derg'), Adís Abeba, 2007, p. 164; PRO, FCO 31/2093, D. M. Day, «Mengistu», 15 de junio de 1977.
[2] *Ethiopian Herald*, 21 de diciembre de 1974 y 30 de enero de 1975; Paul B. Henze, *Layers of Time: A History of Ethiopia*, Londres, Hurst, 2000, p. 290; Andargatchew Tiruneh, *The Ethiopian Revolution 1974-87*, Cambridge, Cambridge University Press, 1993, pp. 102-103.

capillas, situado en lo alto de una de las siete colinas de Adís Abeba. Sus tejados rojos contrastan con el resplandeciente verdor de los eucaliptos que lo rodean. Se reunían en el Salón del Trono, donde el emperador había llevado a cabo importantes ceremonias y regios banquetes. Haile Selassie pasó sus últimos días bajo arresto en un edificio cercano. Murió en 1975, en circunstancias misteriosas, aparentemente por complicaciones padecidas tras una operación de próstata, a los ochenta y tres años. Circuló durante mucho tiempo un rumor según el cual Mengistu había asfixiado a Haile Selassie con una almohada. Años más tarde se descubrió que tenía los restos mortales del emperador enterrados bajo su despacho y que había situado el escritorio justo encima del cadáver.[1]

El Derg gobernaba desde el Gran Palacio mediante la fuerza y el miedo. Un mes después de que el emperador falleciera, declaró el estado de emergencia y prohibió toda suerte de oposición a la revolución, desde distribuir carteles hasta pronunciar «palabras ilegales en público o en cualquier otro lugar». Además, se adhirió al marxismo-leninismo y declaró su obligatoriedad en escuelas, fábricas y oficinas. En el campo, donde en buena medida aún reinaba el analfabetismo, los comisarios políticos adoctrinaban a los aldeanos, que se veían obligados a unirse a asociaciones colectivas de campesinos.[2]

Mengistu sufrió una emboscada en 1976, cuando regresaba a su casa. El intento de poner fin a su vida fracasó, pero el dictador aprovechó la oportunidad para acabar con sus

[1] Begashaw Gobaw Tashu, *Yecoloel Mengistu Haile Maryam ena Yederggemenawoch* ('Secretos de Mengistu Haile Mariam y del Derg'), Adís Abeba, Far East Trading, 2008, p. 220.
[2] Babile Tola, *To Kill a Generation: The Red Terror in Ethiopia*, Washington D. C., Free Ethiopia Press, 1989, pp. 38-39; PRO, FCO 31-2098, «Annual Review for 1976», 3 de enero de 1977.

rivales. Compareció al día siguiente en una concentración de masas en la plaza central de la capital, rebautizada como plaza de la Revolución, y en tono desafiante afirmó la necesidad de «estar vigilante para salvaguardar la revolución». Durante las semanas siguientes, docenas de opositores murieron en implacables redadas organizadas por el Ejército. Entre bastidores, algunos miembros del propio Derg sufrieron emboscadas, y en ocasiones sus cadáveres se llevaron al Salón del Trono.[1]

Mengistu había traicionado a su antiguo mentor, el general Aman Andom. El 3 de febrero de 1977 se volvió contra Teferi Banti, cabeza visible del Derg, y lo acusó de haber planeado un golpe contrarrevolucionario. Teferi, junto con otros siete miembros del Derg, sufrió arresto en el Gran Palacio. «Yo veré vuestra muerte, pero vosotros no veréis la mía», les dijo Mengistu mientras los llevaban al sótano del palacio. A la mayoría los mataron con un arma de fuego con silenciador, a los demás los estrangularon. De los más de cien miembros originales del Derg, sólo quedaron sesenta.[2]

Una proclamación escueta y aterradora se oyó en Radio Etiopía. Mengistu se erigía en único presidente del Derg. Al día siguiente, el embajador soviético en persona lo felicitó.[3]

Mengistu fue el arquitecto del Derg. Con gran tacto y paciencia, había transformado una inestable coalición de oficiales subalternos en una estructura organizada que encabezaba la revolución. Había pasado tres años de trabajo entre bastidores, en los que había tenido buen cuidado de

---

[1] *Ethiopian Herald*, 29 de septiembre de 1976; PRO, FCO 31/2098, «Annual Review for 1976», 3 de enero de 1977; Henze, *Layers of Time*, *op. cit.*, p. 291.

[2] Eshetu Wendemu Hailesselasie, *Heiwot Be Mengistu Betemengist* ('La vida de palacio en tiempos de Mengistu'), Adís Abeba, Zed Printing House, 2010, pp. 81-90.

[3] *Ethiopian Herald*, 5 de febrero de 1977.

inclinar la balanza del poder a su favor. Sabía cómo esperar y también cómo golpear. Una de sus principales armas era su habilidad para ocultar sus sentimientos. Era humilde. En ocasiones era todo sonrisas, y cuando lo necesitaba, su voz se llenaba de sinceridad. En palabras de uno de sus seguidores, era como el agua y el fuego, como el cordero y el tigre.[1]

Mengistu tenía otras cualidades. Gozaba de una memoria extraordinaria: jamás olvidaba una cara. Su capacidad de trabajo era tremenda y preparaba todas las reuniones con meticuloso detalle. Era un orador convincente, que sabía evaluar el estado de ánimo de su público y orientarlo a su favor. Proponía una visión simple, pero atractiva, de renacimiento nacional y revolución social, mezclada con toscos eslóganes marxistas. Tenía la capacidad de convencer, sobre todo entre los oficiales subalternos del Derg: «En cuanto lo ves, empiezas a creer en él», recordaba más tarde uno de sus seguidores. También era muy bueno escuchando y siempre se esforzaba por conocer mejor las dinámicas de poder en las que se hallaba inmerso. Era un avezado manipulador de personas y acontecimientos. Por encima de todo, era un hombre más resuelto que sus colegas de menor rango del Derg.[2]

El 5 de febrero, Mengistu apareció en la plaza de la Revolución para anunciar que había estrangulado una conjura contrarrevolucionaria en su misma cuna. «Nuestros

[1] Feseha Desta, *Abyotuna Tezetaye* ('Mis recuerdos de la revolución'), Adís Abeba, Tsehay Asatami Derejet, 2008, p. 80; Geset Techane (conocido por el pseudónimo Zenebe Feleke), *Neber* ('Fue'), Adís Abeba, Hetemet Alfa Asatamewoch, 2007, p. 238; Baalu Girma, *Oromay* ('El final'), Adís Abeba, Mankusa Asatami, 1983, pp. 21 y 50.
[2] Fekreselasie Wegderes, *Egnana Abyotu* ('Nosotros y la Revolución'), Adís Abeba, Tsehay Akefafay Derejet, 2006, pp. 75-76; Baalu, *Oromay, op. cit.*, pp. 24 y 50-54.

enemigos querían devorarnos al mediodía, pero nosotros nos los hemos desayunado», anunció a las masas reunidas. Al final del discurso, destrozó teatralmente una botella llena de tinta roja y declaró en tono desafiante que la sangre de quienes se opusieran a la revolución se derramaría del mismo modo. Mientras la multitud lo aclamaba, prometió que daría armas a los oprimidos.[1]

Empezó un Terror Rojo. En cuestión de semanas se repartieron armas entre los comités urbanos de vecindario y las asociaciones de campesinos. Exterminaron a los enemigos reales e imaginarios del Derg, sobre todo organizaciones estudiantiles de inspiración marxista que le hacían la competencia. Una de ellas fue el Partido Revolucionario del Pueblo Etíope, que en un primer momento había apoyado a la junta, pero luego no había tardado en acusar al Derg de haber traicionado a la revolución. Las tensiones se habían transformado en conflicto abierto.

En Adís Abeba se llevaron a cabo registros casa por casa. En algunos casos las cámaras fotográficas y máquinas de escribir se aducían como prueba de presuntas actividades de espionaje. Se arrestó a centenares de sospechosos y se les ejecutó en las afueras de la capital. Entre ellos había niños de no más de once años. Sus cuerpos aparecían tirados por las cunetas. A otros los perseguían por las calles y los mataban a tiros a plena luz del día. Los médicos tenían tanto miedo que se negaban a ofrecer tratamiento a las personas de quienes se sospechaba que eran «contrarrevolucionarias». Todo el mundo podía ser un enemigo, porque había quien recurría al terror para venganzas privadas y denunciaba a los vecinos en medio del caos político.[2]

---

[1] *Ethiopian Herald*, 5 de febrero de 1977; Begashaw, *Yecoloel Mengistu Haile Maryam*, *op. cit.*, p. 291.
[2] Marina y David Ottaway, *Ethiopia: Empire in Revolution*, Nue-

Mengistu ordenó que la televisión estatal retransmitie-
ra imágenes de los cuerpos destrozados de presos políticos
torturados hasta la muerte. Las horrendas imágenes que se
vieron por todo el país daban testimonio de su determina-
ción de intimidar a una población de treinta y dos millones de seres humanos. Lo peor del terror duró unos meses,
pero la sangre siguió derramándose durante varios años y
se cobró decenas de miles de vidas.[1]

Al mismo tiempo que recurría a medidas drásticas en su
país, Mengistu cortejaba a la Unión Soviética para consolidar su propio poder. En mayo de 1977 puso fin a toda relación con Estados Unidos. En una teatral demostración de
alineación con la Unión Soviética, Mengistu voló unos días
más tarde a Moscú. Una delegación de generales de alto
rango lo recibió en el aeropuerto. Atnafu Abate, vicepresidente segundo del Derg, expresó reservas sobre el acercamiento. Se le acusó de delitos contrarrevolucionarios y
murió ejecutado aquel mismo año, con lo que Mengistu se
transformó en líder indiscutible.[2]

Con todo, la Unión Soviética también respaldaba a Somalia, una franja desértica poblada por tres millones de
habitantes, dirigida por una junta militar bajo el mando
de Siad Barre. Barre tenía su propio proyecto y aspiraba a
crear una Gran Somalia que incluiría Ogaden, una meseta de colinas yermas y densa maleza que se encuentra en la
región oriental de Etiopía, y que Menelik II había conquis-

va York, Africana Publishing, 1978, pp. 142-146; Judith Ashakih, *Gift
of Incense: A Story of Love and Revolution in Ethiopia*, Trenton, Nueva Jersey, Red Sea Press, 2005, p. 290; Stéphane Courtois *et al.* (eds.),
The Black Book of Communism: Crimes, Terror, Repression, Cambridge,
Massachusetts, Harvard University Press, 1999, p. 691.

[1] «Farewell to American Arms», *Time*, 9 de mayo de 1977.

[2] David A. Korn, *Ethiopia, the United States and the Soviet Union*,
Carbondale, Illinois, Southern Illinois University Press, 1986, pp. 28-29.

tado en el siglo XIX. Después de la Segunda Guerra Mundial, la región se había unido a Somalia por un breve período de tiempo, pero Haile Selassie había conseguido que las Naciones Unidas la devolvieran al imperio.

En julio de 1977, Siad Barre percibió que Etiopía se había debilitado e invadió Ogaden. Sus tropas avanzaron con rapidez por las zonas donde predominaban los nómadas somalíes. Mengistu se vio obligado a defenderse y buscó precipitadamente reclutas que lucharan en la guerra. Barre, igual que Mengistu, dependía de la Unión Soviética. Ambos volaron a Moscú. Los soviéticos trataron de reconciliarlos, pero cuando vieron que no lo conseguirían, decidieron apoyar a Etiopía, un país cuya población decuplicaba a la de Somalia. En diciembre, un imponente puente aéreo empezó a transportar suministros militares, tanques, armas de fuego, cohetes, artillería, morteros y misiles a Adís Abeba. A continuación, llegaron varios miles de asesores rusos y cubanos. La asistencia inclinó la balanza en favor de Etiopía. En marzo de 1978 las últimas tropas somalíes empezaron a retirarse y la guerra de Ogaden llegó a su fin.

Entonces Mengistu empezó a pulir su imagen. En abril de 1978 visitó Cuba, donde lo aclamaron cientos de personas a lo largo de los veinticinco kilómetros que separan el aeropuerto de la principal casa de protocolo, a pesar de un retraso de tres horas y de lluvias esporádicas.[1]

Algunos observadores pensaron que ese acontecimiento marcaba el inicio de un culto a su personalidad. Varias semanas más tarde, en una visita a Ogaden, grandes multitudes dieron la bienvenida a Mengistu en todos los lugares que visitaba. En Dire Dawa, una ciudad que había resistido frente al Ejército somalí, lo recibieron hasta cien mil habi-

---

[1] NARA, RG 59, 1978STATE106159, 26 de abril de 1978.

tantes de la población, «que cantaban con gozo y recitaban eslóganes revolucionarios». Los periódicos estaban llenos de fotografías en las que aparecían niños ofreciendo ramos de flores al presidente Mengistu, o de éste poniendo la primera piedra de un edificio o pasando revista a sus tropas. Lo despidió una banda de música, una guardia de honor y toda la cúpula dirigente de la región.[1]

Mengistu seguía el modelo de Fidel Castro. Aparecía en uniforme de combate, botas militares y boina, y un revólver en la cadera. Se atribuyó títulos que recordaban a los de su homólogo cubano. En la prensa se le llamaba Comandante en Jefe del Ejército Revolucionario, y también Presidente del Consejo Administrativo Militar Provisional y Presidente del Consejo de Ministros.

Por encima de todo, imitaba las maneras de un emperador. El Gran Palacio, donde se encontraba su despacho, se mantenía y administraba como si Haile Selassie todavía residiera en él. Albergaba guepardos encadenados, estatuas de leones y lacayos con librea. Los regalos de Estado destinados a Mengistu se mostraban al lado de los que anteriormente se habían ofrecido al emperador. El propio Mengistu se sentaba solo en una silla con sobredorados o en lo alto de un estrado. Sus retratos reemplazaron a los del monarca. En algunos casos se colocaron en marcos antiguos rematados por una corona. Los edificios y jardines, donde se oían los gruñidos de los leones, estaban cercados con rejas de hierro decoradas con la inicial del nombre de Menelik II, la letra etíope equivalente a la M.[2]

[1] PRO, FCO 31-2251, C. M. Carruthers, «Leading Personalities of Ethiopia», 19 de mayo de 1978; NARA, RG 59, 1978ADDIS02129, 11 de mayo de 1978.

[2] NARA, RG 59, 1979ADDIS01388, 19 de abril de 1979; Donald L. Donham, «Revolution and Modernity in Maale: Ethiopia, 1974 to 1987», *Comparative Studies in Society and History*, 34, n.° 1, enero de 1992, p. 43.

En tiempos del emperador, el liderazgo siempre había estado muy personalizado. Era un estilo que casaba con las expectativas populares mucho mejor que el carácter impersonal e indefinido del Derg durante los primeros años de la revolución. Los periódicos habían tenido por costumbre reproducir en la parte superior izquierda de la primera plana fotografías del emperador recibiendo a visitantes extranjeros o dando conferencias a grupos de estudiantes. Mengistu pasó a ocupar el mismo espacio.[1]

Igual que el emperador había mantenido bajo control a los gobernadores provinciales mediante viajes a las regiones más remotas de su reino, Mengistu también se desplazaba por el país. Durante los primeros meses de 1979 empleó varias semanas en visitar las regiones administrativas del sur y del oeste. En todos esos viajes, los representantes locales competían entre sí en las loas al presidente. Negussie Fanta, administrador principal de Welega, alabó su «liderazgo revolucionario clarividente y sabio». Otros expresaron «sentido amor» por el presidente. Igual que el emperador, Mengistu ofrecía consejos y proporcionaba «orientación revolucionaria confidencial» a funcionarios locales, directores de hospitales, expertos agrícolas y gerentes de plantas industriales por igual.[2]

Los elogios se debían al miedo. Se sabía que Mengistu visitaba el frente para humillar a sus generales, confiscarles las medallas y degradarlos en uno o dos rangos en presencia de sus soldados. A unos pocos se les ejecutaba en el acto.[3]

A la altura de 1979, las visitas públicas se habían convertido en un ritual bien ensayado. La asistencia era obli-

[1] Archivos de Paul Henze, Hoover Institution, caja 71, «A Communist Ethiopia?», 1981.

[2] NARA, RG 59, 1979ADDIS01388, 19 de abril de 1979.

[3] Shambel, *Misikirnet be Derg Abalat*, *op. cit.*, p. 327.

gatoria para la población local, a la que se instruía para que aclamase a su líder, gritara sus eslóganes y llevara su retrato. Mengistu descendía desde el cielo en helicóptero mientras una banda musical interpretaba cánticos revolucionarios. En una ocasión en la que visitó una fábrica de tractores en Gojam, a unos seiscientos kilómetros de la capital, los altavoces anunciaron la llegada del «líder comunista, revolucionario y visionario, camarada Mengistu». Los niños le entregaron flores. Mengistu visitó la fábrica y luego la cantina. Por todas partes vio retratos suyos. Hubo discursos, apretones de manos, regalos y fotografías. En ocasiones se leían poemas. Con motivo de una visita de Mengistu a un monasterio histórico en Tigray, un sacerdote compuso los siguientes versos: «Por ahí llega la estrella negra, | brilla como el amanecer y resplandece como el sol. | Por ahí llega la estrella negra cual estrella fugaz».[1]

Desde 1974, Mengistu había asesinado a varias docenas de miembros del Derg. Los que habían sobrevivido vivían atemorizados, mientras él, por su parte, se preguntaba quién se volvería en su contra. Jamás podría estar seguro de la absoluta lealtad de sus subordinados, pero éstos sufrían parecidos temores con respecto a las intenciones del líder. Todos sabían, por experiencia, que éste podía ser su mejor amigo por la mañana y devorarlos por la noche. Tanto si su admiración por Mengistu era genuina como si no, estaban obligados a aclamarlo en público. Todos ellos se transformaron en mentirosos, lo que dificultaba mucho la organización de un golpe.

Los miembros del Derg aprendieron a no cuestionar las directrices de Mengistu y a citar sus discursos. Circulaba un pequeño folleto con citas escogidas. Se volvió práctica

[1] Habtamu Alebachew, *Ye Kesar Enba* ('Lágrimas de César'), Adís Abeba, Far East Trading Publishing, 2007, pp. 122, 142-143, 145 y 150.

habitual iniciar los discursos públicos con invocaciones a las sabias palabras de Mengistu. En ocasiones importantes se pedía a Baalu Girma, uno de los autores de los discursos del líder, que proporcionara un fragmento adecuado al caso. Baalu, periodista que había cursado un máster en la Universidad Estatal de Míchigan, había escrito previamente discursos para el emperador. Desde 1977 era secretario permanente del Ministerio de Información. Se encargaba de garantizar que las obsequiosas loas al líder se difundieran ampliamente.[1]

Durante los primeros años de la revolución, Mengistu había impedido que se imprimieran y expusieran en lugares públicos los retratos de Aman Andom y Teferi Banti, las dos figuras que encabezaban el Derg. Tras la victoria en la guerra de Ogaden, su propio retrato apareció en todas las oficinas gubernamentales, en todas las administraciones comunitarias, en todas las fábricas y empresas privadas y públicas. Su imagen se exhibía en restaurantes y bares. Esto último también se debía al miedo. Los cuadros locales tenían buen cuidado de que se hallara en todas partes y elaboraban listas de los establecimientos que no cumplían.[2]

La imagen de Mengistu, junto con las de Marx, Engels y Lenin, aparecía en las concentraciones de masas que se organizaron con regularidad a partir de 1976. El momento

---

[1] Dawit Wolde Giorgis, *Red Tears: War, Famine and Revolution in Ethiopia*, Trenton, Nueva Jersey, Red Sea Press, 1989, p. 58; BArch, DY30/IV 2/2.035/127, Informes sobre propaganda, 4 de abril de 1978, pp. 253-256; Baalu escribió la memoria crítica titulada *Oromay*, a la que nos referimos en otros pasajes de este mismo capítulo, y desapareció en 1984, presumiblemente asesinado.

[2] Dawit Shifaw, *The Diary of Terror: Ethiopia 1974 to 1991*, Bloomington, Indiana, Trafford Publishing, 2012, p. 72; Begashaw, *Yecoloel Mengistu Haile Maryam ena Yederggemenawoch*, *op. cit.*, p. 378.

culminante dentro del calendario revolucionario era el Día de la Revolución, también conocido como Día Nacional, que coincidía con el segundo del calendario etíope y caía en el 11 o 12 de septiembre. En el pasado, grandes masas humanas se habían congregado en Adís Abeba para celebrar las festividades religiosas. En la época de la que hablamos, los comités urbanos de vecindario se encargaban de movilizarlas, y multaban a quienes no se presentaran. Todo se coreografiaba con gran minuciosidad. Se obligaba a miles de personas a marchar y a desfilar con carrozas ante el líder, que sonreía sentado en una silla con sobredorados en una tribuna de la plaza de la Revolución. El rojo era el color predominante y por todas partes había estrellas, banderas, hoces y martillos. En 1977, ciento cincuenta mil personas participaron en el acto. Al finalizar el discurso del presidente, un cañón disparó banderines. Éstos se desplegaron y descendieron por el aire, sujetos a pequeños paracaídas. Los aviones pasaban por encima en formación.[1]

Como en todos los regímenes marxistas-leninistas, la segunda celebración más importante era la del Primero de Mayo. Pero también había otras, debidas a los caprichos del líder. Las manifestaciones por la unidad, la victoria, la guerra y la paz se sucedían con deprimente frecuencia. En 1979, veinte mil niños tuvieron que desfilar al paso de la oca frente al líder en el estado de Adís Abeba para conmemorar el Año Internacional del Niño. A veces, en su tiempo libre, Mengistu pasaba el rato con sus soldados en el Gran Palacio y les hacía ponerse firmes y desfilar en torno al recinto.[2]

[1] Archivos de Paul Henze, Hoover Institution, caja 68, «Revolution Day», 12 de septiembre de 1977, pp. 16-17; las multas se mencionan en PRO, FCO 31-2093, D. M. Day, «Mengistu», 15 de junio de 1977; véase también Giorgis, *Red Tears*, *op. cit.*, p. 59.

[2] MAE, 326QONT/28, Pierre Nolet, «Chronique mensuelle», 11 de diciembre de 1979; Habtamu, *Ye Kesar Enba*, *op. cit.*, p. 122.

En 1979, Etiopía carecía de constitución, parlamento y partidos políticos. Todo el poder se hallaba en manos de Mengistu. Éste se apoyaba en el Derg, que, a su vez, se apoyaba en un ejército de unos doscientos ochenta mil soldados, así como en una red informal de comités urbanos de vecindario y asociaciones de campesinos. Pero faltaba una organización disciplinada y leal capaz de establecer una verdadera dictadura del proletariado y guiar al país en su transformación hacia el socialismo.[1]

En diciembre de 1979, Mengistu creó una organización preparatoria llamada Comisión para la Organización del Partido de los Trabajadores de Etiopía, conocida por las siglas inglesas COPWE. Su objetivo era propagar el marxismo-leninismo y crear un partido de vanguardia comunista a partir de cero, de acuerdo con el modelo del Partido Comunista de la Unión Soviética. Mengistu decidió los términos y condiciones de afiliación, y nombró personalmente a todos los miembros del Comité Central, el Comité Ejecutivo (equivalente a un Politburó) y el Secretariado. Todos ellos eran leales partidarios suyos y, en algunos casos, íntimos confidentes. Ninguno de ellos contaba con un número sustancial de partidarios propios y unos pocos eran objeto de amplia desconfianza por haber traicionado a sus colegas durante el Terror Rojo. Mengistu, en cuanto que presidente de la Comisión, mediaba entre ésta y el gobierno. La Comisión juró «adoptar las medidas necesarias para hacer frente a toda situación que ponga en peligro la revolución». Uno de sus primeros actos fue prohibir el resto de organizaciones políticas.[2]

[1] MAE, 326QONT/28, «Note: Situation intérieure de l'Ethiopie», 27 de febrero de 1981.
[2] Clapham, *Transformation and Continuity in Revolutionary Ethiopia, op. cit.*, pp. 70-77.

Durante los primeros años, la Comisión estableció más de seis mil células, seleccionando con gran cuidado a todos los candidatos. Las células, igual que el Comité Central, estaban dominadas por miembros del Ejército y la policía. Por supuesto que hubo que pagar un precio. Como la lealtad contaba más que las creencias, muchos de los miembros del partido apenas sabían nada del marxismo-leninismo. Se les enviaba a la Unión Soviética o a Europa del Este para que adquirieran la formación necesaria, pero permanecieron «en gran medida, inocentes de toda ideología», por citar las palabras del historiador Christopher Clapham.[1]

La Comisión se hizo con el control de todos los órganos de autoridad, incluidos los comités urbanos de vecindario y las asociaciones de campesinos. Asimismo creó nuevas organizaciones de acuerdo con el modelo de la Unión Soviética, desde una Asociación Revolucionaria de Mujeres de Etiopía hasta la Organización Revolucionaria de la Juventud de Etiopía.

A medida que la Comisión ampliaba su poder sobre el país, se ponían en práctica programas cada vez más radicales en nombre del socialismo. Mengistu no necesitaba a Marx para entender que la colectivización le permitiría extraer una mayor plusvalía en el campo. Al cabo de pocos años, unos siete millones de hogares se habían organizado en asociaciones de campesinos, y éstas, a su vez, se habían transformado en órganos del Estado. Aquellas asociaciones imponían cuotas de cereales a los aldeanos y los obligaban a vender sus cosechas al Estado por los precios que éste decidía. Los sometían a implacables tributos y los obligaban a trabajar gratis en proyectos de infraestructuras muy alejados de sus hogares. Los transformaron en arrendatarios del Estado.[2]

[1] *Ibid.*, p. 77.
[2] François Jean, *Éthiopie: Du bon usage de la famine*, París, Méde-

En mayo de 1982, *El capital* se publicó por fin en amhárico. Medio año más tarde los alemanes del Este hicieron donación de un gigantesco bloque de granito rojo con la efigie de Karl Marx para que adornara la entrada de la Universidad de Adís Abeba. En 1983 le siguió un Lenin fabricado en serie en la Unión Soviética, de siete metros de altura, que se erguía frente a la Comisión Económica para África de las Naciones Unidas, con la mirada clavada en el horizonte y una pierna avanzada en el camino que llevaba al futuro.[1]

Al cabo de cinco años de trabajo preparatorio, Mengistu pensó que había llegado el momento para la creación formal del Partido de los Trabajadores de Etiopía. En julio de 1984 empezó un nuevo capítulo de la Revolución del Pueblo, y se crearon divisiones del partido en las provincias. Todas ellas aclamaban obedientemente el «liderazgo vital y decisivo» de Mengistu. Su retrato pasó a ocupar la posición central, con Marx, Engels y Lenin a la izquierda, y una estrella roja a la derecha.[2]

El principal acontecimiento se programó para el décimo aniversario de la revolución, en septiembre de 1984. Dos años antes, Mengistu había visitado Piongyang, y quería emular la escala en que los norcoreanos celebraban su Día Nacional. Había regresado de Corea del Norte con un equipo de asesores que se encargó de adornar y acicalar la capital para la ocasión. Se erigieron centenares de arcos triunfales, obeliscos y vallas que celebraban a Mengistu y el marxismo. Se retiraron todos los rótulos comerciales, al

---

cins Sans Frontières, 1986, pp. 21-25; Harold G. Marcus, *A History of Ethiopia*, Berkeley, California, University of California Press, 1994, pp. 204-205.

[1] BArch, DY 30/11498, 6 de mayo de 1982, p. 12; BArch, DY 30/27158, 3 de diciembre de 1982, p. 3; PRO, FCO 31-3895, D. C. B. Beaumont, «Meeting of EC Ambassadors», 23 de septiembre de 1983.

[2] *Ethiopian Herald*, 6 y 26 de julio de 1984.

tiempo que grandes eslóganes revolucionarios coronaban los edificios modernos. Los barrios de chabolas se ocultaron mediante kilómetros de cercas de hierro pintadas con el obligado color rojo.[1]

Un gigantesco Salón de Congresos del Partido, que respondía al estilo del realismo socialista apreciado por tantos dictadores comunistas, se inauguró una semana antes de las celebraciones. En 1979 la Comisión se había trasladado a un elegante edificio *art déco* que en otro tiempo había alojado el parlamento. Sus exteriores se habían repintado en color rojo terroso y las puertas de hierro se habían adornado con un martillo y una hoz. El nuevo edificio, por contraste, se erguía a modo de monumento a los triunfos de la revolución. Cada una de las tres mil quinientas butacas de su sala de conferencias principal estaba equipada con la tecnología más moderna para poder ofrecer traducción simultánea. Todo, salvo el recubrimiento de piedra del exterior del edificio, se había construido de acuerdo con los estándares más exigentes y se había importado de Finlandia. La factura se pagó en efectivo.[2]

En la primera reunión, que tuvo lugar el 10 de septiembre, los miembros del Partido de los Trabajadores de Etiopía eligieron por unanimidad a su «líder visionario» como secretario general del Comité Central y emplazaron a su pueblo a hacer realidad el eslogan «Adelante bajo el Liderazgo Revolucionario del Camarada Mengistu Haile Ma-

---

[1] Henze, *Layers of Time*, *op. cit.*, pp. 306-307; Archivos de Paul Henze, Hoover Institution, caja 72, «Communist Ethiopia: Is it Succeeding?», enero de 1985; Giorgis, *Red Tears*, *op. cit.*, p. 135, menciona «centenares» de norcoreanos; véase también la p. 59 sobre el viaje a Corea del Norte en 1982.

[2] Archivos de Paul Henze, Hoover Institution, caja 71, «A Communist Ethiopia?», 1981; Korn, *Ethiopia, the United States and the Soviet Union*, *op. cit.*, pp. 122-123.

riam». Un miembro del Politburó se adelantó y leyó con solemnidad una biografía del presidente en la que comparó la vida del «salvador de Etiopía, brillante, generoso», con la segunda venida de Cristo. Mengistu, que había estado atento a todas y cada una de las palabras del discurso, rebosaba humildad y murmuró con modestia que no merecía los elogios.[1]

Aún más impresionante que el Salón de Congresos del Partido fue el Monumento Tiglachin, o Monumento a Nuestra Lucha, una altísima estela concebida por los norcoreanos. Medía cincuenta metros y estaba rematada por una estrella roja. En ambas caras de la estela había relieves de bronce muy trabajados que ilustraban la historia de la revolución, desde la caída del emperador hasta Mengistu Haile Mariam, que guiaba a su pueblo hacia un futuro socialista.[2]

A principios de septiembre, las principales avenidas de Adís Abeba quedaron cerradas durante varios días, porque los asesores norcoreanos instruían a grandes multitudes de cara al desfile. Las personas que no se presentaban para marchar de acuerdo con lo ordenado sufrían palizas, prisión o hambre, porque los alimentos estaban racionados.

El gran acontecimiento tuvo lugar en el Día Nacional. Unos setenta mil estudiantes, aldeanos y soldados desfilaron con gigantescos carteles de Marx, Lenin y Mengistu frente al estrado de la plaza de la Revolución desde donde se pasaba revista. Iban gritando eslóganes revolucionarios, como: «Adelante el Liderazgo Revolucionario del Camarada Mengistu Haile Mariam». Mengistu estaba de pie. En

[1] *Ethiopian Herald*, 4 y 7 de septiembre de 1984; la biografía se menciona en Giorgis, *Red Tears, op. cit.*, p. 172.
[2] Korn, *Ethiopia, the United States and the Soviet Union, op. cit.*, pp. 122-123.

un despliegue de poderío militar, cientos de tanques, vehículos blindados para el transporte de tropas y lanzacohetes atravesaron la plaza retumbando. Pero la principal atracción debió de ser una carroza con una estatua gigantesca de Mengistu que alzaba el puño en alto. Estaba adornada con otro eslogan que decía: «Sin el sabio y revolucionario liderazgo de Mengistu Haile Mariam, nuestra lucha no puede triunfar».[1]

Unos pocos años después de la revolución, todas las piezas de carácter religioso del Museo de Etnología habían sido retiradas y depositadas en almacenes, pero apenas habían aparecido obras sobre el nuevo régimen. En el marco del décimo aniversario se inauguró una exposición especial que por fin ofrecía una visión unificada del pasado. Desde los tiempos paleoantropológicos hasta la batalla de Adua y la caída del emperador, el país mostraba un desarrollo ininterrumpido, una historia de progreso y redención que culminaba en la figura de Mengistu.[2]

De acuerdo con la mayoría de las estimaciones, los festejos costaron entre cincuenta y cien millones de dólares estadounidenses.[3] Aun antes de que éstos empezaran, millones de personas pasaban hambre. Etiopía era un país pobre y una rígida economía socialista no contribuía a mejorar su situación. El reclutamiento forzoso en el Ejército y la guerra civil agravaron la situación ya precaria de las regiones rurales. La producción per cápita de cereales declinó en un quince por ciento entre 1974 y 1984, aunque se requisó un

[1] «Ethiopians Mark 10th Anniversary of Socialist Revolution», *United Press International*, 12 de septiembre de 1984; *Ethiopian Herald*, 16 de septiembre de 1984.

[2] MfAA, C 1852, Informe de viaje, abril de 1978, p. 58; Donham, «Revolution and Modernity in Maale», *op. cit.*, p. 29.

[3] Korn, *Ethiopia, the United States and the Soviet Union, op. cit.*, pp. 123-124.

mayor volumen de grano para financiar un presupuesto militar más oneroso. Los primeros indicios de hambruna aparecieron en 1983, año en el que varias regiones del país sufrieron una sequía de inusitada dureza. En verano de 1984,
miles de personas murieron tan sólo en la región de Wollo.
Las ciudades padecieron una verdadera invasión de aldeanos hambrientos que mendigaban por las calles o aguardaban la muerte junto a campos yermos. El régimen escondió
la crisis. Llevaba a los reporteros de otros países a visitar
granjas colectivas en las que el pueblo vivía en la prosperidad. Como la hambruna había afectado al norte rebelde, el
régimen también aprovechó la crisis para dejar que la gente de aquella región, que simpatizaba con los insurrectos,
muriera de hambre. En septiembre de 1984, Mengistu habló a la multitud durante cinco horas seguidas con motivo
del décimo aniversario de la revolución. Entretanto, unos
siete millones de personas se hallaban al borde de la muerte por hambre.[1]

La hambruna suscitó atención internacional en octubre
de 1984, cuando aparecieron en las noticias de la BBC imágenes espeluznantes de niños de piel arrugada que recibían
suero salino. Éstas provocaron que se pusiera en marcha
una campaña de alcance mundial para recaudar millones
en concepto de ayuda. En febrero de 1985, Mengistu apareció por fin en la televisión estatal y declaró que el país se
enfrentaba a una grave crisis provocada por la sequía. Propuso una solución, que consistía en reasentar a los aldeanos hambrientos del norte en las tierras más fértiles del sur.
Con el pretexto de ofrecer ayuda, el régimen expulsó por la

---

[1] Henze, *Layers of Time, op. cit.*, p. 307; Archivos de Paul Henze,
Hoover Institution, caja 72, «Communist Ethiopia: Is it Succeeding?»,
enero de 1985; y caja 73, «Exploiting Famine and Capitalizing on Western Generosity», marzo de 1986, p. 91; Korn, *Ethiopia, the United States
and the Soviet Union, op. cit.*, pp. 124-126.

fuerza a grupos enteros de población de las áreas rebeldes y las llevó a regiones remotas del país. Más de medio millón de personas fueron desplazadas, a menudo bajo amenazas de violencia. Lo peor aún estaba por llegar, porque después del reasentamiento se puso en marcha otro plan llamado de «aldeanización». Se trataba de una colectivización con otro nombre. Se obligó a familias que vivían en casas dispersas a agruparse en pueblos planificados, donde el Estado lo controlaba todo. De acuerdo con la mayoría de las estimaciones, la hambruna de 1983-1985 se cobró por lo menos medio millón de vidas.[1]

Buena parte de la ayuda alimentaria destinada a los civiles se enviaba a los soldados. La guerra civil había causado estragos desde 1977, porque después de la revolución habían aparecido multitud de movimientos de liberación, como el Frente de Liberación Oromo, el Frente de Liberación Popular de Tigray y el Frente de Liberación Afar, radicados todos ellos en el desértico norte de Etiopía. Pero el principal enemigo del Derg era el Frente de Liberación del Pueblo Eritreo. En verano de 1977, cuando la guerra contra Somalia había alcanzado su punto culminante, Mengistu había efectuado un llamamiento a una «guerra total del pueblo» contra todos los agresores. Después de triunfar en la guerra de Ogaden con el apoyo de Cuba y de la Unión Soviética, había albergado la esperanza de aplastar decisivamente los movimientos secesionistas del norte. Pero la operación Estrella Roja, una amplia campaña militar emprendida en 1982 en la que participó más de la mitad del Ejército del país, fracasó por completo. El norte, a diferen-

---

[1] Laurence Binet (ed.), *Famine et transferts forcés de populations en Ethiopie 1984-1986*, París, Médecins Sans Frontières, 2013; Alex de Waal, «Is the Era of Great Famines Over?», *The New York Times*, 8 de mayo de 2016.

cia de la meseta del este, ofrecía un terreno ideal para los guerrilleros, por sus montañas elevadas, barrancos traicioneros y llanuras desoladas y rocosas.[1]

Mengistu asumió el mando personal de la operación y trasladó provisionalmente a la mayoría de su gabinete a Asmara, la capital de Eritrea. Pero las mismas cualidades que lo habían ayudado a hacerse con el control del Derg durante los primeros años de la revolución se volvieron contra él. Fue a la guerra sin una estrategia clara, convencido de que su formidable ejército triunfaría gracias al mero peso del número. Como sus tropas no lograron desalojar a los insurgentes de sus fortalezas montañosas, acusó a sus propios generales de incompetencia y traición condenándolos a muerte con total arbitrariedad. No confiaba en nadie y creó una red de vigilancia integrada por comisarios políticos que se encargaba de controlar a los altos mandos. Al valorar la lealtad por encima de la competencia, se ascendía a los aduladores y a los oportunistas.[2]

La operación Estrella Roja se transformó en una guerra de desgaste, porque se obligó a cientos de miles de jóvenes y muchachos a incorporarse a las fuerzas armadas. Apenas les daban de comer, y a menudo sufrían palizas antes de que los enviaran al combate contra unos insurgentes que se hallaban entre los más curtidos del mundo entero. Hacia mediados de la década de 1980, el régimen estaba asociado a la guerra civil y el hambre.[3]

[1] Gebru Tareke, *The Ethiopian Revolution: War in the Horn of Africa*, New Haven, Connecticut, Yale University Press, 2009, pp. 218-261.

[2] Charles Mitchell, «'Operation Red Star': Soviet Union, Libya back Ethiopia in Eritrean War», 20 de marzo de 1982, UPI; Messay Kebede, *Ideology and Elite Conflicts: Autopsy of the Ethiopian Revolution*, Lanham, Maryland, Lexington Books, 2011, pp. 307-324.

[3] Alex de Waal, *Evil Days: Thirty Years of War and Famine in Ethio-*

A pesar de disponer de un ejército de trescientos mil hombres y de doce mil millones de dólares en ayuda militar soviética, el régimen empezó a derrumbarse bajo el ataque de distintos movimientos rebeldes. En marzo de 1988, los insurrectos eritreos alcanzaron una victoria decisiva en Afabet, una fortificación estratégica reforzada con trincheras y búnkeres que se hallaba en medio del Sahel. Fue la mayor batalla que tuvo lugar en África desde El Alamein. Unos veinte mil soldados murieron o cayeron prisioneros y el rumbo de la guerra cambió. Unos pocos meses más tarde, mientras Mengistu se hallaba en Alemania Oriental tratando de conseguir más armas, sus oficiales superiores trataron de dar un golpe de Estado. El golpe falló, pero el número de personas que desertaban del Ejército se multiplicó. En febrero de 1990, los eritreos asaltaron el puerto de Massawa, en el mar Rojo, y hasta Moscú dejó de confiar en Mengistu. Los rusos querían salir del conflicto y Gorbachov lo exhortó a emprender reformas.

Las diversas guerrillas se pusieron en marcha, encabezadas por el Frente de Liberación del Pueblo Eritreo, y llegaron a las afueras de Adís Abeba en 1990. Durante los meses siguientes, Mengistu perdió gradualmente el contacto con la realidad. Alternaba declaraciones desafiantes con insinuaciones de suicidio. El 16 de abril de 1991 habló por la radio. Soltó una diatriba contra los traidores y conspiradores extranjeros. Tres días más tarde proclamó una movilización general «para proteger la integridad de la patria». Presa de un frenesí, se aferró a todos sus títulos, y reemplazó a varios de sus ministros más importantes sin que le sirviera de nada. El 21 de mayo escapó. Se marchó con sigilo de la capital y embarcó en un pequeño avión con el que cruzó la frontera y se dirigió a Nairobi. Desde allí fue a Zimba-

---

pia, Nueva York, Human Rights Watch, 1991, pp. 302-307.

bue, donde el presidente Robert Mugabe le concedió asilo.[1]

El régimen se derrumbó en cuestión de semanas. Ya antes de que Mengistu escapara, sus fuerzas se habían dispersado, mientras los rebeldes se desplazaban hacia el sur. La gente destrozó los carteles donde aparecía y acribilló algunos a balazos. Lenin fue derribado de su pedestal. Las citas de Mengistu desaparecieron de la cabecera del periódico del partido. En la plaza de la Revolución, los eslóganes y las estrellas se taparon con pintura. En el lugar donde se había exhibido a Mengistu ya sólo quedaba un andamio herrumbroso.[2]

Mengistu dejaba tras de sí un legado de devastación debido a la guerra, la hambruna y las colectivizaciones, pero no instituciones duraderas, ni una ideología perdurable. Se había arrogado todo el poder y había procurado que no se adoptara ninguna decisión sin su consentimiento. El propio partido que había creado con tanto esfuerzo no era nada más que un instrumento personal para el ejercicio del poder. Mengistu encarnaba la revolución, y la revolución se esfumó con su huida.

---

[1] Henze, *Layers of Time*, *op. cit.*, pp. 327-329.
[2] Archivos de Paul Henze, Hoover Institution, caja 68, «Travel Diary, 1991 June».

POSTFACIO

Lenin está en un garaje del ayuntamiento de Adís Abeba, tumbado de espaldas, rodeado de hierbajos y bidones de gasolina vacíos. Pocas personas acuden a visitarlo. A quienes van, los trabajadores del lugar les piden que no lo despierten.[1]

Es grande, y pesado, y no resultó nada fácil bajarlo de su pedestal. Se necesitó maquinaria robusta, porque las cuerdas no alcanzaban ni a sacudirlo. Por supuesto que no fue la primera estatua en desaparecer. A partir de noviembre de 1989, tras la caída del Muro de Berlín, se desmantelaron cientos de efigies de Lenin. A veces lo destruyeron con martillos o lo decapitaron, en ciertos casos se limitaron a retirarlo de la vista pública hasta mejor ocasión. Otros déspotas cayeron también de su pedestal. Por toda Albania, multitudes jubilosas derribaban estatuas de Enver Hoxha, que había controlado el país durante cuarenta años. A lo largo de varias décadas habían proliferado los retratos, carteles, eslóganes, bustos y estatuas. Pero las tornas cambiaron.

Aquello tomó por sorpresa a muchos observadores. Se creía que los dictadores, y sus estatuas, eran inamovibles. Que se habían adueñado de las almas de sus súbditos y habían moldeado sus pensamientos. Que habían arrojado un hechizo sobre ellos. Pero aquel hechizo no había existido jamás. Lo que sí había existido era el miedo, y en el mismo momento en el que éste desapareció, todo el edificio se vino abajo. En el caso de Ceaușescu, su momento de vaci-

---

[1] Elleni Centime Zeleke, «Addis Ababa as Modernist Ruin», *Callaloo*, 33, n.º 1, primavera de 2010, p. 125.

lación, cuando los manifestantes lo desafiaron frente a la sede del partido el 21 de diciembre de 1989, puede seguirse casi al minuto. Aquel momento se había hecho esperar varias décadas.

No puede existir un culto a la personalidad que no se sustente en el miedo. En pleno siglo XX, cientos de millones de personas en todo el planeta no tuvieron otra opción que colaborar en la glorificación de sus líderes. Éstos apuntalaron su propio gobierno mediante la amenaza de la violencia. En tiempos de Mao o de Kim, bastaba con burlarse del nombre del líder para terminar en un campo de trabajos forzados. Quien no llorara, aplaudiera o gritara de acuerdo con lo ordenado sufría un severo castigo. En tiempos de Mussolini y de Ceaușescu, los responsables editoriales recibían instrucciones diarias sobre lo que se podía mencionar y lo que estaba proscrito. En tiempos de Stalin, escritores, poetas y pintores temblaban sólo de pensar que sus elogios pudieran no parecer lo bastante sinceros.

Cuando se utiliza la expresión «culto a la personalidad» para referirse a la glorificación de líderes de todo tipo, se trivializa lo sucedido en las dictaduras modernas. Los presidentes y primeros ministros elegidos por medios democráticos que cuidan su imagen, posan frente a niños que cantan sus alabanzas, quieren que su nombre quede inscrito en monedas de oro o se rodean de aduladores, no hacen más que teatro político. Podemos pensar que ese teatro es repulsivo, podemos atribuirlo a narcisismo, o incluso considerarlo siniestro, pero no es culto a la personalidad. Contar con seguidores que proclaman que el líder es un genio tampoco es culto a la personalidad. En una primera fase, el líder tiene que contar con la influencia necesaria para abatir a sus oponentes y obligarlos a aclamarlo en público. Pero en cuanto el culto a la personalidad alcanza su madurez, no se puede ya estar seguro de quién respalda y quién se opone al dictador.

Un buen ejemplo de ello es Kim Jong-un, la tercera generación de su familia. Ha gobernado Corea del Norte desde 2011. En 2015, tras hacer ejecutar a unos setenta altos cargos, entre los que se hallaban varios generales y su tío político, distribuyó insignias con su retrato a su círculo más cercano. Ese mismo año se levantaron estatuas dedicadas a su familia en todas las provincias. Kim Jong-un, igual que Kim Il-sung, recorre el país y ofrece orientación sobre el terreno, acompañado por un séquito que se afana en tomar nota de todas sus palabras. Camina igual que su abuelo, sonríe igual que su abuelo, hasta se parece a su abuelo.[1]

Kim es sólo uno de los muchos dictadores que han tenido éxito, a pesar de todo el terreno que ha ganado la democracia desde 1989. Ásad hijo reemplazó a Ásad padre en el año 2000. Como un eco del «humilde médico rural» que fue François Duvalier, Bashar al-Ásad se presentó al principio como un «afable oftalmólogo». A continuación, el doctor implantó una cultura del miedo e impuso su propia imagen en toda Siria, al tiempo que reprimía la disidencia con mano de hierro.[2]

Han surgido nuevos dictadores. Durante los primeros años del siglo XXI, Turquía parecía hallarse en plena transición a la democracia, con una sociedad civil muy activa y una prensa relativamente libre. Entonces apareció Recep Tayyip Erdogan. Elegido presidente en 2014, empezó a crearse una imagen de hombre fuerte del país. En 2016 utilizó como pretexto un golpe de Estado fallido para reprimir toda oposición. Suspendió de su cargo, despidió y encarceló a decenas de miles de personas, entre las que ha-

---

[1] «How Kim Jong Un Builds his Personality Cult», *The Economist*, 8 de junio de 2017.
[2] Joseph Willits, «The Cult of Bashar al-Assad», *The Guardian*, 1.º de julio de 2011.

bía periodistas, profesores universitarios, abogados y funcionarios. Y al mismo tiempo que purgaba a sus oponentes se glorificaba a sí mismo. Sus discursos se retransmitían por televisión varias veces al día, en muchas paredes aparecieron carteles con su rostro, y sus partidarios lo comparaban con un segundo profeta. Turquía aún está muy lejos de parecerse a las dictaduras plenamente desarrolladas del siglo XX, pero estas últimas también tardaron un tiempo en establecerse.[1]

En el período posterior a la Revolución Cultural, el Partido Comunista de China modificó sus estatutos para prohibir de manera explícita «el culto a la personalidad en todas sus formas». Efectuó avances lentos, pero inexorables, para que los dirigentes estuvieran obligados a rendir cuentas por su actuación. Pero el régimen ha dado un nuevo giro hacia la dictadura. En 2012, Xi Jinping fue elegido secretario general del Partido, y su primera medida consistió en humillar y encarcelar a algunos de sus rivales más poderosos. Luego disciplinó o purgó a cientos de miles de miembros del partido, siempre en nombre de una campaña contra la corrupción. El régimen ha concentrado todos sus esfuerzos en aniquilar una naciente sociedad civil, lo que ha comportado que miles de abogados, activistas por los derechos humanos, periodistas y dirigentes religiosos sufran confinamiento, exilio o prisión.[2]

La maquinaria de propaganda ha trabajado con denuedo por transformar a Xi en un ídolo. En noviembre de 2017, poco antes de un importante congreso del partido, se instalaron tan sólo en la provincia de Hebei hasta cuatro mil

[1] Kadri Gursel, «The Cult of Erdogan», *Al-Monitor*, 6 de agosto de 2014.
[2] Tom Phillips, «Xi Jinping: Does China Truly Love 'Big Daddy Xi'–or Fear Him?», *The Guardian*, 19 de septiembre de 2015.

quinientos altavoces que exhortaban al pueblo a «unirse con firmeza en torno al presidente Xi». El órgano del partido le atribuyó siete títulos, desde Líder Creativo, Núcleo del Partido y Siervo que Busca la Felicidad del Pueblo hasta Líder de un Gran País y Arquitecto de la Modernización en la Nueva Era. Una nueva canción que se dio a conocer en Beijing decía: «Seguirte a ti es seguir al sol». Las baratijas, insignias y carteles con su retrato son omnipresentes. Ese mismo año, sus pensamientos se convirtieron en lectura obligatoria para los niños en edad escolar. El miedo va de la mano de los elogios, porque una burla contra el Presidente Absoluto en un mensaje privado en Internet puede considerarse un delito atroz que se castiga con dos años de prisión. En marzo de 2018 Xi fue nombrado Presidente Vitalicio, ya que el Congreso Nacional del Pueblo votó por la abolición de los límites impuestos a su mandato.[1]

A pesar de todo, los dictadores de hoy en día, con la excepción de Kim Jong-un, están muy lejos de infundir un miedo comparable al que sus predecesores provocaron a la población de sus respectivos países en pleno siglo XX. Pero apenas pasa un mes sin que aparezca un nuevo libro anunciando «La muerte de la democracia» o «El final del liberalismo». Sin duda, hace más de una década que la democracia se está degradando en muchas partes del mundo, y las libertades han retrocedido incluso en algunas de las democracias parlamentarias más asentadas. Como suele decirse, un perpetuo estado de vigilancia es el precio de la libertad, porque robar el poder es fácil.

[1] Rowan Callick, «No Turning Back the Tide on Xi Jinping Personality Cult», *Australian*, 25 de noviembre de 2017; Viola Zhou, «'Into the Brains' of China's Children: Xi Jinping's 'Thought' to Become Compulsory School Topic», *South China Morning Post*, 23 de octubre de 2017; Jamil Anderlini, «Under Xi Jinping, China is Turning Back to Dictatorship», *Financial Times*, 11 de octubre de 2017.

Con todo, ese estado de vigilancia no debería llevarnos al pesimismo. Una mínima perspectiva histórica nos indica que hoy en día las dictaduras están en declive en comparación con el siglo XX. Por encima de todo, los dictadores que se rodean de un culto a la personalidad tienden a encerrarse en un mundo aparte. Sus seguidores los reafirman en sus delirios. Acaban por hacerse cargo de todas las decisiones relevantes. Ven enemigos por todas partes, tanto en su propio país como en el extranjero. A medida que la soberbia y la paranoia se van adueñando de ellos, tratan de ampliar su poder para proteger el que ya detentan. Pero, al ser tantas las cosas que dependen de sus decisiones, hasta un pequeño error de cálculo puede hacer que el régimen se tambalee, con desastrosas consecuencias. Al fin y al cabo, la mayor amenaza a la que se enfrentan los dictadores no proviene del pueblo, sino de ellos mismos.

AGRADECIMIENTOS

Empecé a formarme una idea vaga e imprecisa de lo que sería este proyecto durante mi primer año de estudio en la universidad, en 1981. Por aquel entonces descubrí «La fabrication d'un charisme», un fascinante artículo sobre el culto a Stalin con el que mi profesor Bronisław Baczko, de la Universidad de Ginebra, se adelantó a su tiempo. El profesor Baczko fue pionero en historia cultural y me gustaría reconocer, aunque sea con demora, que su obra ha moldeado mi enfoque de la historia en una medida mucho mayor de lo que yo mismo advertí en su momento.

Escribir sobre el culto a la personalidad puede ser un asunto arriesgado. Todos los historiadores de Mussolini están en deuda con Camillo Berneri, que publicó un esclarecedor estudio titulado *Mussolini, gran actor* en 1934 y murió tres años más tarde en España asesinado por un escuadrón de comunistas, probablemente por orden de Stalin. Los grandes dictadores a menudo atraen a grandes escritores, y uno de los placeres de investigar a estos tiranos proviene de hallarse en compañía de una multitud de estudiosos destacados, tanto si escribieron en la época de los propios dictadores como en períodos posteriores. Las notas a pie de página dan testimonio, aunque muy imperfecto, de mi deuda para con ellos.

He pasado muchas semanas en archivos de toda Europa, pero no habría sido capaz de dar sentido a los documentos del Arhivele Naționale ale României de Bucarest sin la ayuda de Ştefan Bosomitu, un investigador con un conocimiento inigualable de los archivos de Ceaușescu. En Adís Abeba, Eyob Girma leyó pacientemente docenas de memorias en amhárico, mientras que Jen Seung Yeon Lee me ayudó con material propagandístico de Corea del Norte. La Hoover Institution posee un fondo aparentemente inagotable de documentos sobre la guerra, la revolución y la paz en el siglo XX, y ni el personal de la biblioteca ni el de los archivos me escatimaron su ayuda.

AGRADECIMIENTOS

Robert Peckham reavivó mi interés por la historia de las relaciones entre imagen y poder al prestarme un ejemplar de *The Fabrication of Louis XIV*, de Peter Burke. Varias personas han leído y comentado versiones previas, especialmente Peter Baehr, Gail Burrowes, Christopher Hutton, Peter y Gabriele Kennedy, Françoise Koolen, Andréi Lankov, Norman Naimark, Robert Peckham, Priscilla Roberts, Robert Service, Facil Tesfaye y Vladimir Tismaneanu. Otras han tenido la generosidad de compartir historias y fuentes. Pienso sobre todo en Paul S. Cha, Mihai Croitor, Brian Farrell, Sander Gilman, Paul Gregory, Paul Hollander, Jean Hung, Mark Kramer, Michelle Kung, James Person, Amir Weiner y Arne Westad.

Estoy en deuda con mis editores, Michael Fishwick en Londres y Anton Mueller en Nueva York, y con mi corrector Richard Collins, así como con Marigold Atkey, Chloe Foster, Genista Tate-Alexander, Francesca Sturiale y Lilidh Kendrick, de Bloomsbury. Querría expresar mi gratitud a Andrew Wylie, mi agente literario en Nueva York, y Sarah Chalfant, que cumple el mismo papel en Londres. Como siempre, doy las gracias a Gail Burrowes, mi esposa, con todo mi amor.

Hong Kong, diciembre de 2018

BIBLIOGRAFÍA

ARCHIVOS

ACS   Archivio Centrale dello Stato, Roma
ANR   Arhivele Naționale ale României, Bucarest
BArch   Bundesarchiv, Berlín
GDPA   Guangdong sheng Dang'anguan, Guangzhou
GSPA   Gansu sheng Dang'anguan, Lanzhou
HBPA   Hebei sheng Dang'anguan, Shijiazhuang
Hoover   Hoover Institution Library and Archives, Palo Alto
MfAA   Politisches Archiv des Auswärtigen Amts, Berlín
MAE   Ministère des Affaires Etrangères, París
NARA   National Archives at College Park, Washington
NMA   Nanjing shi Dang'anguan, Nanjing
OSA   Open Society Archives, Central European University, Budapest
PRO   The National Archives, Londres
RGANI   Rossiiskii Gosudarstvennyi Arkhiv Novei'shei Istorii, Moscú
RGASPI   Rossiiskii Gosudarstvennyi Arkhiv Sotsial'no-Politicheskoi Istorii, Moscú
SMA   Shanghai shi Dang'anguan, Shanghái

FUENTES SECUNDARIAS

ABBOTT, Elizabeth, *Haiti: The Duvaliers and Their Legacy*, Nueva York, McGraw-Hill, 1988.
ALTMAN, Linda Jacobs, *Shattered Youth in Nazi Germany: Primary Sources from the Holocaust*, Berkeley Heights, Nueva Jersey, Enslow Publishers, 2010.

ANDRIEU, Jacques, «Mais que se sont donc dit Mao et Malraux? Aux sources du maoïsme occidental», *Perspectives chinoises*, 37, septiembre de 1996, pp. 50-63.

APPLEBAUM, Anne, *Iron Curtain: The Crushing of Eastern Europe, 1944-1956*, Nueva York, Doubleday, 2012. [Existe traducción en español: *El telón de acero: la destrucción de Europa del Este, 1944-1956*, trad. Sílvia Pons Pradilla, Barcelona, Debate, 2014].

ARENDT, Hannah, *The Origins of Totalitarianism*, Nueva York, Harvest Book, 1973. [Existe traducción en español: *Los orígenes del totalitarismo*, trad. Guillermo Solana, Madrid, Alianza, 2006].

ARMSTRONG, Charles, *The North Korean Revolution: 1945-50*, Ithaca, Nueva York, Cornell University Press, 2002.

BABEROWSKI, Jörg, *Scorched Earth: Stalin's Reign of Terror*, New Haven, Connecticut, Yale University Press, 2016.

BACZKO, Bronisław, «La fabrication d'un charisme», *Revue européenne des sciences sociales*, 19, n.° 57, 1981, pp. 29-44.

BALÁZS, Apor, Jan C. Behrends, Polly Jones y E. A. Rees (eds.), *The Leader Cult in Communist Dictatorships: Stalin and the Eastern Bloc*, Houndmills, Basingstoke, Palgrave Macmillan, 2004.

BARBER, John, «The Image of Stalin in Soviet Propaganda and Public Opinion during World War 2», en: John Garrard y Carol Garrard (eds.), *World War 2 and the Soviet People*, Nueva York, St. Martin's Press, 1990, pp. 38-49.

BAXA, Paul, «'Il nostro Duce': Mussolini's Visit to Trieste in 1938 and the Workings of the Cult of the Duce», *Modern Italy*, 18, n.° 2, mayo de 2013, pp. 117-128.

BEHRENDS, Jan C., «Exporting the Leader: The Stalin Cult in Poland and East Germany (1944/1945-1956)», en: Apor Balázs, Jan C. Behrends, Polly Jones y E. A. Rees (eds.), *The Leader Cult in Communist Dictatorships: Stalin and the Eastern Bloc*, Houndmills, Basingstoke, Palgrave Macmillan, 2004, pp. 161-178.

BEEVOR, Antony, *The Fall of Berlin 1945*, Londres, Penguin Books, 2002. [Existe traducción en español: *Berlín. La caída: 1945*, trad. David León Gómez, Barcelona, Planeta DeAgostini, 2005].

BERMAN, Stephen Jay, «Duvalier and the Press», trabajo final de máster en Periodismo, Universidad de California del Sur, 1974.

BEN-GHIAT, Ruth, *Fascist Modernities: Italy, 1922-1945*, Berkeley, California, University of California Press, 2001.

BERNERI, Camillo, *Mussolini grande attore*, Pistoia, Edizioni dell'Archivio Famiglia Berneri, 1.ª edición 1934, 2.ª edición 1983. [Existe traducción en español: *Mussolini, gran actor*, trad. M. F. y T., Valencia, Mañana, 1934].

BESSEL, Richard, «The Rise of the NSDAP and the Myth of Nazi Propaganda», *Wiener Library Bulletin*, 33, 1980, pp. 20-29.

BESSEL, Richard, «Charismatisches Führertum? Hitler's Image in der deutschen Bevölkerung», en: Martin Loiperdinger, Rudolf Herz y Ulrich Pohlmann (eds.), *Führerbilder: Hitler, Mussolini, Roosevelt, Stalin in Fotografie und Film*, Múnich, Piper, 1995, pp. 14-26.

BEVAN, Robert, *The Destruction of Memory: Architecture at War*, Londres, Reaktion Books, 2006. [Existe traducción en español: *La destrucción de la memoria: arquitectura en guerra*, trad. David Guinart Palomares, Valencia, La Caja Books, 2019].

BINET, Laurence (ed.), *Famine et transferts forcés de populations en Ethiopie 1984-1986*, París, Médecins Sans Frontières, 2013.

BIONDI, Dino, *La fabbrica del Duce*, Florencia, Vallecchi, 1967. [Existe traducción en español: *El tinglado del Duce*, Barcelona, Planeta, 1975].

BLAKE, Robert y William Roger Louis (eds.), *Churchill*, Oxford, Clarendon Press, 2002.

BONNELL, Victoria E., *Iconography of Power: Soviet Political Posters Under Lenin and Stalin*, Berkeley, California, University of California Press, 1998.

BONSAVER, Guido, *Censorship and Literature in Fascist Italy*, Toronto, University of Toronto Press, 2007.

BOTERBLOEM, Kees, *Life and Times of Andrei Zhdanov, 1896-1948*, Montreal, McGill-Queen's Press, 2004.

BRAMSTED, Ernest K., *Goebbels and National Socialist Propaganda 1925-1945*, East Lansing, Michigan State University Press, 1965.

BRANDENBERGER, David, «Stalin as Symbol: A Case Study of the Personality Cult and its Construction», en: Sarah Davies y James Harris (eds.), *Stalin: A New History*, Cambridge, Cambridge University Press, 2005, pp. 249-270.

BROOKS, Jeffrey, *Thank You, Comrade Stalin!: Soviet Public Culture from Revolution to Cold War*, Princeton, Princeton University Press, 2000.

BÜHMANN, Henning, «Der Hitlerkult. Ein Forschungsbericht», en: Klaus Heller y Jan Plamper (eds.), *Personenkulte im Stalinismus: Personality Cults in Stalinism*, Gotinga, Vandenhoeck and Ruprecht, 2004, pp. 109-157.

BURKE, Peter, *The Fabrication of Louis XIV*, New Haven, Connecticut, Yale University Press, 1992. [Existe traducción en español: *La fabricación de Luis XIV*, trad. Manuel Sáenz de Heredia, San Sebastián, Nerea, 1995].

CALVINO, Italo, «Il Duce's Portraits», *New Yorker*, 6 de enero de 2003, p. 34.

CAMPBELL, Ian, *The Addis Ababa Massacre: Italy's National Shame*, Londres, Hurst, 2017.

CANNISTRARO, Philip, *La fabbrica del consenso: Fascismo e mass media*, Bari, Laterza, 1975.

CHANG, Jung y Jon Halliday, *Mao: The Unknown Story*, Londres, Jonathan Cape, 2005. [Existe traducción en español: *Mao: la historia desconocida*, trads. Victoria Gordo del Rey y Amado Diéguez Rodríguez, Madrid, Taurus, 2016].

CHAUSSY, Ulrich y Christoph Püschner, *Nachbar Hitler: Führerkult und Heimatzerstörung am Obersalzberg*, Berlín, Christoph Links, 2007.

CHEN JIAN, *China's Road to the Korean War*, Nueva York, Columbia University Press, 1996.

Chinese Propaganda Posters: From the Collection of Michael Wolf, Colonia, Taschen, 2003.

CHIROT, Daniel, *Modern Tyrants: The Power and Prevalence of Evil in Our Age*, Princeton, Princeton University Press, 1996.

CLAPHAM, Christopher, *Transformation and Continuity in Revolutionary Ethiopia*, Cambridge, Cambridge University Press, 1988.

COHEN, Arthur A., *The Communism of Mao Tse-tung*, Chicago, University of Chicago Press, 1964.

COHEN, Yves, «The Cult of Number One in an Age of Leaders», *Kritika: Explorations in Russian and Eurasian History*, 8, n.° 3, verano de 2007, pp. 597-634.

COOX, Alvin D., *Nomonhan: Japan Against Russia 1939*, Palo Alto, California, Stanford University Press, 1988.

CORNER, Paul, *The Fascist Party and Popular Opinion in Mussolini's Italy*, Oxford, Oxford University Press, 2012.

CORVAJA, Santi, *Hitler and Mussolini: The Secret Meetings*, Nueva York, Enigma Books, 2008.

COURTOIS, Stéphane *et al.* (ed.), *The Black Book of Communism: Crimes, Terror, Repression*, Cambridge, Massachusetts, Harvard University Press, 1999. [Existe traducción en español: *El libro negro del comunismo*, trad. César Vidal, Barcelona, Ediciones B, 2010].

CUSHWAY, Eric H., «The Ideology of François Duvalier», trabajo final de máster, Universidad de Alberta, 1976.

DAVID-FOX, Michael, *Showcasing the Great Experiment: Cultural Diplomacy and Western Visitors to the Soviet Union, 1921-1941*, Oxford, Oxford University Press, 2011.

DAVIES, Sarah, *Popular Opinion in Stalin's Russia: Terror, Propaganda and Dissent, 1934-1941*, Cambridge, Cambridge University Press, 1997.

DE FELICE, Renzo, *Mussolini il Fascista*, vol. 1: *La conquista del potere, 1921-1925*, Turín, Einaudi, 1966.

DE WAAL, Alex, *Evil Days: Thirty Years of War and Famine in Ethiopia*, Nueva York, Human Rights Watch, 1991.

DEE, Bleecker, «Duvalier's Haiti: A Case Study of National Disintegration», tesis doctoral, Universidad de Florida, 1967.

DELETANT, Dennis, *Ceauşescu and the Securitate*, Londres, Hurst, 1995.

—, *Communist Terror in Romania: Gheorghiu-Dej and the Police State, 1948-1965*, Nueva York, St. Martin's Press, 1999.

DEMICK, Barbara, *Nothing to Envy: Ordinary Lives in North Korea*, Nueva York, Spiegel and Grau, 2009. [Existe traducción en español: *Querido líder: vivir en Corea del Norte*, trad. Pablo Sauras, Barcelona, Península, 2021].

DIEDERICH, Bernard, *The Price of Blood: History of Repression and Rebellion in Haiti Under Dr. François Duvalier, 1957-1961*, Princeton, Nueva Jersey, Markus Wiener, 2011.

—y Al Burt, *Papa Doc: Haiti and its Dictator*, Londres, Bodley Head, 1969.

DIGGINS, John Patrick, *Mussolini and Fascism: The View from America*, Princeton, Princeton University Press, 1972.

DIKÖTTER, Frank, *Mao's Great Famine: The History of China's Most Devastating Catastrophe, 1958-1962*, Londres, Blooms-bury, 2010. [Existe traducción en español: *La gran hambruna en la China de Mao: historia de la catástrofe más devastadora de China (1958-1962)*, trad. Joan Josep Mussarra, Barcelona, Acantilado, 2017].

—, *The Tragedy of Liberation: A History of the Chinese Revolution, 1945-1957*, Londres, Bloomsbury, 2013. [Existe traducción en español: *La tragedia de la liberación: una historia de la revolución china (1945-1957)*, trad. Joan Josep Mussarra, Barcelona, Acantilado, 2019].

—, *The Cultural Revolution: A People's History, 1962-1976*, Londres, Bloomsbury, 2016.

DILLER, Ansgar, *Rundfunkpolitik im Dritten Reich*, Múnich, Deutscher Taschenbuch, 1980.

DONHAM, Donald L., «Revolution and Modernity in Maale: Ethiopia, 1974 to 1987», *Comparative Studies in Society and History*, 34, n.° 1, enero de 1992, pp. 28-57.

DUGGAN, Christopher, *Fascist Voices: An Intimate History of Mussolini's Italy*, Oxford, Oxford University Press, 2013.

DURANDIN, Catherine, *Ceaușescu, vérités et mensonges d'un roi communiste*, París, Albin Michel, 1990.

ENNKER, Benno, «The Origins and Intentions of the Lenin Cult», en: Ian D. Thatcher (ed.), *Regime and Society in Twentieth-Century Russia*, Houndmills, Basingstoke, Macmillan Press, 1999, pp. 118-128.

EVANS, Richard J., «Coercion and Consent in Nazi Germany», *Proceedings of the British Academy*, 151, 2006, pp. 53-81.

—, *The Third Reich in Power*, Londres, Penguin Books, 2006. [Existe traducción en español: *El Tercer Reich en el poder*, trad. Isabel Obiols, Barcelona, Península, 2017].

—, *The Third Reich at War*, Londres, Penguin, 2009. [Existe traducción en español: *El Tercer Reich en guerra (1939-1945)*, trad. Miguel Salazar, Barcelona, Península, 2012].

EYAL, Jonathan, «Why Romania Could Not Avoid Bloodshed», en: Gwyn Prins (ed.), *Spring in Winter: The 1989 Revolutions*, Mánchester, Manchester University Press, 1990, pp. 139-162.

FALASCA-ZAMPONI, Simonetta, *Fascist Spectacle: The Aesthetics of Power in Mussolini's Italy*, Berkeley, California, University of California Press, 2000.

FARNSWORTH, Robert M., *From Vagabond to Journalist: Edgar Snow in Asia, 1928-1941*, Columbia, Misuri, University of Missouri Press, 1996.

FEIGON, Lee, *Mao: A Reinterpretation*, Chicago, Ivan R. Dee, 2002.

FEST, Joachim C., *Hitler*, Boston, Massachusetts, Houghton Mifflin Harcourt, 2002. [Existe traducción en español: *Hitler*, trad. Guillermo Raebel Gumá, Barcelona, Planeta, 2005].

FESTORAZZI, Roberto, *Starace. Il mastino della rivoluzione fascista*, Milán, Ugo Mursia, 2002.

FIGES, Orlando, *The Whisperers: Private Life in Stalin's Russia*, Nueva York, Picador, 2007. [Existe traducción en español: *Los que susurran: la vida privada en la Rusia de Stalin*, trad. Mirta Rosenberg, Barcelona, Edhasa, 2009].

FISHER, Mary Ellen, *Nicolae Ceaușescu: A Study in Political Leadership*, Boulder, Colorado, Lynne Rienner Publishers, 1989.

FITZPATRICK, Sheila, *Everyday Stalinism. Ordinary Life in Extraordinary Times: Soviet Russia in the 1930s*, Oxford, Oxford University Press, 1999. [Existe traducción en español: *La vida cotidiana durante el estalinismo: cómo vivía y sobrevivía la gente común en la Rusia soviética*, trad. Ana Bello, Buenos Aires, Siglo XXI, 2019].

FOOT, John, *Italy's Divided Memory*, Houndmills, Basingstoke, Palgrave Macmillan, 2009.

FRANZ-WILLING, Georg, *Die Hitlerbewegung. Der Ursprung, 1919-1922*, Hamburgo, R.v. Decker's Verlag G. Schenck, 1962, 1972.

FRITZ, Stephen G., *Ostkrieg: Hitler's War of Extermination in the East*, Lexington, Kentucky, University Press of Kentucky, 2011.

GABANYI, Anneli Ute, *The Ceaușescu Cult: Propaganda and Power Policy in Communist Romania*, Bucarest, The Romanian Cultural Foundation Publishing House, 2000.

GAO HUA, *Hong taiyang shi zenyang shengqi de: Yan'an zhengfeng yundong de lailongqumai* ('¿Cómo se elevó el sol rojo? Orígenes y desarrollo del Movimiento de Rectificación de Yan'an'), Hong Kong, Chinese University Press, 2000.

GAO WENQIAN, *Zhou Enlai: The Last Perfect Revolutionary*, Nueva York, PublicAffairs, 2007.

GENTILE, Emilio, *The Sacralisation of Politics in Fascist Italy*, Cambridge, Massachusetts, Harvard University Press, 1996.

GIORGIS, Dawit Wolde, *Red Tears: War, Famine and Revolution in Ethiopia*, Trenton, Nueva Jersey, Red Sea Press, 1989.

GIRARD, Philippe, *Haiti: The Tumultuous History – From Pearl of the Caribbean to Broken Nation*, Nueva York, St. Martin's Press, 2010.

GLANTZ, David, *Stumbling Colossus: The Red Army on the Eve of World War*, Lawrence, Kansas, University Press of Kansas, 1998.

GONCHAROV, Sergéi N., John W. Lewis y Xue Litai, *Uncertain Partners: Stalin, Mao, and the Korean War*, Stanford, California, Stanford University Press, 1993.

GRANGEREAU, Philippe, *Au pays du grand mensonge. Voyage en Corée*, París, Payot, 2003.

GUNDLE, Stephen, Christopher Duggan y Giuliana Pieri (eds.), *The Cult of the Duce: Mussolini and the Italians*, Mánchester, Manchester University Press, 2013.

HAFFNER, Sebastian, *The Meaning of Hitler*, Londres, Phoenix Press, 1979. [Existe traducción en español: *La dimensión de Hitler*, trad. Josefina Parra de Immel, México D. F., Lasser Press Mexicana, 1980].

HAN, Hongkoo, «Wounded Nationalism: The Minsaengdan Incident and Kim Il-sung in Eastern Manchuria», Universidad de Washington, tesis doctoral, 1999.

HARDEN, Blaine, *The Great Leader and the Fighter Pilot: A True Story About the Birth of Tyranny in North Korea*, Nueva York, Penguin Books, 2016.

HASLER, August Bernhard, «Das Duce-Bild in der faschistischen Literatur», *Quellen und Forschungen aus italienischen Archiven und Bibliotheken*, 60, 1980, pp. 421-506.

HASTINGS, Max, *The Korean War*, Nueva York, Simon & Schuster, 1987.

HATCH, David Allen, «The Cult of Personality of Kim Il-Song: Functional Analysis of a State Myth», tesis doctoral, American University, Washington D. C., 1986.

HAYES, Romain, *Subhas Chandra Bose in Nazi Germany: Politics, Intelligence, and Propaganda, 1941-1943*, Londres, Hurst, 2011.

HEINL, Robert D. y Nancy Gordon Heinl, *Written in Blood: The Story of the Haitian People, 1492-1995*, Lanham, Maryland, University Press of America, 1998.

HELD, Joseph (ed.), *The Cult of Power: Dictators in the Twentieth Century*, Boulder, Colorado, East European Quarterly Press, 1983.

HELLER, Klaus y Jan Plamper (eds.), *Personenkulte im Stalinismus: Personality Cults in Stalinism*, Gotinga, Vandenhoeck and Ruprecht, 2004.

HENZE, Paul B., *Layers of Time: A History of Ethiopia*, Londres, Hurst, 2000.

HERBST, Ludolf, *Hitler's Charisma. Die Erfindung eines deutschen Messias*, Fráncfort del Meno, S. Fischer, 2010.

HERZ, Rudolf, *Hoffmann & Hitler: Fotografie als Medium des Führer Mythos*, Múnich, Klinkhardt and Biermann, 1994.

HOLLANDER, Paul, *Political Pilgrims: Western Intellectuals in Search of the Good Society*, Londres, Routledge, 2017. [Existe traducción en español: *Los peregrinos políticos*, trad. María Elena Barro, Madrid, Playor, 1987].

—, *From Benito Mussolini to Hugo Chavez: Intellectuals and a Century of Political Hero Worship*, Cambridge, Cambridge University Press, 2017.

HOYT, Edwin P., *Mussolini's Empire: The Rise and Fall of the Fascist Vision*, Nueva York, Wiley, 1994.

HUGHES-HALLETT, Lucy, *Gabriele d'Annunzio: Poet, Seducer, and Preacher of War*, Londres, 4th Estate, 2013. [Existe traducción en español: *El gran depredador: Gabriele d'Annunzio, emblema de una época*, trad. Amelia Pérez de Villar, Barcelona, Ariel, 2014].

HUNG CHANG-TAI, «Mao's Parades: State Spectacles in China in the 1950s», *China Quarterly*, 190, junio de 2007, pp. 411-431.

HUNTER, Helen-Louise, *Kim Il-song's North Korea*, Westport, Connecticut, Praeger Publishers, 1999.

HUPP, Kimberly, «'Uncle Joe': What Americans thought of Joseph Stalin before and after World War II», tesis doctoral, Universidad de Toledo, 2009.

IEZZI, Frank, «Benito Mussolini, Crowd Psychologist», *Quarterly Journal of Speech*, 45, n.º 2, abril de 1959, pp. 167-169.

IMBRIANI, Angelo M., *Gli italiani e il Duce: Il mito e l'immagine di Mussolini negli ultimi anni del fascismo (1938-1943)*, Nápoles, Liguori, 1992.

JIN DALU, *Feichang yu zhengchang: Shanghai 'wenge' shiqi de shehui bianqian* ('Lo extraordinario y lo ordinario: cambio social en Shanghái durante la Revolución Cultural'), Shanghái, Shanghai cishu chubanshe, 2011.

JOHNSON, Paul Christopher, «Secretism and the Apotheosis of Duvalier», *Journal of the American Academy of Religion*, 74, n.º 2, junio de 2006, pp. 420-445.

KALLIS, Aristotle, *The Third Rome, 1922-43: The Making of the Fascist Capital*, Houndmills, Basingstoke, Palgrave Macmillan, 2014.

KEBEDE, Messay, *Ideology and Elite Conflicts: Autopsy of the Ethiopian Revolution*, Lanham, Maryland, Lexington Books, 2011.

KEIL, Thomas J., *Romania's Tortured Road toward Modernity*, Nueva York, Columbia University Press, 2006.

KELLER, Edmund J., *Revolutionary Ethiopia*, Bloomington, Indiana, Indiana University Press, 1988.

KERSHAW, Ian, *Hitler, 1889-1936: Hubris*, Londres, Allen Lane, 1998. [Existe traducción en español: *Hitler, 1889-1936*, trad.

José Manuel Álvarez Flórez, Barcelona, Península, 2007].

—, *The 'Hitler Myth': Image and Reality in the Third Reich*, Oxford, Oxford University Press, 2001. [Existe traducción en español: *El mito de Hitler: imagen y realidad en el Tercer Reich*, trad. Tomás Fernández Aúz y Beatriz Eguíbar, Barcelona, Crítica, 2005].

KING, David, *The Commissar Vanishes: The Falsification of Photographs and Art in Stalin's Russia*, Nueva York, Metropolitan Books, 1997.

KIRKPATRICK, Ivone, *Mussolini: Study of a Demagogue*, Nueva York, Hawthorn Books, 1964. [Existe traducción en español: *Mussolini: análisis de un demagogo*, trad. Fernando Corripio, Barcelona, Bruguera, 1965].

KLIBANSKY, Raymond (ed.), *Benito Mussolini's Memoirs 1942-1943*, Nueva York, Howard Fertig, 1975.

KÖNIG, Wolfgang, «Der Volksempfänger und die Radioindustrie. Ein Beitrag zum Verhältnis von Wirtschaft und Politik im Nationalsozialismus», en: *Vierteljahrschrift für Sozial- und Wirtschaftsgeschichte*, 90, n.º 3, 2003, pp. 269-289.

KOON, Tracy H., *Believe, Obey, Fight: Political Socialization of Youth in Fascist Italy, 1922-1943*, Chapel Hill, Carolina del Norte, University of North Carolina Press, 1985.

KOPPERSCHMIDT, Josef (ed.), *Hitler der Redner*, Múnich, Wilhelm Fink, 2003.

KORN, David A., *Ethiopia, the United States and the Soviet Union*, Carbondale, Illinois, Southern Illinois University Press, 1986.

KOTKIN, Stephen, *Stalin: Paradoxes of Power, 1878-1928*, Nueva York, Penguin Press, 2014.

—, *Stalin: Waiting for Hitler, 1929-1941*, Nueva York, Penguin Press, 2017.

KRAUS, Richard Curt, *Brushes with Power: Modern Politics and the Chinese Art of Calligraphy*, Berkeley, California, University of California Press, 1991.

LADANY, Laszlo, *The Communist Party of China and Marxism, 1921-1985: A Self-Portrait*, Londres, Hurst, 1988.

LANKOV, Andréi, *Crisis in North Korea: The Failure of De-Stalin-*

ization, 1956, Honolulu, University of Hawai'i Press, 2005.

—, *From Stalin to Kim Il Sung: The Formation of North Korea, 1945-1960*, Nuevo Brunswick, Nueva Jersey, Rutgers University Press, 2002.

—, *North of the* DMZ: *Essays on Daily Life in North Korea*, Jefferson, Carolina del Norte, McFarland, 2007.

—, *The Real North Korea: Life and Politics in the Failed Stalinist Utopia*, Oxford, Oxford University Press, 2013.

LEESE, Daniel, *Mao Cult: Rhetoric and Ritual in China's Cultural Revolution*, Cambridge, Cambridge University Press, 2011.

LI RUI, *Dayuejin qin liji* ('Narración del Gran Salto Adelante por un testigo presencial'), Haikou, Nanfang chubanshe, 1999.

—, *Lushan Huiyi Shilu* ('Relato verídico del pleno de Lushan'), Hong Kong, Tiandi tushu youxian gongsi, 2009.

LI ZHISUI, *The Private Life of Chairman Mao: The Memoirs of Mao's Personal Physician*, Nueva York, Random House, 1994. [Existe traducción en español: *La vida privada del presidente Mao: memorias del médico personal de Mao*, trad. Carlos Pujol Lagarriga, Barcelona, Planeta, 1995].

LIM UN, *The Founding of a Dynasty in North Korea: An Authentic Biography of Kim Il-song*, Tokio, Jiyu-sha, 1982.

LOCARD, Henri, *Pol Pot's Little Red Book: The Sayings of Angkar*, Bangkok, Silkworm Books, 2004.

LUNDAHL, Mats, «Papa Doc: Innovator in the Predatory State», *Scandia*, 50, n.° 1, 1984, pp. 39-78.

MACFARQUHAR, Roderick y Michael Schoenhals, *Mao's Last Revolution*, Cambridge, Massachusetts, Harvard University Press, 2006. [Existe traducción en español: *La Revolución Cultural china*, trad. Ander Permanyer y David Martínez-Robles, Barcelona, Crítica, 2009].

MAQUIAVELO, Nicolás, *El príncipe*, trad. Helena Puigdomènech, Madrid, Cátedra, 2006.

MACK SMITH, Denis, *Mussolini*, Londres, Weidenfeld & Nicolson, 1981.

—, «Mussolini: Reservations about Renzo De Felice's Biography», *Modern Italy*, 5, n.° 2, 2000, pp. 193-210.

MARCUS, Harold G., *A History of Ethiopia*, Berkeley, California, University of California Press, 1994.

MARQUIS, John, *Papa Doc: Portrait of a Haitian Tyrant 1907-1971*, Kingston, LMH Publishing Limited, 2007.

MARTIN, Bradley K., *Under the Loving Care of the Fatherly Leader: North Korea and the Kim Dynasty*, Nueva York, Thomas Dunne Books, 2004.

MCNEAL, Robert H., *Stalin: Man and Rule*, Nueva York, New York University Press, 1988.

MEDVÉDEV, Roy, *Let History Judge: The Origins and Consequences of Stalinism*, Nueva York, Knopf, 1972. [Existe traducción en español: *Que juzgue la historia: orígenes y consecuencias del estalinismo*, trad. Rafael Vázquez Zamora y Rosendo Llates, Barcelona, Destino, 1977].

MELOGRANI, Piero, «The Cult of the Duce in Mussolini's Italy», *Journal of Contemporary History*, 11, n.º 4, octubre de 1976, pp. 221-237.

MERRIDALE, Catherine, *Ivan's War: The Red Army 1939-45*, Londres, Faber and Faber, 2005. [Existe traducción en español: *La guerra de los Ivanes: el Ejército Rojo (1939-45)*, trad. Francisco Ramos Mena, Barcelona, Debate, 2007].

MOCANESCU, Alice, «Surviving 1956: Gheorge Gheorghiu-Dej and the 'Cult of Personality' in Romania», en: Apor Balázs, Jan C. Behrends, Polly Jones y E. A. Rees (eds.), *The Leader Cult in Communist Dictatorships: Stalin and the Eastern Bloc*, Houndmills, Basingstoke, Palgrave Macmillan, 2004, pp. 246-260.

MOORHOUSE, Roger, «Germania: Hitler's Dream Capital», *History Today*, 62, n.º 3, marzo de 2012.

MOSELEY, Ray, *Mussolini: The Last 600 Days of Il Duce*, Lanham, Maryland, Taylor Trade Publishing, 2004.

MUNRO, Martin, *Tropical Apocalypse: Haiti and the Caribbean End*, Charlottesville, Virginia, University of Virginia Press, 2015.

MURCK, Alfreda (ed.), *Mao's Golden Mangoes and the Cultural Revolution*, Zúrich, Scheidegger and Spiess, 2013.

MYERS, Brian R., «The Watershed that Wasn't: Re-Evaluating

Kim Il-sung's 'Juche Speech' of 1955», *Acta Koreana*, 9, n.º 1, enero de 2006, pp. 89-115.

NAGORSKI, Andrew, *The Greatest Battle: Stalin, Hitler, and the Desperate Struggle for Moscow that Changed the Course of World War II*, Nueva York, Simon & Schuster, 2008.

NAGORSKI, Andrew, *Hitlerland: American Eyewitnesses to the Nazi Rise to Power*, Nueva York, Simon & Schuster, 2012.

NATHAN, Andrew J., «Foreword», en: Li Zhisui, *The Private Life of Chairman Mao: The Memoirs of Mao's Personal Physician*, Nueva York, Random House, 1994, pp. vii-xiv.

NEIBERG, Michael, *Potsdam: The End of World War II and the Remaking of Europe*, Nueva York, Basic Books, 2015.

NICHOLLS, David, «Haiti: The Rise and Fall of Duvalierism», *Third World Quarterly*, 8, n.º 4, octubre de 1986, pp. 1239-1252.

NITZ, Wenke, *Führer und Duce: Politische Machtinszenierungen mi nationalsozialistischen Deutschland und im faschistischen Italien*, Colonia, Böhlau, 2013.

OBERDORFER, Don, *The Two Koreas: A Contemporary History*, Reading, Massachusetts, Addison-Wesley, 1997.

OVERY, Richard, *Russia's War: A History of the Soviet Effort: 1941-1945*, Harmondsworth, Penguin Books, 1997.

PACEPA, Mihai, *Red Horizons: The True Story of Nicolae and Elena Ceaușescus' Crimes, Lifestyle, and Corruption*, Washington D. C., Regnery Publishing, 1990.

PANTSOV, Alexander V. y Steven I. Levine, *Mao: The Real Story*, Nueva York, Simon & Schuster, 2012.

PAUL, Gerhard, *Aufstand der Bilder. Die NS-Propaganda vor 1933*, Bonn, Dietz, 1990.

PERSON, James F., «North Korea's chuch'e philosophy», en: Michael J. Seth, *Routledge Handbook of Modern Korean History*, Londres, Routledge, 2016, pp. 705-798.

PIPES, Richard, *The Russian Revolution*, Nueva York, Vintage Books, 1991. [Existe traducción en español: *La revolución rusa*, trad. Jaime Enrique Collyer Canales, Raúl García Campos, Marcos Pérez Sánchez y Óscar Pons Horacio, Barcelona, Debate, 2016].

—, *Communism: A History of the Intellectual and Political Movement*, Londres, Phoenix Press, 2002. [Existe traducción en español: *Historia del comunismo*, trad. Francisco Ramos, Barcelona, Mondadori, 2002].

PISCH, Anita, «The Personality Cult of Stalin in Soviet Posters, 1929-1953: Archetypes, Inventions and Fabrications», tesis doctoral, Universidad Nacional Australiana, 2014.

PLAMPER, Jan, *The Stalin Cult: A Study in the Alchemy of Power*, New Haven, Yale University Press, 2012.

PLEWNIA, Margarete, *Auf dem Weg zu Hitler: Der 'völkische' Publizist Dietrich Eckart*, Bremen, Schünemann Universitätsverlag, 1970.

PLÖCKINGER, Othmar, *Geschichte eines Buches. Adolf Hitler's 'Mein Kampf' 1922-1945*, Múnich, Oldenbourg, 2006.

POLYNÉ, Millery, *From Douglass to Duvalier: U. S. African Americans, Haiti, and Pan Americanism, 1870-1964*, Gainesville, Florida, University of Florida Press, 2010.

RABINBACH, Anson y Sander L. Gilman (eds.), *The Third Reich Sourcebook*, Berkeley, California, University of California Press, 2013.

RADCHENKO, Sergey y David Wolff, «To the Summit via Proxy-Summits: New Evidence from Soviet and Chinese Archives on Mao's Long March to Moscow, 1949», *Cold War International History Project Bulletin*, 16, invierno de 2008, pp. 105-182.

REID, Richard J., *Frontiers of Violence in North-East Africa: Genealogies of Conflict since c. 1800*, Oxford, Oxford University Press, 2011.

RIVOIRE, Mario, *Vita e morte del fascismo*, Milán, Edizioni Europee, 1947.

REES, E. A., «Leader Cults: Varieties, Preconditions and Functions», en: Apor Balázs, Jan C. Behrends, Polly Jones y E. A. Rees (eds.), *The Leader Cult in Communist Dictatorships: Stalin and the Eastern Bloc*, Houndmills, Basingstoke, Palgrave Macmillan, 2004, pp. 3-26.

ROLF, Malte, «A Hall of Mirrors: Sovietizing Culture under Stalinism», *Slavic Review*, 68, n.º 3, otoño de 2009, pp. 601-630.

—, «Working towards the Centre: Leader Cults and Spatial

Politics», en: Apor Balázs, Jan C. Behrends, Polly Jones y E. A. Rees (ed.), *The Leader Cult in Communist Dictatorships: Stalin and the Eastern Bloc*, Basingstoke, Palgrave Macmillan, 2004, pp. 141-159.

ROTBERG, Robert I., *Haiti: The Politics of Squalor*, Boston, Houghton Mifflin, 1971.

RYANG, Sonia, *Writing Selves in Diaspora: Ethnography of Auto-biographics of Korean Women in Japan and the United States*, Lanham, Maryland, Lexington Books, 2008.

SALISBURY, Harrison, *The 900 Days: The Siege of Leningrad*, Nueva York, Cambridge, Massachusetts, Da Capo Press, 1985. [Existe traducción en español: *Los 900 días: el sitio de Leningrado*, trad. J. Ferrer Aleu, Esplugues de Llobregat, Plaza & Janés, 1970].

SANTORO, Lorenzo, *Roberto Farinacci e il Partito Nazionale Fascista 1923-1926*, Soveria Mannelli, Rubbettino, 2008.

SCALAPINO, Robert A. y Chong-sik Lee, *Communism in Korea. Part I: The Movement*, Berkeley, California, University of California Press, 1972.

SCHLENKER, Ines, *Hitler's Salon: The Große Deutsche Kunstausstellung at the Haus der Deutschen Kunst in Munich 1937-1944*, Berna, Peter Lang, 2007.

SCHMITZ, David F., *The United States and Fascist Italy, 1922-1940*, Chapel Hill, Carolina del Norte, University of North Carolina Press, 1988.

SCHMÖLDERS, Claudia, *Hitler's Face: The Biography of an Image*, Filadelfia, University of Pennsylvania Press, 2005.

SCHNEIDER, Wolfgang, *Alltag unter Hitler*, Berlín, Rowohlt Berlin Verlag, 2000.

SCHRAM, Stuart R., «Party Leader or True Ruler? Foundations and Significance of Mao Zedong's Personal Power», en: Stuart R. Schram (ed.), *Foundations and Limits of State Power in China*, Londres, Escuela de Estudios Orientales y Africanos, 1987, pp. 203-256.

SCHRIFT, Melissa, *Biography of a Chairman Mao Badge: The Creation and Mass Consumption of a Personality Cult*, Nuevo Brunswick, Nueva Jersey, Rutgers University Press, 2001.

SEDITA, Giovanni, *Gli intellettuali di Mussolini: La cultura finanziata dal fascismo*, Florencia, Le Lettere, 2010.

SEBAG MONTEFIORE, Simon, *Stalin: The Court of the Red Tsar*, Nueva York, Knopf, 2004. [Existe traducción en español: *La corte del zar rojo*, trad. Teófilo de Lozoya, Barcelona, Crítica, 2004].

SEMMENS, Kristin, *Seeing Hitler's Germany: Tourism in the Third Reich*, Houndmills, Basingstoke, Palgrave Macmillan, 2005.

SERVICE, Robert, *Stalin: A Biography*, Basingstoke, Macmillan, 2004. [Existe traducción en español: *Stalin: una biografía*, trad. Susana Beatriz Cella, rev. Patricia Varona Codeso, Madrid, Siglo XXI, 2018].

SIANI-DAVIES, Peter, *The Romanian Revolution of December 1989*, Ithaca, Nueva York, Cornell University Press, 2007.

SOBANET, Andrew, «Henri Barbusse, Official Biographer of Joseph Stalin», *French Cultural Studies*, 24, n.º 4, noviembre de 2013, pp. 359-375.

SOHIER, Estelle, «Politiques de l'image et pouvoir royal en Éthiopie de Menilek II à Haylä Sellasé (1880-1936)», tesis doctoral, Universidad de París 1, 2007.

SÖSEMANN, Bernd, «Die Macht der allgegenwärtigen Suggestion. Die Wochensprüche der NSDAP als Propagandamittel», *Jahrbuch 1989*, Berlín, Berliner Wissenschaftliche Gesellschaft, 1990, pp. 227-248.

—, *Propaganda: Medien und Öffentlichkeit in der NS-Diktatur*, Stuttgart, Franz Steiner, 2011.

STRATIGAKOS, Despina, *Hitler at Home*, New Haven, Connecticut, Yale University Press, 2015.

SUH, Dae-sook, *Kim Il-sung: The North Korean Leader*, Nueva York, Columbia University Press, 1988.

SUN, Judy y Greg Wang, «Human Resource Development in China and North Korea», en: Thomas N. Garavan, Alma M. McCarthy y Michael J. Morley (eds.), *Global Human Resource Development: Regional and Country Perspectives*, Londres, Routledge, 2016, pp. 86-103.

SWEENEY, John, *The Life and Evil Times of Nicolae Ceaușescu*, Londres, Hutchinson, 1991.

SZALONTAI, Balázs, *Kim Il Sung in the Khrushchev Era: Soviet-DPRK Relations and the Roots of North Korean Despotism, 1953-1964*, Stanford, California, Stanford University Press, 2006.

TAREKE, Gebru, *The Ethiopian Revolution: War in the Horn of Africa*, New Haven, Connecticut, Yale University Press, 2009.

TAUBMAN, William, *Khrushchev: The Man and his Era*, Londres, Free Press, 2003. [Existe traducción en español: *Kruschev: el hombre y su tiempo*, trad. Paloma Gil Quindós, Madrid, La Esfera de los Libros, 2005].

TAYLOR, Jay, *The Generalissimo: Chiang Kai-shek and the Struggle for Modern China*, Cambridge, Massachusetts, Harvard University Press, 2009.

TIRUNEH, Andargatchew, *The Ethiopian Revolution 1974-87*, Cambridge, Cambridge University Press, 1993.

TISMANEANU, Vladimir, *Stalinism for All Seasons: A Political History of Romanian Communism*, Berkeley, California, University of California Press, 2003.

TOLA, Babile, *To Kill a Generation: The Red Terror in Ethiopia*, Washington, Free Ethiopia Press, 1989.

TUCKER, Robert C., «The Rise of Stalin's Personality Cult», *American Historical Review*, 84, n.º 2, abril de 1979, pp. 347-366.

—, «Memoir of a Stalin Biographer», *Princeton Alumni Weekly*, 83, 3 de noviembre de 1982, pp. 21-31.

ULLRICH, Volker, *Hitler: Ascent 1889-1939*, Nueva York, Alfred Knopf, 2016.

VASILIEVA, Larissa, *Kremlin Wives*, New York, Arcade Publishing, 1992.

VENTRESCA, Robert A., *Soldier of Christ: The Life of Pope Pius XII*, Cambridge, Massachusetts, Harvard University Press, 2013.

WANG, Helen, *Chairman Mao Badges: Symbols and Slogans of the Cultural Revolution*, Londres, Museo Británico, 2008.

WEDEEN, Lisa, *Ambiguities of Domination: Politics, Rhetoric, and Symbolism in Contemporary Syria*, Chicago, University of Chicago Press, 1999.

WEINTRAUB, Stanley, *Journey to Heartbreak: The Crucible Years of Bernard Shaw*, Nueva York, Weybright and Talley, 1971.

—, «GBS and the Despots», *Times Literary Supplement*, 22 de agosto de 2011.

WERTH, Alexander, *Russia at War, 1941-1945: A History*, Nueva York, Skyhorse Publishing, 2011. [Existe traducción en español: *Rusia en la guerra, 1941-1945*, 2 vols., trad. Jorge de Lorbar, Barcelona, Bruguera, 1969].

WHITE III, Lynn T. , *Policies of Chaos: The Organizational Causes of Violence in China's Cultural Revolution*, Princeton, Princeton University Press, 1989.

WILSON, Verity, «Dress and the Cultural Revolution», en: Valerie Steele y John S. Major (eds.), *China Chic: East Meets West*, New Haven, Connecticut, Yale University Press, 1999, pp. 167-186.

WINGROVE, Paul, «Mao in Moscow, 1949-50: Some New Archival Evidence», *Journal of Communist Studies and Transition Politics*, 11, n.º 4, diciembre de 1995, pp. 309-334.

WOLFF, David, «'One Finger's Worth of Historical Events': New Russian and Chinese Evidence on the Sino-Soviet Alliance and Split, 1948-1959», *Cold War International History Project Bulletin*, 30, agosto de 2002, pp. 1-74.

WYLIE, Raymond F., *The Emergence of Maoism: Mao Tse-tung, Ch'en Po-ta, and the Search for Chinese Theory, 1935-1945*, Palo Alto, California, Stanford University Press, 1980.

YURCHAK, Alexei, «Bodies of Lenin: The Hidden Science of Communist Sovereignty», *Representations*, 129, invierno de 2015, pp. 116-157.

ZELEKE, Elleni Centime, «Addis Ababa as Modernist Ruin», *Callaloo*, 33, n.º 1, primavera de 2010, pp. 117-135.

ZEWDE, Bahru, *A History of Modern Ethiopia*, Londres, James Currey, 2001.

ÍNDICE

Acero, Pacto de 58
Adua, batalla de 54, 313, 334
Afabet, batalla de 338
Agronsky, Martin 273
Agustín, san 274
Ai Xiaoming 213
Alamein, batalla de El 338
Albania 58, 64, 65, 242, 341
Alejandro Magno 294
Alemania Oriental 164, 338
Alfieri, Dino 48
Allilúyeva, Anna 166
Aman Andom, general 315-316,
    317, 319, 327
Angkar 20
Aníbal 54
Apostol, Gheorghe 285, 286
Ásad, Bashar al 19, 343
Ásad, Háfez al 19
Atatürk, Mustafa Kemal 276
Atnafu Abate 316, 322
Augusto, emperador 51
Austria, anexión de Hitler 57,
    107, 111
Avdéienko, Aleksandr 148
Axum, obelisco de 55, 313

Badoglio, Pietro 68
Balbo, Italo 28, 35, 53
bálticos, Estados 155
Barbot, Clément 253, 256, 258,
    263, 265, 266
Barbusse, Henri 140-141, 142,
    162

Un mundo nuevo visto a través
    de un hombre 141
Barre, Siad 322, 323
Bávara, República Soviética 71
Bedel, Maurice 39-40
Beethoven, Ludwig van 235
Benjamin, René 39
Béraud, Henri 36, 123, 128
Berghof, refugio de Hitler
    en 101, 103-104, 107, 108,
    120
Beria, Lavrenti 152, 153
Berlín, Juegos Olímpicos de 97
Bessel, Richard 82
Bierut, Bolesław 164
Bismarck, Otto von 140
Bodnăraş, Emil 293
Bokassa, Jean-Bédel 19
bolcheviques 10, 17, 25, 124,
    130, 140
Bolshói, teatro 164, 168
bombas atómicas 166, 199
Braun, Eva 121
Brézhnev, Leonid 286, 297, 309
Bucarest 289, 311, 347
    Palacio del Pueblo 282
    remodelación de la
        ciudad 306
    Teatro Nacional 293
Bujarin, Nikolái 124, 130, 131,
    144
Bulgaria 163, 286
Burebista, rey de Dacia 300, 301
Byrnes, James 158

campos de concentración 14, 134, 148, 163, 164
«Canción de Stalin» 149
capital, El, traducido al amhárico 331
Carter, Jimmy 297
Castro, Fidel 19, 245, 261, 279, 324
Catchlov, Donald 291
Ceaușescu, Doctrina 296, 302
Ceaușescu, Elena 298-299, 300, 304, 305, 312
Ceaușescu, Era 282, 296, 303
Ceaușescu, Nicolae 14, 19
    biografías de 290-292
    carrera política 283-286
    como Conducator 294
    construcción del Palacio del Pueblo 282
    control sobre la cultura 342
    creciente descontento con 301-303, 311
    cumpleaños, celebraciones de 296-297, 300, 303
    declive y caída 311-312, 341-342
    detención y fusilamiento 312
    escritos de carácter ideológico 295, 304, 305
    promueve a sus familiares 298-300
    proyecto de sistematización 307
    purga los cuadros dirigentes 283
    rechaza que le erijan estatuas 305-306
    recorre el país 287-288
    sube al poder 286-287
    Tesis de Julio 290

    títulos y honores internacionales 297-298
    tradiciones antiguas 300-301
    y Duvalier 305
    y Gorbachov 309-310
    y Hitler 289, 305
    y Kim Il-sung 288, 289, 290
    y la presidencia 292-293
    y Mao Zedong 288-289
    y Mussolini 301
    y Nixon 287
    y Stalin 285
Ceaușescu, Nicu 300
César, Julio 53, 294
Chamberlain, Neville 107-108, 111-112
Chang Jung 212
Changchun, asedio de 182, 194
Checoslovaquia 57, 165
    invasión soviética 243, 286, 309
    región de los Sudetes 107, 108, 112
Chen Boda 177
    Sobre la nueva democracia 177
chengfen 184, 229
Chiang Kai-shek 169, 170, 172, 175-176, 181, 182, 198, 220
China:
    visita de Ceaușescu 288-289
    y Corea del Norte 288, 289, 290
    y Unión Soviética 12, 168, 173, 192, 195, 211
    véase también Mao Zedong
Jo Ki-chŏn 219
Cho Man-sik 216
Christophe, Henri, *véase* Enrique I, rey de Haití

Churchill, Winston 40, 69, 158
Ciano, Galeazzo 43, 58-59, 65, 68
Citadelle Henri Christophe 249
Clapham, Christopher 330
Cochinos, Bahía de 279
colectivización 18, 125, 131, 134, 143, 149, 184, 188, 189, 190, 191, 225, 284, 330, 336, 339
Comisión Económica para África de las Naciones Unidas 331
Comité Mundial contra la Guerra y el Fascismo 140
Congreso de Vencedores 143, 145, 147
Congreso Mundial de Escritores 148
Corea, guerra de 234, 239, 289
Corea del Norte:
    y Ceauşescu 288, 289, 290
    y Mao Zedong 220, 221-222, 229
    y Mengistu 331-332
    véase también Kim Il-sung
Corea del Sur 218, 221, 230, 231, 236, 237
Corner, Francesca 22
Corriere della Sera 31
Courlander, Harold 259
criollo 258, 271
Cromwell, Oliver 28, 294
Cuba 261, 266, 270, 279, 323, 336
Cuevas, monasterio de las 127

D'Annunzio, Gabriele 24
Dalí, Salvador 294
Déjoie, Louis 254-255, 257
Deng Xiaoping 190, 191, 201
Denis, Lorimer 252, 259

Derg, grupo de mandos militares 314-322, 325, 326, 327, 329, 336, 337
desestalinización 190, 228, 229, 285
Dessalines, Jean-Jacques 249, 264, 269
Deutscher, Isaac 161
Dominicana, República 260, 270, 275
Draghici, Alexandru 286
Drexler, Anton 71
Du Bois, W. E. B. 105
Dumini, Amerigo 29
Duvalier, François «Papa Doc»:
    biografía de 251-252
    carrera política 252-254
    «Catéchisme de la Révolution» en honor a 269
    con poder absoluto 257-258, 263-264
    culto a su personalidad 19
    cumpleaños, celebraciones de 275
    en Estados Unidos 252
    enfermedad y retorno al poder 261
    mejora su imagen 272-274
    muerte y mausoleo 280-281
    obras esenciales 274, 275, 276
    practica la medicina 256, 343
    presidencia de 255, 256-257
    purgas 255, 257, 260, 262-263, 275-276
    rechaza que le erijan estatuas 267
    relaciones con Estados Unidos 266, 279-280

Duvalier, François «Papa Doc»
    (*continuación*)
    relaciones con la Iglesia
        católica 259, 263, 274
    relaciones con lo oculto 16,
        252, 259
    y Ceauşescu 305
    y el éxodo de profesionales
        265
    y la negritud 251
    y las masas 277-278
    y los tonton macoutes 258-
        259, 265
    y Mao Zedong 276
    y Mussolini 271
Duvalier, Jean-Claude «Baby
    Doc» 265, 273, 280, 281
Duvalier, Marie-Denise 273
Duvalier, Simone 265
duvalierismo 272, 274
Dzerzhinski, Félix 127-128

Eckart, Dietrich 73, 75
Edison, Thomas 40
Eisner, Kurt 71
Engels, Friedrich 128, 151, 180,
    186, 232
    y Corea del Norte 236
    y Etiopía 17, 327, 331
Enrique I, rey de Haití (Henri
    Christophe) 249-250, 280
Enukidze, Avel 137-138
Erdogan, Recep Tayyip 343
Eritrea 19, 53, 315, 316, 337
Escuelas para Cuadros del
    Partido 7 de Mayo 210
Esposizione Universale Roma
    (EUR) 21, 51
Estados de partido único 220
estalinismo 137, 150, 151

estatuas:
    Ceauşescu rechaza que le
        erijan 305-306
    Duvalier rechaza que le erijan
        267
    Hitler rechaza que le erijan
        267, 305-306
    y Kim Il-sung 231, 232, 239,
        241, 246-247, 248
    y Mao 186, 199, 207, 208
    y Mengistu 324, 333, 334
    y Mussolini 55-56, 67
    y Stalin 143, 164, 166-167
Esteban el Grande 300
Estimé, Dumarsais 251, 252-253
Estrella roja sobre China 175, 176
esvásticas 50, 73, 74, 108
Etiopía 16, 17, 313-316, 322-323,
    329-331, 333, 334, 336
    invasión italiana 53, 54-57
    véase también Mengistu Haile
        Mariam

Farinacci, Roberto 28, 32-33, 48
fasces 50
Felice, Renzo de 59
Finlandia 116, 154, 332
Foch, Ferdinand, mariscal 114
Francia 52, 56, 64, 77, 104, 112,
    113, 250, 258
    caída de 114, 155
Franco, Francisco 19

Gadafi, Muamar 19
Gaetano, Vincenzo de 37
Gandhi, Mohandas 40
Gao Hua 178
Garbo, Greta 34
Garibaldi, Giuseppe 28
Gaulle, Charles de 274, 292

Gentile, Emilio 68

Gheorghiu-Dej, Gheorghe 283-285, 302

Gibson, Violet 31, 48

Gide, André 140

Giobbe, Salustri 22

Girma, Baalu 327

Glowania, Paul 104

Goebbels, Joseph 80-81, 84, 88, 91, 92-93, 95, 96, 97, 100, 108, 110, 115, 117-118, 121

Goering, Hermann 91, 106, 112, 116, 120

Goethe, Johann Wolfgang von 98

Gorbachov, Mijaíl 309-311

Gran Exposición Alemana de Arte 97

Grandi, Dino 28, 33, 53

Gravelli, Asvero 44

Graziani, Rodolfo, general 54, 64

Grecia 64, 65

Guardias Rojos 201-202, 203, 204

Guerra Fría 163, 166, 211, 279

guerrillas, guerra de 171, 172, 176, 180

Guiza, Gran Pirámide de 282

Haffner, Sebastian 110

hambruna 131, 143, 156, 196, 197, 225, 233, 314, 315, 335-336, 339

Hamelet, Michel-Pierre 290-291

Han Chae-tok 218

Han Sŏrya 217

Hassell, Ulrich von 118

Hearst, William Randolph 40

Henri, Jacques-Victor 250

Hess, Rudolf 90, 91

Himmler, Heinrich 120, 121

Hindenburg, Paul von 83, 85-86, 88-89

Hitler, Adolf 14, 133, 141
   antisemitismo 17, 72, 91, 118
   apariencia y maneras 74-75
   biografías 97, 98-99, 103
   cambios de nombre en las calles 87
   campaña de propaganda del Partido Nazi 82, 84
   consigue el poder en el Partido Nazi 73-74
   conspiración para asesinar a 119
   cumpleaños, celebraciones de 108-111, 114
   declive y caída 118-121
   desconectado de la realidad 19
   detención de 76-78
   e incendio del Reichstag 86
   en el retiro de montaña del Berghof 101-103
   es nombrado canciller 85
   Gleichschaltung («armonización»), proceso de 93
   habilidades retóricas 71-72, 79
   imágenes de 97-98, 105
   intento frustrado de lograr la presidencia 84-85
   juez de caracteres 80
   maestro del disfraz 103
   Mein Kampf 77, 80, 91, 94, 104, 116, 151, 153
   Noche de los Cuchillos Largos 89, 92, 153
   noticiarios, publicaciones y películas 93, 94-96

Hitler, Adolf (*continuación*)
ocupación de los
Sudetes 107-108, 112
plebiscito, celebra un 89
promoción de su propia
imagen 14, 75, 83, 91-92,
100, 142
Putsch de la Cervecería 76, 79
rechaza que le erijan estatuas
267, 305-306
saludo «Heil Hitler» 76, 80,
98
unificación con Austria 107,
111
y Ceaușescu 289, 305
y el diseño de interiores 100-
101
y la Primera Guerra Mundial
71
y la Segunda Guerra Mundial
105-106, 112-117, 155
y la violencia política 85-86
y Mussolini 52, 54, 56-57,
58-59, 64, 65, 68, 70
y Sociedad de Naciones 53,
104
y Stalin 112, 153, 154, 161
Ho Kai 222
Hobbes, Thomas: *Leviatán* 7
Hoffmann, Heinrich 75, 78-79,
83, 97-98, 100, 102, 113, 119
Hohenzollern, dinastía 71
Hollander, Paul 16
homosexualidad 82
Hou Bo 186
houngans 252, 259, 260, 267
Hoxha, Enver 19, 341
Hua Mulan 165
Hungría 112, 135, 164, 286, 311
Husein, Sadam 19

Iglesia ortodoxa etíope 313
Iliescu, Ion 286, 290, 312
Inglaterra, Batalla de 116
Isabel II, reina del Reino
Unido 273, 298
italiano, Imperio 53, 55-56

Jacoby, Annalee 180
jémeres rojos 20
Jennrich, Paul: *Unser Hitler* 99
Johnson, Lyndon B. 273
Jomeiní, ayatolá 19
Jruschov, Nikita 11, 168, 189-
190, 192, 196, 200, 213, 227,
284
Juche, Pensamiento 232-234,
235, 243, 244, 247
Juche, Torre del 246-247
Juegos Olímpicos de Berlín 97
Juventudes Hitlerianas 99

Kaganóvich, Lázar 129, 135, 150,
152
Kalinin, Mijaíl 145
Kámenev, Lev 129, 130, 144
Kang Sheng 178
Kaplán, Fanni 123, 124
Kapp, Wolfgang 73
Ke Qingshi 193
Kébreau, Antonio 254, 256-257
Kennedy, John F. 266
Kershaw, Ian 14
Kiev 156
monasterio de las Cuevas 127
Kihiss, Peter 261
Kim Il-sung 17
afronta críticas 227-228
ataca la cultura burguesa 235
biografías 218, 222, 243
canciones sobre 218

Kim Il-sung (*continuación*)
Chŏllima, Campaña de 230, 233
cumpleaños, celebraciones de 222-223, 238, 242
efigies y estatuas 231, 232, 239, 241, 246-247, 248
en la guerra de Corea 221-223
epítetos dedicados a 217, 229, 234-235, 247
eslóganes en árboles 247
familiares en cargos elevados 237-238, 246
guerrillero en Manchuria 214, 215-216
insignias 241
juramentos de lealtad 246
llegada al poder 12
muerte y mausoleo 247-248
nombrado presidente de la República 241
obras públicas 225, 238-239
obsequios en demostración de lealtad 240, 245
ofensiva diplomática 243-245
oposición a la desestalinización 228, 229
«orientación sobre el terreno» 226, 238, 343
purgas 224, 228, 231, 237
reforma agraria 217-218
sobre el marxismo 18
tres generaciones del clan de 19
y Ceauşescu 288, 289, 290
y el Pensamiento Juche 232, 233-235, 243, 244, 247
y el Tercer Mundo 243, 244, 245
y Jruschov 227
y Mao Zedong 220, 229
y Stalin 214, 217, 219-220, 223
kim il-sunguismo 244, 247
Kim Jong-il 246-247
Kim Jong-un 343, 345
Kipling, Rudyard 274
Kirkpatrick, Ivone 27
Kírov, Serguéi 144
Klemperer, Victor 90, 95, 108, 110, 121
Knickerbocker, Hubert 139
Knox, coronel Frank 40
Komintern 138, 169, 173
kulaks 131, 134
Kvarchia, Seidik: «Canción de Stalin» 149

Lamont, Thomas W. 40
Lébedev, general 214
Legión de Honor 299
Lei Feng 196-198
Lenin, Orden de 297
Lenin, Vladímir Ilich 121, 123, 341
asalto al Palacio de Invierno 10
muerte 127
Primero de Mayo como fiesta oficial 132
problemas de salud 123-124
Stalin como sucesor 125, 128, 129-130
su mausoleo 127-128, 133, 167
Testamento de 127, 129, 130, 131, 136, 137
vanguardia revolucionaria creada por 17, 18
y Corea del Norte 223, 225
y Duvalier 276

Lenin, Vladímir Ilich
(*continuación*)
  y el título de *vozhd* 134
  y Etiopía 17, 341
  y Mao Zedong 186, 194
  y Mengistu 17, 327, 331, 339
Leningrado 131, 144, 146, 156
  asedio de 159
leninismo 128, 130, 150, 151
  véase también marxismo-
    leninismo
Ley, Robert 99, 100, 121
Libia 52
Lin Biao 194, 196, 197-198, 202,
  206, 207, 210, 211
Lincoln, Abraham 294
Liu Shaoqi 179, 180, 181, 190,
  194, 196, 201, 210
Lloyd George, David 102, 141
Locard, Henri 20
Louverture, Toussaint 249
Luce, Instituto 35, 47
Ludendorff, Erich von 76
Ludwig, Emil 84, 140, 142
Luis XIV, rey de Francia 9-10,
  11, 12
Luis XVI, rey de Francia 10
Lussu, Emilio 62
Lyons, Eugene 138-139, 147

MacArthur, Douglas, general
  221
Magloire, Paul 253
Malenkov, Gueorgui 245
Maltoni, Rosa 49
Manchuria 173, 175, 181, 182,
  214, 215-216
Mandelstam, Nadiezhda 149, 159
Mandelstam, Ósip 148
Manescu, Manea 295-296

Mangyongdae 223, 238
Mansudae, colina de 240, 248
Mao Zedong 12, 17, 166
  aspiraciones intelectuales 180
  ayuda soviética a 181-182
  Campaña de Educación
    Socialista 196, 198, 201
  canciones sobre 183, 208
  Cien Flores, campaña de las
    201, 229
  Citas del presidente Mao 198
  Comisión Central de Estudios
    Generales creada por 179
  efigies y estatuas 186, 199,
    207, 208
  encuentro con Nixon 211
  escritos filosóficos 186
  eslóganes 191, 203-204, 211
  Estrella roja sobre China de
    Snow sobre 173-175, 176
  figura remota 187
  Gran Salto Adelante 192,
    194-200, 230
  insignias 205-206
  Larga Marcha 172, 177
  lectura de Marx 18
  líder de campesinos 170-172
  muerte de Zhou Enlai 212
  muerte y mausoleo 19, 212-213
  oposición a la
    desestalinización 190, 229
  Pensamiento 179, 181, 183,
    190, 191, 197-198, 205,
    207, 209, 210
  Pequeño Libro Rojo 198, 201,
    202, 204, 205, 206, 276
  poesía de 187
  purgas 191
  Rectificación, campaña de
    178, 179, 181

Mao Zedong (*continuación*)
  reforma agraria 184, 217
  régimen de Gran Terror de
    184-185
  Revolución Cultural 196,
    199-201, 206, 208-211,
    213, 235, 244, 289, 344
  se hace pasar por demócrata
    177-178, 190
  Sobre la nueva democracia
    177, 184
  Tres Lealtades y Cuatro
    Amores Ilimitados,
    campaña de las 207
  y Ceauşescu 288-289
  y Duvalier 276
  y el título de *vozhd* 173
  y Kim Il-sung 220-222, 229
  y Komintern 173
  y Jruschov 192
  y protestas por la democracia
    191
  y revuelta húngara 190
  y Stalin 168, 171, 176, 179,
    183-184, 188
Maquiavelo, Nicolás: *El príncipe*
  7
Marea Alta Socialista 189
Markizova, Gelya 147
Marx, Karl 17-18, 124, 128, 134,
  151, 180, 186, 194
  El capital 331
  y Corea del Norte 225, 232,
    236
  y Etiopía 327, 330, 331, 333
marxismo 18, 76, 128, 163
  sinificación del 186
marxismo-leninismo 16, 186,
  200, 233
  y Corea del Norte 241, 243

  y Etiopía 318, 329, 330
  y Rumanía 289, 291, 295,
    304
marxismo-leninismo-estalinismo
  150
marxismo-leninismo-Pensamiento Mao Zedong 200
Masacre de los Sesenta 317
Matteotti, Giacomo 29, 35, 36,
  63
Maurer, Gheorghe 285, 286,
  287, 294
Mejlis, Lev 129, 148
Menelik II, emperador 53-54,
  313, 322-323, 324
Mengistu Haile Mariam 17
  ascenso al poder 319
  biografía 316-318
  celebraciones del Día
    Nacional 328, 333
  citas de sus discursos 326-327
  como único presidente del
    Derg 319
  crea la organización COPWE
    329
  creación del Partido de los
    Trabajadores de Etiopía
    329, 331, 332
  cualidades personales 320
  efigies y estatuas 324, 333, 334
  exiliado en Zimbabue 338-339
  fracaso de la operación
    Estrella Roja 336-337
  influencia de Corea del Norte
    331-332
  intento de asesinato 318
  intento de golpe de Estado
    contra 338
  limpieza de su imagen 323-
    324

Mengistu Haile Mariam
(*continuación*)
  purgas 320-321
  sobre la colectivización 18-19,
    330
  viajes por el país 325-326
  y el terror en Etiopía 321-322,
    326
  y guerra civil 313, 334, 336,
    337
  y hambruna 335
  y la «aldeanización» 336
  y Lenin 17, 327, 331, 339
  y Unión Soviética 322
Miguel el Valiente 300
Mikoyán, Anastás 152
Mircea el Viejo 300
Mobutu Sese Seko 19
Mollier, Madeleine 69
Mólotov, Viacheslav 129
Monte Paektu 219
Morrison, Herbert 253, 255-256,
    262
Mostra della Rivoluzione 47
Mugabe, Robert 19, 339
Múnich, acuerdos de 108, 111, 153
Muralla de China, Gran 173
Muro de Berlín, caída del 341
Mussolini, Arnaldo 44
Mussolini, Benito 13, 15, 18, 22, 50
  apariencia y maneras 27, 74
  asume el poder personal
    30-33
  audiencias a admiradores
    38-39
  biografías 37, 44, 347
  como director del Istituto
    Luce 35
  como esclavo de su propio
    mito 59
  como la divisa del
    régimen 42, 53
  cuidado de su propia imagen
    22-23, 29, 34, 38
  declara la guerra a las
    potencias aliadas 67
  declive y caída 64, 66-67, 69
  detención por Víctor Manuel
    de 68
  discursos desde el balcón
    45-47
  discursos por la radio 44-45
  efigies y estatuas 55-56, 67
  en la Primera Guerra Mundial
    23
  encabeza el régimen de Saló
    68
  Foro Mussolini 55
  funda el fascismo italiano 17,
    23-26
  imagen internacional 28
  intentos de asesinato 31
  invasión de Etiopía 53, 54-57
  invasión de Grecia 64-65
  Marcha sobre Roma 10, 12,
    26, 74
  nombrado primer ministro
    26-28
  policía política de 63
  preparativos de guerra 52-53
  recibe el título de Fundador
    del Imperio 55
  recibe obsequios 49
  recorre Italia 29
  remodelación de Roma 50-51
  viaje a Berlín 57
  y Ceaușescu 301
  y Duvalier 271
  y el Imperio italiano 52,
    54-55, 56, 58

Mussolini, Benito
  (*continuación*)
  y Hitler 52, 54, 56-57, 58-59,
    64, 65, 68, 70
  y Roma antigua 50
  y Sociedad de Naciones 56
  y Stalin 123, 141, 142
Myohyang (monte), Salón de
  Exposiciones por la Amistad
  Internacional 245

Naciones Unidas 221, 244, 323,
  331
Nanjing, masacre de 176
Napoleón Bonaparte 44, 53, 140,
  294
Nazi, Partido (NSDAP) 70, 72,
  74, 79, 82-83, 85, 86, 91
Negri, Ada 40
Negussie Fanta 325
Nixon, Richard M. 211, 285, 287,
  292
Nkrumah, Kwame 276
NKVD 152
Nueva Política Económica 125,
  130
Núremberg, congresos del
  Partido Nazi en 80, 90, 91,
  96, 99

O'Connell, William, cardenal 40
Octubre, Revolución de 26, 136,
  171, 191, 229
Ogaden, guerra de 323, 327, 336
Ordzhonikidze, Sergó 129, 135
Orwell, George 1984, 20
Ostrovski, Nikolái 236

Pablo VI, papa 274
Pacepa, Ion 298, 299

Paektu, monte 215, 247
Pak Hŏn-yŏng 217, 223-224
Papailler, Fr. Hubert 264
Park Chung-hee 237
Pârvulescu, Constantin 296,
  300, 310
Pătrăşcanu, Lucreţiu 283, 286
Pearl Harbor 116, 176
Pedro el Grande, zar de
  Rusia 294
Pelanda, Bortolo 46
Peng Dehuai 194, 195, 197
Pericles 294
Petacci, Clara 69
Piacentini, Marcello 21
Pini, Giorgio: *Vita de
  Mussolini* 37
Pío XII, papa 67
Platón 274
Pochŏnbo 215, 219, 223, 239
Pol Pot 20
Polevoi, Borís 167
Polonia 58, 64, 112-113, 118, 135,
  154, 163-164, 286, 310
Popolo d'Italia, periódico 24, 35,
  48, 64
Poskrebishev, Aleksandr 150
Pravda 124, 128, 140, 152, 157,
  163, 164, 165, 173
Predappio 32-33, 48, 49
Price-Mars, Jean 250, 251
Primero de Mayo, celebraciones
  del 132, 134, 136, 150, 219,
  235, 328
Pueblo, crisis del navío 237
Pushkin, Museo de Bellas Artes
  165
Piongyang, museo revolucionario
  de 231
Pyongyang Times 234

químicas, armas 52

Rákosi, Mátyás 164
rastafaris 314
Raubal, Geli 82
realismo socialista 185, 290, 332
Reichstag, incendio del 92
Renania, golpe de 104
Riefenstahl, Leni 100
    El triunfo de la voluntad 96
Rizzi, Arturo 46
Rockefeller, Nelson 280
Röhm, Ernst 74, 82-83, 89
Roma antigua 50, 54, 79, 110
romano, Imperio 50
Románov, dinastía 26
Roosevelt, Franklin D. 112, 158,
    214
Rosenberg, Alfred 56, 75
Rossi, Cesare 29, 35, 43
Rumiántsev, Iván 144-145
Rust, Bernhard 98, 100, 121

SA, División de asalto 74,
    76, 80, 83, 84, 89
Sadam Husein 19
Salisbury, Harrison 242-243
Samedi, Barón 259, 260
Sarfatti, Margherita 36, 37
Sauter, Robert 104
Schirach, Baldur von 83, 99, 100
Schleicher, Kurt von 85
Schuschnigg, Kurt 103, 107
Scinteia, periódico 287, 294
Scornicesti 307
Secondé, sir Reggie 297
Securitate rumana 284,
    298, 307, 311
Seitz, Hans H.: «Mein Führer»
    98

Selassie, Haile 272, 273, 313-315,
    318, 323, 324
Service, Robert 155
Shanghái, batalla de 176
Shaw, George Bernard 139, 141
Shirer, William 106, 113, 114,
    115-116
Siegert, Heinz 291
sino-soviético, tratado 181
Slocombe, George 27, 34
Smith, Al 40
Snow, Edgar 173-174
    Estrella roja sobre China
    174-175, 176
Sociedad de Naciones 53, 56, 64,
    79, 104, 154
Solidaridad, sindicato 310
Somalia 53, 322-323, 336
Somaliland 52
songbun 229 y n.
Speer, Albert 90-91, 100, 109-
    110, 111, 119-120
Stalin, canal de 146
Stalin, Constitución de 148
Stalin, Iósif 154
    apariencia física 34, 126, 136
    artículo «¿Trotskismo o
        leninismo?» 130
    biografías 162
    como máximo dirigente de la
        Komintern 138
    como sucesor de Lenin 125,
        128, 129-130
    conferencias Fundamentos del
        leninismo de 151
    culto a la personalidad 14-15,
        134, 142, 144, 152, 159-160,
        163
    cumpleaños, celebraciones de
        135, 152, 165-166

Stalin, Iósif (*continuación*)
  declara la guerra a Japón 181
  discurso secreto de Jruschov
    11, 189-190, 213
  efigies y estatuas 143, 164,
    166-167
  en la caída de Trotski 129-131,
    136, 137, 138
  en la Conferencia de Yalta 214
  en la Segunda Guerra Mundial
    154-162
  encarga el Curso Breve 151
  entrevista con Eugene Lyons
    138-139
  Fundamentos del leninismo
    128, 151
  imposición de nuevos
    nombres a las ciudades
    146
  modificación del Código
    Laboral 132-133
  muerte y mausoleo 19, 167,
    188, 213
  mundo de la postguerra
    162-163, 166
  Oposición Unida contra 130
  personalidades extranjeras
    recibidas por 158-159
  poesía de 187
  política económica de 133
  promueve el «socialismo en un
    solo país» 18, 133
  purgas 131-132, 154, 166
  régimen del Gran Terror de
    11, 54, 124, 144, 153, 154,
    159
  rostro humano de 137,
    138-140, 141, 147-148
  sobre el arte 146, 342
  sobre la colectivización 134

Testamento de Lenin contra
  127, 129, 136, 137
  título de *vozhd* 134
  y Ceaușescu 285
  y el término *estalinismo* 150
  y Hitler 112, 153, 154, 161
  y Kim Il-sung 214, 216, 217,
    219-220, 223, 224
  y Mao Zedong y 166, 168,
    171, 173, 175, 176, 179,
    183-184, 188, 192
  y Mussolini 123, 141, 142
Stalin, Pico de 165
Stalin, Premio 148
Stalingrado, batalla de 117-118,
  157
Starace, Achille 41-42, 45, 48,
  54, 61, 68, 69
Steriade, Mihai 292
Stiehler, Annemarie: *Die
  Geschichte von Adolf Hitler.
  Den deutschen Kindern
  erzählt* 98-99
Stresemann, Gustav 81
Sudetes, región de los 107-108,
  112
Sukarno 19
surong 219
Sweeney, John 308
Syngman Rhee 219, 220, 221

Taiwán 182, 220, 21
Teferi Banti, general 316, 319,
  327
Tercer Mundo 233, 243, 244,
  245
Thackeray, William Makepeace
  6, 9
Thompson, Dorothy: *I Saw Hitler*
  103

Thule, Sociedad 73
Tiananmen, plaza de 183, 199, 201, 207, 288
Tiglachin, Monumento 333
Tíjonov, Nikolái 167
Timisoara 311
Tito, Josip Broz 19
tonton macoutes 258
Tower, Henrietta 49
Troost, Gerdy 101
Trotski, León 12, 123-124, 125, 129, 130, 131, 137, 138
Truman, Harry S. 158
Turati, Augusto 33, 41, 44, 49

Ulbricht, Walter 164
Unión Soviética:
    invasión de Checoslovaquia 286
    y China 12, 168, 173, 192, 195, 211
    y Corea del Norte 12, 214, 221, 222, 225, 228, 229, 230, 231-233, 239, 242, 243, 247
    y el «socialismo en un solo país» 18
    y Etiopía 322, 323, 329, 330, 331, 336
    y Hitler 77, 112, 116, 153, 154, 155, 161
    y Mussolini 66
    y Rumanía 283, 284, 285, 287, 299, 302, 309
    véase también Stalin, Iósif
Unità, L', periódico 292

Valéry, Paul 274
Valori, Giancarlo Elia 291

Versalles, Tratado de 77, 104, 107
Vesper, Will 94
Via Triumphalis (Berlín) 108, 109-110
Víctor Manuel III, rey 26, 55, 68
vigilancia 63, 179, 224, 242, 310, 337, 345, 346
Villa Torlonia 34, 35, 36, 38, 49
Volga-Don, canal 167
Völkischer Beobachter 73, 78
vozhd 134, 173, 219
vudú 16, 250, 251, 252, 253, 259, 261

Wall Street, crac de 81
Wang Jiaxiang 180
Weimar, República de 71, 73, 76, 79, 81, 85
Werth, Alexander 156
White, Theodore 180
Windsor, duque y duquesa de 102
Winner, Percy 39

Xi Jinping 344-345

Yalta, conferencia de 158, 214
Yan'an 172, 173, 176, 177, 178, 179, 182
Yezhov, Nikolái 153
Yi Sang-jo 227
Yugoslavia 244, 297

Zhdánov, Andréi 163
Zhou Enlai 171, 172, 176, 179, 190, 212, 285
Zhúkov, Gueorgui 155, 161-162
Zimbabue 338-339
Zinóviev, Grigori 129, 130, 144

ESTA EDICIÓN, PRIMERA, DE
«DICTADORES», DE FRANK DIKÖTTER,
SE TERMINÓ DE IMPRIMIR
EN CAPELLADES EN EL
MES DE OCTUBRE
DEL AÑO
2023